Markus K. Brunnermeier

Die resiliente Gesellschaft

aufbau

Markus K. Brunnermeier

DIE RESILIENTE GESELLSCHAFT

Wie wir künftige Krisen besser meistern können

Aus dem Amerikanischen von Henning Dedekind, Marlene Fleißig und Frank Lachmann

aufbau

Die Originalausgabe unter dem Titel
The Resilient Society
erschien 2021 bei Endeavor Litbury Press LLC,
Washington, D.C.

Mit 47 Abbildungen

MIX
Papier aus verantwortungsvollen Quellen
FSC® C083411

ISBN 978-3-351-03925-7

Aufbau ist eine Marke der Aufbau Verlage GmbH & Co. KG

1. Auflage 2021

Einbandgestaltung Anzinger und Rasp, München
Satz LVD GmbH, Berlin
Druck und Binden CPI books GmbH, Leck, Germany
Printed in Germany

www.aufbau-verlage.de

Inhaltsverzeichnis

Vorwort

Das vorliegende Buch ist mein Versuch, die weltweiten wirtschaftlichen Herausforderungen darzustellen, die sich für unsere Gesellschaften aus der Corona-Krise ergeben. Dabei möchte ich eine Brücke zwischen den unmittelbaren Auswirkungen der Pandemie und den gesellschaftlichen Langzeitfolgen bauen. Dieses Buch blickt über Corona hinaus und schlägt einen Wandel unserer Einstellung und unserer sozialen Interaktionen vor: Anstatt lethargisch Risiken zu vermeiden, soll die Gesellschaft idealerweise resilient gegenüber negativen Schocks sein.

Ziel dieses Buches ist es, das Konzept der Resilienz strukturiert darzustellen und sie dadurch einer breiteren Öffentlichkeit zugänglich zu machen. Es erhebt nicht den Anspruch, allumfassend und abschließend zu sein. Vielmehr wirft es interessante Fragen auf und regt hoffentlich den Leser zum Denken an. Ich hoffe, es eröffnet neue Blickwinkel und führt zu Diskussionen unter politisch interessierten Bürgern, denen der Aufbau einer resilienteren Gesellschaft am Herzen liegt.

Teil I des Buches umreißt das Konzept der Resilienz und die Neufassung unseres Gesellschaftsvertrags, damit die Gesellschaft resilienter gegen Schockereignisse wird. Teil II richtet den Fokus auf das öffentliche Gesundheitswesen und die Herausforderungen, vor denen es während und nach Corona steht. Teil III befasst sich mit künftigen makroökonomischen Herausforderungen, von negativen Langzeiteffekten bis hin zu hohen Verschuldungsgraden und Inflation. Teil IV hebt auf die globalen Herausforderungen ab. Jedes Kapitel steht für sich allein und kann ohne die Lektüre vorheriger Kapitel gelesen werden.

Princeton, im Juni 2021

Danksagung

Mein besonderer Dank gilt Thomas Krön. Ohne seine Hilfe und sein Engagement gäbe es dieses Buch nicht. Seine Hilfe war unverzichtbar.

Viele Erkenntnisse stammen aus der von mir im März 2020 ins Leben gerufenen *Princeton Webinar Series* mit führenden Wissenschaftlern und Ökonomen. Besonderer Dank gebührt mehr als einem Dutzend Nobelpreisträgern und -trägerinnen, darunter Paul Romer, Angus Deaton, Joe Stiglitz, Michael Kremer, Paul Krugman, Michael Spence, Bob Shiller, Jean Tirole, Chris Sims, Bengt Holmström, Bill Nordhaus und Esther Duflo, dem Epidemiologen Ramanan Laxminarayan, dem Historiker Harold James, führenden Köpfen aus den Wirtschaftswissenschaften, darunter Torsten Slok, Nellie Liang, Olivier Blanchard, Tyler Cowen, Pinelopi Goldberg, Hyun Song Shin, Dani Rodrik, Daron Acemoglu, Jeremy Stein, John Cochrane, Larry Summers, Gita Gopinath, Darrell Duffie, Lisa Cook, Ken Rogoff, Raj Chetty, Veronica Guerrieri, Erik Hurst, Arvind Krishnamurthy, Richard Zeckhauser, Esteban Rossi-Hansberg, Luigi Zingales, Robert Hall, Emily Oster, Stephen Redding, Jason Furman, Nick Bloom, Adam Posen, Charles Goodhart, James Stock, Andy Lo, Lasse Pedersen, Monica de Bolle und Iván Werning, den amtierenden oder ehemaligen Zentralbank-Gouverneuren Bill Dudley, Philip Lane, Arminio Fraga, Raghuram Rajan und Jerome Powell sowie Technikexperten wie Eric Schmidt. Besondere Erwähnung verdienen Delaney Parrish und Kelsey Richardson, die mir in turbulenten Zeiten halfen, die Webinar-Reihe »Markus Academy« in Princeton auf die Beine zu stellen. Die Endnoten enthalten genaue Zeitangaben für die YouTube-Videos, in welchen die im Text jeweils genannten Fakten oder Erkenntnisse zu finden sind.

Für sein konstruktives, detailliertes Feedback verdient Jean-Pierre Landau besondere Erwähnung. Weitere Rückmeldungen von Joseph Abadi, Kartik Anand, Sylvain Chassang, Dirk Niepelt, Pietro Ortoleva, Jean Pisani-Ferry, Rohit Lamba, Ricardo Reis, Yannick Timmer, Sigurd Wagner, Jeromin Zettelmeyer sowie von vier anonymen Gutachtern des Peterson Institute hatten ebenfalls prägenden Einfluss; auch den Lesezirkeln bei der Europäischen Zentralbank und der Bundesbank bin ich sehr dankbar. Ich bediene mich zwar fremder Erkenntnisse, doch gibt der vorliegende Text ausschließlich meine eigenen Analysen der wichtigsten Zielkonflikte zusammenfassend wieder. Zudem handelt es sich lediglich um eine Momentaufnahme, da die Ereignisse weiter fortschreiten. Meine tiefe Dankbarkeit möchte ich außerdem Christina Xu, Mohan Setty-Charity und Hans-Helmut Kotz ausdrücken, die jedes Kapitel gewissenhaft prüften und meine frühen Entwürfe verbesserten. Don Noh danke ich dafür, dass er die Grafiken in diesem Buch erstellt und die erforderlichen Daten gesammelt hat. Veronika Brunnermeier half in der Endphase.

Schließlich möchte ich meiner Frau Smita und meinen beiden Töchtern, Anjali und Priya, für ihre Unterstützung in der Corona-Zeit danken.

1. Einleitung

Durch Corona fühlen wir uns verwundbar. Als Individuen haben wir festgestellt, dass wir plötzlich von einer unbekannten Krankheit befallen werden könnten. Das ist etwas, was wir angesichts des medizinischen Fortschritts für unmöglich gehalten hatten. Als Gesellschaften sahen wir uns Störungen ungekannten Ausmaßes gegenüber. Aktivitäten wurden eingeschränkt, das gesellschaftliche Leben wurde unterbrochen, die öffentliche Daseinsvorsorge geriet an ihre Grenzen, die Ärmsten und Schwächsten fielen durchs Raster, unser Zuhause wurde zum Arbeitsplatz, unsere Kinder konnten nicht mehr in die Schule gehen, unser Familienleben war beeinträchtigt, unsere Freunde waren auf einmal weit entfernt und nur noch per Bildschirm zu erreichen.

Wir können zuversichtlich sein, dass Medizin und Technik vielen von uns helfen werden, die Krise zu überstehen, und uns auffangen können. Tatsächlich können wir über Tempo und Effizienz der Impfstoffentwicklung nur staunen – weniger als ein Jahr nach Entdeckung des Virus. Aber was ist mit den Einzelschicksalen, was ist mit den gesellschaftlichen Folgen? Werden sich unsere Gesellschaften rasch erholen, oder werden wir dauerhafte Schäden davontragen? Und vor allem: Werden sie ähnliche Schocks in der Zukunft überwinden können? Das ist die Frage, mit der sich dieses Buch befasst.

Das Schlüsselkonzept ist hier die Resilienz. Diese steht für eine »Fähigkeit, zurückzufedern«, nicht zu verwechseln mit der Robustheit, welche die Fähigkeit ist standzuhalten. Manchmal ist Widerstand nicht der richtige Weg, um Resilienz zu erreichen. Es geht eher darum, einen Sturm zu überstehen und sich danach zu erholen, wie in der berühmten Fabel »Die Eiche und das Schilfrohr« des französischen Dichters Jean de La Fontaine.[1]

Die Eiche ist mächtig, wirkt unzerstörbar und robust und bewegt sich bei normalen Windverhältnissen nicht. Das biegsame Schilfrohr indes neigt sich bereits bei einer leichten Brise. Als ein starker Sturm losbricht, verkündet das Schilfrohr: »Ich beuge mich, doch ich breche nicht.« In diesem Satz steckt der Kerngedanke der Resilienz. Sobald der Sturm vorüber ist, schnellt das Rohr wie eine Feder zurück und erholt sich in kurzer Zeit ganz davon. Die Eiche hingegen hält zwar starkem Wind stand, bricht aber, wenn der Sturm seinen Höhepunkt erreicht. Ist sie einmal gefallen, wird eine Erholung unmöglich. Ihr Mangel an Resilienz verhindert ein Zurückfedern. Das Schilfrohr ist sehr flexibel und fast ständig in Bewegung. Deshalb erscheint es auf den ersten Blick schwächer. Es erweist sich jedoch als wesentlich stärker als die felsenfest unbeweglich wirkende Eiche. Man bezeichnet dies als Volatilitätsparadox.

Das ist eine hübsche Metapher, aber eine physische, und sie erfasst nicht in vollem Umfang die Herausforderungen, vor denen wir gerade stehen. Natürlich gibt es rein »physische« Säulen der Resilienz. Zum Beispiel hängen wir in unserem Alltagsleben von zahllosen reibungslos funktionierenden Netzwerken und Infrastrukturen ab. Man stelle sich nur das Leben ohne Telefon, Internet oder Straßen vor. Wenn wir wollen, dass sich diese Systeme nach einem Schock rasch wieder erholen, müssen wir uns möglicherweise mit Redundanzen, Pufferbeständen oder Reservestrukturen und -kapazitäten abfinden. Das heißt, wir müssen als Preis für eine höhere Resilienz einen Teil der Effizienz opfern. Bislang haben wir unsere Produktionssysteme nach dem »Just-in-Time-Prinzip« betrieben: maximale Ströme, minimale Bestände – das Ziel globaler Wertschöpfungsketten. Im Gegensatz dazu hebt die Resilienz auf ein »Für-den-Fall-der-Fälle-Prinzip« ab: die Fähigkeit, sich nach einem Schock rasch zu erholen. Deshalb macht die Resilienz Redundanzen nicht zur Sünde, sondern zu einer Tugend. Sicherheitsbestände sind nützlich, weil sie es ermöglichen, Schocks zu absorbieren. Eine Neuordnung unseres Denkens zugunsten der Resilienz umfasst daher eine neue Art von Kosten-Nutzen-Rechnungen.

Beispiele dafür sind die verschiedenen Möglichkeiten, einen elektrischen Schaltkreis mit mehreren Glühbirnen aufzubauen. Die kostengünstigste Art, bei der am wenigsten Kabel benötigt wird, ist die Serienschaltung, wie sie früher etwa bei den meisten Christbaumbeleuchtungen Verwendung fand. Wenn ein Birnchen durchbrannte, wurde allerdings der gesamte Christbaum dunkel. Eine Alternative ist die Parallelschaltung, die man meist bei Treppenhausbeleuchtungen findet. Hier wird jede Birne mit einem Hauptstromkreis verbunden. Brennt die Glühbirne im zweiten Stockwerk durch, bleibt es dank der Parallelschaltung im ersten und dritten Stockwerk hell. Die Gesamtkosten für die Installation sind höher, da mehr Kabel verbraucht wird; dafür ist die Parallelschaltung insgesamt weniger anfällig, falls einmal eine Glühbirne durchbrennt. Resilienz erfordert weniger zusätzliche Redundanzen als Robustheit. Daher erweist sich die Strategie der Resilienz als wirtschaftlich billiger.

Resilienz ist nicht nur von Robustheit, sondern auch von Risiko abzugrenzen. Beim Risiko geht es um die Frequenz und das Ausmaß von Schocks, bei der Resilienz hingegen um die Reaktion nach dem Eintritt des Schocks, die Fähigkeit, sich zu erholen (formell die »Rückkehr zum Mittelwert«). Stärken wir unsere Fähigkeit, uns anzupassen und neu zu erfinden, stärkt dies auch unsere Resilienz. Resilienz mindert die negative Wirkung von Schocks und eröffnet uns so mehr Chancen und Möglichkeiten. Wer in der Lage ist, sich einer Veränderung anzupassen, liegt meist im Vorteil.

Resilienz ist zudem ein wichtiger Bestandteil des Nachhaltigkeitsbegriffs. Ohne Resilienz könnten Schocks eine Gesellschaft über den Rand des Abgrunds drängen, was zu schädlichen Rückkopplungsschleifen führen kann und die derzeitige Situation unhaltbar machen würde.

Corona hat uns auch gelehrt, dass Resilienz weit mehr ist als ein Einzelpersonen-Konzept. Die Gesellschaft als Ganzes sollte auch resilient sein. Davon, wie stark diese Resilienz ausgeprägt ist, hängt ab, wie unsere Gesellschaft funktioniert. Sie entsteht – oder eben nicht – durch die Beschaffenheit unseres Gesellschaftsvertrags. Unsere Lebensführung hat Auswirkungen auf andere – was die

Volkswirtschaftslehre als »Externalitäten« oder »externe Effekte« bezeichnet. Ohne Gesellschaftsvertrag ist es wahrscheinlich, dass die Menschen einander negative Externalitäten aufbürden. Durch mein Handeln könnten andere sogar in eine Falle oder aus dem Gleichgewicht geraten, weil ich sie über einen Kipppunkt dränge. Solche Fallen- und Kipppunkt-Externalitäten schwächen die Resilienz. Dadurch entsteht eine Anfälligkeit, die sich insbesondere im Falle eines Schocks bemerkbar macht – und die Pandemie war ein Riesenschock.

In diesem Buch werde ich die These vertreten, dass bei der Gestaltung einer Post-Corona-Gesellschaft die Resilienz wie der Polarstern zur Orientierung dienen kann.[2] Dieses übergeordnete Prinzip wird uns erkennen helfen, wie wir uns als Gesellschaft besser auf Gefahren vorbereiten und den Zusammenhalt stärken können, um negative Erschütterungen in Zukunft besser abzufedern. Dabei nehme ich stets den Standpunkt des Wirtschaftswissenschaftlers ein. Die Sicht auf den Gesellschaftsvertrag ist also durch die Brille der Ökonomen gefärbt.

Den Menschen Eigenverantwortlichkeit zuzugestehen und ihnen die Freiheit zu gewähren, zu träumen, zu experimentieren, Strategien zu entwerfen, zu planen und möglicherweise zu scheitern, ist Teil der persönlichen Freiheit und Voraussetzung für den Fortschritt einer Gesellschaft. Es ist Teil davon, den Menschen nicht nur Freiheit, sondern auch Würde zu geben. Dennoch sollten Menschen nicht in ausweglose Situationen geraten oder verarmen, sondern die Möglichkeit haben, wieder auf die Beine zu kommen und einen erneuten Versuch zu wagen, nachdem sie aus ihrem Scheitern gelernt haben. Der Privatinsolvenzschutz dient genau diesem Zweck. Statt die Menschen vor einem möglichen Scheitern zu bewahren, sollte die Gesellschaft daher zu Experimenten und Neugier ermutigen und die Menschen resilient machen.

Dieses Buch untersucht auch die Frage, wie ein resilienter Gesellschaftsvertrag in die Tat umgesetzt werden kann. Das kann durch Regierungen oder soziale Normen geschehen. Autoritäre Regierungen wenden direkten Zwang an, um Externalitäten zu beschrän-

ken, wohingegen die Regierungen offener Gesellschaften auf die Macht der Überzeugung setzen. Durch Corona könnte das Pendel zugunsten von Regierungseingriffen schwingen, durch welche die persönliche Freiheit eingeschränkt wird. Ein anderer Weg, den Gesellschaftsvertrag umzusetzen und externe Effekte zu internalisieren, sind soziale Normen. Selbst ohne staatliche Eingriffe halten sich viele Menschen in Japan an Maskengebot und Abstandsregeln, weil sie ein soziales Stigma fürchten. Auch Märkte können eine wichtige Rolle dabei spielen. Sie sind insbesondere gut darin, Informationen, die in der Gesellschaft verstreut sind, zu aggregieren.

Eine Gesellschaft und ihr Gesellschaftsvertrag sind resilienter, wenn die Implementierung des Gesellschaftsvertrags flexibel an die jeweilige Herausforderung angepasst werden kann. Manchmal muss die Mischung aus sozialen Normen, Regierungs- und Marktdurchsetzung reoptimiert werden. Andererseits kann sich eine zu große Flexibilität nachteilig auswirken. Die Menschen müssen sich auf einen klaren Rahmen verlassen können, um Vorhersagen zu treffen und Planungssicherheit zu haben.

Die Corona-Krise liefert ein anschauliches Beispiel dafür, welche Grundprinzipien erforderlich sind, um auf eine resiliente Weise mit einem Schock umzugehen. Vorrangig wichtig ist es, die Verhaltensänderungen der Menschen nach einem Schock zu verstehen. Dazu braucht es Informationen. Im Falle der Corona-Krise sind Tests und Rückverfolgung die entscheidenden Instrumente der Informationsgewinnung. Ein mächtiges Instrument, um Einfluss auf das Verhalten der Menschen zu nehmen, ist die Kommunikation. Diese stellt jedoch insbesondere deshalb eine Herausforderung dar, weil es vielen Menschen schwerfällt, kontrafaktische Szenarien zu begreifen, etwa die alternativen Corona-Sterbeziffern ohne Hygienemaßnahmen, die es gegeben hätte. Eine resiliente Reaktion muss schließlich auch eine Vision der neuen Normalität umfassen. Wohin bewegt sich eine Gesellschaft am Ende einer Krise, etwa eine weitgehend »durchgeimpfte« Gesellschaft am Ende der Corona-Krise?

Aus makroökonomischer und finanzieller Sicht bedeutet Resilienz, Volatilität zu akzeptieren, gleichzeitig aber die Fähigkeit, Erholung beizubehalten und zu entwickeln. Wenn wir an langfristiges Wachstum denken, sind Risikoanpassung und ein offener Umgang mit disruptiven Technologien langfristig weniger riskant und ermöglichen einen stärkeren Wachstumstrend, als im Status quo zu verharren. Schocks wie Corona können zwei langfristige Kräfte für die Erholungsphase triggern. Einerseits befeuerte Corona den technischen Fortschritt und führte zu Innovationen in verschiedenen Bereichen. Neue Technologien fördern die Resilienz und erhöhen die Flexibilität, sich künftigen Schocks anzupassen. Andererseits besteht die Gefahr langfristiger Vernarbungseffekte, welche die Resilienz schwächen können. Arbeiter, die ihre Jobs verlieren, büßen an Qualifikation ein und haben es schwer, auf den Arbeitsmarkt zurückzukehren. Störungen des Bildungssystems können zu negativen Langzeitwirkungen für das Humankapital führen. Schließlich könnte bei Unternehmen ein großer Schuldenüberhang bewirken, dass Investitionen zurückgehalten werden, worunter das Wirtschaftswachstum langfristig leiden würde.

Resilient zu bleiben, bedeutet auch, ein Chaos an den Finanzmärkten zu vermeiden. Im Jahre 2020 und Anfang 2021 blieben die Finanzmärkte resilient. Nach einem anfänglichen Zittern im März 2020 beseitigten die Interventionen der Zentralbanken rasch die Tail-Risiken an den Märkten. Dies stabilisierte die Vermögenswerte, was zu einer Schaukelbewegung führte. Da das Risiko hoher Verluste nunmehr eingedämmt war, konnten sich die Unternehmen dank niedriger Zinssätze die dringend benötigte Liquidität verschaffen. Dies machte die Wirtschaft zwar resilienter, könnte jedoch mittelfristig auch zu finanzieller Instabilität führen.

Typischerweise steigt in Krisenzeiten die Staatsverschuldung, und Corona bildet hier keine Ausnahme. Groß angelegte fiskalische Konjunkturprogramme haben – trotz eines wesentlich stärkeren elementaren Schocks als 2008 – bislang einen Crash in der Größenordnung einer Weltwirtschaftskrise abgewehrt. Sorgen um die Langzeitverschuldung zeigen jedoch, dass sich Wolken am Wirtschaftshimmel bilden. Eine Gesellschaft ist nur dann resilient, wenn die Staatsschulden langfristig tragbar sind, sonst besteht einerseits die Gefahr einer Inflation oder aber auch andererseits einer durch den Schuldenüberhang bedingten Deflation. Bis jetzt ist die Last der Staatsverschuldung noch zu schultern, da die Zinssätze niedrig sind und Staatsanleihen als sichere Anlage gelten. Regierungen, die für Zinserhöhungen anfällig sind, könnten jedoch unter stark ansteigenden Zinslasten leiden. Es ist daher entscheidend, diese sensiblen und potenziell instabilen Gleichgewichte an den Anleihenmärkten im Auge zu behalten.

Zudem besteht die Gefahr, dass die Inflation mittelfristig eine Schaukeldynamik auslöst. Im Jahre 2020 führte eine sinkende Nachfrage zwar zu niedrigen Inflationsraten, doch künftig könnte dies durch inflationäre Kräfte wieder umschlagen. Um die Resilienz zu fördern, müssen die Zentralbanken daher die Entwicklung sowohl der Deflations- als auch der Inflationsrisiken aufmerksam verfolgen, um Fallen zu vermeiden. Wie ein Rennwagen mit guten Bremsen, der sehr hohe Geschwindigkeiten anstreben kann, kann eine unabhängige Zentralbank die wirtschaftliche Erholung beschleunigen, wenn die Wirtschaft in einer Rezession steckt, verfügt aber auch über die Möglichkeit, auf die Bremse zu treten und die geldpolitischen Zügel anzuziehen, wenn es notwendig ist. An diesem Punkt kann es allerdings zu einem Interessenkonflikt zwischen Zentralbank und Regierung kommen, da die höheren Zinsen einer strengeren Geldpolitik für die staatlichen Schuldendienstkosten Mehrausgaben bedeuten. Ein Gesellschaftsvertrag ist nur dann resilient, wenn die Gesellschaft gerecht und leistungsorientiert ist und sich Ungleichheiten in Grenzen halten. Der Wendepunkt im März 2020 zeigte deutlich, dass sich bestehende Ungleichheiten auf sämtliche Bereiche der Gesellschaft auswirken und auch die Folgen von Corona für einzelne Bevölkerungsgruppen beeinflussen. Ungleichheiten zwischen verschiedenen ethnischen Gruppen oder ein ungleicher Zugang zum Gesundheitssystem verstärkten die heterogenen Auswirkungen der Pandemie. Corona war wie eine Röntgenaufnahme, durch welche die unter der Oberfläche versteckten Ungleichheiten und Ungerechtigkeiten erkennbar wurden.

Schließlich stellt sich die Frage, wie die Welt als Ganzes resilienter werden kann. Schwellen- und Entwicklungsländer stehen bezüglich ihrer Resilienz vor besonderen Herausforderungen. Eine Gefahr ist, dass Schwellenländer in eine Armutsfalle oder die mittlere Einkommensfalle geraten und langfristig nicht zu den Industrieländern aufschließen. Ihr Spielraum, auf Schocks zu reagieren, ist vergleichsweise begrenzt. Beispielsweise führten Lockdown-Maßnahmen während der Corona-Krise zu Hungertod und anderen nicht erfassten Todesfällen, zum Beispiel durch versäumte Impfungen gegen andere Krankheiten. Obendrein sind die finanziellen Spielräume sehr klein. Strapazierte öffentliche Kassen lassen wenig Raum für Förderprogramme, sollte eine weitere Krise eintreten. Die Corona-Pandemie zeigt, dass wir in einer globalen Gesellschaft leben und deshalb eine globale Resilienz brauchen. Dies wirft weitergehende Fragen zur internationalen Ordnung auf. Wie in früheren Gesundheitskrisen oder im Kampf gegen den Klimawandel steht die gesamte Menschheit einem gemeinsamen Feind gegenüber. Dennoch blieb die internationale Zusammenarbeit recht verhalten, sowohl in der Frühphase der Pandemie als auch später, als sich viele Länder unilateral Impfstofflieferungen sicherten.

Internationale Beziehungen werden auch die Welt nach Corona prägen. Der latente Machtkampf zwischen den USA und China wird sich wahrscheinlich auf mehreren Ebenen fortsetzen, darunter Digitalisierung, Cyber-Sicherheit und Handel. Gleichzeitig wird sich Europa entscheiden müssen, ob es sich stärker mit den USA verbünden oder eine unabhängigere Rolle in seinen Beziehungen sowohl zu China als auch zu den USA spielen will. Corona offenbarte zudem die Anfälligkeit tief integrierter globaler Wertschöpfungsketten. In der Zukunft müssen Lieferketten möglicherweise diversifiziert werden, was trotz geringer Mehrkosten zu höherer Resilienz führt.

Schließlich stehen Klimawandel und ökologische Nachhaltigkeit in engem Zusammenhang mit der Resilienz. Wir werden Schocks und Rückschläge erleben. Wir brauchen Innovationen, um Emissionen zu reduzieren. Das ist entscheidend, denn ohne Emissionsreduktionen steuert die Gesellschaft auf irreversible Kipppunkte zu. Diesen Kipppunkten nahe zu sein, ist gefährlich und macht uns anfällig. Durch einen einzigen Schock oder ein unvorhergesehenes Ereignis könnte die Gesellschaft eine Schwelle überschreiten, jenseits derer es kein Zurück mehr gibt. Abschließend ist es wichtig, zu sagen, dass Schocks aus einer Vielzahl von Quellen kommen können; dabei sind Pandemien nur ein Schock-Typus von vielen. Es mag überraschend klingen, aber es ist ganz normal, dass Viren von Tieren auf Menschen übertragen werden. Es geschieht praktisch im Wochentakt. Eine Übertragung von Mensch zu Mensch ist bei zoonotischen Viren indes viel seltener.[3] Die Schließung von Straßenmärkten, Frühwarnsysteme und sofortige Reaktionen auf Ausbrüche sind daher entscheidend für die Erhöhung der Resilienz. Solche Eingriffe können auch dabei nützlich sein, Corona-Mutationen wie die Ende 2020 in Südostengland und Südafrika oder im Frühjahr 2021 in Indien entdeckten Varianten frühzeitig zu erkennen.

Die Corona-Krise hat jedoch auch gezeigt, dass sträflich außer Acht gelassene Risiken verheerende globale Auswirkungen in einer Gesellschaft haben können, die eine zu geringe Resilienz besitzt, um unvorhergesehenen Umständen zu begegnen. Dies unterstreicht die Notwendigkeit, sich Gedanken über das Hauptthema dieses Buches zu machen: Wenn die nächste unvorhergesehene Krise eintritt – sei es ein weitreichender Zusammenbruch des Internets, ein Cyberangriff, ein biotechnischer Störfall, eine Bakterienresistenz gegen Antibiotika oder ein katastrophales Klimaereignis –, profitiert die gesamte Menschheit von einem neuen Gesellschaftsvertrag, der allen die Möglichkeit bietet, aus eigener Kraft auf die Beine zu kommen, wenn sie von einem negativen Schock getroffen werden.

TEIL I: RESILIENZ UND GESELLSCHAFT

Wie sollten Resilienz und der Gesellschaftsvertrag unsere Gesellschaft und unser Zusammenleben leiten? Bevor wir uns den Einzelheiten widmen, definiert Kapitel 2 zunächst den Begriff der Resilienz und stellt ihn den verwandten Begriffen von Robustheit, Nachhaltigkeit und Risiko gegenüber. Darauf aufbauend erkundet Kapitel 3 die Konsequenzen für einen resilienten Gesellschaftsvertrag, insbesondere wie er uns als Gesellschaft ein friedliches Zusammenleben ermöglicht und wie man der Gesellschaftsvertrag selbst resilient macht.

2. Resilienz und ihre Cousinen

Es gibt mehrere verwandte Begriffe, von denen die Resilienz abzugrenzen ist. Resilienz beschreibt vor allem, wie wir auf einen Schock reagieren und uns danach verhalten; sie befähigt die Mitglieder einer Gesellschaft dazu, im Falle eines negativen Schocks wieder auf die Beine zu kommen. Resilienz öffnet neue Wege, Wachstum und Nachhaltigkeit zu verbessern.

RESILIENZ: EINE DEFINITION

Mit der Zeit entwickeln und verändern sich Dinge, wobei sie häufig einem Trend folgen – ein sanfter, zeitlich gestreckter Vorgang. Gelegentlich aber kommt es zu einem Schock. Ein solcher Schock löst Veränderungen aus, etwa bei den Aktienkursen, dem Wohl eines Einzelnen oder einer Gesellschaft.

Vor dem Schock ist uns in der Regel bewusst, dass sich die Dinge plötzlich ändern können, und wir sehen mögliche künftige Verläufe. Freilich weiß man vorab nicht, ob der Schock tatsächlich eintreten wird, aber man kann ihm eine Wahrscheinlichkeit zuweisen. Manche Schocks sind äußerst selten und sind sehr unwahrscheinlich. Manche Schocks sind gut und andere schlecht. Manche Zukunftsszenarien sind harsch, wie der Corona-Schock. Andere wiederum sind unvorhergesehen oder sogar unvorstellbar, und deshalb hat sie auch niemand auf dem Schirm.

Zwei wichtige Merkmale von Schocks sind ihre Amplitude und ihre Frequenz. Klar, ein großer Schock richtet mehr Schaden an als ein kleiner. Der Unterschied ist in Abbildung 2-1 zu sehen: Dort ist der Schock im rechten Teil stärker ausgeprägt.

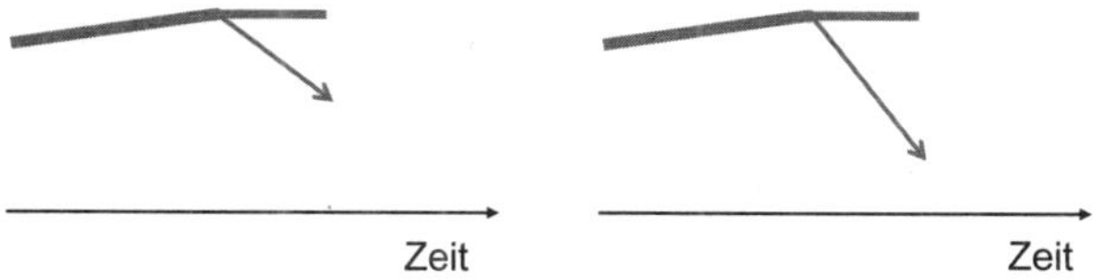

Abb. 2-1: Jede Grafik stellt die Wirkung eines negativen Schocks dar. Die Wirkung des Schocks in der linken Grafik ist kleiner als die Wirkung des Schocks in der rechten Grafik.

Resilienz

Bei der Resilienz geht es darum, was nach Eintritt des Schocks und dessen Wirkung passiert. Was geschieht als Nächstes? Dauert die Schockwirkung an, dann ist der Schock persistent wie im linken Teil von Abbildung 2-2. Im Gegensatz dazu herrscht Resilienz, wenn sie wie ein Trampolin zurückfedert, dargestellt im rechten Teil von Abbildung 2-2. Die Resilienz, das Zurückfedern, bezeichnet – in formaler mathematischer Sprache – die Rückkehr zum Mittelwert. Nach einem Schock schweift der Prozess wieder zurück zum ursprünglichen Mittel- oder Durchschnittswert. Der Begriff der Resilienz stammt aus dem Bereich der Materialforschung – ein Metall ist resilient, wenn es nach Deformation unter Stress (der Schock) zu seinem Ausgangszustand zurückkehrt.

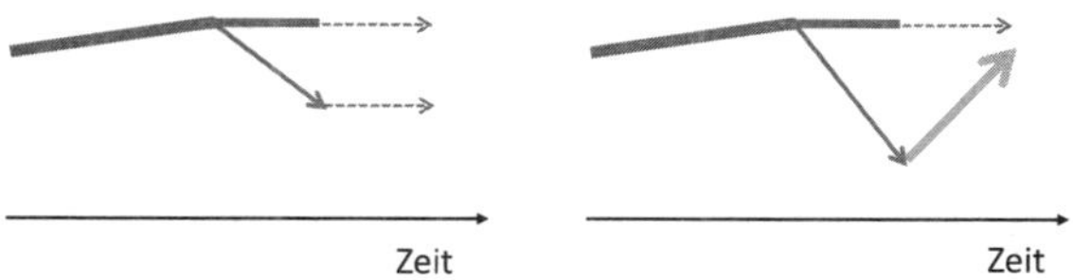

Abb. 2-2: Beide Darstellungen zeigen den weiteren Prozess nach der Schockeinwirkung. Links ist der Schock persistent, rechts sieht man einen resilienten Prozess des Zurückfederns.

Der Schock in der linken Grafik ist schwächer in seiner direkten Wirkung, doch ist diese von bleibender Dauer. Rechts hingegen ist der Schock stärker, doch ist die Reaktion resilienter. Die Schockwirkung ist nur temporär, und das System federt teilweise zurück. In der Sprache der Statistiker würde man sagen, der Parameter kehrt zu seinem Mittelwert zurück.

Ein schlimmerer Fall tritt ein, wenn sich die Lage nach Eintritt der Schockwirkung stetig verschlechtert und etwa außer Kontrolle gerät. Dies ist das Gegenteil von Resilienz und nicht in Abbildung 2-2 dargestellt.

Individuelle und gesellschaftliche Resilienz

Der Begriff der Resilienz findet auf individueller Ebene ebenso Anwendung wie auf städtischer, gesellschaftlicher oder globaler Ebene. Einzelne sind resilient, wenn sie nach einem Sturz während einer Krise wieder auf die Beine kommen, wenn sie die richtigen Schritte einleiten. Ob Einzelne sich erholen oder nicht, hängt auch davon ab, wie sie nach der Schockwirkung reagieren. In den Sozialwissenschaften bezeichnet Resilienz die Fähigkeit, sich anzupassen und zu reagieren, anstatt in Panik zu verfallen. Vor allem erfordert Resilienz, dass sich Menschen neu erfinden und aktiv an ihrer Erholung mitarbeiten. Vorab entwickelte Notfallpläne zur Anpassung im Falle eines Schocks verbessern die Resilienz.

Eine Gesellschaft als Ganzes ist resilient, wenn alle oder wenigstens die meisten Leute die Möglichkeit haben, so zu reagieren, dass sie zurückfedern können. In einer nichtresilienten Gesellschaft kann es vorkommen, dass sich manche Menschen von einer schweren Krise nie wieder erholen: zeitweiser Jobverlust führt zu Langzeitarbeitslosigkeit, Firmen schließen dauerhaft, Haushalte haben lange Zeit an einer Schuldenlast zu tragen. Sie federn auch dann nicht zurück, wenn die Versicherung ihren Sturz etwas abfängt. Die Resilienz einer Gesellschaft kann auch von der Interaktion zwischen Einzelnen abhängen oder davon, wie gut sie auf extrem negativ wirkende Ereignisse wie Pandemien vorbereitet ist. Simulationen und Stresstests, die verschiedene Reaktionen auf Schocks durchspielen, erhöhen die Bereitschaft und Resilienz einer Gesellschaft. Grundsätzlich müssen Gesellschaften – sprich: Gruppen von Individuen – auf koordinierte Weise reagieren, und Institutionen müssen sich häufig neu erfinden.

Resilienz fördern

Wie erlangt man die Fähigkeit und das Wissen, um sich rasch anzupassen und zurückzufedern? Wie können wir die Resilienz und die Fähigkeit der Menschen fördern, sich anzupassen und auf Schocks flexibel zu reagieren?

Eine Möglichkeit ist es, solche Reaktionsmuster dadurch zu erlernen, dass man gelegentlich kleineren Schocks ausgesetzt ist. Das menschliche Immunsystem liefert in dieser Hinsicht ein hervorragendes Beispiel. Um Antikörper und Resistenz gegen Keime zu entwickeln, muss das Immunsystem ihnen ausgesetzt sein. Besteht ein solcher Kontakt in einer hypersterilen Umgebung nicht, kann keine Resilienz aufgebaut werden. Sobald der Körper diese sterile Umgebung verlässt, ist er anfällig für Infektionen, da er auf den Kampf gegen Keime nicht vorbereitet ist. Auf ähnliche Weise scheiterten viele erfolgreiche Startup-Gründer mit ihren ersten Unternehmen, bevor sie dann milliardenschwere Einhorn-Geschäftsmodelle entwickelten. Aus dem eigenen Scheitern zu lernen kann sehr lehrreich sein, da man so Anhaltspunkte für Verbesserungen und geeignetere Praktiken gewinnt.

Dasselbe gilt für ganze Gesellschaften. Einen kleineren Schock erfahren zu haben hilft, mit künftigen Schocks besser umzugehen. Dass etwa Taiwan so erfolgreich auf seine Corona-Ausbrüche reagierte, war darauf zurückzuführen, dass das Land nach den Erfahrungen mit dem SARS-Ausbruch von 2003 bereits Notfallpläne in der Schublade hatte.[1] Kurz: Auf individueller wie auf gesellschaftlicher Ebene haben Menschen die Möglichkeit, Resilienz zu erlernen, wenn sie ab und zu Risiken ausgesetzt sind (im Gegensatz zu vollständiger Risikovermeidung) – indem sie Pläne aufstellen, wie mit ähnlichen Risiken in der Zukunft umzugehen ist.

Robustheit

Geht es bei der Resilienz darum, nach Schocks zurückzufedern, beschreibt der Begriff der Robustheit ein Standhalten ohne Anpassung. Es ist die Fähigkeit zu widerstehen.

Unter den meisten Bedingungen funktioniert ein robustes System gut und läuft ganz normal weiter. Wie die Eiche hält sie der Wirkung der meisten Schocks stand, bricht aber unter Extrembedingungen. Je robuster ein System ist, also je mehr Bedingungen es standhält, desto kostspieliger wird es, da immer mehr Sicherheitspuffer benötigt werden. Eine totale Robustheit, die sämtliche Notfälle abdeckt, etwa eine Null-Fehler-Toleranz, ist typischerweise nicht realisierbar.

Die Resilienz hingegen hält Schocks auf flexible Weise stand. Wie ein Schilfrohr nachgibt, passt sie sich der Situation an und federt dann zurück. Resilienz kann mehr Notfälle abdecken, also auch Schocks, welche die »Robustheitsbarriere« durchbrechen.[2] Robustheit ist typischerweise wesentlich kostspieliger. Gibt man ein wenig nach, um die Kosten zu senken – ein Wesensmerkmal der Resilienz –, kann das daher wirtschaftlich weitaus effizienter sein. Somit besteht die Wahl zwischen einer kostspieligen, hinreichend robusten Lösung und einem resilienteren Ansatz, der sich konstant in der richtigen Art und Weise anpasst. Eine andere Analogie veranschaulicht den Unterschied zwischen den beiden Konzepten. Ein robuster Wolkenkratzer, der jedem Sturm unbeweglich standhält, erfordert eine riesige Menge Material, wodurch er sehr teuer und möglicherweise auch so schwer wird, dass er sein eigenes Gewicht nicht tragen kann. Ein resilienter Wolkenkratzer hingegen schwankt ein bisschen im Wind. An einem windigen Tag kann die Schwankung von Gebäuden wie dem Willis Tower in Chicago bis zu einem Meter betragen.[3] Die Einplanung resilienter Schwankungen gestattet höhere und leichtere Konstruktionen mit modernen Glasfassaden.[4]

Redundanzen

Redundanzen sind Sicherheitspuffer, die für Robustheit und Resilienz gleichermaßen entscheidend sind. Robustheit erfordert redundante Backups für jede Einheit und jede Aufgabe, die einem Schock ausgesetzt sein könnten. Die Resilienz wiederum erfordert die Neugruppierung von Ressourcen nach temporärem Zurückziehen. Agilität, Flexibilität, Liquidität und allgemeine Bildung sind entscheidend für Wiedereinsetzung und Neuoptimierung nach einem Schock für Leute, die nicht direkt auf einen Schock reagieren können.

Auf Schocks, nach denen man sich nicht ohne Weiteres erholen kann, weil sie einen in eine Falle drängen, sind Robustheit fördernde Redundanzen die richtige Antwort. Bei Schocks, die einen zwar zurückwerfen, nach denen man sich aber durch Anpassung neu aufstellen kann, ist es hingegen wirtschaftlich sinnvoller, Redundanzen zur Verfügung zu haben. Schließlich sollte es generische Redundanzen geben, die einen auf unvorhergesehene Schocks vorbereiten. Für diese haben Flexibilität und Agilität höchste Priorität, um eine möglichst große Bandbreite unvorhergesehener Bedrohungen abzudecken.

RESILIENZ UND NACHHALTIGKEIT

Der Begriff der Resilienz lässt sich auch mit dem Begriff der Nachhaltigkeit verknüpfen, auf welchem der Fokus des Klimawandel-Kapitels liegt. Eine Entwicklung ist nachhaltig, wenn sie langfristig beibehalten werden kann.

Resilienz bewahrt einen davor, von einer Klippe zu stürzen, wenn man getroffen wurde. In diesem Sinne ist ein Prozess ohne Resilienz nicht nachhaltig. Resilienz ist essentiell für Nachhaltigkeit. Dennoch genügt Resilienz allein nicht für eine nachhaltige Entwicklung. Selbst wenn man nach einem Schock zurückfedert, sieht die Zukunft düster und wenig nachhaltig aus, wenn sich der tiefer liegende Trend langsam und stetig verschlechtert.

Paradoxerweise ist die resiliente Inkaufnahme gewisser Risiken möglicherweise der einzige Weg, Nachhaltigkeit zu erreichen. Stellen wir uns einen Raum vor, der sich mit Wasser füllt, das durch die Hintertür eindringt. Wird nichts unternommen, ist der Raum bald vollständig mit Wasser angefüllt. Nehmen wir an, die einzige Option, das Wasser abzuleiten, wäre die Öffnung einer weiteren Tür, damit es abfließen kann. Hinter dieser Tür könnte jedoch ebenso gut noch mehr Wasser sein. Wir wissen es einfach nicht. Wird aber gar nichts unternommen, ist die Lage eindeutig unhaltbar, also ist eine gewisse Risikoinkaufnahme erforderlich.

Die einzige Möglichkeit, einen Prozess nachhaltig zu machen, könnte es sein, zu experimentieren, neue Wege zu gehen und eine Tür zu öffnen. Obwohl dies zu temporären Schocks führen kann, wäre eine zu intelligenten und kreativen Reaktionen befähigte Welt resilient und könnte nach jedem Schock zurückfedern. Der solche Umwälzungen beinhaltende Prozess ist vielleicht der einzige Weg, um am Ende Nachhaltigkeit und ihren notwendigen Bestandteil, die Resilienz, zu erreichen.

WACHSTUM MIT RESILIENZ

Auf den ersten Blick mag es erscheinen, als ließe sich Resilienz nur auf Kosten des Wachstums erreichen. Unsere Intuition sagt uns offenbar, dass eine Gesellschaft umso anfälliger wird, je schneller sie wächst. Wachstum erzeugt Spannungen bei »Just-in-Time-Lieferketten«, verlangt viele rasche Anpassungen bei den Arbeitskräften und setzt die Kapazitätsauslastung unter Druck.

Diese Vorstellung führt jedoch in die Irre. Im Gegenteil ist es so, dass sich eine resilientere Gesellschaft langfristig eines stärkeren Wachstums erfreut, weil sie Schocks besser absorbieren kann. Aus diesem Grund ist eine resiliente Gesellschaft besser in der Lage, Risiken einzugehen. Die Bereitschaft, Risiken einzugehen, ist ein essentieller Wachstumstreiber. Eine beliebte Erklärung des Wachstumsprozesses ist Schumpeters Modell der »kreativen

Zerstörung«. Innovationsförderung, die möglicherweise ganze Wirtschaftszweige zerstört, führt im Mittel zu größerem Wachstum, macht die Volkswirtschaft aber auch anfälliger, wenn neue Akteure eingesessene Firmen verdrängen. Solange die Volkswirtschaft resilient ist, federt sie nach solchen temporären Störungen wieder zurück. Mangelt es jedoch an Resilienz, etwa nach einer Finanzkrise, und führt eine Rezession zu einem dauerhaft geringeren Wachstum, dann verdienen Risikoerwägungen wesentlich größere Aufmerksamkeit.

Investitionen, Innovation und Unternehmertum basieren alle auf dem Eingehen von Risiken. Oft profitiert die Gesellschaft, wenn in Forschung und Entwicklung Risiken eingegangen werden. Man denke nur an das Geschäftsführer-Ehepaar des deutschen Startups BioNTech, Uğur Şahin und Özlem Türeci, die schon im Januar 2020 ihr gesamtes Unternehmen auf die Entwicklung eines neuen mRNA-Impfstoffs gegen Corona umstellten.[5] Mehr Innovation stärkt in der Folge das Wirtschaftswachstum, welches wiederum eine höhere Resilienz schafft. Bisweilen zahlt sich Risikobereitschaft aus. Manchmal jedoch treten solche Risiken ein, mit Verlusten, die zu irreversiblen Schäden führen. Wenn sie zum Beispiel in eine Falle führen, sollte man von der Aufnahme von Risiken absehen.

Risiko versus Resilienz

Risiko bedeutet, einem möglichen Schock entgegenzusehen, bevor dieser eintritt. Um noch einmal auf Abbildung 2-1 zurückzukommen: Das links dargestellte Vorabrisiko ist kleiner als das auf der rechten Seite, da die Größe des möglichen Schocks geringer ist. Natürlich gilt dies nur unter der Voraussetzung, dass der Schock in beiden Fällen gleichermaßen wahrscheinlich ist. Schocks können mehr oder weniger wahrscheinlich oder regelmäßig sein. So können etwa die Temperatur oder der Aktienkurs eine Zeit lang stabil bleiben, sich dann aber von einem Tag auf den anderen sehr schnell nach oben oder nach unten bewegen. In der Sprache der

Statistiker lassen sich Amplitude und Wahrscheinlichkeitsverteilung zu einer einzigen Größe kombinieren, der »Varianz«.[6] Wir müssen uns grundlegend entscheiden, wie wir Risiken betrachten. Natürlich würde keine zivilisierte Gesellschaft zulassen, dass ihre Mitglieder ohne jede Absicherung einem sehr großen Risiko ausgesetzt wären. Etwas vereinfacht kann man jedoch zwischen zwei Herangehensweisen unterscheiden.

Die erste ist die Risikovermeidung. Die Gesellschaft organisiert sich mit dem primären Ziel, Frequenz und Größe von Schocks zu reduzieren. Gesellschaftliche Regeln und Normen werden aufgestellt, um die Risikoexposition von Einzelnen oder Gruppen zu reduzieren. Um die Risikoexposition zu minimieren, kann man etwa auf bestimmte Aktivitäten verzichten oder auf einen Haftungsausschluss bestehen.

Im Zusammenhang mit der Risikovermeidung gibt es jedoch zwei Probleme. Erstens kann sie vor Aktivitäten abschrecken, die zwar grundsätzlich riskant sind, sich aber als äußerst vorteilhaft für das Wirtschaftswachstum und die Gesellschaft erweisen könnten. Im Gegenteil: Eigentlich sollte man solche Risikobereitschaft belohnen. Da Unternehmen die Früchte ihrer Investitionen in Forschung und Entwicklung nicht allein ernten – ein Teil kommt anderen in der Gesellschaft zugute –, ist Unterinvestition in diesem riskanten Bereich die Regel. Die Gesellschaft würde mehr von Forschung und Entwicklung profitieren, doch die einzelne Firma hat keinen Anreiz, so viele Innovationen zu tätigen, wie es die Gesellschaft gerne hätte, weil ein großer Teil des Gewinns anderen zufließt. Eine höhere Risikonahme wäre in einer solchen Situation vorteilhaft.

Langfristig mag daher ein alternativer Ansatz vorzuziehen sein. Dieser basiert auf der Risikoakzeptanz, aber innerhalb eines Rahmens aus Institutionen, Regeln und gesellschaftlichen Prozessen, die für Resilienz sorgen. Wird er erfolgreich umgesetzt, fördert er Risikonahme und Wachstum, schützt aber die Gesellschaft, wenn sich Risiken bewahrheiten. Zudem bringt eine starke Resilienz große Vorteile, wenn die Schocks außergewöhnlich stark sind. Ein gutes Beispiel dafür ist, wie es der japanischen Gesellschaft gelang, den gesellschaftlichen Zusammenhalt nach der Katastrophe von Fukushima zu bewahren, einer schlimmstmöglichen Kombination aus Naturkatastrophe und in menschlichem Handeln begründeten Risiken.

Wirtschaftliche Aktivität wird zunehmend komplexer und naturgemäß auch riskanter, sodass die Resilienz zu einem Schlüsselfaktor für weiteres Wachstum wird.

Die Gesellschaft zum Risiko ermutigen

Wenn man nach einem Scheitern wieder auf die Beine kommen kann, wird jeder Einzelne weiterhin zur Risikonahme ermutigt. Diese ganz simple Erkenntnis hat viele Auswirkungen auf die öffentliche Politik. Eine davon ist die Bedeutung der beschränkten Haftung – oft dargestellt als Erfindung des Rechts, die den Kapitalismus erst möglich gemacht hat. Eine beschränkte Haftung verteilt negative Risiken und bietet eine Form von Resilienz. Sie begrenzt negative Risiken und schafft dadurch Anreize für Risikonahmen. Bei einer Haftungsbeschränkung wird der maximale Verlust für den Unternehmer gedeckelt. Folglich verfügt er oder sie selbst im Falle eines Scheiterns über genügend Mittel für einen Neustart.[7] Wenn die Verluste auf die Höhe einer anfänglichen Investition begrenzt werden, können Unternehmer auch Projekte in Angriff nehmen, die mehr Gewinn versprechen. Bei einer Privatinsolvenz werden Haushalte in der Regel von einem Teil ihrer Schulden entlastet, sodass sie nach ein paar Jahren, während deren möglicherweise Gehaltspfändungen vorgenommen werden, schuldenfrei sind. Diese Schuldbefreiung ist wie eine Leiter, die man Privathaushalten reicht, damit sie mittelfristig aus dem Loch einer Privatinsolvenz herauskommen können. Mechanismen der Haftungsbeschränkung versichern Einzelne gegen negative Extremrisiken und gewährleisten darüber hinaus vor allem individuelle Resilienz.

Die Feinjustierung der Haftungsbeschränkung ist freilich ein Balanceakt, der einerseits Investitionen in Forschung und Entwicklung anregen, andererseits exzessive Risikonahme verhindern soll, insbesondere im Bereich finanzieller Spekulation.

Zwei Wege des Wachstums

Abbildung 2-2 stellt zwei Wachstumspfade dar. Es könnte sich bei ihnen um die kumulierte Wertentwicklung eines Investmentfonds, das langfristige Wachstum einer Volkswirtschaft oder um den Wachstumskurs eines erfolgreichen Startups handeln. Wenn man sich ausschließlich auf die Risikominimierung fokussiert, also auf eine geringe Volatilität, dann ist die gestrichelte Kurve sehr attraktiv. Bei ihr gibt es überhaupt keine Volatilität, sondern nur ein ziemlich ansehnliches Wachstum, wohingegen die schwarze durchgezogene Linie schneller ansteigt, jedoch auf Kosten einer signifikanten Volatilität. Ein Risikominimierer würde sich für die gestrichelte Kurve entscheiden.[8] Die durchgezogene Kurve ist jedoch noch sehr resilient. Nach jeder Abwärtsbewegung federt sie zurück. Ein Resilienzoptimierer würde den Prozess wählen, der dem durchgezogenen Pfad zugrunde liegt. Längerfristig akkumuliert sich die höhere Wachstumsrate, und zwischen den beiden Prozessen tut sich eine exponentielle Lücke auf. Abbildung 2–3 veranschaulicht somit in aller Kürze, wie Risikominimierung auf große Gewinne verzichtet, Resilienzmanagement hingegen zu eindeutig besseren Ergebnissen führen kann.

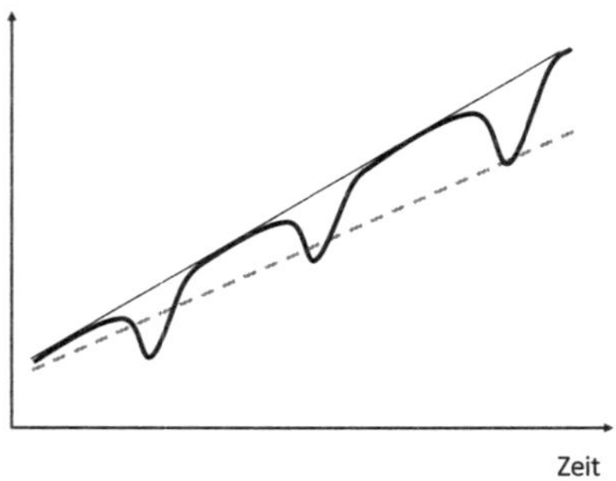

Abb. 2–3: Risikovermeidungspfad (gestrichelt) im Gegensatz zum volatilen, aber resilienten Pfad (durchgezogene schwarze Linie).

Ein konkretes Beispiel dafür, wo diese Unterscheidung offensichtlich wird, ist die wirtschaftliche Analyse der Kosten von Konjunkturschwankungen. Wie viel sollten wir zu zahlen bereit sein, um Konjunkturschwankungen zu vermeiden? Eine Bewertung des Nobelpreisträgers Robert Lucas legt nahe: sehr wenig. Freilich nimmt Lucas' Analyse das Zurückfedern als gegeben an und befasst sich nicht damit, wie eine resiliente Volkswirtschaft zu erreichen wäre. Ein Risikominimierer indes wäre bereit, beträchtliche Kosten und ein langfristig geringeres Wachstum in Kauf zu nehmen, wenn sich solche Schwankungen dadurch eliminieren ließen – siehe die gestrichelte Kurve in Abbildung 2-3. Dieser Ansatz übersieht jedoch vollkommen die Resilienz. Lange Zeit erholte sich die US-amerikanische Wirtschaft von jeder Rezession. Zumindest bis 2007 war sie äußerst resilient. Das langfristige Wachstum teilweise zu opfern, um dadurch Konjunkturschwankungen zu vermeiden, hätte sich als kostspielig erwiesen, da teilweise auf kräftiges Wachstum verzichtet worden wäre. Freilich wird bei Gesamtzahlen übersehen, dass bei Konjunkturschwankungen große Heterogenität bezüglich ihrer Auswirkungen besteht. Manche Berufsgruppen sind von Rezessionen schwer betroffen und daher vermutlich eher bereit, für eine Abmilderung von Konjunkturschwankungen zu bezahlen, als stark antizyklische Berufe. Daher ist eine Resilienz der Makroökonomie häufig nicht ausreichend; man benötigt eine Mikroresilienz: In einer inklusiven resilienten Gesellschaft haben alle Bürger die Möglichkeit, nach einem persönlichen Schock wieder auf die Beine zu kommen.

Damit der volatile Pfad den sanften Pfad übertrifft, muss er zurückfedern. Haftungsbeschränkungen etwa bieten Betroffenen ebenfalls eine Möglichkeit, nach einem negativen finanziellen Schock zu reagieren und wieder auf die Beine zu kommen. Ist der volatile Pfad indes mit Fallen gepflastert, sind Störungen sehr kostspielig, sodass es sinnvoll erscheint, sich für den sanften Weg zu entscheiden.

Exogene Wachstumsmodelle in den Wirtschaftswissenschaften gehen allesamt von resilienten Verläufen aus. In vielen endogenen Wachstumsmodellen können konstante Innovationen zu einer höheren Wachstumskurve führen. Daneben gibt es auch endogene Wachstumsmodelle, die Fallen aufweisen, wo die Resilienz versagt, wenn die Wirtschaft in eine Armuts- oder mittlere Einkommensfalle gerät. Im dritten Teil dieses Buches werden wir noch etwas allgemeiner sehen, dass Finanzkrisen häufig nicht resilient sind und die Volkswirtschaft auf einen dauerhaft niedrigeren Pfad zwingen, während Rezessionen, die durch äußere Ereignisse ausgelöst werden (wie etwa die Nuklearkatastrophe im japanischen Fukushima) zumindest aus rein wirtschaftswissenschaftlicher Sicht resilienter sind.

Wie sich Resilienz und Wachstum gegenseitig verstärken

Eine Gesellschaft ist resilienter, wenn das Tempo der Veränderung die Fähigkeit zum Wandel nicht übersteigt. In den Sinn kommt die Analogie eines Radfahrers, der in aufkommende Querwinde gerät. Wenn er relativ schnell fährt, kann er den Winden am besten standhalten – er ist resilient. Ist das Wirtschaftswachstum hingegen zu langsam, funktioniert dies nicht. Disruptive Veränderungen, die bestimmte Teile der Gesellschaft unter Stress setzen, sind deshalb schwieriger zu handhaben, wenn die Volkswirtschaft nicht wächst. Durch Wachstum entstehen Zusatzgewinne, die es der Gesellschaft erlauben, Schwächeren den Umstieg zu erleichtern. Eine Gesellschaft, die inklusives Wachstum fördert, stabilisiert schließlich den Gesellschaftsvertrag selbst, wodurch ein positiver Kreislauf entsteht.

Allerdings besteht auch bei hoher Geschwindigkeit Gefahr für den Radfahrer. Fährt er in ein Schlagloch, kann er stürzen, insbesondere bei hohem Tempo. Ist er erst einmal gestürzt und verletzt, wird es schwierig, die Fahrt ohne Weiteres fortzusetzen. Es gilt daher zu vermeiden, dass Menschen durch Wandel und technologischen Fortschritt auf der Strecke bleiben. Wir werden auf diese Gedanken zurückkommen, wenn wir uns mit Innovation und Ungleichheit befassen.

Zusammenfassend lässt sich also sagen, dass Gesellschaften Risiken eingehen müssen, um Wachstum zu erreichen. Und eintretende Risiken sollten Individuen und Gesellschaft nicht zurückwerfen können. Die Resilienz befähigt Einzelne, Gruppen und Gesellschaften, Risiken auf sich zu nehmen, aber sich im Falle ihres Eintretens wieder zu erholen.

Gesellschaften haben noch andere Möglichkeiten, mit Risiken umzugehen. Sie können beispielsweise versuchen, sie zu reduzieren oder zu mildern, indem sie ein langsameres Wachstum anstreben. Daneben können sie Einzelne versichern. Der Begriff der Versicherung bezeichnet einen Prozess, bei dem Risiken vergemeinschaftet und/oder übertragen werden. Dabei stellen sich jedoch sehr schwierige Fragen nach dem moralischen Risiko. Es kann zu exzessiver Risikonahme oder einer schlechten Risikoverteilung innerhalb der Volkswirtschaft kommen. Eine resiliente Gesellschaft findet von selbst das optimale Risikoniveau zur Erreichung ihrer Ziele. Weder schützt sie ihre Mitglieder vor jeglichem Risiko, noch strebt sie eine vollständige Risikoeliminierung an. Vielmehr zielt sie explizit darauf ab, dass ihre Mitglieder sich im Falle eines Risikoeintritts wieder erholen können. Dies bedingt einen vollkommen anderen Ansatz für Wohlfahrt und öffentliche Politik.

3. Was Resilienz im Gesellschaftsvertrag verloren hat

Stellen wir uns eine Gruppe von Menschen vor, die ausschließlich auf Basis ihrer unmittelbaren Bedürfnisse und eigenen Wünsche handeln, ohne jemals die Auswirkungen ihres Handelns auf andere Gruppenmitglieder in Erwägung zu ziehen. Eine solche Gruppe wäre sehr gewalttätig und instabil. Es würde das Gesetz des Dschungels herrschen. Jeder Schock, jede Störung würde verstärkt werden, oft unsichtbar, weil die Mitglieder versuchten, diese Einwirkungen an andere weiterzugeben. Das Gesetz des Dschungels hat für wenige Vorteile, lässt die Gesellschaft als Ganzes jedoch als Verlierer zurück. Tatsächlich würde man eine solche Gruppe gar nicht als »Gesellschaft« bezeichnen. Ihre Existenz wäre dauerhaft in Gefahr. Gesellschaften bestehen, weil sie über Mechanismen verfügen, die verhindern, dass sich Schocks bis zur Selbstvernichtung hochschrauben. Um zu überleben, müssen Gesellschaften resilient sein. Ein »Gesellschaftsvertrag« umfasst sämtliche Kräfte und Mechanismen, die zur Resilienz einer Gesellschaft beitragen. Philosophen der Aufklärung wie Thomas Hobbes, John Locke und Jean-Jacques Rousseau machten sich zunächst Gedanken über die Entstehung von Gesellschaftsverträgen. Hobbes postulierte, wenn die Menschen in einem vorgesellschaftlichen »Naturzustand« lebten, also in einer Welt ohne Gesellschaftsordnung oder Gesetze, würden sie möglicherweise nicht davor zurückschrecken, das Wohlbefinden anderer zu beeinträchtigen. Zum Beispiel würde sie nichts davon abhalten, sich fremdes Hab und Gut anzueignen und zu nutzen. Die Grundannahme menschlichen Verhaltens in den Wirtschaftswissenschaften, die im Begriff des Homo oeconomicus zusammengefasst ist, ist eine Weiterführung Hobbes' philosophischer Gedanken: Man geht davon aus, dass die Menschen egoistisch sind, dass sie alles tun, womit sie durchkommen. Im Gegensatz zur Hobbes'schen

Annahme, die auch der klassischen Ökonomie zugrunde liegt, sind Locke und Rousseau hinsichtlich des menschlichen Charakters etwas optimistischer. Sie betonen, dass Menschen grundsätzlich gut seien, aber von der Gesellschaft korrumpiert werden können. In der jüngeren Verhaltensökonomie werden auch Altruismus und Fairnesspräferenzen untersucht.

Um die schlechten Folgen des vorgesellschaftlichen »Naturzustands« zu überwinden, können sich die Menschen auf einen impliziten Gesellschaftsvertrag einigen. Solche Verträge können auf familiärer, kommunaler, firmeninterner, nationaler oder globaler Ebene geschlossen werden; sie legen die persönlichen Rechte des Einzelnen fest und ermöglichen bessere Reaktionen auf Schocks. Kurz, der Gesellschaftsvertrag begrenzt die persönlichen Freiheiten. Er kann die Chancenverteilung durch die Beeinflussung der Spielregeln drastisch verändern.

Entlang welcher Dimension sollte der Gesellschaftsvertrag Resilienz zeigen? Im Rahmen von wirtschaftlicher Aktivität wie dem BIP, hinsichtlich gesellschaftlicher Wohlfahrt oder des persönlichen Wohlergehens? Schlussendlich sind alle diese Dimensionen von Bedeutung. Vor allem aber muss der Gesellschaftsvertrag selbst resilient sein. Ein Gesellschaftsvertrag ist von geringem Nutzen, wenn er einem externen Schock nicht standhält. Daher ist auch eine Gesellschaft nicht resilient, wenn sich ein Gesellschaftsvertrag leicht auflöst.

Um die Zusammenhänge zwischen Gesellschaftsverträgen und Resilienz besser zu begreifen, ist es hilfreich, zunächst auf die »Externalitäten« zu sprechen zu kommen. Dieser in den Wirtschaftswissenschaften gebräuchliche Begriff ist auf den weiteren gesellschaftlichen Kontext übertragbar.

VOM UMGANG MIT EXTERNALITÄTEN

Der Begriff der Externalität – auch: externer Effekt – bezeichnet Nebenwirkungen. Diese entstehen, wenn das Handeln eines Einzelnen indirekt andere Menschen betrifft, die an der ursprünglichen Entscheidungsfindung nicht beteiligt waren. Ein klassisches Beispiel ist die Verschmutzung eines Flusses, die für die flussabwärts lebenden Menschen eine negative Externalität bedeutet. Neben der Externalität, also der Wirkung auf das Wohlergehen anderer Menschen, ist auch wichtig, wie die Person auf Empfängerseite der Externalität reagieren kann. Zum Beispiel durch Gebrauch eines Wasserfilters, der die Externalität abschwächt, oder durch ein Handeln, das die Gefahr an andere weiterleitet.

In der Corona-Welt fallen einem sofort vier besonders anschauliche Beispiele ein: Erstens das Tragen von Masken. Es hat eine Auswirkung auf die Gesundheit des Maskenträgers, führt aber auch zu einer ausgesprochen positiven Externalität für die Menschen in seinem Umfeld. Da man obendrein sehen kann, ob jemand eine Maske trägt, kann man darauf reagieren und Menschen ohne Maske meiden. Ein anderes Beispiel ist das Abstandhalten. Wer beschließt, keinen Abstand zu halten (eine Entscheidung, auf die andere kaum Einfluss nehmen können), setzt andere einem Infektionsrisiko aus und schafft somit eine negative Gesundheitsexternalität. Ähnlich wie beim Maskentragen lässt sich die Externalität in vielen Fällen abschwächen, wenn entsprechende Schutzmaßnahmen ergriffen werden, die allerdings recht kostspielig sein können. Drittes Beispiel: Impfverweigerer mindern die Wirksamkeit der Impfkampagne und erhöhen dadurch das Risiko für andere – eine weitere negative Gesundheitsexternalität. In diesem Fall kann man nicht wissen, ob jemand geimpft ist, daher ist es schwierig, bei zufälligen Begegnungen mit anderen Menschen angemessen zu reagieren.

Neben diesen Externalitäten auf individueller Ebene können auch Länder Externalitäten schaffen, die sich auf andere Länder auswirken. Da Corona im Januar 2021 in vielen Ländern praktisch außer Kontrolle war, wuchs die Zahl von Virusmutationen. Es bestand und besteht nach wie vor die Gefahr, dass sich das Virus bis zu einem Punkt weiterentwickelt, ab dem die bisherigen Impfstoffe unwirksam sind. Länder, die das Virus nicht eindämmen, schaffen also Externalitäten, indem sie eine Brutstätte für neue Varianten bieten, die sich weltweit verbreiten könnten.

Die Ansteckung mit dem Corona-Virus

Die Virusansteckung ist eine Externalität, die sich von einer Person auf mehr als eine andere auswirkt. In der Epidemiologie wird die Virusausbreitung oft mit dem Reproduktionswert R gemessen, der angibt, wie viele weitere Personen eine infizierte Person ansteckt. Steigt der R-Wert über 1, steckt jeder Infizierte im Schnitt mehr als eine andere Person an, und das Virus verbreitet sich innerhalb der Bevölkerung.

Das dadurch in Gang gesetzte exponentielle Wachstum ist trügerisch. Eine Zeit lang steigen die Inzidenzen nur langsam und können als lineares Wachstum fehlinterpretiert werden. Nach ein paar Wochen aber wird das exponentielle Wachstum erkennbar, wenn die Fallzahlen explodieren.[1] Resilienz wirkt erst, wenn sich die Externalität verlangsamt, weil die Empfänger der Externalitäten über bessere Abwehrmechanismen verfügen, etwa Abstandsregeln oder Impfstoffe. Außerdem muss man bedenken, dass sich das Virus auch nicht gleichmäßig innerhalb der Gesamtbevölkerung ausbreitet, sondern möglicherweise etwa von einer weniger vorsichtigen Altersgruppe auf andere Altersgruppen übertragen wird.

Abbildung 3-1 bietet eine anschauliche Darstellung der Externalitäten im Sommer und Herbst 2020 in Deutschland. Im Juli 2020 war das Virus großteils eingedämmt. Dann begann es sich erneut zu verbreiten, und zwar vorrangig aufgrund des Verhaltens von Menschen zwischen zwanzig und dreißig. Während der Kalenderwochen 35 bis 40 verbreitete sich das Virus langsam, aber sicher in allen Altersgruppen, bis es schließlich die 90-Jährigen erreichte. Dieses Muster zeigt deutlich, welche Externalitäten junge Menschen der älteren Bevölkerung über einen bestimmten Zeitraum aufbürdeten. Die Infektionszahlen unter den Älteren, die zudem ein wesentlich höheres Sterberisiko haben, blieben lange sehr hoch.

Externalitäten bestehen auch über Bevölkerungsgruppen hinweg und sind teilweise durch Politik induziert. Wanderarbeiter in den größeren Städten Indiens, die sich bei reichen Auslandsreisenden mit dem Virus infiziert hatten, waren durch den Lockdown gezwungen, ihre Beschäftigung aufzugeben und in ihre Heimatdörfer zurückzukehren, weil sie sonst verhungert wären. Dadurch breitete sich das Virus freilich auch auf dem Lande aus.[2]

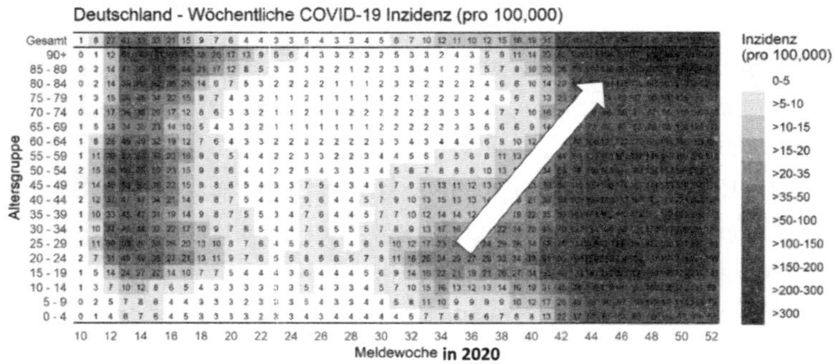

Abb. 3–1: Die Ausbreitung von Corona in Deutschland im Jahr 2020, verteilt auf die verschiedenen Altersgruppen.
Quelle: Robert-Koch-Institut 2020.

Resilienz tritt dann ein, wenn Externalitäten zurückgedrängt werden, zum Beispiel durch Immunität. In den einfachen SIR-Infektionsmodellen entsteht Resilienz durch Herdenimmunität, immer davon ausgehend, dass eine überstandene Infektion zu dauerhafter Immunität führt. Dieses vorherrschende epidemiologische Modell zeigt, wie sich ein Virus innerhalb einer nicht immunen (S) Bevölkerung verbreitet, nach und nach die meisten Menschen dort infiziert (I), bis diese Menschen wieder genesen (*recover,* R). Wenn der Anteil genesener Menschen mit der Zeit wächst, verursachen Erkrankte weniger Externalitäten, und die Ausbreitung des Virus verlangsamt sich. Es kommt zur Herdenimmunität, welche die Resilienz steigert. Wenn sämtliche Infizierten durchschnittlich weniger als eine weitere Person anstecken, also R<1, dann stirbt das Virus mit der Zeit langsam aus, und die Gesellschaft federt zurück.

Resilienz – oder der Mangel an Resilienz – hängt meist davon ab, wie Menschen auf einen Schock reagieren oder reagieren können. Es ist wichtig, zwischen verschiedenen Arten von Externalitäten zu unterscheiden. »Fallen-Externalitäten« berauben andere ihrer Resilienz, sprich: ihrer Fähigkeit, nach einem Schockereignis wieder auf die Beine zu kommen. In Entwicklungsländern ist dieses Beispiel leider gang und gäbe: Ein Unternehmer entlässt einen Arbeiter, der es sich daraufhin nicht mehr leisten kann, seine Kinder zur Schule zu schicken. Das Potenzial der Kinder wird erheblich eingeschränkt, und die Kinder haben praktisch keine Möglichkeit, darauf zu reagieren. Solche Folgen erinnern an die Eiche in La Fontaines Fabel: Ist der Baum erst durch einen Sturm entwurzelt, stirbt er.

Die Reaktion von jemandem, der einer Externalität ausgesetzt ist, kann auch zu destabilisierenden Rückkopplungsschleifen führen, welche die Resilienz schwächen. Wenn Menschen kumulativ einander Externalitäten aufbürden, bringen sie die Gesellschaft dadurch mehr und mehr aus dem Gleichgewicht und verringern ihre Resilienz. Dann spricht man von »Rückkopplungs-Externalitäten«. Ein klassisches Beispiel ist der Bank Run: Wenn einige Kunden heute ihr Geld von der Bank abheben, destabilisiert das die Bank und verursacht somit eine negative Externalität für die verbleibenden Kunden. Es könnte obendrein andere Kunden dazu bringen, dasselbe zu tun, sodass eine »Rückkopplungs-Externalität« entsteht. Wenn alle Kunden eilig ihre Konten leeren wollen, hat die Bank nicht genügend Bargeld, um sämtlichen Abhebeforderungen zu bedienen, da ein Großteil des Geldes typischerweise in Form von Krediten verliehen ist. Obwohl die Bank solvent ist, da ihre Vermögenswerte ihre Verbindlichkeiten übersteigen, droht das Risiko der Zahlungsunfähigkeit. Schließlich könnte der Prozess in einen ausgewachsenen Bank Run münden, der die Bank dazu zwingt, Abhebungen auszusetzen.

Abstrakt betrachtet sind Hamsterkäufe von Gesichtsmasken dasselbe wie ein Bank Run. Zwar könnte ein Geschäft genügend Gesichtsmasken für jeden einzelnen Kunden auf Lager haben, aber nicht genügend für die zusätzliche Nachfrage aufgrund von Hamsterkäufen. Beide Arten von Runs verdeutlichen die weitreichenden Folgen von Rückkopplungs-Externalitäten. Die wenigen, die einen Bank Run auslösen oder Gesichtsmasken horten, schaffen Externalitäten, die in großem Maßstab zu einem Ansturm auf Banken oder Gesichtsmasken führen.

Wirtschaftswissenschaftler schreiben solche Rückkopplungseffekte den sogenannten »strategischen Komplementaritäten« zu. Hamsterkäufe sind ein in Abbildung 3-2 grafisch dargestelltes Beispiel. Nehmen wir einmal an, manche Leute, einschließlich Person A, kaufen mehr Toilettenpapier. Als Folge davon ist im örtlichen Supermarkt weniger Toilettenpapier für andere, zum Beispiel Person B, übrig, der erste Pfeil in Abbildung 3-2. Andere, die das beobachten, könnten daraus schließen, dass Toilettenpapier etwas knapp sei, also kaufen sie mehr davon. Nun leidet Person A unter einer Externalität in Reaktion auf eine selbst geschaffene Externalität. Da Toilettenpapier tatsächlich recht knapp wird, kauft A doppelt so viel davon, und B reagiert ebenfalls mit weiteren Hamsterkäufen. Irgendwann, wenn alles Toilettenpapier verkauft ist, endet dieser Kreislauf. Externalitäten, kombiniert mit Rückkopplungsschleifen, sind wahre »Resilienz-Killer«.

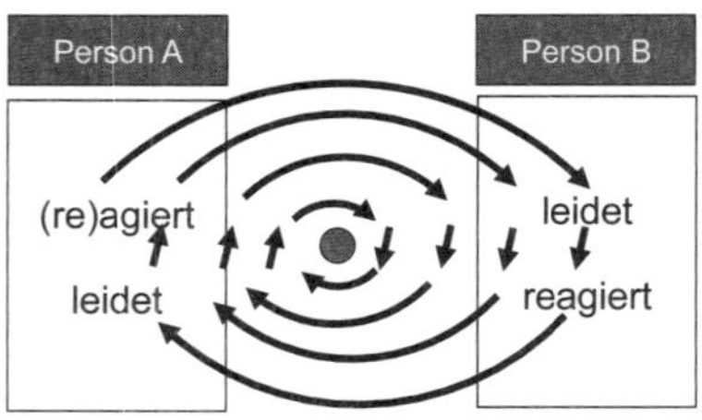

Abb. 3-2: Externalitäten-Rückkopplungsschleife.

Das Gegenteil solcher Rückkopplungsschleifen ist die stabilisierende Dynamik. Sie entsteht, wenn der Externalität ausgesetzte Personen aus dem Handlungsmuster ausbrechen und entweder kein Toilettenpapier kaufen oder vielleicht sogar welches zurückgeben. Häufig jedoch kann eine einmal in Gang gesetzte Rückkopplungsschleife durch wenige dieser »Ausreißer« nicht angehalten werden, sodass eine staatliche Intervention erforderlich ist.

Die potenziell verheerenden Effekte negativer Rückkopplungsschleifen sind im Grunde seit Jahrtausenden bekannt. Vergeltungsgesetze nach dem Muster »Auge um Auge, Zahn um Zahn« zielten exakt darauf, negative Rückkopplungsschleifen der Gewalt zu verhindern. Ohne solche Regeln löst eine Tat eine Vergeltungstat aus, die eine weitere Vergeltung nach sich zieht. Das »Zahn um Zahn« indes stoppt diese Schleife nach den ersten zwei Schritten. Solche Gesetze finden sich bereits in sehr frühen Gesellschaften. Eine bessere Variante war es natürlich, den Geschädigten für seinen verlorenen Zahn mit Vieh zu entschädigen.

Die Punkte, an denen die Rückkopplungs-Externalitäten mit ihren Schleifen einsetzen, nennt man Kipppunkte. Abseits von ihnen sind Gesellschaften resilient, doch ist ein Kipppunkt einmal überschritten, geht die Resilienz verloren. Herrscht etwa innerhalb einer Gesellschaft eine latente Unzufriedenheit, kann schon ein kleiner Anstoß genügen, sie über die Schwelle zu stoßen; die Gesellschaft bricht auseinander, und schließlich kommt es zu Unruhen. Bricht erst Gewalt aus, wird die Rückkehr zu einem friedlichen Zusammenleben schwierig.[3] In vielen Fällen weiß niemand genau, wann ein Kipppunkt überschritten wird. Kipppunkte machen die Dynamik höchst nicht-linear.

Unterm Strich ist der Gesellschaftsvertrag resilienter, wenn ein gewisser Rückgang des individuellen oder gemeinsamen Wohlergehens, etwa aufgrund eines Schocks von außen, absorbiert wird, und die Betroffenen in die Lage versetzt werden, selbst wieder auf die Beine zu kommen. Von Kipppunkten fernzubleiben stabilisiert die Gesellschaft und verhindert ihren Zerfall.

WIE DER GESELLSCHAFTSVERTRAG EXTERNALITÄTEN EINHEGT

Die Resilienz einer Gesellschaft ist in ihrem Gesellschaftsvertrag verankert. Dieser dient mindestens zwei Zwecken, auf die ich nachfolgend detailliert eingehen möchte: der Eindämmung von Externalitäten, die sich die Mitglieder der Gesellschaft gegenseitig aufbürden, und der Versicherung gegen Schocks aus der Natur.

Ohne Gesellschaftsvertrag können die Menschen nach Belieben einander Externalitäten aufbürden. Der Gesellschaftsvertrag setzt die Grenzen für zulässiges Individualverhalten, allerdings mit der Kehrseite, dass er als Eingriff in die persönliche Freiheit betrachtet werden kann. Um Externalitäten durch andere zu begrenzen, kann ein Gesellschaftsvertrag deren Handlungsspielraum einengen. Während einer globalen Pandemie kommt es zu zahllosen Externalitäten, die stärker mit den persönlichen Freiheiten kollidieren: Sollten wir die Freiheit haben, andere zu infizieren? Haben wir das Recht, rücksichtslos gegenüber anderen zu sein? Wo hat diese Freiheit ihre Grenze und warum? Sollten wir das Recht haben, an einer politischen Kundgebung teilzunehmen, selbst wenn sich andere dadurch mit einer tödlichen Krankheit anstecken? Man kann das Recht, andere zu infizieren, auch beschränken, um vulnerable Personengruppen zu schützen. Bei Erwägungen im Zusammenhang mit Resilienz verdienen Externalitäten, welche die mögliche Reaktion anderer auf Nebeneffekte beeinflussen, besondere Beachtung.

WIE UNS DER GESELLSCHAFTSVERTRAG VERSICHERT

Schocks von Mutter Natur

Neben der Begrenzung von Externalitäten und der Ermöglichung von Reaktionen verfolgt ein Gesellschaftsvertrag noch ein weiteres Ziel. Die Menschen sind allen möglichen negativen Schocks ausgesetzt. Diese können als von Mutter Natur aufgebürdete Externalitäten betrachtet werden.

Soweit solche Schocks idiosynkratisch, also von Person zu Person unterschiedlich sind, können die Glücklichen die Unglücklichen absichern. Jedes Jahr erkranken einige Menschen, andere hingegen nicht. Wir wissen vorher nicht, wer erkranken wird, aber wir wissen, dass trotz hoher individueller Kosten aufgrund teurer Behandlungen die durchschnittlichen Krankheitskosten pro Bürger erträglich sind. Eine naheliegende Lösung für solche Fälle ist eine Versicherung, denn diese kann die Risiken für alle begrenzen. Alle zahlen eine Versicherungsprämie, doch sollte ein Krankheitsfall eintreten, werden die Kosten teilweise gedeckt. Wer krank wird, hat nicht mehr bezahlt als die Gesunden. Die Gesunden finanzieren also die Kranken: Statt manche Menschen mit hohen Rechnungen alleinzulassen, während andere gar nichts zahlen müssen, entrichten alle einen Beitrag.

Der Versicherungsvertrag kann Teil des Gesellschaftsvertrags sein oder ein formeller Vertrag mit einem Versicherungsunternehmen. Nach einer Naturkatastrophe helfen sich die Menschen typischerweise gegenseitig in der Not, selbst wenn sie das Gesetz nicht ausdrücklich dazu verpflichtet.

Um die zweite Zielrichtung eines Gesellschaftsvertrags besser zu verstehen, nehmen wir einen Augenblick lang an, wir befänden uns vor Geburt und Eintritt in die Gesellschaft hinter einem »Schleier der Unwissenheit«. Hinter diesem müssten wir darüber entscheiden, wie wir einander versichern wollen, obwohl wir noch nicht wüssten, wo und mit welchen Begabungen wir zur Welt kämen. Das entspricht der hypothetischen Situation, wie sie der Philosoph John Rawls konstruierte. Wollten wir für den Fall eines schweren künftigen Schocks wie der Corona-Pandemie die schwächsten Mitglieder der Gesellschaft absichern, wenngleich wir noch nicht wüssten, wer dies sein wird? Viele würden zustimmen, dass man eine solche Versicherung schaffen müsse.

Dies war die Essenz des Gesellschaftsvertrags vor Corona. Allerdings würden die meisten Menschen hinter dem »Schleier der Unwissenheit« zwar eine gewisse, aber keine allumfassende Versicherung wählen, um Handlungsanreize nicht zu verzerren. Wenn jeder gleich viel erhält, weil man zu 100 % versichert ist, bestehen keine Anreize für zusätzliche Anstrengungen. Eine optimale Versicherung wägt daher die Vorteile der Versicherung gegen die Verzerrung von Leistungsanreizen ab.

Sie bietet eine Absicherung gegen die mit einem Autounfall verbundenen Risiken, aber keine Garantie für eine Rückkehr zum

Status quo ante. Die Effektivität einer Versicherung hängt auch von der Heterogenität und Vielfalt einer Gesellschaft ab. In einer sehr homogenen Gesellschaft erleiden alle ähnliche Schocks, sodass es kaum Spielraum für gegenseitige Absicherung gibt. Eine heterogenere Gesellschaft mit heterogenen Präferenzen ist möglicherweise besser für eine Sozialversicherung geeignet. Wenn in einer Volkswirtschaft alle Menschen im verarbeitenden Gewerbe oder sogar in der Autoproduktion arbeiten, sind sie ähnlich betroffen, wenn ein negativer Schock eintritt. Wenn es aber stattdessen auch Beschäftigte im Dienstleistungsbereich gibt, betrifft ein Schock für das verarbeitende Gewerbe nicht alle, und die Dienstleister könnten somit die in der Produktion Beschäftigten versichern. Vielfalt schafft Flexibilität, um Schocks standzuhalten. Andererseits sind die Mitglieder einer homogeneren Gesellschaft möglicherweise eher bereit, einander zu versichern. Der kürzlich verstorbene italienische Wirtschaftswissenschaftler Alberto Alesina argumentierte, das europäische Sozialversicherungssystem sei deutlich weiter entwickelt als das der USA, da die Bevölkerung innerhalb der jeweiligen Länder homogener sei. Kurz, in einer Gesellschaft, in der sämtliche Akteure homogen und denselben Schocks ausgesetzt sind, ist Versicherung begrenzt, da Diversifikation begrenzt ist.

In ähnlicher Weise sind Monokulturen vulnerabel. Ein Wald, in dem nur eine einzige Baumart wächst, stirbt aus, wenn eine Krankheit auftritt, für welche diese Bäume besonders anfällig sind. Ein Mischwald hingegen kann Schocks besser aushalten und ist wesentlich resilienter und nachhaltiger. Obendrein ermöglicht Vielfalt auch mehr Kreativität und ungewöhnliche neue Denkweisen. In einer vielfältigeren Gesellschaft sind Einzelgänger wahrscheinlicher, was wiederum die negative Rückkopplungsschleifen weniger wahrscheinlich macht.

Moralisches Risiko

Diversifikation durch Versicherung eliminiert Risiken und steigert zudem die Resilienz. Eine Versicherung ist jedoch kein Wundermittel. Vielmehr leidet sie an der sogenannten adversen Selektion und Problemen mit moralischem Risiko. Die adverse Selektion beschreibt das Phänomen, dass kranke Menschen eine höhere Bereitschaft zeigen, eine Krankenversicherung abzuschließen. Die Person oder Firma, die eine Versicherung nachfragt, weiß mehr über ihr eigenes Risiko als das Versicherungsunternehmen. Somit besteht die Gefahr, dass Versicherungsunternehmen am Ende nur noch Hochrisikoklienten haben. Die Lösung für private Versicherungsunternehmen ist es, sprichwörtlich den Rahm abzuschöpfen, also nur diejenigen mit den geringsten Krankheitsrisiken zu versichern. Dies führt jedoch zu einem Versagen der Versicherung für Hochrisikogruppen. Privatversicherungen im Gesundheitssektor greifen also vielfach nicht, was eine gesetzliche Gesundheitsversicherung für viele Gruppen notwendig macht.

Hinzu kommt das Problem des moralischen Risikos: Einmal versichert, verhalten sich die Menschen anders. Eine Versicherung schützt zwar gegen Risiken, aber sie kann auch die Motivation für eigenes Bemühen dämpfen, ein Problem, das häufig im Zusammenhang mit großzügigen Arbeitslosenversicherungen angeführt wird.

Die Resilienz hingegen hat weniger Probleme mit moralischen Risiken. Eine resiliente Gesellschaft eröffnet den Menschen Wege, besser auf Schocks zu reagieren. So fokussiert sich eine resiliente Arbeitslosenversicherung nicht allein auf die Einkommensabsicherung für Arbeitslose, sondern legt den Schwerpunkt auf Weiterbildung von Arbeitslosen, damit diese wieder auf die Beine kommen können. Vor allem müssen diejenigen, die einen Schock erleiden, selbst aktiv werden, was eine gewisse Anstrengung erfordert und daher die Gefahr des moralischen Risikos senkt. Persönlich halte ich einen anderen Aspekt sogar für noch wichtiger, der das moralische Risiko zurückdrängt: Wem ein persönliches Comeback gelingt, kann auf seine Leistung zu Recht stolz sein, und das ist wichtig für die Selbstachtung.

Wie lässt sich der Gesellschaftsvertrag durchsetzen? Ein erster Ansatz ist expliziter staatlicher Zwang, der sowohl auf nationaler als auch auf regionaler Ebene ausgeübt werden kann. Er kann entweder autoritär durchgesetzt oder durch eine offene Gesellschaft verwirklicht werden.

Manche Länder, etwa Japan, internalisieren Externalitäten hingegen durch sehr starke soziale Normen. Selbst ohne staatliche Intervention halten sich viele Menschen in Japan an Maskengebot, Abstandsregeln und andere öffentliche Gesundheitsmaßnahmen. Die Angst vor sozialem Stigma aufgrund einer Nichtbeachtung dieser Normen dient als mächtiges Disziplinierungsinstrument.

Ein anderer, weit verbreiteter Weg, wie sich eine Gesellschaft organisiert, ist der über die Märkte. Das Preissystem etwa ist ein mächtiges Instrument zur Ordnung des Wirtschaftssystems. Doch Märkte sind nicht perfekt. Mit kleineren Schocks kommen sie zwar gut zurecht, können aber im Zuge größerer Krisen destabilisierend wirken und bieten somit nur geringe Resilienz. Das Gleichgewicht zwischen diesen verschiedenen Organisationsformen menschlicher Interaktionen ist entscheidend für das Erreichen einer verbesserten Resilienz. Eine Gesellschaft ist dann am resilientesten, wenn sich die Art und Weise der Durchsetzung des Gesellschaftsvertrags den Gegebenheiten anpassen kann, unter denen die Gesellschaft existiert.

Natürlich gibt es auch Kompromisse. Jeder der genannten Wege zur Gewährleistung von Resilienz hat seine eigenen Vor- und Nachteile. Soziale Normen sind eine Selbstkontrolle der Bürger und daher nicht so schwerfällig wie Regierungsanordnungen. Sie entstehen von unten nach oben und reichen bis in alle Bereiche der Gesellschaft. Sie reagieren jedoch nicht besonders gut auf veränderte Umgebungen. Mit anderen Worten: Sie passen sich einer veränderten Umgebung nicht an und sind deshalb kein Instrument, das sich zügig justieren lässt.

Regierungszwang verläuft von oben nach unten, was die koordinierte Durchsetzung innerhalb von Regionen und sogar im ganzen Land ermöglicht. Regierungen – sofern sie in der Lage sind, Regeln zu kommunizieren und durchzusetzen – können sich leicht an geänderte Bedingungen anpassen. Bei einer klaren und effizienten Regierungsstruktur werden Nebeneffekte minimiert. Ein Nachteil der Regulierung von oben nach unten ist, dass Regierungen häufig nicht über detaillierte Informationen für eine Durchsetzung optimaler Regeln verfügen. In China war der Informationsfluss von lokalen und regionalen Behörden zur nationalen Ebene anfangs langsam, was zu unerwünschten Rückkopplungsschleifen führte. Möglicherweise bremste dies die Reaktion auf die Corona-Ausbreitung. Andere Länder wie Tansania verloren kostbare Zeit, als ihre Führer es versäumten, das Ausmaß der Pandemie frühzeitig zu kommunizieren.[4] Obendrein könnte eine Durchsetzung von Regierungsseite weniger von wohlmeinenden Zielsetzungen als von Lobbyismus und Korruption geleitet sein. Ein weiteres Problem ist die staatliche Überwachung, welche die Gefahr birgt, dass sich Länder zu autoritären Regimes entwickeln.

Eine dritte Möglichkeit, den Gesellschaftsvertrag durchzusetzen, ist der Weg über die Märkte, was oft mit der staatlichen Durchsetzung von Eigentumsrechten einhergeht. Der große Vorteil von Märkten ist, dass sie wie Informationsaggregatoren wirken und typischerweise mehr innovative und kreative Lösungen ermöglichen. In »normalen Zeiten« tragen Märkte zur Resilienz bei, versagen aber bisweilen, wenn sie mit großen, unerwarteten Schocks, Regimewechseln und Unsicherheit konfrontiert werden. Märkte, insbesondere Finanzmärkte, können in ungünstige Strudel- oder Sogwirkungen geraten, die sie von einem idealen Ausgang dauerhaft abhalten. In der Volkswirtschaftslehre ist man sich uneins, ob die Makroökonomie nach einer Rezession automatisch wieder zu alter Stärke zurückkehrt. Die Theorie realer Konjunkturzyklen verwirft Sorgen hinsichtlich der Resilienz, wohingegen die keynesianische Schule politische Interventionen befürwortet, um eine rasche Erholung zu gewährleisten. Das Konzept der Resilienz ist also sehr relevant für die Analyse von Finanzmärkten und makroökonomischer Politik.

Der implizite Gesellschaftsvertrag

Zwar wird dies insbesondere von Ökonomen oft übersehen, doch werden die meisten Entscheidungen von sozialen Normen und Konventionen beeinflusst, die wichtige Bestandteile unseres Gesellschaftsvertrags bilden. Im Gegensatz zu einer Verfassung und innerhalb einer Gesellschaft geltenden Gesetzen sind soziale Normen nicht rechtlich bindend. Dieser Typus des Gesellschaftsvertrags wird implizit beachtet. Das unterscheidet ihn von Teilen des Gesellschaftsvertrags, die mittels staatlichen Zwangs durchgesetzt werden und die jedermann in den geltenden Regeln, Gesetzen und Verordnungen nachschlagen kann.

Soziale Normen können den gesellschaftlichen Zusammenhalt fördern, indem sie ein Gemeinschaftsgefühl erzeugen. Freilich können strikte soziale Normen auch Experimentierfreude und Risikobereitschaft ausbremsen. In solchen Gesellschaften sind Einzelgänger, die gegen den Strom schwimmen, in der Regel nicht gern gesehen. Dennoch sind es diejenigen, die oft fruchtlose, aber bisweilen bahnbrechende Gedanken verfolgen, die als Schlüsselfaktoren der Innovation den Gesellschaftsvertrag auf lange Sicht tragfähig machen.

Oft wird argumentiert, asiatische Länder hätten aufgrund eines weitreichenden Technikeinsatzes ursprünglich so erfolgreich auf ihre Corona-Ausbrüche reagieren können. Japan bediente sich allerdings kaum moderner Technik, hielt Corona aber trotzdem unter Kontrolle. Wie Abbildung 3-1 zeigt, wurden dort auch keine strengen Lockdown-Maßnahmen verhängt.

Wie kommt es, dass sich Japan trotz milderer Ordnungsmaßnahmen besser schlug als Deutschland und die Vereinigten Staaten? In Japan herrscht eine starke Kultur der Beachtung sozialer Normen. Auch im Corona-Kontext können soziale Normen eine machtvolle Wirkung entfalten: Die negative Reaktion anderer Mitmenschen beeinflusst das Verhalten der Menschen. Obgleich es nicht vorgeschrieben ist, setzen deshalb alle proaktiv eine Maske auf, um eine Zurechtweisung oder gesellschaftliche Stigmatisierung zu vermeiden.

Ebenso hat niemand vorgeschrieben, wie sich Regierungsangehörige zu verhalten haben, wenn sie finanziellen Fehlverhaltens oder außerehelicher Affären verdächtigt werden, doch die Kultur der öffentlichen Ächtung ist in Japan so mächtig, dass Kabinettsmitglieder in derartigen Fällen schon Suizid begangen haben.[5] Manche Beobachter meinen, es liege an der geschlossenen Gesellschaftsstruktur Japans, dass das Land nukleare Katastrophen überstehen konnte, ohne das Kriegsrecht zu verhängen.

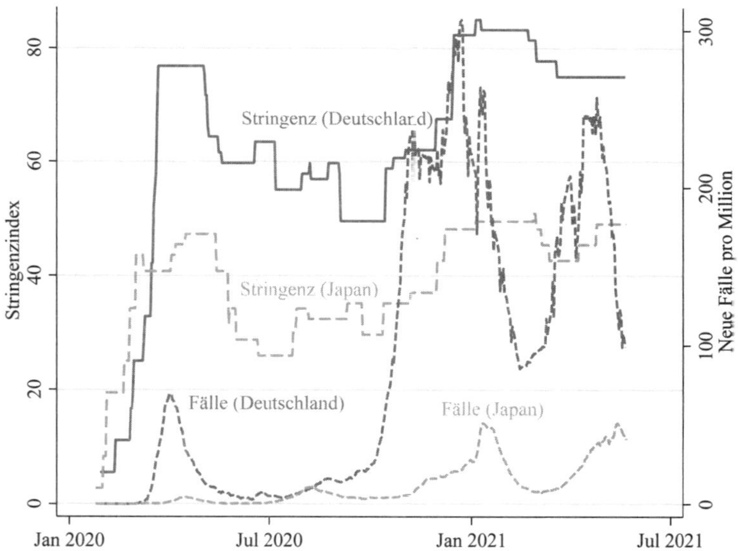

Abb. 3-3: Die Corona-Zahlen waren in Japan und Südkorea bedeutend niedriger trotz lockerer Maßnahmen in diesen Ländern. Quelle: OurWorld in Data 2020

Südkorea, wo ähnliche soziale Normen gelten, konnte die Corona-Zahlen sogar noch weiter senken als Japan. Man mag nun spekulieren, dass diese zusätzlichen Erfolge der Technik zuzuschreiben seien. Im Gegensatz zu Japan nutzte Südkorea in großem Maße moderne Technologien, um Corona-Fälle aufzuspüren und Kontakte zu verfolgen.

Ein simples Beispiel verdeutlicht, wie soziale Normen und Stigma in Südkorea zusammenspielen. Im März 2020, wenige Wochen vor Inkrafttreten der Quarantäne-Verordnungen, kehrte eine koreanische Studentin nach einem Semester in den Vereinigten Staaten nach Seoul zurück. Trotz milder Symptome verfolgten sie und ihre Mutter weiter ihren Plan, die Insel Jejudo zu besuchen, ein bei Koreanern beliebtes Urlaubsgebiet. Als sie positiv auf Corona getestet wurde und in der Provinz Jeju-do bekannt wurde, dass die Familie eingereist war, reagierte die Provinzverwaltung prompt mit einer Schadensersatzklage in Höhe von umgerechnet rund 85 000 Euro. Die Mainstream-Medien und Naver (das koreanische Äquivalent von Google) berichteten eilends über die Sache und erhielten Zustimmung von Netzbürgern, die durchweg wütend auf die Familie waren. Dies zeigt, welchen Wert die koreanische Gesellschaft dem Allgemeinwohl beimisst – im Vergleich zur »Freiheit« Einzelner.

Selbst innerhalb eines Landes können die Normen, die das soziale Verhalten bestimmen, voneinander abweichen. In manchen Teilen der USA, sagen wir im Nordosten, runzelten die Menschen die Stirn, wenn jemand keine Maske trug, obwohl keine Maskenpflicht herrschte. Diese negative Reaktion von Mitmenschen beeinflusst das Verhalten der Einzelnen. Gesichtsmasken dienen zudem als konstante Mahnung, dass Corona eine dauerhafte Bedrohung für die Gesellschaft darstellt, und erhöhen somit das Bewusstsein für die allgemeine Gesundheitskrise. In anderen Teilen der USA, zum Beispiel im Süden, ernteten Maskenträger nur schiefe Blicke.

Soziale Normen sind jedoch nicht leicht durchzusetzen, insbesondere nicht kurzfristig. In der Regel sind sie das Resultat einer jahrzehnte- oder jahrhundertelangen Entwicklung. Nach großen Schocks wie einer Pandemie brauchen wir aber vielleicht eine schnellere Intervention.

Gemeinsame Identität

Eine gemeinsame Identität ist entscheidend für die Einhaltung impliziter Normen. Einzelne halten sich freiwillig an diese Form des Gesellschaftsvertrags, weil sie das Bestreben haben, sich mit einer Gruppe zu identifizieren; ein Wirtschaftswissenschaftler würde sagen, sie ziehen Nutzen daraus, Teil einer Gruppe zu sein. Daher ist die Identität eine Möglichkeit, Externalitäten zu internalisieren und schließlich die Resilienz einer Gesellschaft gegenüber äußeren Schockeinwirkungen zu stärken. Die Schaffung einer gemeinsamen Identität in einer vielfältigen Gesellschaft ist für viele Regierungen eine entscheidend wichtige, aber nicht leichte Aufgabe.

Nach dem Ende des Apartheidsregimes stand Südafrika kurz davor, auseinanderzubrechen. Wie in dem Film *Invictus* dargestellt, nutzte Nelson Mandela während des Rugby World Cup 1995 in Südafrika den Sport als Instrument, um unter schwarzen und weißen Südafrikanern einen Gemeinschaftssinn zu erzeugen. Dies gelang zum Teil deshalb, weil das multiethnische Team den ersten Weltmeistertitel für das Land holte. Der südafrikanische Sieg beim Rugby World Cup 2019 hatte einen ähnlichen Effekt, wenn auch in geringerem Maße.

Außerdem sind uns unsere Mitmenschen nicht gleichgültig. Da wir nicht in einer Gesellschaft ausschließlich eigennütziger Individuen leben, ist der Gemeinschaftssinn entscheidend. In Krisenzeiten hält der Gemeinschaftssinn die Menschen zusammen. Das kann helfen, die zahllosen Externalitäten zu internalisieren, die im Rahmen von Corona auftreten. Im Frühling 2021 kochten Nachbarn in Neu-Delhi füreinander und organisierten Nachbarschaftshilfe für die Familien von Covid-Kranken.

DIE REGIERUNG

Hobbes zufolge ist eine Regierung zum Schutz der Öffentlichkeit unerlässlich. Locke indes hebt auf die Rolle des Volkes ab, das sich bewusst eine Regierung wünscht, von welcher es sich Vorteile verspricht, wohingegen Rousseau die primäre Rolle der Regierung in der Durchsetzung des Gesellschaftsvertrags sieht.

Regierungen können nach einem Schock Gesetze und Verordnungen ändern, was bei schweren Schocks eine koordinierte Reaktion erlaubt. Statt zu debattieren, ob der Staat stärker oder schlanker sein sollte, sollten wir zunächst die verschiedenen Politikansätze analysieren. Der Staat hat drei Möglichkeiten, seine Politik durchzusetzen. Zunächst kann eine Regierung strikte autoritäre Regeln erlassen. Um Infektionsexternalitäten zu vermeiden, kann etwa ein sehr strenger Lockdown verhängt werden, der nichtresilientes Verhalten de facto verbietet. Zweitens können bestimmte Verhaltensweisen besteuert oder bezuschusst werden, etwa der Besuch einer überfüllten Bar. Durch Besteuerung wird der Preis solcher Aktivitäten angehoben und damit die Externalität internalisiert. Der dritte Ansatz ist die Gewährleistung von Eigentumsrechten.

Überwachung versus Privatsphäre

Ein erster Ansatz ist es, den Gesellschaftsvertrag von staatlicher Seite durch Zwang, Regeln und Verordnungen durchzusetzen. Um die zahllosen externen Effekte zu internalisieren, kann die Regierung Lockdown-Maßnahmen, Impfpflichten oder strenge Abstandsregeln einführen. Solche Regierungsinterventionen erfordern Nachdruck und damit eine gewisse Autorität.

In der Praxis kann die Regierung – oder der Machthaber – bestimmte Aktivitäten schlicht verbieten und den Verstoß gegen Corona-Regeln mit Geldbußen oder Haftstrafen belegen. In Frankreich konnte eine Nichtbeachtung der Maskenpflicht im Jahr 2020 eine Geldstrafe von 135 Euro nach sich ziehen.[6] Solche Maßnahmen entsprechen am ehesten einer Durchsetzung mit der »Peitsche«.

Vor allen Dingen ließe sich eine Impfpflicht einführen. Eine auf der Hand liegende Sorge im Zusammenhang mit einer Impfpflicht ist, dass sie das Vertrauen in die Impfung untergraben könnte. In vielen hochentwickelten Volkswirtschaften äußert ein nicht unerheblicher Teil der Bürger, dass sie nicht geimpft werden wollen. Eine Impfpflicht könnte das Misstrauen in Impfstoffe verstärken, selbst wenn man damit erreicht, dass ein größerer Anteil der Bevölkerung geimpft wird.

Wenn die Durchsetzung des Gesellschaftsvertrags zu einem großen Teil auf Regulierung und Zwang seitens des Staates beruht, erfordert die Durchsetzung dieser Politik ein gewisses Maß an Überwachung. Quarantänepflichten für Reisende etwa sind nur effizient, wenn sie auch durchgesetzt werden – sonst überwiegen Anreize zum Trittbrettfahren. Doch selbst wenn sie durchgesetzt werden, müssen der Schutz der Privatsphäre und eine effizientere Viruseindämmung gegeneinander abgewogen werden.

Der Kontrast zwischen Überwachung und Privatsphäre zeigt sich an den unterschiedlichen Corona-Strategien Chinas und der westlichen Demokratien, wo die Privatsphäre jeweils einen ganz anderen Stellenwert besitzt.

Diese unterschiedlichen gesellschaftlichen Voraussetzungen finden ihren Niederschlag in den technologischen Herangehensweisen zur Corona-Eindämmung. China führte ein App-gestütztes Farbsystem ein. Am Eingang von Gebäuden müssen die Bürger ihr Mobiltelefon scannen lassen, bevor man ihnen Zutritt gewährt – vorausgesetzt, die Corona-Anzeige leuchtet »grün«. Deutschland wiederum brachte eine Corona-App mit dezentraler Datenspeicherung in Umlauf, deren Anwendung jedoch freiwillig blieb. Die Bürger erhalten eine Warnung, wenn sie einer mit dem Virus infizierten Person zu nahe gekommen sind, doch gibt es auch in solchen Fällen keinen zentralen Quarantänezwang. Die Annahme solch digitaler Instrumente durch die breite Bevölkerung hängt vom Vertrauen in die jeweilige Regierung ab. In vielen Ländern ist dieses Vertrauen jedoch relativ gering.[7] Die deutsche Corona-App erwies sich denn auch als nur mäßig erfolgreich.

Subventionen statt Verbote

Eine weitere Möglichkeit, das Verhalten der Menschen dahin gehend zu verändern, dass sie anderen keine Externalitäten aufbürden, ist es, diese Externalitäten mit einem Preis zu belegen.[8] Konkret könnte man Menschen, die sich nicht impfen lassen möchten, eine Steuer abverlangen oder Impfwillige bezuschussen. Statt Externalitäten durch das strikte Verbot einer Nicht-Impfung zu verhindern, belegt der Steuersatz die Externalität implizit mit einem Preis. Menschen, die sich dazu entschließen, nicht geimpft zu werden, hätten für dieses »Privileg« zu zahlen.

Rechte zuordnen

Die Volkswirtschaft funktioniert gut, wenn Regeln etabliert und Rechte zugewiesen, handelbar und durchsetzbar sind. Letzteres erfordert, dass eine Regierung eingreift und kooperiert. Die Zuweisung von Rechten garantiert zwar persönliche Freiheit, begrenzt gleichzeitig aber die persönliche Freiheit anderer, da zwischen den persönlichen Freiheiten unterschiedlicher Menschen naturgemäß ein Konflikt herrscht. Der Staat kann Rechte eindeutig zuweisen, um Externalitäten zu minimieren. Die Schlüsselfrage ist, wem diese Rechte zu gewähren sind, welche wiederum persönliche Freiheiten zurückgewähren.

Ein Beispiel ist die Handhabung der Wiedereröffnung der Gastronomie in verschiedenen Ländern. Während in Deutschland Anfang Juni 2021 ein Impf- oder Testnachweis zum Restaurantbesuch in vielen Städten erforderlich war, bestanden derartige Anforderungen in vielen anderen Ländern nicht. Als Konsequenz sind Menschen, die geimpft sind, jedoch immer noch das Virus fürchten, wahrscheinlich in Deutschland eher zum Restaurantbesuch bereit als im nahen Ausland. Wenn manche dieser Rechte handelbar sind, können die Menschen über Interaktionen am Markt freie Entscheidungen treffen.

Die Vor- und Nachteile des Föderalismus

Weltweit hat Corona das Verhältnis zwischen Bundesregierungen und dezentraleren Machtknotenpunkten in Staaten, Städten und Bezirken auf die Probe gestellt. Ein Leitprinzip für die Dezentralisierung von Macht ist das Subsidiaritätsprinzip. Jede Aufgabe wird der untersten Verwaltungseinheit übertragen, die sie noch effizient erfüllen kann. Um neue Parkuhren in der Stadt sollte sich also die Stadtverwaltung kümmern, nicht die Bundesregierung. Im Gegensatz dazu ist der örtliche Bürgermeister kaum in der Lage, die Außenpolitik seines Landes in die Hand zu nehmen.

Krisen verändern die Rahmenbedingungen. Die Durchsetzung des Gesellschaftsvertrags sollte nicht nur das Verhältnis von sozialen Normen, Regierungen und Märkten aufeinander abstimmen. Auch innerhalb des Regierungssektors sollten Machtbefugnisse den Gegebenheiten entsprechend entweder dezentralisiert oder gebündelt werden. Entscheidend ist, dass jede Veränderung des Machtgleichgewichts flexibel den Umständen angepasst werden sollte. Eine resiliente Subsidiarität ist flexibel, bleibt nicht stecken und wird nicht von institutionellen Regelungen ausgebremst. Der Vorteil föderaler Strukturen ist ihre höhere Flexibilität im Umgang mit der Heterogenität der Corona-Ausbreitung innerhalb eines Landes.[9] Im Vergleich zu zentralen Behörden haben Lokalpolitiker ein besseres Gespür dafür, wo die Druckpunkte liegen. Spannungen zeigten sich zum Beispiel im September 2020 während der zweiten Welle in Frankreich. Als Politiker in Paris beschlossen, dass Marseille, ein Hotspot des erneuten Ausbruchs, die Schließung von Bars und Restaurants anordnen solle, traf dies auf den Widerstand von Kleinunternehmern und Lokalpolitikern, die darin eine übersteigerte Sanktion sahen, angeordnet von Leuten ohne Kenntnis der Situation in Marseille.[10]

Ein weiterer Vorteil des Föderalismus ist der sogenannte Hinterhofwettbewerb und die Möglichkeit zu örtlichen Experimenten. Ein Nachteil ist, dass Bundesstaaten in ihren Reaktionen typischerweise langsamer sind, weil eine Vielzahl lokaler Regierungsbehörden auf Corona-Ausbrüche reagieren muss. Hinzu kommt, dass unterschiedliche regionale Regelungen die Bürger verunsichern und oft als ungerecht empfunden werden. Zentrale Regelungen sind attraktiv, weil sie so einfach sind. Jeder kennt die Regeln, die überall gelten.

Deutschland entschied sich für eine dezentrale Regelung, als bei der versuchten Wiedereröffnung im März 2021 lokale Lockdowns notwendig wurden. Landes- und Lokalpolitiker sind jedoch aus Angst um ihre Karriere meist kaum bereit, die Zügel erneut anzuziehen. Tatsächlich wichen einige Landespolitiker rasch von den bundesweiten Richtlinien ab, was die erneute Anordnung gesundheitlicher Maßnahmen im Falle erneut steigender Fallzahlen betraf.[11] Empirisch ist unklar, ob Corona ein Versagen des Föderalismus offenlegt. Während Deutschland oder Südkorea in den Anfangsphasen der Pandemie wirksam reagierten, hatten andere Länder mit starkem Föderalismus wie die USA oder Italien zu kämpfen.

DIE ROLLE DER MÄRKTE

In dem Maße, wie Resilienz von einer gut informierten, innovativen und kreativen Reaktion abhängt, um Rückkopplungsschleifen zu verhindern, muss eine offene Gesellschaft mit Marktmechanismen Teil der resilienten Durchsetzung des Gesellschaftsvertrags sein. Zunächst reduziert die Förderung von Wettbewerb und Chancengleichheit die Konzentration von Macht. Markteintritte, Neugründungen von Firmen und Innovationsschübe sind in kompetitiven Märkten wahrscheinlicher. Eingesessene Firmen laufen daher stets Gefahr, verdrängt zu werden. Vielleicht paradoxerweise machen Störungen das System flexibler und anpassungsfähiger, was wiederum zu größerer Resilienz beiträgt. Ein System, das sich in stetem Fluss befindet, kann sich leichter anpassen als ein starres. Daher ist ersteres resilienter.

Der Wert von Informationen

Bei kleinen oder mittleren Schocks reagieren Märkte gut; sie sind selbststabilisierend und damit resilient. Wenn sich die Welt entwickelt, passen sich Märkte an und treiben den Wandel weiter voran. Typischerweise gewährleisten sie eine effiziente, aber nicht zwingend gerechte Ressourcenverteilung. Märkte beweisen Resilienz und die Fähigkeit, auf typische oder reguläre Schocks flexibel zu reagieren. Im Zusammenspiel mit dem Staat können Märkte daher eine entscheidende Rolle bei der Unterstützung des Gesellschaftsvertrags spielen.

Wie der Wirtschaftswissenschaftler Ludwig von Mises einst betonte, signalisiert der Preis den relativen Überschuss oder die relative Knappheit bestimmter Güter. Im März 2020 stiegen die Preise und signalisierten die Knappheit und den Bedarf an Gesichtsmasken. Das veranlasste sowohl eingesessene Firmen zur Produktionssteigerung als auch neue Firmen zum Markteintritt. Die Magie des Preissystems gestattet die Koordination vieler Wirtschaftsakteure, häufig auf globaler Ebene.[12]

Überlässt man bei großen oder extremen Schocks – wie der Corona-Pandemie oder einem Krieg – die Märkte hingegen sich selbst, dann können sie destabilisierend wirken. Möglicherweise machen sie alles nur noch schlimmer, und die Lage gerät außer Kontrolle. Regierungen hingegen können große Schocks zeitlich strecken, indem sie Steuern und Transferleistungen anpassen. Somit sind sie bestens gerüstet, Schocks für die Menschen zu mildern.

Märkte funktionieren in der Regel gut für Güter und Dienstleistungen, sind aber hinsichtlich der Risikoverteilung unbeständiger. Vermögensmärkte sind anfällig für Spekulationsblasen, die den Markt destabilisieren und eine effiziente Ressourcenverteilung beeinträchtigen können.

Ist der Markt gerecht?

Schließlich wirft der Markt Fragen zur Gerechtigkeit auf. Eigentümer von Firmen, die Gesichtsmasken oder medizinisches Gerät wie etwa Raumlüfter herstellen, machen bei steigenden Preisen einen erheblichen Reibach, weil diese Güter knapp sind, wenn die Nachfrage unerwartet steigt und andere Anbieter nicht rechtzeitig auf den Markt drängen. Es entsteht eine Spannung, da ein Preisanstieg manchen Mitgliedern einer Gesellschaft einen unerwarteten Mitnahmeffekt beschert (der nicht mit anderen geteilt wird, wenn er unerwartet ist). Solche Knappheitsgewinne mögen zwar ungerecht erscheinen, doch kann das Preissignal des freien Markts ein wichtiger Anreiz dafür sein, dass mehr Firmen auf den Markt drängen.

Märkte sind nicht perfekt. Zudem sind sie häufig Spannungen zwischen unmittelbaren und langfristigen Zielsetzungen ausgesetzt. Die Arzneimittelforschung verdeutlicht diese Spannung. Wenn ein Medikament oder ein Impfstoff entwickelt und zugelassen wird, hat dieses Produkt bereits gewaltige Fixkosten verursacht. Die zusätzlichen Kosten dafür, die Produktion hochzufahren, sind daher klein, und es scheint ex-post wenig sinnvoll, der Bevölkerung Medikamente vorzuenthalten und das Angebot künstlich knapp und damit den Preis hoch zu halten. Aber ohne die daraus resultierenden Gewinne kann man die großen Anfangsinvestitionen in Forschung und Entwicklung nicht wieder hereinholen. Sonst würden Firmen die Anfangsinvestitionen nicht tätigen und keine neuen Medikamente auf den Markt gebracht. Um dies zu verhindern, gewähren Staaten exklusive Rechte des geistigen Eigentums in Form von Patenten.

DIE OPTIMALE RESILIENZMISCHUNG

Jeder der drei Ansätze zur Implementierung von Resilienz – soziale Normen, staatlicher Zwang und Märkte – hat seine Schattenseiten. Strengere soziale Normen führen zur Selbstkontrolle der Gesellschaft. Schließlich benötigt man weniger staatlichen Zwang, weil die Bürger auch ohne explizite Regeln einvernehmlich diese Normen befolgen. Andererseits dürfte es sehr schwierig sein, soziale Normen rasch zu ändern, und vielfältigere Gesellschaften tun sich möglicherweise schwer, sich auf allgemeingültige Normen zu einigen. Die Regierung kann Anpassungen zwar koordinierter und effizienter vornehmen, verfügt aber möglicherweise nicht über die notwendigen Informationen, um wirksam zu intervenieren. Autoritäre Systeme haben typischerweise die Macht, rasch und koordiniert auf Bedrohungen zu reagieren. Dafür fehlen ihnen vielleicht Informationen, die in der Bevölkerung breit gestreut sind. Märkte sind bessere Informationsaggregatoren, können bei extremen Schocks jedoch destabilisierend wirken.

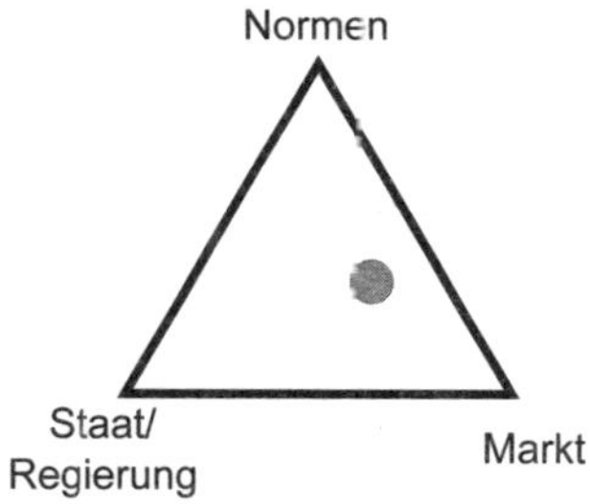

Abb. 3-4: Kompromisse zwischen den drei Umsetzungsformen.

Was also ist die optimale Mischung aus sozialen Normen, Regierung und Märkten, wenn es um die Schaffung von Resilienz geht? Es ist stets eine Kombination der drei Ansätze. Abbildung 3-4 veranschaulicht diesen Gedanken, wobei der Punkt für die Balance steht, die die Gesellschaft gewählt hat. In der Realität benötigen Märkte einen funktionierenden Staat, der beispielsweise Schutzrechte gewährleistet und für Chancengleichheit sorgt. Jede Gesellschaft muss die richtige Balance zwischen den drei Wegen zur Durchsetzung eines Gesellschaftsvertrags finden.

Zum Zustand vor dem Schock zurückkehren

Die Resilienz einer Gesellschaft beruht vor allem auf deren Fähigkeit, sich anzupassen und bei der Durchsetzung des Gesellschaftsvertrags die optimale Mischung zu finden, wenn die Umstände es erfordern. Das bedeutet, dass die Gesellschaft reaktionsschnell ist und Veränderungen akzeptiert, aber eben auch in den vorherigen Zustand zurückkehren kann, wenn die temporäre Bedrohung vorüber ist. Anstatt unbeweglich bei einer Mischung zu verharren, ist eine resiliente Gesellschaft in der Lage, sich innerhalb des Dreiecks an den Gegebenheiten auszurichten. Den Punkt zu bewegen ist an sich bereits ein entscheidender Faktor für Resilienz. Eine Gesellschaft, die auf Basis allgemein anerkannter sozialer Normen floriert, dabei aber temporäre Zuwächse der Staatsmacht akzeptieren kann, ist typischerweise resilient. Für den Staat ist das eine Herausforderung. Er muss bereit sein zu handeln, aber auch passiv bleiben können, wenn die Umstände keine Intervention erfordern.

Ein gutes Beispiel aus der Corona-Krise ist der Defense Production Act und die Bereitstellung von »Kriegsmitteln« zur rascheren Impfstoffentwicklung in den USA. Die Regierung kann über Public-Private-Partnerschaften (PPP) mit dem Privatsektor kooperieren. Die US-Regierung stellte nicht nur gewaltige Ressourcen zur Verfügung, sondern arbeitete auch eng mit der Privatwirtschaft zusammen. Im Rahmen der »Operation WARP Speed« wurden etwa zehn Milliarden Dollar in die Impfstoffentwicklung investiert.[13] Eine weitere Milliarde floss in die Corona-Behandlung, um die weitere Ausbreitung der Seuche zu bremsen. In Deutschland wurde das Impfstoffprojekt des Herstellers BioNTech mit rund 375 Millionen Euro gefördert.[14] Curevac erhielt weitere 300 Millionen Euro zur Entwicklung eines mRNA-Vakzins.

Während der Corona-Hochphase wurden zudem persönliche Freiheitsrechte beschnitten, um die Ausbreitung zu verlangsamen. Eine wirklich resiliente Gesellschaft ist eine Gesellschaft, in der die Regierung nicht dauerhaft nach der Macht greifen kann, sondern diese rücküberträgt, wenn die Bedrohung vorüber ist und die Gesellschaft zum vorherigen Status quo zurückkehrt. Ein berühmtes, zugegebenermaßen weniger dramatisches Gegenbeispiel ist die Geschwindigkeitsbegrenzung in den USA, die in den 1970ern nach dem Ölpreisschock eingeführt wurde, um den Energieverbrauch zu senken. Ursprünglich als temporäre Maßnahme angedacht, wurde sie nie wieder aufgehoben.

Institutionen, Vorgaben der Verfassung und sonstige Regeln können die Flexibilität der Implementierung des Gesellschaftsvertrags mindern. Andererseits können sich Flexibilität und steter Wandel auch negativ auf die Resilienz auswirken, da die Durchsetzung eines Gesellschaftsvertrags nur dann gut funktioniert, wenn die Bürger diesen unterstützen. Das fällt ihnen leichter, wenn sie eine gewisse Planungssicherheit haben und nicht durch ständig veränderte Maßnahmen verwirrt werden. Mit anderen Worten: Allzu großer Spielraum seitens der Politik kann auch kontraproduktiv sein.

Somit haben Politiker ein Zeitinkonsistenz-Problem. Sie versprechen klare und stabile Maßnahmen, die geeignet sind, die Bürger ins Boot zu holen. Dies steigert die Resilienz vorab. Wenn sich die Lage ändert, weichen die Politiker jedoch von ihren Versprechen ab und optimieren erneut so weit, wie es der institutionelle Rahmen zulässt. Das steigert die derzeitige Resilienz. Der institutionelle Rahmen einer Gesellschaft kann helfen, diesen Kompromiss zwischen Vorab- und derzeitiger Resilienz im Gleichgewicht zu halten. Institutionelle Leitplanken können zudem hilfreich sein, manchen Politikern gegenzusteuern, die zu Überaktivität neigen, um als »Macher« und starke Krisenmanager wahrgenommen zu werden.

Ein reaktionsschneller Gesellschaftsvertrag kann ein resilienteres Wohl für die Gesellschaft oder sogar für die meisten Individuen sichern. Dazu sollte ein Gesellschaftsvertrag aber selbst resilient sein und deshalb Gerechtigkeit, Chancengleichheit und soziale Mobilität umfassen. Auf dieses Thema werden wir in Kapitel 13 noch näher zurückkommen.

TEIL II: DEN SCHOCK BEHERRSCHEN: DER FALL CORONA

Die Corona-Pandemie gibt eine Vorahnung der Herausforderungen, denen sich die Weltgemeinschaft künftig gegenübersehen könnte – als Folge biotechnischer Pannen, von Klimakatastrophen oder Cyberattacken. Gegen Krisen gewappnet zu sein heißt, resilient zu sein. Das Gegenteil von Resilienz tritt ein, wenn Krisen außer Kontrolle geraten. Vielmehr verkörpern sie das genaue Gegenteil, wenn sie außer Kontrolle geraten. Im Fall der Pandemie zeigt sich das am Beispiel des exponentiellen Wachstums des Corona-Virus. Ein exponentielles Wachstum ist daher ein Merkmal für Anti-Resilienz. Unzureichende Vorbereitung auf große Pandemien hatte in vielen Ländern zur Folge, dass die Regierungen Schwierigkeiten hatten, rasch und gezielt zu reagieren, um die Lage zu stabilisieren, Zeit zu gewinnen und die Phase bis zu einer Langzeitlösung zu überbrücken.

Die Kapitel in diesem Teil des Buchs umreißen, wie sich die Quelle der Krise kontrollieren lässt. Wichtige Elemente dabei sind: Verständnis für das Verhalten der Menschen, Informationen zur Feinjustierung politischer Reaktionen, Kommunikation und das Hinarbeiten auf einen langfristigen neuen Normalzustand.

Um den Ursprung des Problems zu kontrollieren, muss man verstehen, wie Menschen sich als Reaktion auf die Krise verhalten. Diese Reaktion der Menschen ist nicht nur eigennützig, sondern auch getrieben von psychologischen Elementen wie Angst und Sorge. Insbesondere können sich Krisen wandeln, wenn die Menschen ihre Haltung gegenüber Krisenmaßnahmen ändern. Das gilt besonders dann, wenn sie der Illusion von Resilienz erliegen, sprich: wenn sie glauben, die Krise wäre vorüber. Eine weitere wichtige Lektion aus der Corona-Krise ist, dass der viel diskutierte Zielkonflikt zwischen Gesundheitspolitik – zur Eindämmung des Virus –

und Wirtschaft nur dann existiert, wenn man eine kurzsichtige Perspektive einnimmt. Aus dynamischer Sicht gehen Gesundheit und Wirtschaft Hand in Hand. Die wirtschaftliche Tätigkeit durch einen Lockdown zu reduzieren verbessert sowohl die gesundheitliche Lage heute und morgen als auch die wirtschaftliche Lage in der Zukunft, da sich die Pandemie so rascher eindämmen lässt. Für die Gesellschaft als Ganzes besteht somit kein Zielkonflikt zwischen Gesundheit und Ökonomie: Es gilt, zunächst wirksam die Pandemie zu bekämpfen, wodurch gleichzeitig eine raschere Erholung der Wirtschaft ermöglicht wird.[1]

Das nachfolgende 5. Kapitel unterstreicht die Bedeutung von Informationen. Informationen, die notwendig sind, um gezielte Maßnahmen ergreifen zu können, damit die Kosten der Eindämmungsmaßnahmen unter Kontrolle bleiben. Je nach Informationsstand kann man eine von drei Eindämmungsstrategien verfolgen. Erstens kann man eine aggressive Politik der Virus-Eliminierung betreiben, bis eine Langzeitlösung zur Verfügung steht. Diesen Ansatz wählten etwa Neuseeland und Australien. Für Inselstaaten ist es wesentlich einfacher, einen solchen Ansatz zu verfolgen, da sie relativ leicht kontrollieren können, wer ins Land einreist. Australien schloss bereits im März 2020 seine Grenzen und stellte eine Wiedereröffnung frühestens für Mitte 2021 in Aussicht.[2] Die zweite Strategie ist eine aggressive Unterdrückung des Virus, sodass die wöchentlichen Fallzahlen mit vielleicht zehn Fällen pro 100 000 Einwohner sehr gering bleiben. Dies kann man durch Informationsgewinnung, durch Kontaktverfolgung sowie Quarantäne von Infizierten und deren Kontaktpersonen erreichen und dadurch Infektionsketten wirksam brechen. Japan ist ein Land, das erfolgreich mit solchen Maßnahmen experimentiert hat. Die dritte Strategie greift weniger stark ein. Es gilt, die Zahl schwer an Corona erkrankter Patienten unter den Kapazitäten der Intensivstationen zu halten. Dadurch wird das Gesundheitssystem nie überlastet, wenngleich das Virus einigermaßen stark grassiert.

Diese drei Strategien erfordern unterschiedliche Informationen und weisen jeweils eigene Kipppunkte auf. So hat sich die Kontaktverfolgung als ineffektiv erwiesen, wenn die Inzidenzzahlen zu hoch werden. Wird die Schwelle überschritten, jenseits der Kontakte nicht mehr rückverfolgbar sind, ist ein solcher Kipppunkt erreicht. Aggressive Virusunterdrückung zielt darauf ab, Kipppunkten fern zu bleiben, welche die Grenze zu einem neuerlichen exponentiellen Wachstum markieren.

Kapitel 6 fokussiert sich auf die Bedeutung von Kommunikation und Vertrauen. Eine zielgerichtete, verständliche Kommunikation, die das Gemeinschaftsgefühl innerhalb der Bevölkerung anspricht und dafür sorgt, dass alle Bürger weiterhin an einem Strang ziehen, kann Test- und Rückverfolgungsstrategien wirksam ergänzen.

Kommen wir zu Kapitel 7: Jede Resilienzstrategie muss eine Langzeitlösung ausarbeiten. Dies erlaubt der Gesellschaft die Rückkehr zu einem neuen Normalzustand, wenn die Bedrohung endgültig überwunden ist. In gewisser Hinsicht ist es die Rückkehr zur Normalität, welche Resilienz ausmacht. Im Falle von Corona dachten manche Länder, darunter Schweden und Großbritannien, die langfristige neue Normalität würde sich mit Erreichen einer Herdenimmunität ergeben. Dies stellte sich jedoch als illusorisch heraus, da Genesene nicht dauerhaft immun wurden und Corona gesundheitliche Langzeitfolgen mit sich bringt, was sich unter dem Begriff Long Covid eingebürgert hat. Die langfristig vielversprechendere neue Normalität war eine groß angelegte Impfkampagne, was im Grunde nur eine andere Form der Herdenimmunisierung ist. Manche Länder, darunter die USA, bemühten sich daher vorrangig um eine rasche Impfstoffentwicklung.

4. Das menschliche Verhalten

Individuelles Verhalten und Krisenreaktion sind auf allen Ebenen des Resilienzmanagements entscheidend. Menschliches Verhalten kann die Wirkung politischer Maßnahmen verstärken oder sogar vorwegnehmen. Vielleicht tragen die Menschen selbst ohne bestehende Maskenpflicht freiwillig Masken. Freilich kann sich menschliches Verhalten ebenso gut gegen Maskenpflichten wenden und somit die Wirkung bestimmter Maßnahmen schwächen. Will man versuchen, Eindämmungsmaßnahmen zu ergreifen, um die Kurve abzuflachen und Zeit zu gewinnen, ist es daher unabdingbar, typische Verhaltensweisen und Reaktionsmuster der Menschen zu verstehen.

Die Corona-Krise entfaltete sich in drei Phasen, in denen das Timing von Land zu Land und selbst innerhalb großer Länder variierte. Jede dieser Phasen war von einem anderen Verhaltensnarrativ geprägt.

Im März 2020 war das individuelle Verhalten von Angst beherrscht. Ohne genaue Kenntnisse über Ausbreitung oder Gefährlichkeit des Virus reduzierten viele Menschen ihre Kontakte so weit als möglich und stellten ihre Sicherheit an oberste Stelle. Doch Menschen sind soziale Wesen. Als die erste Welle in einigen Teilen der Welt abebbte, setzte eine Illusion von Resilienz ein: Viele Menschen glaubten, die Gesellschaft wäre resilient gegenüber Corona geworden und befände sich auf dem Rückweg zur Normalität. Diese Vermutung einer frühen Erholung war jedoch eine Illusion.

Im Herbst 2020, als man wesentlich mehr über das Virus wusste, wurde auf dessen Wiederaufleben nicht mit einer vergleichbar starken Anpassung des individuellen Verhaltens reagiert. An die Stelle der Angst vor dem Virus war nun eine Pandemie-Müdigkeit getreten. Im Frühjahr 2021 kam es daher trotz breit angelegter Impfkampagnen zu einer dritten Welle. Warum passten wir unser Verhalten nicht im Frühjahr 2021 an, als wir kurz vor dem Ende standen? Dieses Phänomen ist allgemein als »Problem der letzten Meile« bekannt. Organisationen, Gruppierungen und selbst Einzelne haben oft Mühe, die letzten Phasen eines Projekts durchzustehen. Die letzte Corona-Meile wurde deshalb insbesondere in einigen Ländern Europas von einer dritten Lockdown-Runde begleitet. In Schwellenländern wie Indian entwickelten sich im Frühjahr 2021 wesentlich gefährlichere Varianten des Virus.

Bevor wir uns den Wellen der Pandemie widmen, möchte ich auf die SIR-Modelle eingehen, die vorherrschenden epidemiologischen Modelle, und wie diese Modelle durch Modifikationen resilienter werden können.

WIE SICH EIN VIRUS VERBREITET

Vorherrschende epidemiologische Modelle zeigen, wie sich ein Virus innerhalb einer suszeptiblen (S) Bevölkerung verbreitet, nach und nach die meisten Menschen dort infiziert (I), bis diese Menschen wieder genesen (*recover,* R). Der Schlüsselparameter in solchen Modellen ist die Reproduktionsrate des Virus, der sogenannte R-Wert, der angibt, wie viele weitere Menschen eine infizierte Person ansteckt. Wenn alle Infizierten durchschnittlich weniger als eine weitere Person anstecken, dann stirbt das Virus mit der Zeit langsam aus. Infiziert jeder Infizierte hingegen mehr als eine weitere Person, haben wir es mit einer exponentiellen Ausbreitung des Virus zu tun.

Die großen Verhaltens-Externalitäten, die sich massiv auf die Verbreitung von Corona auswirken, haben direkte Folgen für die Modellerstellung in der Epidemiologie. Ist der R-Wert größer als 1, ist ein Kipppunkt überschritten. Aufgrund exponentiellen Wachstums gerät das Virus in einer negativen Rückkopplungsschleife außer Kontrolle. Dieser Prozess kommt erst dann zum Stillstand, wenn nur noch wenige Menschen anfällig für eine Infektion sind. An diesem Punkt ebbt die Pandemie nach dem ursprünglichen

Anstieg langsam ab. Das heißt: Resilienz entsteht erst, wenn eine Herdenimmunität erreicht ist. Die nach diesen Modellen empfohlene Maßnahme ist, die Kurve durch Abstandhalten und Lockdowns bis unterhalb der intensivmedizinischen Kapazitätsgrenze abzuflachen, um eine ausreichende medizinische Versorgung zu gewährleisten.

Die mittels einfacher SIR-Modelle vorhergesagten Infektionskurven könnten jedoch falsch sein, weil Verhaltensanpassungen ignoriert werden. In der Praxis erreichte Corona wesentlich schneller und bei einem weitaus geringeren infizierten Bevölkerungsteil seinen einstweiligen Höhepunkt, als gängige SIR-Modelle dies vorhergesagt hatten. Resilienz wurde erreicht und exponentielles Wachstum gehemmt. In keinem Land der Erde wurde die Ausbreitung durch eine Herdenimmunität aufgehalten, welche in absehbarer Zeit kaum erreicht sein wird. Stattdessen wurde das Virus in vielen Ländern in unterschiedlichem Maße eingedämmt, da die Menschen ihr Verhalten geändert haben. SIR-Modelle müssen solche Verhaltensreaktionen erfassen.[1] Werden Verhaltensreaktionen einbezogen, geht die Reproduktionsrate des Virus gegen 1.[2] Sinkt sie unter 1, lockern die Menschen ihre Vorsichtsmaßnahmen, was die Reproduktionsrate wieder ansteigen lässt, dämmen den Ausbruch jedoch durch weitere Anpassung wieder ein, sobald die Zahl 1 übersteigt. In der Physik führt dies zu einem Gleichgewichtszustand.

Dank öffentlicher Gesundheitsmaßnahmen und Verhaltensanpassungen gelang in vielen Ländern gegen Ende der ersten Welle eine Eindämmung des Virus, was zu einer exponentiell abfallenden Kurve führte ($R<1$).[3] Ein Ansatz der Risikominimierung sieht eine weitere Senkung des R-Werts bis auf Null vor. Wird dies erreicht, ist Corona praktisch ausgestorben, und neue Ausbrüche sind nicht zu befürchten. Die Resilienz hingegen gestattet das Auftreten einiger Schocks. R wird unter 1 reduziert, was genügt, damit das Virus unter Kontrolle bleibt. Selbst wenn es zu lokalen Anstiegen kommt, verbreitet sich das Virus nicht großflächig und stirbt aus, solange der R-Wert unter 1 bleibt.

VERHALTENSTENDENZ 1: CORONA-ANGST

In den Anfangstagen von Corona dominierte die Angst vor dem Virus. Abbildung 4-1 aus Chetty u. a. (2020)[4] stellt die Entwicklung wirtschaftlicher Aktivität (gemessen als Veränderung der Ausgaben relativ zum Januar 2020) im Vergleich zweier US-Bundesstaaten dar, Wisconsin und Minnesota. Wisconsin verordnete etwas früher den Lockdown und öffnete auch ein wenig später als Minnesota. Auffällig ist, dass die Angst vor dem Virus noch vor offiziell angeordneten Lockdowns zu starker Reduzierung des Konsums führte.[5] Als die Menschen sahen, was im benachbarten Minnesota geschah, passten sie ihr Verhalten an, ohne die offizielle Anordnung eines Lockdowns abzuwarten. Als Wisconsin wieder öffnete, konsumierten die Menschen dort jedoch nicht anders als die Menschen in Minnesota. Hauptursache für den Ausgabenrückgang in den Vereinigten Staaten waren nicht die Lockdowns, sondern die Tatsache, dass die Haushalte begannen, sich gesellschaftlich zu distanzieren, und den Konsum kontaktintensiver Dienstleistungen zurückschraubten.

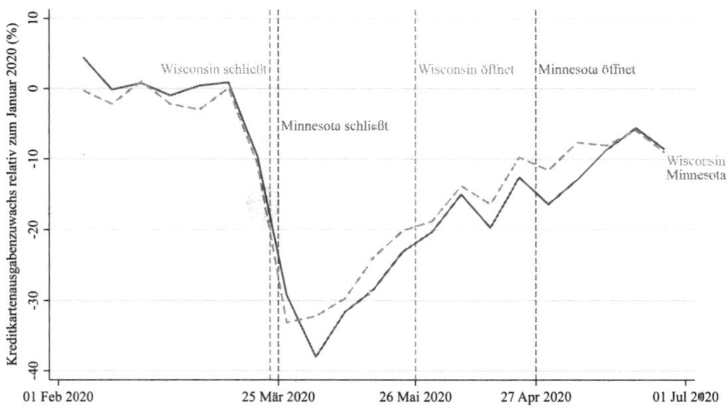

Abb. 4-1: Konsum in den US-Bundesstaaten Wisconsin und Minnesota, die zwar eine unterschiedliche Lockdown-Politik verfolgten, auf Ausgabenseite jedoch eine vergleichbare wirtschaftliche Aktivität aufweisen.
Quelle: https://tracktherecovery.org

Dieser Ausgabenrückgang betraf zu großen Teilen einkommensstarke Arbeitnehmer, die von zu Hause aus arbeiten und hinsichtlich des Virus sehr vorsichtig sind.[6] In der oberen Einkommensklasse (25 Prozent der Haushalte) sank der Konsum signifikant stärker als bei den unteren 25 Prozent, was weniger auf eine Minderung der Kaufkraft schließen lässt als auf eine Verschiebung von Präferenzen und Risikowahrnehmungen.[7]

Auf der Ebene von Landkreisen in den USA gelangten die Wirtschaftswissenschaftler Austan Goolsbee und Chad Syverson von der University of Chicago zu ganz ähnlichen Erkenntnissen. Sie verglichen Bezirke in Staaten, wo es zu Schließungen kam, mit benachbarten Bezirken in Staaten, die geöffnet blieben. Auch die Bevölkerungen in Bezirken ohne Einschränkungen reduzierten ihren Fußverkehr um 63 Prozent, die Menschen in Lockdown-Bezirken indes lediglich um 70 Prozent. Die Angst vor dem Virus führt also offenbar auch ohne Lockdown zu starken Verhaltensänderungen.[8]

Diese Feststellungen zur entscheidenden Rolle der Angst bieten zudem eine Erklärung dafür, warum beispielsweise Schweden und Dänemark trotz einer ganz anderen Reaktion auf die Pandemie relativ ähnliche wirtschaftliche Auswirkungen verzeichnen.[9]

Da individuelle Ängste und Sorgen ausschlaggebend für individuelle Entscheidungen hinsichtlich Abstandsregeln oder Impfungen sind, ist es entscheidend, zu verstehen, wie sich individuelle Sorgen innerhalb der Bevölkerung aggregieren. Insbesondere ist es wichtig, zu erkennen, ob das Schutzverhalten einzelner Personen dazu führt, dass auch andere größere Vorsicht walten lassen, oder ob diese anderen Personen ihre persönlichen Anti-Virus-Maßnahmen zurückschrauben. Solche Verhaltensreaktionen interagieren wiederum mit den Externalitäten, die anderen durch ein bestimmtes Verhalten aufgebürdet werden.[10]

Zwei Szenarien sind vorstellbar. Erstens: Wenn alle auf das Virus achten, Masken tragen und Abstand halten, reduziert sich aufgrund der positiven Externalitäten anderer für den Einzelnen der Anreiz, diese Maßnahmen einzuhalten. Die Handlungen der anderen fungieren als strategische Substitute für die Handlungen des Einzelnen. Wenn dieser Effekt dominiert, tritt eine Situation ein, in der alle gleichermaßen ein gewisses Maß an Anti-Virus-Maßnahmen einhalten. Mit anderen Worten: Die Handlungen anderer dämpfen die eigene Reaktion. Dadurch werden Externalitäten gemildert, aber nicht eliminiert.

Individuelles Verhalten besitzt jedoch auch eine Informationskomponente. Das Abstandhalten anderer etwa signalisiert uns, dass Corona gefährlich ist. Ich erfahre also durch das Verhalten anderer vom Ernst der Lage. Statt weniger Abstand zu halten, halte ich deshalb möglicherweise noch mehr Abstand. Ohne explizite Anweisungen der Regierungen findet soziales Lernen statt. In diesem Szenario verstärken sich die Handlungen einzelner Individuen gegenseitig, was zu insgesamt sehr starken Schutz-Maßnahmen führt. Eine Person, die Schutzmaßnahmen ergreift, kann damit einen Schneeballeffekt auslösen. Dieses zugegebenermaßen etwas extreme Verhalten, das im Rahmen strategischer Komplementaritäten auftritt, wird jedoch abgeschwächt, wenn es eine heterogene Gruppe von Akteuren mit anderen Informationen gibt. Nichtsdestotrotz greift in diesem Szenario die Schlüsselerkenntnis, dass sich individuelles Verhalten gegenseitig verstärkt.

Solche strategischen Komplementaritäten werden durch Echokammern wie die modernen sozialen Medien verstärkt. Der theoretische Gedanke geht zurück auf DeMarzo, Vayanos und Zwiebel:[11] Einzelne erkennen nicht, dass Informationen zu ihnen zurückkommen.[12] Wenn Person A Abstand hält und dadurch Person B anregt, dasselbe zu tun, dann beobachtet Person A, dass Person B das Virus sehr ernst nimmt. Beide interpretieren dies als Signal, es selbst noch ernster zu nehmen.

Das ist ein Schulbuchbeispiel für Rückkopplungs-Externalitäten. Person A regt Person B zum Abstandhalten an, was wiederum Person A veranlasst, ihre eigenen Bemühungen zu verdoppeln. Diese Rückkopplungsschleife führt zu Abstandhalten im großen Maßstab und könnte die Entwicklungen im März 2020 recht gut erklären.

Dem Lockdown kam aufgrund dieser Informations-Externalitäten eine sehr wichtige Signalfunktion zu. So betrachtet ist der Lockdown ein Kommunikationsinstrument, um den Ernst der Lage zu signalisieren. »Etwas Schlimmes« zu verhängen bringt den

Menschen die allgemeine Gesundheitskrise zu Bewusstsein.[13] Ein Beispiel aus der Praxis ist der Lockdown in Indien, der nur vier Stunden vor seinem Beginn ausgerufen wurde. Eine kurzfristig verhängte strikte Maßnahme dient auch dem Zweck, die Aufmerksamkeit der Bevölkerung zu gewinnen.[14]

Alles in allem kann Angst ein hochwirksamer Mechanismus sein, der die Menschen dazu bewegt, die weitere Ausbreitung des Virus zu verhindern und die eigene Resilienz zu stärken. Strategische Kontemplaritäten können jedoch sehr stark wirken, sodass Gesellschaften überreagieren, wodurch das System destabilisiert wird, wenn die Menschen zu ängstlich sind. Wie Franklin Delano Roosevelt in seiner ersten Amtsantrittsrede sagte, ist »das Einzige, was wir fürchten müssen, die Furcht selbst«.[15]

Corona hat sich vor allem durch sogenannte Superspreading-Events und Superspreader verbreitet, Menschen, die viele andere Menschen infizieren. Solche Superspreader arbeiten typischerweise in kontaktintensiven Berufen oder sind furchtlos. Kompliziert ist das Ganze, weil sich ihr individuelles Verhalten zwar auf andere auswirkt, sie selbst jedoch nur schwer zur Vorsicht gemahnt werden können.

Trotz der ganzen Corona-Angst in den ersten Monaten der Pandemie bedarf es im Gesundheitswesen oder an der Supermarktkasse furchtloser, verantwortungsvoller Menschen, die dort unverzichtbare Arbeit leisten. Ist eine Bevölkerung hinsichtlich der Angst heterogen, fördert das die Resilienz.

Alternativ könnten durch höhere Gehälter Anreize geschaffen werden, solche unverzichtbaren Arbeiten zu verrichten. Dies könnte allerdings auch die Falschen anlocken: Ganz bestimmt will man nicht, dass Superspreader im Gesundheitswesen tätig werden.

VERHALTENSTENDENZ 2: CORONA-MÜDIGKEIT

Die Angst hielt jedoch nicht ewig an. Als sich beispielsweise durch die niedrigen Infektionszahlen in Europa im Sommer 2020 alles wieder etwas normalisierte, änderte sich auch das Verhalten. Als dann im September und Oktober 2020 die Fallzahlen explodierten, waren nur wenige Verhaltensanpassungen zu beobachten. In vielen Ländern gingen die Menschen in Restaurants essen und veranstalteten trotz beträchtlicher Gesundheitsrisiken Privatpartys. Was war geschehen? Die Herbstwelle war vor allem gekennzeichnet durch Pandemie-Müdigkeit, Corona-Leugnung und sogar Fatalismus.

Als sich die Menschen erst einmal an den »Sieg« über das Virus gewöhnt hatten – zumindest wurde das vielerorts so wahrgenommen –, wurden sämtliche neuen Restriktionen als großer Verlust empfunden und das eigene Verhalten kaum daran ausgerichtet. Wie lässt sich das erklären?

Die Menschen neigen zum Optimismus und ziehen still einen antizipativen Nutzen aus erwarteten guten Ausgängen. Wie es im Deutschen so schön heißt, ist »Vorfreude die schönste Freude«. Dies veranlasst die Menschen dazu, die Dinge durch eine rosarote Brille zu sehen. Sprich: Ihre Wahrnehmung ist optimistisch verzerrt.[16] Erwartungsfehler sind jedoch kostspielig, weil sie zu Fehlentscheidungen führen. Diese zweite Kraft bewegt selbst optimistische Menschen zu realistischeren Erwartungen. Optimale Erwartungen bringen diese beiden gegensätzlichen Kräfte ins Gleichgewicht. Die »Kraft des Realismus« wird jedoch gedämpft, wenn die Menschen weniger Fehler machen können, da die Regierung das Verhalten vorschreibt, etwa in Form von Lockdowns und anderen gezielten Eingriffen.

Die »Kraft des Realismus« wird auch dann gedämpft, wenn die Folgen nicht durch das individuelle Verhalten, sondern aufgrund von Externalitäten anderer bestimmt werden. Insgesamt können optimistische Erwartungen den starken Anstieg der Corona-Fallzahlen im Herbst 2020 insbesondere in Europa erklären. Bemerkenswert ist dabei, dass Länder wie Polen oder die Tschechische Republik, wo die erste Welle einigermaßen glimpflich verlaufen war, unter denjenigen waren, die von der zweiten Welle am schlimmsten getroffen wurden. In Deutschland zeigte sich die Corona-Müdigkeit nicht zuletzt an den trotz geschlossener Hotels und Restaurants überfüllten Skigebieten während der Winterferien 2021.[17]

Eine alternative Hypothese für das Wiedererstarken der Corona-Pandemie im Herbst 2020 ist die Saisonabhängigkeit. Coronaviren vor COVID-19 wiesen ein starkes saisonales Muster auf. Sie ebbten während der Sommermonate ab, bevor sie im Winter zurückkehrten.[18] Ein möglicher Grund dafür ist das stärkere UV-Licht des Sommers. Neben der Saisonabhängigkeit wirken sich auch die Durchschnittstemperaturen auf die Ausbreitung von Corona aus, da niedrigere Temperaturen eine Verbreitung begünstigen. Verhaltensanpassungen an niedrigere Temperaturen, insbesondere Treffen in Innenräumen, begünstigen die Virusausbreitung im Winter.

VERHALTENSTENDENZ 3: DIE LETZTE CORONA-MEILE

Anfang 2021 wurden in entwickelten Volkswirtschaften Impfstoffe zunehmend verfügbar, sodass sich ein Ende der Corona-Krise am Horizont abzeichnete. Theoretisch hätte eine Einhaltung der Hygieneregeln über mehrere Monate genügend Zeit verschaffen müssen, um große Teile der Bevölkerung zu impfen und so den Weg zu einer schrittweisen Lockerung der Pandemie-Maßnahmen zu ebnen. Stattdessen hatten viele Länder, insbesondere in Europa, aber auch in Indien, im Frühjahr 2021 mit einer dritten Welle zu kämpfen.

Das Phänomen, dass den Menschen das Durchhalten schwerfällt, sobald das Ende einer Aufgabe in Sicht gerät, ist wohlbekannt und wird bisweilen als Phänomen der letzten Meile bezeichnet. Es ist eng verwandt mit dem Pareto-Prinzip im Organisationsmanagement, welches besagt, dass 80 Prozent der Aufgaben in 20 Prozent der Zeit erledigt werden, die für ein Projekt zur Verfügung steht. Die meisten Schritte zur Eindämmung und möglichen Überwindung der Pandemie waren bereits unternommen worden, doch bedurfte es im Frühjahr 2021 noch etwas mehr Geduld. Ankündigungen erfolgreicher Impfstoffentwicklungen ab November 2020 schürten Hoffnungen auf eine rasche Rückkehr zur Normalität, wobei die langwierige Verteilung der Impfstoffe teilweise außer Acht gelassen wurde. Als Folge davon wuchs der öffentliche Druck, die Restriktionen zu lockern.

Solche Letzte-Meile-Phänomene sind eine Herausforderung für die Resilienz. Eine resiliente öffentliche Gesundheitsstrategie kann scheitern, weil es den Menschen schwerfällt, bis zum Ende der Pandemie durchzuhalten. Wenn viele Menschen weniger Vorsicht walten lassen, können sich strategische Komplementaritäten umkehren. Wer sieht, dass sich die Nachbarn immer weniger um das Virus scheren, lockert möglicherweise auch die eigenen Vorsichtsmaßnahmen.

REGIONALE UNTERSCHIEDE

Viele Länder auf der ganzen Welt traf im Frühjahr und Sommer 2020 eine erste Welle, welcher im Herbst 2020 eine stärkere zweite Welle folgte. Es gab jedoch große regionale Unterschiede. Regionen mit den höchsten Inzidenzen im Frühjahr, etwa der Nordosten der USA, blieben im Herbst *vergleichsweise* verschont – in absoluten Zahlen war der Herbstausbruch dabei mindestens so stark wie der im Frühjahr. Regionen wiederum, die die erste Phase mehr oder weniger unbeschadet überstanden hatten, erlebten im Herbst 2020 besonders dramatische zweite Phasen. Der US-Bundesstaat South Dakota etwa verzeichnete bis Mitte August 2020 nur selten bis zu 100 Neuinfektionen pro Tag. Im November erreichte man Höchststände von 2000 neuen Fällen täglich.[19] Die Gesamtinfektionszahlen des Staates waren im Herbst 2020 unter den höchsten der USA. In Deutschland war das östliche Bundesland Sachsen im Dezember 2020 der größte Hotspot, nachdem es im Frühjahr weitgehend verschont geblieben war. Die Großstädte Leipzig und Dresden meldeten im Herbst die niedrigsten Inzidenzen, wohingegen die Virusausbreitung in ländlicheren Gegenden die Infektionszahlen in die Höhe trieb.[20] Verschwörungstheorien wie QAnon fielen in solchen Gegenden ebenfalls auf fruchtbaren Boden.[21]

Der erste Corona-Ausbruch fand generell häufig in urbanen Gebieten statt, wo das Virus über den internationalen Reiseverkehr eingetragen wurde. Im Herbst 2020 hingegen breitete sich das

Virus wesentlich stärker im ländlichen Raum aus. Auch bei der dritten Welle im Frühjahr 2021 blieb keine Region verschont. Haupttreiber waren nun die neuen, ansteckenderen Varianten und Mutanten des Corona-Virus.

5. Informationsgewinnung durch Tests und Rückverfolgung

Informationen sind der entscheidende Input jeder kosteneffizienten Strategie, um die Zeit bis zum Eintritt einer neuen Normalität zu überbrücken. Im Fall von Corona gilt: Bis die Durststrecke zu einer allgemeinen Impfstoffverfügbarkeit überwunden ist, muss das Virus in Schach gehalten werden. Eine Herausforderung besteht darin, dass man in Krisenzeiten meist im Nebel stochert. Zwar werden Erkenntnisse über die Krankheit schrittweise verfügbar, doch machen sie häufig eine 180-Grad-Wende. Zudem schlägt das Virus Haken und hält Überraschungen bereit. Ohne jegliche Informationen kann eine vollkommen ungezielte Überbrückungsstrategie extrem kostspielig werden. Der erste allgemeine Lockdown während der Corona-Krise zeigte das sehr deutlich. Eine resilientere und nachhaltigere Lösung beruht darauf, mit einem Lockdown sowohl die Infizierten als auch besondere Risikogruppen zu erfassen. Das erfordert allerdings entsprechende Informationen. Dieses Kapitel befasst sich mit der Informationsgewinnung zur Erarbeitung wirksamer Überbrückungsstrategien, welche die Resilienz erhalten. Wie im Rest des Buchs schöpfen wir dabei aus den bisherigen Erfahrungen mit Corona.

KOSTEN UND NUTZEN EINES GEZIELTEN LOCKDOWNS

Die wirtschaftlichen Kosten eines allgemeinen Lockdowns sind gigantisch. Im Mai verloren allein die USA etwa 80 Milliarden Dollar pro Woche.[1] Neben diesen unmittelbaren Kosten besteht die Gefahr, dass die Wirtschaft nicht auf den alten, ausgeglichenen Wachstumspfad zurückkehrt, sondern zu einem niedrigeren

Wachstum. Im Jahre 2008 betrugen die Kosten der Nicht-Rückkehr zum alten Wachstumspfad 1,2 Billionen Dollar.[2] Je länger sich die Rückkehr verzögert, desto größer wird das Risiko dauerhafter schwerer Wachstumseinbußen. Diese Betrachtungen werfen zwei Fragen auf: Wie können wir mehr Leben retten und gleichzeitig bessere wirtschaftliche Ergebnisse erzielen?[3]

Vorteile einer gezielten Lockdown-Strategie

Eine bessere Informationslage ermöglicht einen gezielteren Lockdown. Nehmen wir einmal an, die meisten Corona-Infizierten ließen sich leicht feststellen, selbst die symptomfrei Infizierten. In diesem Fall wäre die Isolation der Erkrankten ein hochwirksames Mittel zur Eindämmung des Virus. Neben dem deutlich geringeren Ansteckungsrisiko senkt eine solche Strategie auch die wirtschaftlichen Kosten im Vergleich zu einem allgemeinen Lockdown. In dem extremen Fall, dass man sämtliche Corona-Fälle rasch identifizieren könnte, käme ein punktgenauer Lockdown infrage, bei dem nur die Kranken unter Quarantäne gestellt würden, während alle anderen relativ wenige Restriktionen fürchten müssten.

Ohne entsprechende Informationen bleibt freilich die Frage, über wen man einen Lockdown verhängen soll. Eine praktikable Version des Semi-Lockdowns besteht darin, die Mobilität der nichtarbeitenden älteren Bevölkerung einzuschränken. So lässt sich der unmittelbare wirtschaftliche Schaden auf einfache Weise begrenzen. Alternativ kann man auch die vulnerablen Teile der Bevölkerung ansprechen, also ältere Menschen und Personen mit Vorerkrankungen, und sie bitten, zuhause zu bleiben.[4] Das würde die Sterbeziffern deutlich senken.[5]

Kosten der Testprogramme

Für einen Semi-Lockdown der Infizierten muss man erst einmal herausfinden, wer infiziert ist, was ein umfangreiches Testprogramm erfordert.

Wie hoch sind die Kosten für extensive Testprogramme? Verglichen mit denen eines allgemeinen Lockdowns verblüffend gering. Angenommen, ein Test kostet 20 Dollar (ein Betrag, der im Frühjahr 2020 realistisch erschien), dann würde es grob sieben Milliarden Dollar kosten, die gesamte Bevölkerung der USA zu testen. Der Nobelpreisträger Paul Romer schlug vor, in den Vereinigten Staaten täglich rund sieben Prozent der Bevölkerung zu testen, also 20 bis 23 Millionen Menschen.[6] Die wöchentlichen Kosten eines solch groß angelegten Testprogramms beliefen sich auf etwa 400 Millionen Dollar – eine vergleichsweise geringe Summe angesichts der 80 Milliarden wöchentlicher wirtschaftlicher Einbußen, selbst wenn sich nur ein Bruchteil dieser Verluste durch eine Wiederöffnung wettmachen lässt. Diese Kalkulation spricht für einen gezielten Lockdown, begleitet von umfangreichen Testprogrammen. Wenn die so erkannten positiven Fälle wirksam isoliert werden, um die Ausbreitung zu unterbrechen, ließe sich der R-Wert weit unter 1 drücken.[7]

Zu den Kosten einer Teststrategie gehört, dass sie das Verhalten der Menschen verändert. Jeder Test kann falsch negative Ergebnisse liefern, also Ergebnisse, die mit Corona infizierte Menschen als Nicht-Virusträger ausweisen.[8] Solche falsch negativen Ergebnisse können zu leichtfertigem Verhalten führen, wenn sich die Menschen allzu sicher fühlen. Das wäre ein Resilienz-Killer. Zudem dauert es mehrere Tage, bis eine mit Corona infizierte Person tatsächlich infektiös ist und positiv getestet wird. Die simple Rechnung bezog diese Möglichkeit nicht ein, die jedoch dazu mahnt, selbst nach einem negativen Testergebnis vorsichtig zu bleiben.

FÜR EINEN GEZIELTEN LOCKDOWN ERFORDERLICHE INFORMATIONEN

Je stärker die Regierung auf gezielte Lockdowns setzt, desto spezifischer sind die dafür notwendigen Informationen, da es eine Menge einschlägiger Kenntnisse erfordert, große Teile der Bevölkerung unter Quarantäne zu stellen. Um die Vulnerablen und Infizierten möglichst genau zu identifizieren, müssen also weitere Informationen gesammelt werden. Tests – seien es postinfektiöse Antikörpertests, Antigen-Schnelltests oder PCR-Tests (Polymerase Chain Reaction) – helfen, Infizierte zu erkennen, und lassen Prognosen zu, wie weit es noch bis zu einer Herdenimmunität ist. Die Infizierten und ihre Kontakte, die per Rückverfolgung ermittelt werden, können in Quarantäne geschickt werden – ein Begriff, der auf die 40-tägige Isolation von Seeleuten während der Pest des Mittelalters zurückgeht.

Informationstypen

Informationstyp	Vulnerabilität (Externalität exponiert Empfänger)	Spreader (vom Spreader ausgehende Externalitäten)
gratis	Alter, Vorerkrankung, Krankenpfleger	Reisende aus Risikogebieten, Krankenpfleger
teuer	Antikörpertest	Antigentest Rückverfolgung

Abb. 5–1: Klassifizierung verschiedener Informationstypen. Alter und die Anstellung als Krankenpfleger sind ein gutes Maß von Vulnerabilität gegenüber dem Virus. Reisende aus Risikogebieten sind potenzielle Spreader. Diese Information ist gratis. Tests hingegen sind kostspielig.

Welche Informationstypen zur Verhängung eines gezielten Lockdowns erforderlich sind, hängt davon ab, auf welche Menschen dieser abzielt. Es gibt mindestens zwei Optionen: Man kann den Fokus entweder auf den vulnerablen Teil der Bevölkerung richten oder auf die Superspreader, die zahlreiche andere Menschen infizieren. Somit benötigt die Regierung entweder Informationen über diejenigen, die mit hoher Wahrscheinlichkeit unter negativen Gesundheits-Externalitäten leiden, oder über diejenigen, von denen diese Externalitäten ausgehen, die Superspreader. Letztere könnten beispielsweise über ihre Aktivitäten in den sozialen Medien ermittelt werden. Abhängig davon, welche Bevölkerungsgruppe man ins Visier nimmt, sind unterschiedliche Informationen erforderlich.

Verschiedene Arten von Tests

Man sollte wissen, dass die verschiedenen Testarten jeweils Vor- und Nachteile haben. PCR-Tests sind sehr präzise und liefern so gut wie keine falsch-negativen Ergebnisse.[9] Am genauesten sind sie bei Patienten, die ihre hochinfektiöse Phase bereits hinter sich haben, also nachdem die Viruslast ihren Höchststand erreicht hat. Im Gegensatz dazu sind Schnelltests zwar weniger präzise, aber sie schlagen schon während der hochinfektiösen Phase an. Deshalb sind sie für eine effiziente Eindämmung der Pandemie entscheidend.

RÜCKVERFOLGUNG, EFFIZIENTES TESTEN UND GEZIELTE DURCHSETZUNG

Sowohl Tests als auch Rückverfolgungen sind darauf gerichtet, durch Informationsgewinnung bessere Ergebnisse zu erhalten und gezielte Lockdowns effizienter zu koordinieren, doch unterscheiden sie sich in ihrer Präzision.

Die Rückverfolgung ist als das den Tests vorausgehende Instrument zu betrachten. Wenn Tests knapp sind, gewinnt die Rückverfolgung an Bedeutung, da sie es ermöglicht, die Testmaßnahmen auf Personen mit einem höheren Infektionsrisiko zu konzentrieren. Kontakte infizierter Personen sind exakt diejenigen, die einem höheren Infektionsrisiko ausgesetzt waren und daher dringend getestet werden sollten. Durch gezieltes Testen können Infektionsketten wirksam durchbrochen werden, wenn sich daraus auch nicht unbedingt Schlüsse auf die wahre Infektionsrate der Gesamtbevölkerung ziehen lassen – um diese zu ermitteln, müssen die Tests zufällig gestreut, randomisiert werden.

In China und einigen anderen Ländern Asiens ist die Rückverfolgung dank mobiler Apps höchst effizient. So muss man beispielsweise vor dem Betreten eines Gebäudes in China sein Mobiltelefon scannen. Ist man als Corona-positive Person oder als Kontaktperson einer solchen Person erfasst, wird der Zutritt verweigert.

Taiwan verfolgte eine Strategie, die sich stark darauf fokussiert, Menschen mit hoher Infektionswahrscheinlichkeit zu isolieren und sie über Mobilfunksignale zu verfolgen. Unter anderem mussten sich aus dem Ausland zurückkehrende Studenten in eine zweiwöchige Quarantäne begeben. Das Land wendet die Triangulation an, um Mobilfunksysteme zu verfolgen und die Einhaltung der Quarantäne zu überwachen. Dies kann jedoch unerwartete Folgen haben: Als das Handy des Studenten Milo Hsieh kurzzeitig ohne Batterieversorgung war, wurde er innerhalb einer Stunde von vier Regierungsbehörden kontaktiert, die seinen Aufenthaltsort überprüfen wollten.[10] Taiwans »elektronischer Zaun« hat das Land zwar Corona-sicher gemacht, doch bleiben Sorgen hinsichtlich Datenschutz und Privatsphäre. Ein Low-Tech-Instrument, das die Rückverfolgung von Kontakten vereinfacht, ist ein Kontakttagebuch. Zwar ist es nicht ganz so effizient, schützt aber die Privatsphäre der Menschen.[11] Umfassende Tests und die Rückverfolgung weiterer Corona-Fälle bieten einen ungeheuren Vorteil, der zum Aufbau wirtschaftlicher Resilienz beiträgt.

Ein Hauptproblem bei der Rückverfolgung sind zwei Kipppunkte. Übersteigt der R-Wert die Marke von eins, beginnt sich das Virus erneut exponentiell zu verbreiten.

Es gibt noch einen zweiten Kipppunkt. Wenn die Inzidenzen zu hoch werden, wird ohne die technischen Lösungen, die viele westliche Gesellschaften aus Datenschutzgründen ablehnen, eine Kontaktverfolgung undurchführbar. In Deutschland hat man diese Marke lange Zeit bei einer wöchentlichen Inzidenz von über 50 pro 100 000 Einwohner festgelegt. Wird diese Schwelle überschritten, lassen sich Kontakte nicht mehr wirksam rückverfolgen. Damit besteht erneut die Gefahr, dass das Virus außer Kontrolle gerät. Ist ein Kipppunkt überschritten, erfordert eine resiliente Politik daher andere, stärkere Maßnahmen zur Viruseindämmung, um negative Rückkopplungsschleifen zu vermeiden.

Ein anderes wirksames Instrument ist die Trennung einzelner Gruppen, also eine Art Blasen- oder Kapselbildung. Leute können sich nur immer mit der gleichen Gruppe von Leuten treffen.[12] Eine Blasenbildung reduziert die Ausbreitung drastisch, da diese nur noch innerhalb der Blase stattfindet.

PRIVATSPHÄRE UND STIGMATISIERUNG

Rückverfolgungen, insbesondere über mobile Lösungen, werfen jedoch Fragen zum Wert der Privatsphäre und die mögliche Stigmatisierung von Infizierten auf, wenn deren Gesundheitsstatus allgemein bekannt wird.

Informationsaustausch und Datenschutz

Informationsaustausch zwischen verschiedenen Regierungsbehörden und dem Privatsektor kann die Durchführung einer gezielten Maßnahme wesentlich erleichtern. Vor allem asiatische Länder waren hinsichtlich des Informationsaustauschs sehr erfolgreich. Wird etwa in Südkorea jemand positiv getestet, erhält die lokale Verwaltung Berichte aus dem Krankenhaus, darunter persönliche Informationen über die Patienten. Die Behörden sind berechtigt, nicht nur die Krankenhausberichte der Patienten einzusehen, sondern auch deren mobile GPS-Daten, die Kreditkartenhistorie sowie öffentliche Kameraaufzeichnungen. Um diese Informationen zu verbreiten, werden sie weitgehend zugänglich gemacht. So erfährt die Bevölkerung desselben Bezirks etwa über das Einkaufsverhalten der Betroffenen. Diese Informationen werden mittels einer von der Regierung ausgegebenen Textwarnung täglich aktualisiert. Menschen im selben Bezirk können die Informationen auch auf der Webseite der koreanischen Behörde für Seuchenbekämpfung und Prävention aufrufen. Daneben werden Menschen, die gleichzeitig mit einem Patienten ein Geschäft besucht haben, per Textnachricht davon in Kenntnis gesetzt und zu einem Test aufgefordert. In Deutschland wurde in kleinerem Umfang die Luca-App eingeführt, mit der beispielsweise Kontaktdaten von Restaurantbesuchern verschlüsselt übertragen werden.

Stigmatisierung und Angst vor Tests

Solche Bedenken hinsichtlich Datenschutz und Stigmatisierung verdeutlichen, dass die Regierung auf einem schmalen Grat wandeln muss. Wenn die Menschen einen Test scheuen, weil sie Sorgen um ihre Privatsphäre haben oder für den Fall eines positiven Ergebnisses ein soziales Stigma fürchten, können diese gesellschaftlichen Kräfte die Wirkung einer breit angelegten Teststrategie teilweise wieder zunichtemachen.

Wenn kranke Menschen stigmatisiert werden, kann dies zwar zu einer Einhaltung der Corona-Regeln führen, aber ebenso gut auch das Gegenteil bewirken. Ein Corona-Ausbruch in einer Kindertagesstätte hat gewaltige Externalitäten. Nicht nur müssen die Eltern der infizierten Kinder in Quarantäne, sondern alle Eltern müssen alternative Betreuungspläne machen, wenn die Einrichtung schließt. Somit können alle Eltern, die ihr Kind zu einem Corona-Test schicken, große Unannehmlichkeiten für alle anderen Eltern »verursachen«, welche dann wiederum die Eltern des Corona-positiven Kindes stigmatisieren. In diesem Fall schreckt die Furcht vor einer Stigmatisierung vor der Teilnahme an einem Test ab, mit potenziell schädlichen Konsequenzen: Das Virus kann sich in der gesamten Einrichtung ausbreiten, obwohl es vorab leicht einzudämmen gewesen wäre.

Insgesamt sind Informationen ein wesentlicher Faktor für die Entwicklung einer brauchbaren Eindämmungsstrategie, um die Zeit bis zu einer neuen Normalität zu überbrücken. Die asymptomatische Übertragung des Virus, assortative Kontakte, die Rolle des Klimas und die Wirkung des Virus bei Kindern müssen als entscheidender Input für eine optimale Pandemiepolitik begriffen werden.[13]

6. Kommunikation: Das Management der Sorge

In den vorigen beiden Kapiteln haben wir betont, wie wichtig individuelles Verhalten und Informationen sind, um eine praktikable Überbrückungsstrategie zu definieren und umzusetzen. Soziales Lernen – und Herdenverhalten – könnte die Verhaltensreaktion auf Corona deutlich verstärken. Information und Kommunikation durch Einflusspersonen und die Regierung sind deshalb von entscheidender Bedeutung. Wirksame überzeugende Kommunikation ist unverzichtbar, erfordert aber ein gewisses Maß an Vertrauen. Die Nutzung von Kommunikationsmitteln ähnelt einem Hochseilakt: Die Regierung möchte vermutlich ein wenig Angst schüren – um der Bevölkerung die Schwere der Gesundheitskrise vor Augen zu führen –, eine allgemeine Panik indes vermeiden. Die könnte das Gegenteil dessen bewirken, was eigentlich gewünscht ist. Also muss ein Gleichgewicht zwischen Angsterzeugung und Panikprävention gefunden werden.

Zunächst kann die Regierung die Bevölkerung mit objektiven Informationen versorgen und so bewirken, dass die Menschen ihre ursprüngliche Meinung über die Krankheit auf den neuesten Stand bringen. Zum Beispiel erläuterte die deutsche Kanzlerin Angela Merkel die Bedeutung des R-Wertes und dass die »Fehlertoleranz« bei R gering sei, insofern als der Unterschied zwischen $R = 0{,}98$ und $R = 1{,}02$ der Unterschied zwischen einem graduellen Rückgang und einem exponentiellen Wachstum der Fallzahlen sei. In dem Maße, wie besser informierte Bürger eher bereit sind, angemessene Krisenmaßnahmen zu ergreifen, kann die Kommunikation eine zentrale Rolle beim Aufbau von Resilienz spielen. Kommunikation kann allerdings noch über eine Vielzahl weiterer Kanäle stattfinden.

An einem Ende des Spektrums signalisierte der innerhalb von vier Stunden erfolgte Lockdown in Indien den Ernst der Corona-Krise, erzeugte dabei jedoch auch Angst. Wie zuvor ausgeführt, erfüllte der Lockdown somit primär eine Signalfunktion. Diese Interpretation des Lockdowns als Mittel zur Angsterzeugung besitzt machiavellistische Züge. Am anderen Ende des Spektrums kann die Regierung durch Kommunikation einen »Gemeinschaftssinn« erzeugen, sprich: das Gefühl, dass alle Bürger im selben Boot sitzen. Statt die Bevölkerung durch Angst zur Eindämmung des Virus zu bewegen, setzt die Gemeinschaftssinn-Kommunikation auf das gute Gefühl, dass die Einhaltung der Restriktionen dem Allgemeinwohl dient. In wirtschaftswissenschaftlichen Modellen entsteht Altruismus dann, wenn individueller Nutzen mit dem Nutzen anderer zunimmt.[1] Menschen sind anderen Menschen also nicht gleichgültig.

Um diesen Gemeinschaftssinn anzusprechen,[2] kann Kommunikation durch mehrere Kanäle von großem Nutzen sein. Die neuseeländische Premierministerin Jacinda Ardern wurde allerorten dafür gelobt, die Bürger ihres Landes über solch unterschiedliche Kanäle wie »Parlamentsstellungnahmen, tägliche Briefings, Streams auf Facebook Live und Podcasts« anzusprechen.[3] Gute Kommunikation bietet einen resilienten Langzeitanker für die Erwartungen der Menschen. Zudem kann die Verstärkung der Regierungsbotschaft durch Einflussnehmer sehr effektiv sein. In Indien veröffentlichten Bollywood-Schauspieler und -Schauspielerinnen Videos, in denen sie bei der Einhaltung von Pandemie-Maßnahmen zu sehen sind, was einen enormen Verstärkungseffekt auf ihre Fans haben kann.

An der Schnittstelle dieser beiden Kanäle verglichen viele Politiker Corona mit einem Krieg,[4] wodurch sie sowohl an ein Gemeinschaftsgefühl im Sinne eines »Scharens um die Fahne« appellierten als auch Angst erzeugten. Wie in Kriegszeiten ist die Moral entscheidend, um die Bevölkerung im Kampf gegen Corona mobilisiert zu halten.[5] Die Tatsache, dass die gesamte Menschheit einem gemeinsamem Feind gegenübersteht, kann für eine Nationen übergreifende Botschaft ebenso effektiv genutzt werden wie für die Spaltung von Nationen in Untergruppen, die sich gegenseitig bekämpfen.[6]

DIE ROLLE DER GLAUBWÜRDIGKEIT IN DER KOMMUNIKATION

Ob eine Regierung durch Kommunikation zu überzeugen vermag, hängt entscheidend vom Vertrauen in die Regierung und in die Wissenschaft im Allgemeinen ab.[7]

Durch Informationsblasen bleiben manchen Bürgern wichtige Informationen vorenthalten. Zudem kann das tägliche Informationsüberangebot dazu führen, dass Nachrichten übersehen oder verworfen werden.[8] Corona war jedoch ein derart wichtiges Thema, dass es solche Blasen durchdrang und große Teile der Bevölkerung erreichte.

Das Problem mit Corona-Statistiken

Spätestens seit Erscheinen des Klassikers *How to Lie with Statistics* des Journalisten Darrell Huff im Jahre 1954 hat sich die Vorstellung festgesetzt, dass man mit Statistiken selbst bei Rückgriff auf dieselben Basisdaten ganz unterschiedliche Agenden untermauern kann.[9] Die Zuverlässigkeit von Statistiken ist jedoch entscheidend, um die allgemeine Öffentlichkeit von Corona-Maßnahmen zu überzeugen. Ein Beispiel dafür, wie wichtig Vertrauen in Wissenschaft und Statistiken ist, sind die Corona-Sterbezahlen. Es ist dabei nicht klar, was einen Corona-Todesfall ausmacht: Starb eine Person, weil sie an Corona litt, oder nur, während sie gleichzeitig mit Corona infiziert war?[10] Obendrein sinkt die allgemeine Sterblichkeit typischerweise während einer Rezession (und vermutlich noch stärker während eines Lockdowns) – weil die Todeszahlen durch Verkehrsunfälle abnehmen.[11] Zudem kann Corona den Effekt haben, dass »sich die Todesfälle in den Corona-Monaten häufen«, weil Menschen mit kurzer verbleibender Lebensspanne an Corona sterben, ohne dass sich die allgemeine Sterblichkeit über einen längeren Zeitraum sonderlich erhöht.[12] Ähnliche Verwirrung entstand hinsichtlich der Tests: Führen mehr Tests zu mehr Corona-Fällen? Natürlich hat das Testen, wenn es keine Verhaltensänderung auslöst, an sich keinen Einfluss auf die tatsächlichen Fallzahlen, die auch die ungetesteten Fälle umfassen. In dem Grade, dass positiv getestete Personen sich anders verhalten und weniger häufig andere anstecken, reduzieren sie mittelfristig die Corona-Fallzahlen. Kurzfristig aber steigen die Fallzahlen, weil mehr Tests zu mehr beobachtbaren Fällen führen. Die zuvor diskutierte soziale Stigmatisierung, die Tests und Fallmeldungen im Wege steht, verzerrt ebenfalls die Statistiken.

Wissenschaft kommunizieren

Wissenschaftliche Kommunikation kann unter diesen Umständen sehr wirkungsvoll sein. Im Rahmen eines Experiments wurden Botschaften des Wirtschaftsnobelpreisträgers Abhijit Banerjee in Gemeinden in Indien ausgestrahlt. Die Meldung von Corona-Symptomen und die Einhaltung der Hygieneregeln nahmen nach diesen Informationen aus vertrauenswürdiger Quelle signifikant zu.[13] Glaubwürdige Informationen können somit Menschen ins Boot holen und die Resilienz verbessern.

Verschwörungstheorien bekämpfen

Solche bisweilen subtilen Überlegungen, gepaart mit einem Misstrauen gegenüber Wissenschaft und Statistik, haben Verschwörungstheorien im Kontext von Corona befeuert, darunter QAnon oder der desinformative Film *Plandemic*. Interessanterweise hat sich QAnon ähnlich wie das Virus verbreitet. Trotz seines weitaus weniger polarisierten Mehrparteiensystems gilt Deutschland inzwischen als das Land mit der zweithöchsten Zahl von QAnon-

Anhängern nach den Vereinigten Staaten, wo die Verschwörungstheorie ursprünglich entstand.[14] Die deutsche Querdenker-Szene, die die Gesundheitsmaßnahmen zum Corona-Schutz ablehnt, speist ihre Inhalte teilweise auch von QAnon. Angesichts solcher Verschwörungstheorien wird es eine Herausforderung in der weiteren Pandemie-Bekämpfung sein, den gesellschaftlichen Zusammenhalt zu wahren.

Glaubwürdigkeit durch den Blick auf das Kontrafaktische

Eine dynamische Krisenkommunikation erfordert oft die glaubhafte Vermittlung des kontrafaktischen Szenarios. Dies wird dadurch erschwert, dass Menschen nur ein sehr begrenztes Verständnis dafür besitzen, was geschehen wäre, wenn man auf Lockdowns und Abstandsregeln verzichtet hätte. Abbildung 6-1 stellt die zusätzlichen Todeszahlen in Deutschland seit Januar 2020 dar. Der grau schattierte Bereich zeigt die Bandbreite zwischen den maximalen und den minimalen wöchentlichen Todeszahlen der Vor-Corona-Jahre 2016 bis 2019. Viele Verschwörungstheoretiker zogen diese Zahlen heran, um zu behaupten, die Corona-Krise sei ein Schwindel, da die Sterbeziffern – bis zum Herbst 2020 (Woche 40) – im Vergleich mit den historischen Daten eigentlich nicht überhöht seien. Vom Herbst 2020 an zeichnet sich jedoch eindeutig eine Übersterblichkeit ab. Ohne Maßnahmen zur Viruseindämmung hätten die kontrafaktischen Todeszahlen freilich sowohl die tatsächlichen Zahlen als auch den historischen Durchschnitt bei Weitem übertroffen.

Wie sollten politische Entscheidungsträger kommunizieren, wenn die Menschen Probleme haben, das kontrafaktische Szenario zu begreifen, also die Sterbeziffern ohne Lockdown? Man benötigt großes Fingerspitzengefühl dafür, die Lockdown-Maßnahmen über einen längeren Zeitraum dynamisch zu gestalten. Ist ein Lockdown beispielsweise sehr streng und die Infektionszahlen bleiben sehr gering, wittern Kritiker und Verschwörungstheoretiker

Morgenluft und behaupten, die Regierung verhänge den Lockdown aus anderen Beweggründen. Die Regierung verliert ihre Glaubwürdigkeit, und die Menschen finden Wege, die Lockdown-Regeln zu umgehen. Der einzige Weg, die Bedrohung glaubwürdig zu kommunizieren, könnte es sein, die Krise von Zeit zu Zeit leicht aufflammen zu lassen, damit das kontrafaktische Szenario den weniger informierten Teilen der Öffentlichkeit glaubhaft vermittelt werden kann. Eine derartige Strategie ist jedoch ethisch fragwürdig, insbesondere, da jede Verzögerung sofort zu einem exponentiellen Wachstum führt.

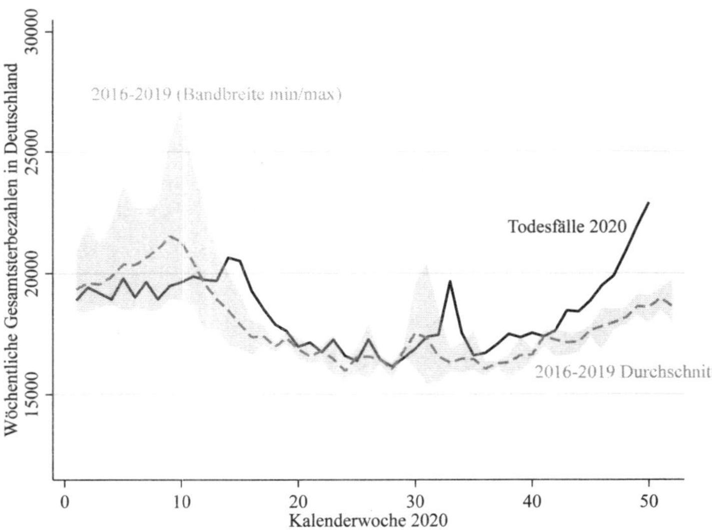

Abb. 6-1: Wöchentliche Gesamtsterbezahlen in Deutschland zeigen die durch Corona verursachte Übersterblichkeit. Quelle: Statistisches Bundesamt 2021

Es handelt sich also um ein interessantes dynamisches Kommunikationsproblem. Sollte man eine gewisse »Sterberate« oder gelegentliche Wellen regelmäßig zulassen als krasse Erinnerung daran, wie ernst die Lage ist?

Anders betrachtet erfordert eine glaubwürdige Kommunikation, dass Regierungen ständig experimentieren und ihre Grenzen ausloten. Der relativ erfolgreiche Lockdown in Deutschland führte zur Verbreitung von Behauptungen, die Corona-Gefahr sei insgesamt nicht so schlimm wie vorhergesagt.

Aus der Kommunikationspersektive spricht einiges für eine »Führung von hinten her«, also etwa erst dann auf Corona zu reagieren, wenn die Infektionszahlen bereits steigen, anstatt zu früh einen Lockdown zu verhängen. Ein verfrühter Lockdown kann leicht zum Opfer seines eigenen Erfolges werden, weil er die vielen negativen gesundheitlichen Folgen verhindert und deshalb bald in Frage gestellt wird. Hinsichtlich einer Stärkung der Resilienz ist das nicht förderlich.

Kommunikationshilfe kann von einem fremden Land kommen, wenn jenes die kontrafaktische Strategie verfolgt. Beispielsweise haben Brasilien oder Schweden die Corona-Gefahr lange Zeit ignoriert. Dies erleichtert die Kommunikation, da das kontrafaktische Szenario eindrucksvoll vorgeführt wird. Mit anderen Worten: Die Politik dieser Länder hat eine positive Externalität auf die Kommunikationsstrategie anderer Länder.

VISIONEN UND IHRE NARRATIVE

Eine weitere Frage ist, ob Spitzenpolitiker eine langfristige Vision offenlegen oder sie besser für sich behalten sollten. Für solche strategischen Betrachtungen gibt es keinen simplen Rat. Eine Vision öffentlich preiszugeben kann Schelte und Kritik einbringen, was allerdings auch Politikern passieren kann, die mit ihren Visionen hinterm Berg halten und deshalb wegen mangelnder Deutlichkeit angreifbar werden. Ein Beispiel für den Balanceakt, weder allzu viel Kritik auf sich zu ziehen, noch zu vage zu erscheinen, ist Mario Draghis Londoner Rede mit der berühmten Ankündigung, »koste es, was es wolle«. Sie war ein klares Bekenntnis, die Eurozone intakt zu halten, blieb aber ausreichend vage, um keine Zielscheibe für Kritik zu bieten.

Franklin D. Roosevelts Herangehensweise während der Weltwirtschaftskrise in den 1930er Jahren zeigt ebenfalls einen möglichen Ansatz. Seine Regierung probierte verschiedene Maßnahmen aus, um die richtige Abhilfe in der Krise zu finden. Gleichzeitig machte der Präsident klar, dass er sich um die Menschen kümmerte, und projizierte somit ein Gefühl pragmatischer Sicherheit.[15]

»Wer die Geschichten erzählt, beherrscht die Welt«, lautet eine Redensart, die sowohl dem amerikanischen Ureinwohnerstamm der Hopi als auch Platon zugeschrieben wird. Einfache Narrative, darunter die Modellwelten der Ökonomen, zeichnen ein vereinfachtes Bild der Wirklichkeit, indem sie Komplexität in leichter verdauliche, verständliche Informationen aufspalten und es somit erleichtern, die Öffentlichkeit zu überzeugen. Da viele Menschen einfache Geschichten gut nachvollziehen können, sind diese zwar sehr mächtig, bergen aber die Gefahr der Übersimplifizierung oder Verzerrung des relevanten Kontexts. Aus wirtschaftswissenschaftlicher Sicht ist es entscheidend, den richtigen Kompromiss zwischen innerer und äußerer Stimmigkeit von Modellen und Geschichten zu erreichen. Innere Stimmigkeit, die etwa durch vollkommen rationale Akteure und logisch kohärente Gedankengänge erreicht wird, hat den Preis, dass das Modell die Wirklichkeit nicht vollständig widerspiegelt. Äußere Validität indes ist zwar näher an der Realität, macht das Modell jedoch häufig zu komplex.

Da die Welt immer komplizierter wird, werden solche Zielkonflikte zwischen Übersimplifizierung und Inklusion verstärkt. Verschwörungstheorien sind hier ein gutes Beispiel. Sie präsentieren eine vermeintlich geradlinige Weltsicht, um das Zusammenspiel verschiedenster Fakten zu »erklären«, welches die Menschen möglicherweise überfordert. Deshalb ist die Komplexität (und Unsicherheit) rund um das Thema Corona eine Erklärung für das Aufkommen von Verschwörungstheorien in den vergangenen Monaten. Darüber hinaus ist es entscheidend, die Erzählung zu beherrschen. Woher stammt das Virus? Wer ist schuld am Ausbruch der Pandemie?[16] Teilweise wurde China vorgeworfen, in den Anfangsphasen der Pandemie Informationen zurückgehalten zu haben. Um nicht zum Sündenbock zu werden, bemüht sich China, zu zeigen, dass sein System mit der Krise besser umgeht als andere Länder.

7. Die neue Impfstoffnormalität

Ein wichtiges Element der Krisenreaktion ist die Entwicklung eines nachhaltigen neuen Normalzustands. Resilienz tritt dann wirksam ein, wenn man die Schritte hin zu einer neuen Normalität vollziehen kann.

Im Fall von Corona wurde zunächst die Herdenimmunität als langfristige Lösung angesehen, vor allem in Schweden und eine Zeit lang auch in Großbritannien. Aus drei Gründen war sie jedoch nie eine praktikable Option: Erstens häuften sich die Hinweise auf langfristige negative gesundheitliche Auswirkungen des Virus,[1] weshalb das Streben nach Herdenimmunität viele Menschen gesundheitlichen Schäden aussetzt, von denen sie sich möglicherweise nie wieder vollständig erholen. Und zweitens hält die Immunität gegen Corona wahrscheinlich nicht ewig an. Ist sie nur vorübergehend, dann wird Herdenimmunität vielleicht nie erreicht. Drittens entwickeln sich immer wieder neue Varianten des Virus. Die einzige Option war daher die Entwicklung eines Impfstoffs.

Für dessen Entwicklung sind beispiellose wissenschaftliche Anstrengungen unternommen worden. Ein Prozess, der üblicherweise ein Jahrzehnt oder länger dauern kann, wurde so beschleunigt, dass der erste Impfstoffkandidat die Phase-III-Studien schon innerhalb von weniger als einem Jahr durchlief. Eine schnellere Impfstoffentwicklung bedeutet raschere Genesung, sowohl in gesundheitlicher als auch in ökonomischer Hinsicht.

Abhängig vom Wirkungsgrad des Impfstoffs wird das Virus sich bereits auf dem Rückzug befinden, lange bevor alle Menschen geimpft worden sind. Mit einem hochwirksamen Vakzin sollte die Impfung von 60 Prozent der Bevölkerung ausreichen, um den R-Wert auf unter 1 zu bringen, eine Schwelle, unter der das Virus von selbst verschwindet. Angesichts des gegenwärtigen Stands der Impfstoffentwicklung besteht die Hoffnung, dass die Pandemie 2022 im Wesentlichen vorüber sein könnte.[2] Es ist allerdings möglich, dass ein Impfstoff zwar hochwirksam bei der Verhinderung schwerer Erkrankungen und des Todes seines Empfängers ist, aber nur wenig Auswirkungen auf die mögliche asymptomatische Übertragung der Krankheit hat. In diesem Fall müsste ein viel größerer Anteil der Bevölkerung geimpft werden, um die Pandemie zu beenden. Mit Stand April 2021 deuten die ersten Daten zum Impfstoff von Pfizer-BioNTech darauf hin, dass er auch die Ansteckung verhindert.[3]

Eine generellere Lektion, die wir hieraus lernen können, ist die, dass wir auch Resilienz für das nächste Virus aufbauen können. Da es üblich ist, dass tierische Viren von Tieren auf Menschen übertragen werden, wird das Risiko von Pandemien bestehen bleiben, auch wenn Corona effektiv unter Kontrolle ist. Ein wichtiger Schritt hin zu größerer Resilienz wird daher in einer besseren Pandemievorsorge bestehen.

DIE VORTEILE VON VAKZINEN

Die Kosten-Nutzen-Überlegung in Bezug auf das Testen und die Kontaktnachverfolgung gilt für die Impfstoffentwicklung umso mehr. Der Grenznutzen eines Impfstoffs kann näherungsweise durch das Produkt von drei Kennziffern errechnet werden. Erstens die marginale Erhöhung der Wahrscheinlichkeit einer erfolgreichen Impfstoffentwicklung, zweitens die monatlich auflaufenden volkswirtschaftlichen Kosten durch Corona in Höhe von 375 Milliarden US-Dollar allein in den Vereinigten Staaten. Und drittens ein angenommener Vorsprung bei der Entwicklung eines Vakzins von sechs Monaten. Die Grenzkosten eines Impfstoffs betragen, je nach Art des Stoffs, ungefähr einen US-Dollar an Produktionskosten pro Impfdosis.[4] Multipliziert mit der Gesamtzahl der produzierten Einheiten, ergeben sich die Gesamtkosten. Jetzt müssen wir allerdings noch die Austauschbarkeit der Kapazitäten berücksichtigen. Eine Fabrik für Impfstoffe kann relativ schnell auf die Produktion eines anderen Impfstoffs umgestellt werden, wenn dieser schneller entwickelt werden sollte. Für jedes Vakzin, das mit der Absicht hergestellt worden ist, an acht Milliarden Menschen verimpft zu werden, würden folglich Kosten von acht Milliarden Dollar entstehen.[5] mRNA-Vakzine wie das von BioNTech/Pfizer, von Moderna und von CureVac sind um eine Größenordnung teurer; ihr Preis beträgt um die 15 Dollar. Angesichts der hohen gesamtwirtschaftlichen Kosten eines Lockdowns bleibt das grundlegende Ergebnis der Kosten-Nutzen-Rechnung jedoch das Gleiche. Zwar brachen innerhalb der EU einige Debatten darüber los, ob die verhältnismäßig teuren mRNA-Vakzine oder günstigere, jedoch weniger effektive Alternativen angeschafft werden sollten,[6] doch die potenzielle Kostenersparnis ist im Vergleich zu den volkswirtschaftlichen Kosten eines längeren Lockdowns vernachlässigbar.

IMPFSTOFFE GLOBAL ENTWICKELN

Anreize zur Entwicklung von Vakzinen können auf zwei Weisen gegeben werden: Entweder wird einem erfolgreichen Unternehmen vorübergehend ein rechtliches Monopol eingeräumt, das ihm – seinen Erfolg vorausgesetzt – eine höhere Profitspanne garantiert, oder die Regierung stellt eine Absicherung gegen die Verluste bereit, die sich aus seinem Scheitern ergeben.[7]

In Anbetracht der substanziellen Informationen über ihren eigenen Impfstoffkandidaten, die die Unternehmen besitzen, hat Michael Kremer im Mai 2020 ein Finanzierungsschema von 80:20 vorgeschlagen: Dem zufolge würde die Regierung 80 Prozent der Kosten für die Schaffung von Produktionskapazitäten übernehmen, wobei die Unternehmen aber immer noch 20 Prozent des Risikos zu tragen hätten. Als Gegenleistung für diese Finanzierung sollten die Regierungen dann die Option bekommen, das Vakzin im Erfolgsfall zu erwerben.[8]

Drei Prinzipien sollten die Impfstoffbeschaffung anleiten. Erstens wird durch Redundanzen garantiert, dass man eine größere

Impfstoffkapazität einplant, als eigentlich benötigt wird, um sich gegen den Fehlschlag irgendeines Impfstoffprojekts abzusichern. Zweitens ist eine Diversifikation von entscheidender Bedeutung. Redundanzen innerhalb desselben Impfstofftyps aufzubauen impliziert, dass der Erfolg verschiedener Projekte immer noch stark korreliert. Die Diversifizierung über verschiedene Impfstofftechnologien hinweg schwächt dagegen die Korrelation dieser Projekte ab und erhöht damit die Wahrscheinlichkeit, dass einige davon letztendlich erfolgreich sein werden. Und drittens stellt eine resiliente Impfstoffentwicklung sicher, dass die vorhandenen Impfstoffe leicht an das Auftreten neuer Virusvarianten angepasst werden können.

Verschiedene Vakzine parallel entwickeln

Da die Impfstoffentwicklung risikobehaftet ist und komplett fehlschlagen kann, müssen mehrere Vakzine parallel entwickelt werden.[9] Weil die Regierungen anfangs nur sehr wenig darüber wussten, welche Impfstoffe erfolgreich sein würden, kauften viele von ihnen Lieferzusagen mehrerer Unternehmen ein (Abbildung 7-1), was dazu führt, dass es mehr Impfdosen als zu impfende Personen gibt.

Im Mai 2020 wurde geschätzt, dass für eine etwa 90-prozentige Chance dafür, im Herbst 2021 einen wirksamen Impfstoff zu haben, 14 Impfstoffstudien durchgeführt werden müssten.[10] Der wichtigste Beweggrund für diese Anzahl waren die Kreuzkorrelationen über verschiedene Vakzine hinweg. Vakzine, die auf ähnlichen Technologien beruhen, sind stark korreliert. Ein zusätzlicher Impfstoffkandidat, der bestehenden Impfstoffkandidaten technologisch stark ähnelt, bringt daher weniger Diversifikation als ein Impfstoffkandidat, der auf einer neuen biomedizinischen Technologie beruht.

Regierungen strebten daher im Frühjahr 2020 bei der anfänglichen Förderung der Impfstoffentwicklung nach Diversifikation. Da die Impfstoffe auf vier grundsätzlichen Typen von Biotechnologien (mRNA [Pfizer, Moderna, CureVac, Sanofi], vektorenbasiert [AstraZeneca, Johnson & Johnson, Sputnik], Ganzvirus- [Sinovac Biotech, Sinopharm, Covaxin] und proteinbasierten Impfstoffen [Novavax]) basieren, verlangt die Diversifikation den Ankauf verschiedener Impfstofftypen. Diversifizierung geht einen Schritt weiter als reine Redundanz. Tatsächlich verfolgten die meisten Länder in Abbildung 7-1 eine solche Strategie, obwohl Ganzvirus-Impfstoffe in den Portfolios vieler Länder weitgehend fehlten.

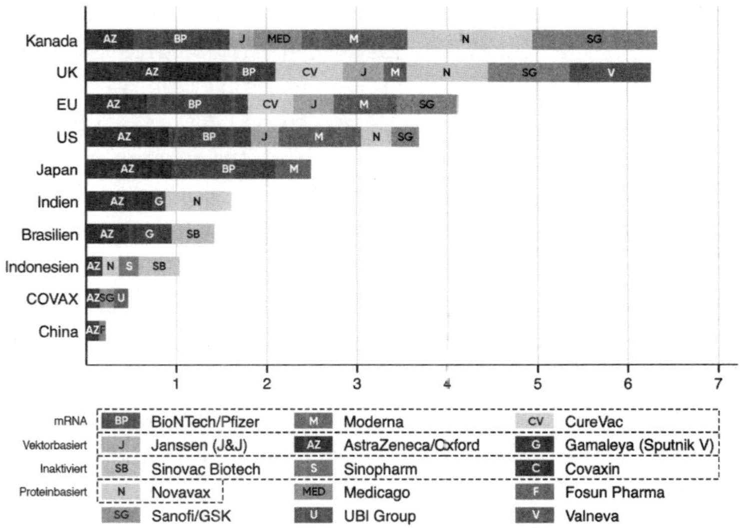

Abb. 7-1: Redundanz, Diversifikation und Resilienz bei der Impfstoffbestellung.
Quelle: Bloomberg 2021

Das zunehmende Auftreten von Virusmutationen Ende 2020, das sich 2021 fortsetzt, brachte einen weiteren Grund zur Diversifikation ans Licht. Da wir aktuell, im April 2021, noch nicht wissen, welche Impfstoffe auch gegen Mutationen des Virus am wirksamsten sein werden, sollte man über solche Vakzine hinweg diversifizieren, die dementsprechend eine unterschiedliche potenzielle Wirksamkeit aufweisen.

International koordinierte Impfstofffinanzierung

Die Finanzierung der Impfstoffentwicklung hätte von internationaler Warte aus gestaltet werden können. Jedes Land müsste dazu ungefähr 0,15 Prozent seines BIP beisteuern. Zumindest am Anfang wäre der Anreiz hoch, sich an einem solchen Finanzierungsplan zu beteiligen, da die Staaten ein Motiv hätten, die Risiken eines Scheiterns ihrer eigenen Impfstoffkandidaten zu begrenzen.[11] Als Alternative zu einem weltweiten Plan wären auch losere Formen der Zusammenarbeit denkbar, in denen die jeweiligen Regierungen ausländischen Firmen Mittel zum Aufbau von Überkapazitäten zur Verfügung stellen.[12] CoVaX war Teil einer internationalen Strategie. Der Schwerpunkt der Impffinanzierung lag jedoch auf nationaler Ebene.

Finanzierung durch Datenweitergabe

Ökonomische Transaktionen werden routinemäßig so durchgeführt, dass Geld gegen Waren und Dienstleistungen getauscht wird. Wenn es jedoch um eine internationale Verteilung von Impfstoffen geht, entlohnen einige Länder die Impfstoffhersteller außerdem noch mit Daten. Israel, das Ende Januar 2021 im Hinblick auf die Impfrate weltweit führend war, gibt im Wochentakt Daten über die Impfkampagne an BioNTech/Pfizer weiter, darunter auch demographische Daten über die Geimpften.[13] Man sollte ergänzen, dass Israel auch einen höheren Preis pro Impfdosis bezahlt als beispielsweise die Europäische Union.

Impfstoffstudien

Das Versagen einiger Länder bei der Corona-Eindämmung macht Impfstoffstudien paradoxerweise einfacher. Groß angelegte Impfexperimente laufen üblicherweise so ab, dass Zehntausende Menschen entweder mit dem Vakzin oder einem Placebo geimpft und anschließend die Infektionsraten bei beiden Gruppen verglichen werden. Die Zahl der Corona-Fälle in Brasilien oder den USA waren jedoch hoch genug, sodass sowohl die Prüf-/Interventions- als auch die Kontrollgruppe dem Virus hinreichend ausgesetzt waren, was von entscheidender Bedeutung für die Überprüfung der Wirksamkeit des Impfstoffkandidaten ist. Tatsächlich hat sich Lateinamerika in der zweiten Hälfte des Jahres 2020 zu einem Hotspot für Impfstoffstudien entwickelt, und zwar sowohl aufgrund der hohen Infektionsraten als auch aufgrund der vielen Freiwilligen, die bereit sind, an ihnen teilzunehmen.[14]

IMPFSTOFFE VERTEILEN

Sobald ein Impfstoff verfügbar ist, stellen sich ethische Fragen zuhauf: Welche Länder sollten als Erste beliefert werden? Und wer sollte im jeweiligen Land zuerst geimpft werden? Das Fehlen einer internationalen Führung an dieser Front sorgt dafür, dass diese Fragen von ganz besonders hoher Dringlichkeit sind.[15]

Internationale Verteilung

Ein einfaches Gedankenexperiment hilft, die internationalen Überlegungen zu verdeutlichen. Nehmen wir an, zwei Länder, A und B, entwickeln jeweils mit Erfolg einen Impfstoff. Sollte nun jedes der Länder seinen einheimischen Impfstoff an seine Bürger ausgeben oder die Hälfte seiner Vakzine mit seinem Nachbarn teilen? Die üblichen Argumente zur Risikovermeidung würden die letztere Vorgehensweise befürworten. Nehmen wir an, dass einer der beiden Stoffe Nebenwirkungen besitzt. Ein gleichmäßiger Mix beider Impfstoffe würde dann dafür sorgen, dass 50 Prozent der Bevölkerung nicht unter jenen Nebenwirkungen zu leiden hätten. Allerdings könnte es sein, dass Überlegungen solcher Art schwierig zu kommunizieren sind.

Bei der internationalen Impfstoffverteilung müssen Spillover-Effekte, Auswirkungen von Aktivitäten auf andere Bereiche, ebenfalls berücksichtigt werden. Aufgrund der engen Zusammenhänge von Produktionsketten und internationalem Reiseverkehr, einschließlich des Tourismus bestehen internationale Gesundheitsexternalitäten von den Schwellen- und Entwicklungsländern bis hin zu den fortgeschrittenen Volkswirtschaften.

Auch wenn es unethisch ist, haben viele EMDEs nur die Wahl zwischen Pest und Cholera. Der Zielkonflikt wird besonders dadurch verschärft, dass sie nicht erwarten können, später beim Erhalt eines funktionierenden Impfstoffs bevorzugt behandelt zu werden. Wir werden auf die spezifischen Herausforderungen der EMDEs in Kapitel 14 und auf das Thema der Exportkontrollen für Impfstoffe in Kapitel 15 zurückkommen.

National: wen womit impfen?

Auf nationaler Ebene gibt es zwei mögliche Szenarien: Entweder besteht Impfstoffknappheit, da die Nachfrage die Zahl der verfügbaren Dosen übertrifft, oder, was etwas kontraintuitiv wirken mag, es gibt ein Überangebot, weil die Nachfrage aufgrund der Angst der Menschen vor unbekannten Nebenwirkungen des Stoffs nur sehr gering ist. Außerdem könnte es sein, dass die »falsche Art von Menschen« den Impfstoff will – nämlich jene, die bereit sind, viel dafür zu zahlen, aber nicht notwendigerweise aus gesellschaftlicher Sicht am dringendsten geimpft werden müssen.

Die erste Frage, die ich ausführlicher behandeln möchte, ist die, wie eine Regierung knappe Impfstoffressourcen zentral bündeln könnte – unter der Annahme, dass die Menschen ihre Verhaltensreaktion nicht verändern. Eine wesentliche Unterscheidung ist die zwischen der vulnerablen Bevölkerung, die die gesundheitlichen Kosten zu tragen hat, und den Verursachern der Ansteckungsgefahr, besonders den Superspreadern.

Eine Gruppe, die man gerne impfen würde, sind die systemrelevanten Beschäftigten, etwa medizinisches Personal, die den Impfstoff benötigen, um wichtige Dienstleistungen von hohem sozialem Wert verrichten zu können.

Eine weitere Gruppe mit der Priorität für eine frühzeitige Impfung wäre die der Vulnerablen. Die naheliegende Lösung scheint zu sein, alle vulnerablen Menschen, die das Virus mit dem Tod bedroht, impfen zu können. Die Vulnerablen haben zudem einen starken persönlichen Anreiz, sich impfen zu lassen, weshalb es mit Blick auf diese Gruppe vermutlich nicht sonderlich viel »Überzeugungsarbeit« seitens des Staates bedarf.

Die Vulnerablen sind allerdings wahrscheinlich nicht die sozial aktivsten Menschen. Eine vulnerable Person zu impfen stattet sie daher nur mit wenigen zusätzlichen Vorteilen im Sinne einer Verminderung des Risikos, das Virus weiterzuverbreiten, aus. Im krassen Gegensatz dazu sind die Vorzüge einer Impfung von Superspreadern vielfältig. Denn sie schützt nicht nur diese selbst, sondern unterbricht auch die ganze Kette zusätzlicher Corona-Fälle, die mit ihnen in Zusammenhang stehen. In diesem Sinne ergibt sich daraus, Superspreader zu impfen, ein zusätzlicher Vorteil. Dies kann dazu beitragen, die Reproduktionsrate auf unter 1 zu drücken, jenen Kipppunkt, unter dem sich das Virus allmählich zurückzieht und dann ausstirbt.

Anders als vielleicht gedacht, könnte der gesellschaftliche Gewinn aus der Impfung von Superspreadern den aus der Impfung der vulnerabelsten Bevölkerungsgruppen daher, abhängig von den Parametern, anfangs übersteigen.[16] Paradoxerweise würde Superspreader zu impfen den Vulnerablen mehr helfen, als ihnen selbst die Impfung direkt zu verabreichen. Allerdings hat die Sache einen Haken. Die Herausforderung bei der Umsetzung dieses Programms bestünde dann darin, die Superspreader zu identifizieren. Einige von ihnen könnten jüngeren Alters sein oder Arbeitnehmer, die nicht von zu Hause aus arbeiten. Doch Superspreading ist zum Teil auch eine biologische Eigenart, was es schwierig macht, diese Personen schon im Vorfeld zu identifizieren.

Nehmen wir nun noch die Verhaltensreaktion mit ins Bild, so gibt es einen zweiten Haken. Im Gegensatz zu den Vulnerablen könnten die Superspreader im Privaten weit geringere Anreize haben, sich impfen zu lassen. Dies könnte dazu führen, dass die Regierung Schwierigkeiten hat, die Superspreader vom Impfen zu

»überzeugen«, und zudem könnten sie viel schwieriger zu identifizieren sein.

Ein weiteres Problem mit Superspreadern ist, dass sie ihr Verhalten nach der Impfung ändern werden. Wenn das Vakzin von hoher Qualität ist und einen Wirkungsgrad nahe 100 Prozent besitzt, werden die Verhaltensreaktionen nicht von Bedeutung sein, da die Geimpften vollkommen geschützt sind. Etwas anders sieht die Logik allerdings bei einem Wirkungsgrad von beispielsweise nur 50 Prozent aus. Ein geimpfter Superspreader hat zwar eine 50-prozentige Chance auf Immunität, könnte gleichzeig aber auch sein prosoziales Verhalten verstärken und auf doppelt so viele Partys gehen. In diesem Fall ist die Wahrscheinlichkeit, dass er das Virus verbreitet, pro Party zwar nur halb so groß, aber die Verdopplung der Anzahl der besuchten Feiern bedeutet unter dem Strich, dass die Impfung der Superspreader in Bezug auf die Reduzierung der Corona-Verbreitung nichts bewirkt.

Ein ganz anderer Ansatz wäre es, Menschen mit einem hohen privaten Wert des Lebens zu priorisieren. Wenn der Wert des Lebens unendlich ist, dann sollten die Älteren, die am stärksten gefährdet sind, zuerst geimpft werden. Verhält sich der Wert des Lebens jedoch proportional zu den Lebensjahren, sollten die Jüngeren zuerst geimpft werden. Somit sind ethische Überlegungen eng mit der volkswirtschaftlichen Kosten-Nutzen-Analyse verknüpft. Ein letzter Aspekt, den es zu berücksichtigen gilt, ist das ökonomische Standardmotiv der Konsumglättung: Alte Menschen können nicht mit einem »künftigen Urlaub« entschädigt werden, weil ihre verbleibende Lebenszeit kurz ist, während die Jungen ihren Konsum über eine längere Zeitspanne ihrer restlichen Lebenszeit hinweg glätten können. Wenn sie 2020 nicht in den Urlaub gefahren sind, können sie es vielleicht im Jahr 2021, 2022 oder sogar 2025 tun. Dieses Argument kann die Forderung, alte Menschen zuerst zu impfen, noch weiter unterfüttern.

Eine andere, in Indonesien verfolgte Strategie besteht darin, die Bevölkerung im erwerbsfähigen Alter zu impfen.[17] Das Ziel dahinter besteht unter anderem darin, die ökonomischen Folgen der

Krise abzufedern, indem den Beschäftigten ermöglicht wird, sicher ihrer Arbeit nachzugehen, sobald sie geimpft worden sind.

Verschiedene Impfstoffe mit variierender Wirksamkeit sind genehmigt worden. Welche Person sollte nun aber welches Vakzin erhalten? Die Antwort auf diese Frage ist nicht selbstevident. Zudem könnte eine Überlegung lauten, einige Impfstoffeinheiten als Reserve zurückzuhalten. Mit ihnen könnte die Regierung schnell reagieren, wenn später neue Hotspots entstehen. Hier gibt es im Grunde einen dynamischen Zielkonflikt: Mehr Impfstoff vorzuhalten, könnte zu mehr Hotspots in der Zukunft führen. Wenn man eine solche Reserve hat, könnten diese Hotspots jedoch wirksamer eingehegt werden. Die genaue Antwort auf die Frage wird außerdem von der Kontaktnachverfolgung und der Verfügbarkeit anderer Behandlungsmethoden abhängen, mit denen gegen Hotspots angegangen werden kann.

Alle bisher durchgespielten Szenarien stützen sich implizit auf eine relativ hohe Sicherheit über die Parameter. Das heißt konkret: Besteht anfänglich Unsicherheit über die Effektivität des Vakzins oder über mögliche Nebenwirkungen, könnte es optimal sein, die Impfstoffverteilung unter der Bevölkerung teilweise zu randomisieren, um mehr Klarheit über die Wirksamkeit des Stoffs bei verschiedenen Teilgruppen der Bevölkerung zu erhalten.[18] Die Resultate dieses ersten Lernprozesses können dazu genutzt werden, später beim Verteilungsmechanismus des Impfstoffs nachzusteuern. Oder man kann sich auf ein kleines Land wie Israel fokussieren, in dem die Gesundheitsdaten der letzten zehn Jahren bereits digitalisiert worden sind, um diese Parameter in Erfahrung zu bringen.

Die Impfskepsis besiegen

In vielen Ländern herrscht eine weitverbreitete Impfskepsis. Nur knapp über die Hälfte der Menschen in Frankreich gab im November 2020 an, sich impfen lassen zu wollen.[19] Diese Zahlen könnten sich zwar noch ändern, sobald Impfstoffe besser verfügbar sind, doch die drängende Frage bleibt bestehen, wie die Unterstützung für das Vakzin gestärkt werden kann. Eine Herdenimmunität setzt voraus, dass sich um die 70 Prozent der Bevölkerung impfen lassen.

Eine Möglichkeit zur Förderung der Impfbereitschaft könnte darin bestehen, dass sich Politiker frühzeitig öffentlich impfen lassen. Joe Biden[20] und Benjamin Netanjahu[21] sind diesen Weg gegangen. Andere globale Führungsfiguren wie Angela Merkel haben sich entschieden, sich in den nationalen Impfplan einzureihen.[22] Es ist nicht ausgemacht, welcher Ansatz politisch klüger ist. Im ersteren Fall hoffen die politischen Führer zwar darauf, die Unterstützung für das Impfen zu stärken, könnten mit ihrem Tun aber auch Unzufriedenheit über ihre bevorzugte Behandlung erregen. Ein praktisch relevanter Ansatz, um Anreize für Impfungen zu schaffen, sind Privilegien für Geimpfte. Um die Frage, ob Unternehmen oder Institutionen Personen, die nachweislich geimpft sind, eine bevorzugte Behandlung gewähren dürfen, hat sich eine lebhafte öffentliche Diskussion entwickelt. Anfang Januar 2021, als Impfstoffe noch nicht flächendeckend verfügbar waren, wurde diese Debatte angestoßen. Doch sobald Impfungen für jeden verfügbar sind, kann dies ein wichtiges Instrument sein, um die Impfraten zu erhöhen.[23] Ein Impfpass ist im Grunde ein zusätzlicher Anreiz, sich impfen zu lassen. Mehrere Länder, darunter die EU[24] und China,[25] arbeiten derzeit an der Einführung von Impfpässen.[26] Israel setzte sie im März 2020 bereits auf breiter Front ein und erlaubt den Geimpften die Rückkehr ins öffentliche Leben.

Die Einführung von Impfpässen kann Resilienz verstärken und die wirtschaftliche Erholung begünstigen, da sie ein Informationsproblem löst. Wenn das nächste Kino wieder öffnet, könnten viele Menschen zögerlich sein, wieder hinzugehen, da sie befürchten, dass einige der anderen Kinobesucher infiziert sein könnten. In einem Szenario, in dem nur geimpfte Personen wieder am öffentlichen Leben teilnehmen dürfen, gibt es keine derartige Informationsasymmetrie. Da sich alle Kinobesucher in Bezug auf ihre Gesundheit relativ sicher fühlen, könnte ihre Zahl in die Höhe schnellen.

Zusammenfassend lässt sich sagen, dass die Eindämmung der Krisenursache – im Falle von Corona des Virus – ein tiefes Verständnis über das Verhalten der Menschen erfordert, einschließlich ihrer psychologischen Vorurteile, Ängste und Befürchtungen. Information ist das A und O, um die Kosten der Eindämmungsstrategie in Grenzen zu halten und die Krise effektiver zu bekämpfen. Das Gleiche gilt für die Kommunikation. Die Wahrung von Vertrauen und die Abwehr von Verschwörungstheorien sind eine Herausforderung. Und schließlich erfordert Resilienz die Arbeit an einer langfristigen neuen Normalität. Dies führt letztlich zur Resilienz. Im Fall von Corona werden uns hoffentlich die neuen Impfstofftechnologien Normalität bescheren.

TEIL III: MAKROÖKONOMISCHE RESILIENZ

Resilienz hängt davon ab, angemessen auf einen Schock zu reagieren und, aus ökonomischer Sicht, zurück auf den vorherigen Wachstumspfad zu gelangen.

Direkt nach der unmittelbaren ersten Reaktion auf einen Schock – dessen Ursache einzuhegen, im Fall von Corona das Virus –, muss man eine Brücke zur neuen langfristigen Lösung bauen. Ein resilienter Gesellschaftsvertrag ist in diesem Prozess von entscheidender Bedeutung, um die Wirtschaft zu stabilisieren, die wiederum den Gesellschaftsvertrag weiter stabilisiert.

Die Corona-Rezession ist die tiefste Rezession seit dem Zweiten Weltkrieg. Daher befürchteten einige Beobachter im März 2020 eine Krise, die mit der Großen Depression ab 1929 vergleichbar wäre. Letztlich konnte ein solches Ergebnis jedoch abgewendet werden, und die Wirtschaft fing sich rasch wieder. Dieser Abschnitt befasst sich mit den zentralen makroökonomischen Fragen und berührt dabei die Themen Innovation, Vernarbung, Finanzmärkte, Fiskal- und Geldpolitik sowie Ungleichheit. Der Schwerpunkt liegt darauf, nicht in die Falle der ökonomischen Langzeitfolgen zu tappen.

Typischerweise ist es von Bedeutung, auf welche Weise eine Volkswirtschaft in eine Rezession gerät. Paul Krugman unterscheidet zwei grundsätzliche Arten von Rezessionen: solche, die durch interne Ungleichgewichte wie nicht nachhaltige Ausgaben oder Investitionen des privaten Sektors verursacht werden, welche korrigiert werden müssen,[1] und solche, die durch externe Umstände verursacht werden.[2] Historisch gesehen folgten Letztere oft auf eine starke Straffung der Geldpolitik und wiesen eine rasche Erholung der Beschäftigung auf.[3] Die wirtschaftlichen Fundamentaldaten waren auf den ersten Blick solide, was einen schnellen

Aufschwung im Anschluss an einen negativen Schock einfacher gemacht hat.

Im Gegensatz dazu waren Rezessionen, die durch plötzlichen und erheblichen Finanzstress verursacht wurden – sogenannte Minsky-Momente –, typischerweise durch schleppende Erholungen gekennzeichnet.[4] Im Jahr 2008 waren die stark fremdkapitalfinanzierten Haushalte für eine Neubewertung der Preise für Wohnimmobilien besonders anfällig. Zudem bot ein unterkapitalisierter Finanzsektor nur wenig Resilienz.[5] Das notwendige Abbauen der Schulden führte damit zu einer lang anhaltenden Rezession. Wenn diese Unterscheidung gerechtfertigt ist, dann könnte das Jahr 2020 eher wie der Zeitraum von 1979 bis 1982 aussehen, mit einer schnellen, »Swoosh«-förmigen Erholung.[6]

Abbildung III-1 illustriert, wie das Wachstum über einen langen Zeitraum hinweg leiden könnte. Sie zeigt das reale japanische Bruttoinlandsprodukt seit Mitte der 1990er-Jahre. Wir können dort erkennen, wie die japanische Banken- und die Finanzkrise zu einer erheblichen Verringerung des Wachstumstempos führte. Die Wirtschaft war nicht resilient und schwenkte in den frühen 2000er-Jahren auf einen niedrigeren Wachstumspfad ein. Es ist erwähnenswert, dass es zwei Arten von wirtschaftlicher Erholung gibt. Erstens, man kehrt zum alten BIP zurück. Zweitens, man erreicht nicht nur das alte BIP, sondern auch die vorherige Wachstumsrate. Langfristig ist die zweite Art des Aufschwungs, nämlich das Erreichen der vorherigen Wachstumsrate, wichtiger. Die japanische Wirtschaft ist nie wieder auf die Wachstumsrate vor der Bankenkrise zurückgekehrt.

Im Gegensatz dazu hatte das Seebeben bei Fukushima 2011, ein viel größerer fundamentaler Schock, fast keine nennenswerten Auswirkungen auf die Wachstumsaussichten. Die japanische Wirtschaft erwies sich angesichts der Naturkatastrophe als sehr resilient und erholte sich rasch. Die Frage ist also, welcher Art von Schock Corona eigentlich entspricht – wird die Pandemie eher den Finanzkrisen oder eher einer Naturkatastrophe ähneln?

Rezessionen unterscheiden sich auch danach, welche Sektoren am stärksten betroffen sind und welche mehr Resilienz an den Tag legen. In typischen Rezessionen brechen die Käufe von langlebigen Konsumgütern wie neuen Kühlschränken oder Autos ein, während der Konsum von Verbrauchsgütern und Dienstleistungen, wie Haarschnitten beim Frisör oder in Restaurants verzehrten Speisen, relativ stabil bleibt. Dieses den Makroökonomen bekannte Muster ist durch Corona auf den Kopf gestellt worden. Das Virus hat nur einen geringen unmittelbaren Einfluss auf unser Verlangen, langlebige Konsumgüter zu kaufen, lässt aber viele Konsumaktivitäten im Dienstleistungssektor zu potenziell großen Gesundheitsrisiken werden. Daher sind die kontaktintensiven Sektoren am stärksten betroffen. Langlebige Konsumgüter sind den direkten Auswirkungen von Corona dagegen relativ wenig ausgesetzt.

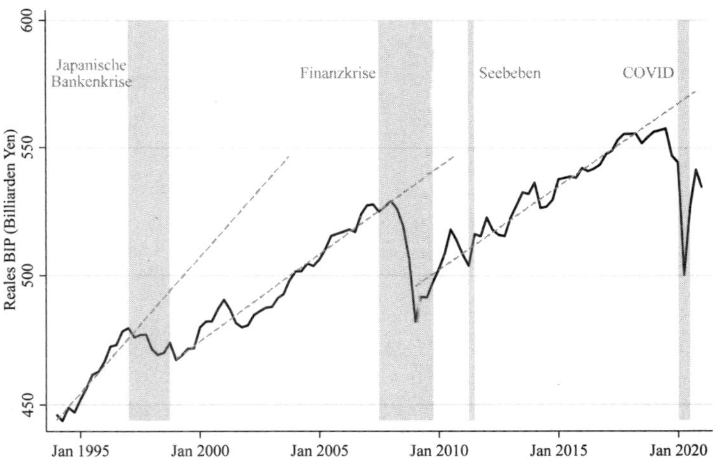

Abb. III–1 zeigt das reale BIP von Japan mit linearen Wachstumstrends (gestrichelte Linien). Die beiden Finanzkrisen in den späten 1990er- und in den 2000er-Jahren führten zu einem dauerhaften Rückgang des realen BIP und, wichtiger noch, seines Wachstums, während der exogene Schock durch das Seebeben von Fukushima keine lang anhaltenden wirtschaftlichen Folgen zeigte.[7]
Quelle: FRED 2021

Abbildung III-2 veranschaulicht die Veränderung des Umsatzes aller wichtigen Wirtschaftsbereiche in den USA im Vergleich zum Vorjahr. Etwas überraschend ist, dass die Baubranche und das verarbeitende Gewerbe – zwei der am stärksten von der Großen Rezession betroffenen Wirtschaftszweige – tatsächlich große Zuwächse zu verzeichnen haben. Auf der anderen Seite haben Kunst, Unterhaltung und Erholung sowie Beherbergungs- und Gastronomiedienstleistungen massive Einbußen erlitten.

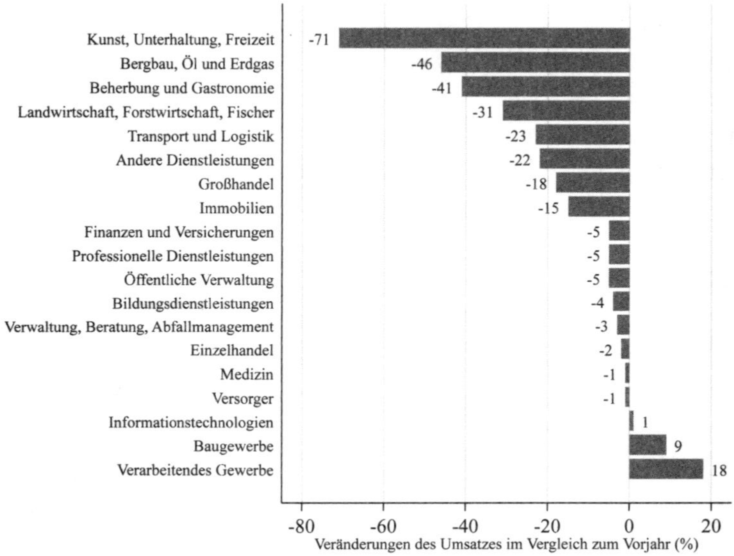

Abb. III-2: Veränderungen des Umsatzes in verschiedenen Bereichen der US-Wirtschaft.
Quelle: Greenwood, Iverson und Thesmar 2020, Brookings Paper

Die Corona-Rezession hat also mindestens zwei Ausprägungen, weshalb sie manchmal auch als K-förmige Rezession bezeichnet wird. Vor allem Firmen, die ihre Waren oder Dienstleistungen leicht online anbieten können, profitieren, wie die Rallye der Technologiebörse Nasdaq seit März 2020 zeigt. Sie repräsentieren den oberen Arm des Buchstaben K. Geschäftsmodelle, die auf persönlicher Begegnung oder großen Menschenmengen basieren, leiden hingegen. Freizeitparks, Kinos und Restaurantketten gehören allesamt zum unteren Arm des K.

Während die Totale Faktorproduktivität zwischen den kontaktintensiven und den kontaktlosen Sektoren divergiert, könnten wir, wenn die Pandemie noch lange anhält, auch einen durch Corona ausgelösten Innovationsboom erleben, was weiter unten diskutiert wird. Ist eine sektorübergreifende Verlagerung wirtschaftlicher Aktivität auf lange Sicht wünschenswert? Dieser Überlegung werden wir im nächsten Abschnitt nachgehen.

Mit den dramatischen Veränderungen, die Corona für unsere alltäglichen Routinen mit sich gebracht hat, ergab sich auch die Gelegenheit, alte Gewohnheiten zu überdenken. Dies führte vor allem dazu, dass die Menschen mit dem Arbeiten von zu Hause aus experimentierten. Etwas globaler betrachtet, hat Corona Innovationen in Bereichen wie dem Gesundheitswesen, dem Einzelhandel und der Hochschulbildung angestoßen. Dieser Innovationsboom könnte die Wirtschaft auf lange Sicht zu einem nachhaltigen Wachstum führen.

Auf der anderen Seite wurden viele Unternehmen und Arbeitnehmer von der Pandemie hart getroffen. Unternehmen, die sie bisher nur durch eine höhere Kreditaufnahme überlebt haben, könnten nun mit einer erheblichen Überschuldung oder gar dem Konkurs konfrontiert sein. Ebenso werden die Beschäftigten dadurch in Mitleidenschaft gezogen, dass lange Zeiten der Arbeitslosigkeit die künftigen Jobchancen schmälern, da Fertigkeiten verloren gehen.

Die politische Reaktion auf eine K-förmige Rezession muss sich an den besonderen Umständen der Corona-Pandemie orientieren. Anreize nach dem Gießkannenprinzip sind ineffizient. Bei einem Lockdown mit geschlossenen Restaurants kann das Geld aus den Stimulus-Schecks ohnehin nicht dort ausgegeben werden. Aufgrund der eingeschränkten Konsummöglichkeiten (und eines unzureichenden Vorsorgesparens im Vorfeld der Krise) wurde ein erheblicher Teil der CARES-Act-Stimuluszahlungen in den USA einfach gespart.[8] Eine alternative und gezieltere Intervention sind digitale Coupons, mit denen die chinesische Stadt Hangzhou experimentiert hat:[9] Die Leute erhalten digitale Coupons auf ihre Smartphones, die nur für den Konsum verwendet werden können. Außerdem haben sie ein festgelegtes Verfallsdatum, was einen weiteren Anreiz für kurzfristigen Konsum schafft. Und durch die

Beschränkung der Coupons auf bestimmte Branchen oder Stadtteile ermöglichen sie zudem ein sehr gezieltes finanzpolitisches Eingreifen.

Der Weg zur Erholung von der Corona-Krise wird von vielen Unsicherheiten begleitet, besonders angesichts des Auftretens mehrerer Varianten des Virus. Für die politischen Entscheidungsträger ist daher ein beträchtlicher Optionswert damit verbunden, eine flexible Politik beizubehalten, die im Zuge des weiteren Verlaufs der Pandemie-Rezession nachjustiert werden kann. Von besonderer Wichtigkeit ist dabei, »etwas Pulver trocken zu halten«, um zu vermeiden, dass man sich nach dem anfänglichen *»Whatever-it-takes«*-Ansatz vom März 2020 in einer Situation des »Was haben wir getan?« wiederfindet. Die politischen Entscheidungsträger wollen vermeiden, in eine Falle zu tappen, und Fallen aus dem Weg zu gehen stärkt wiederum die Resilienz, da sich die genannten Akteure dadurch die Flexibilität erhalten, ihren Kurs bei Bedarf anzupassen.

8. Innovation befeuert nachhaltiges Wachstum

Wie Microsoft-CEO Satya Nadella es bereits Ende April 2020 ausdrückte: »Wir haben zwei Jahre digitale Transformation in zwei Monaten erlebt.«[1] Corona hat weitreichende fundamentale Veränderungen in der Struktur der ökonomischen Aktivität verursacht. Die anhaltende Notwendigkeit der sozialen Distanzierung erzeugte einen Innovationsschub dahin gehend, das wirtschaftliche Handeln an den Druck des Virus anzupassen. Corona fungierte dabei als Trendbeschleuniger.

Ein schwerer Schock kann auch Prozesse in Gang setzen. Wenn die Gesellschaft vor der Pandemie in einer Falle saß oder sich in einem suboptimalen Gleichgewichtszustand befand, dann kann der Corona-Schock sie aus der gegenwärtigen Falle herauskatapultieren, sodass wir uns auf ein neues Gleichgewicht zubewegen.

Entwicklungssprünge in der Telemedizin oder im Online-Unterricht, zwei Sektoren, die in den letzten Jahrzehnten große Preissteigerungen durchgemacht haben,[2] erleichtern die Anpassung an die Corona-Bedingungen. Das vor Corona eher verpönte Homeoffice wurde im März 2020 für zahlreiche Beschäftigte innerhalb weniger Wochen zur Norm. Entgegen der landläufigen Meinung stellte man fest, dass gewisse Arbeiten zu Hause tatsächlich produktiver erledigt werden als im Büro. Um sich an den Corona-Schock anzupassen, ist daher Innovation nötig.

Es gibt mindestens zwei Gründe dafür, warum die Ausgaben für Forschung und Entwicklung in normalen Zeiten niedriger ausfallen, als es für die Gesellschaft wünschenswert wäre. Erstens sind die Forschungs- und Entwicklungsaufwendungen privater Unternehmen mit weitreichenden positiven Auswirkungen auf andere Branchen und Bereiche der Gesellschaft verbunden. Ein Corona-

Impfstoff etwa kommt folglich nicht nur dem Entwickler des Medikaments zugute, sondern fast alle Unternehmen in der Volkswirtschaft profitieren, wenn sich die Konjunktur erholt, obwohl sie keinen Anteil an den Kosten für Forschung und Entwicklung tragen. Das hört sich zunächst nicht nach einem Hindernis für Investitionen an, doch sind aus diesem Grund eben Unterinvestitionen in Forschung und Entwicklung die Regel. Auch wenn die Gesellschaft durch verstärkte Forschungsaufwendungen viel gewinnen würde, übersteigen aus Sicht eines einzelnen Unternehmens die Kosten deren individuellen Nutzen, weil der gesellschaftliche Nutzen nicht internalisiert wird.

Zweitens kann erfolgreiche Forschung und Entwicklung zu einer Kannibalisierung bestehender Produkte oder Geschäftsmodelle führen. So muss beispielsweise ein Autobauer, der ein gut funktionierendes Elektroauto entwickelt, möglicherweise sein bestehendes Geschäftsmodell mit Autos, die einen Verbrennungsmotor nutzen, kannibalisieren. Wir werden auf dieses Thema in Verbindung mit dem dritten Punkt, nämlich Koordinationsproblemen, gleich zurückkommen.

Und schließlich ist Innovation der wichtigste Motor für langfristiges Wachstum. Ein Innovationsboom könnte damit auch den Gesellschaftsvertrag resilienter machen. Eine schnelle, durch inklusives Wachstum wachsende Volkswirtschaft kann den Seitenwinden, die zukünftige Krisen auf die Gesellschaft loslassen könnten, leichter standhalten. Auf der anderen Seite testen solche großen Schocks wie Corona auch die Resilienz des Gesellschaftsvertrags, wenn sich Veränderungen zu rasch vollziehen und sich zu viele Leute dabei überfordert fühlen.

DIE BESCHLEUNIGUNG EXISTIERENDER TRENDS

Dadurch, dass Corona Innovationen anstößt, beschleunigt es auch viele bereits existierende Trends. Homeoffice, Online-Unterricht und Telemedizin waren allesamt sich langsam entwickelnde Trends, die plötzlich, als die Pandemie uns zwang, viele unserer alten Gepflogenheiten zu überdenken, enorm an Fahrt aufgenommen haben. Darin liegt eine potenzielle Chance von Corona: Krisen erschüttern uns in unseren Grundfesten und bringen uns dazu, eingefahrene Gewohnheiten zu überdenken. Wenn wir gezwungen sind, mit neuen Technologien und neuen Herangehensweisen an die Dinge zu experimentieren, kann das zu nachhaltigen Verbesserungen führen. Die Work-Life-Balance könnte sich verbessern und die technologische Innovation sich beschleunigen.

Eine Volkswirtschaft ist in der Regel langsamen Veränderungen gegenüber resilienter als gegenüber schnellen, da sich die Menschen an Erstere leichter anpassen können. Wenn Übergänge zu schnell erfolgen, kann die Resilienz tatsächlich leiden, weil die Menschen mit dem Tempo des Fortschritts nicht mithalten können. Wir haben bereits darauf hingewiesen, dass ein schnellerer Fahrradfahrer resilienter gegen Seitenwinde ist. Allerdings riskiert er auch eher, von seinem Gefährt zu fallen, wenn er zu schnell über ein Schlagloch fährt. Geht der gesellschaftliche Wandel zu schnell vonstatten, können viele Menschen nicht Schritt halten, was zu sozialen Verwerfungen führen kann. Wir würden eher im Schlagloch-Szenario enden, als den gefährlichen Seitenwinden zu entkommen.

Ein Paradebeispiel dafür ist der Niedergang von alten Industrieregionen, beispielsweise der Kohle- oder Stahlgewinnung, in vielen fortgeschrittenen Volkswirtschaften zu der Zeit, als der Dienstleistungssektor zum Epizentrum der wirtschaftlichen Aktivität wurde. Nehmen wir zum Beispiel die Bergarbeiter in Deutschland. Mit dem allmählichen Rückgang des Bergbaus und der Schließung der meisten Kohleminen mussten sie den Arbeitsplatz wechseln und sich neue Qualifikationen aneignen. Für die junge Generation ist das im Verhältnis einfacher: Sie kann leichter neue Dinge lernen und ihre berufliche Laufbahn in anderen Bereichen als dem Bergbau beginnen. Für die älteren Kumpel ist dieser Prozess hingegen viel komplizierter. Erfahrene Bergleute werden nicht über Nacht zu Software-Ingenieuren. Wenn sich der Wandel zu schnell vollzieht, werden sie einen fordernden Übergang erleben, da der Prozess der Umschulung und des Erwerbs neuer Qualifikationen langwierig ist. Zudem sind Menschen oft zögerlich, wenn es darum geht, etwas Neues anzufangen.

Ein gängiges Diktum besagt, dass die Beschäftigten des 21. Jahrhunderts im Laufe ihres Arbeitslebens häufig umlernen müssen, was viele von ihnen beunruhigt. Diese strukturellen Verschiebungen auf den Arbeitsmärkten wirken sich allerdings auch darauf aus, wie die Arbeitnehmer ausgebildet werden sollten, damit sie Resilienz gegenüber einem sich dort rasch vollziehenden Wandel entwickeln: Eine Ausbildung in sehr spezialisierten Bereichen könnte dazu führen, dass die Menschen angesichts großer Veränderungen weniger flexibel sind. Stattdessen ist die Anpassungsfähigkeit von großem Vorteil. Arbeitnehmer, die flexibel eingesetzt werden können, können zwischen verschiedenen Wirtschaftszweigen wechseln, wenn sich die wirtschaftlichen Rahmenbedingungen ändern.

Da Geschwindigkeit für eine Gesellschaft schwer zu händeln sein kann, brauchen wir nicht nur eine resilientere Gesellschaft, die schwere Schocks wie den des Corona-Virus überstehen kann, sondern auch mehr Resilienz gegenüber den langsam verlaufenden (und sich manchmal beschleunigenden) Trends, die die moderne Gesellschaft prägen.

DIE PRINZIPIEN DER INNOVATION

Die Corona-Krise hat viele langsam verlaufende Trends beschleunigt. Die Einführung neuer Technologien ist in der Regel mit anfänglichen Fixkosten verbunden, bevor sich die Vorzüge der verbesserten Technologie bemerkbar machen.[3] Daher werden Veränderungen gerne in die Zukunft verschoben, wenn es nicht gerade zu einer Erschütterung wie durch Corona kommt.

Neben dieser Zurückhaltung auf Konsumentenseite können aber auch die Unternehmen zögern, neue Technologien anzubieten, weil dies mit dem Preis einer Kannibalisierung der bestehenden Technologie verbunden ist. Ein Beispiel dafür ist Nokia, in den frühen 2000er-Jahren der weltgrößte Handyproduzent, der dem Smartphone-Trend nicht gefolgt war und sich zu einem Unternehmen für Telekommunikationsinfrastruktur umstrukturieren musste. Ein Corona-Beispiel ist der Einzelhandel, an dessen Stelle nun mehr und mehr der Onlinehandel tritt. Diese Veränderung der Vertriebsart war zwar schon im Gange, wurde aber durch Corona erheblich beschleunigt und geht mit dem Preis einer Kannibalisierung des ursprünglichen, auf das Ladengeschäft ausgerichteten Geschäftsmodells vieler Einzelhändler einher.

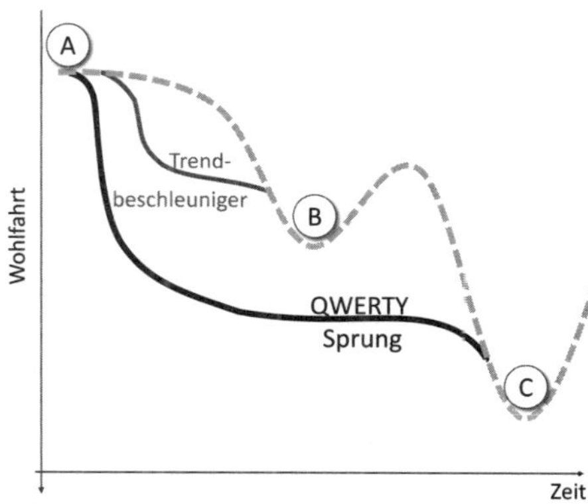

Abb. 8-1: Eingeklemmt in einem lokalen Optimum und QWERTZ-Sprung aufgrund der disruptiven Corona-Krise.

Eine weitere Herausforderung für den technologischen Fortschritt ist die Koordination zwischen Unternehmen und Bürgern. Ein bekanntes Beispiel ist das QWERTZ-Problem, das manchmal auch als Henne-und-Ei-Problem bezeichnet wird. Während sich die QWERTZ-Tastatur im 19. Jahrhundert als einziges Tastaturlayout durchgesetzt hat – basierend auf ihrer Eigenschaft, mechanische Ausfälle bei Schreibmaschinen zu reduzieren, indem sie die Häufigkeit minimierte, mit der die Hämmer der Schreibmaschine beim Tippen aufeinanderprallten –, ist sie für eine Computertastatur zwar eigentlich ein ineffizienter Aufbau, doch die gegebenenfalls entstehenden Umstellungskosten wären viel zu hoch.[4]

Abbildung 8-1 veranschaulicht dieses Problem. Als die Schreibmaschinen aufkamen, experimentierte man mit verschiedenen Tastaturen, bis die QWERTZ-Tastatur alle anderen Tastaturlayouts in ihrer Beliebtheit überholte. QWERTZ war im Schreibmaschinenzeitalter effizient, und somit landeten wir bei Punkt B, wo wir selbst dann noch verblieben, als die Computer entstanden und mechanische Hämmer nicht mehr vonnöten waren. Eigentlich wäre aber Punkt C das neue globale Optimum, an dem es eine Tastatur geben würde, die sich tatsächlich sehr von dem QWERTZ-Layout unterscheidet. Um dieses neue Optimum zu erreichen, bedarf es aber nicht nur eines sich langsam entwickelnden Trends, sondern eines echten Sprungs. Eines QWERTZ-Sprungs. Er erschüttert die Wirtschaft und ermöglicht es, sich von einem aktuellen lokalen Optimum zu einem neuen globalen Optimum zu bewegen.

Corona kann also zwei Arten von Auswirkungen auf die Innovation haben. Zum einen können Trends beschleunigt werden. Vor der Pandemie wurde das Arbeiten von zu Hause aus zwar allmählich beliebter, doch erst seit März 2020 hat diese Entwicklung enorm an Fahrt aufgenommen.[5] Die Kugel rollt dann nicht langsam entlang der dunklen Linie, sondern folgt der hellen gestrichelten Linie auf Punkt B zu, wo sie aufgrund der höheren anfänglichen Steigung schneller wird. Corona könnte allerdings noch mehr als ein Trendbeschleuniger sein.

Wenn uns das Arbeiten von zu Hause aus auch in Zukunft erhalten bleibt, könnte es zu einem »QWERTZ-Sprung« kommen, bei dem die Gesellschaft langfristig in ein neues Gleichgewicht, nämlich zu Punkt C übergeht, an dem der Anteil an von zu Hause aus geleisteter Arbeit nennenswert höher ist, als er es ohne Corona gewesen wäre. Das wiederum könnte einen erheblichen Produktivitätszuwachs bedeuten und die durch die Pandemie verursachte Erschütterung zu einem besseren langfristigen Ergebnis führen.

REGULATORISCHE FESSELN ABSTREIFEN

Schließlich kann auch Regulierung technologischen Fortschritt begrenzen. Sowohl in Bezug auf die Koordination als auch in Bezug auf die Regulierung war Corona ein Weckruf,[6] und angesichts des großen potenziellen gesellschaftlichen Nutzens von Verbesserungen in der Telemedizin oder der KI geht der Wandel vielleicht noch nicht einmal schnell genug vor sich.[7] Die Dringlichkeit der Krise hat Veränderungen hervorgerufen, die ansonsten Jahre oder sogar Jahrzehnte gebraucht hätten. Ein Bereich, auf den wir noch zurückkommen werden, ist die Telemedizin. Das Erfordernis nach räumlicher Distanzierung erzwang geradezu einen raschen Übergang hin zur fernmündlichen Behandlung, die an die Stelle der persönlichen Konsultation tritt.

Allerdings steht die Regulierung mit der Innovation in einer Wechselbeziehung, besonders im digitalen Zeitalter. Wenn wir uns selbst überregulieren und die Kreativität ersticken, könnten wir entscheidende Innovationen verpassen. Wenn Regulierungsbehörden den Status quo festschreiben und Innovationen in bestimmten Bereichen dadurch ausschließen, dann werden wir diese Entdeckungen vielleicht nie machen – und zwar nicht aufgrund eines Mangels an menschlichem Erfindungsgeist, sondern aus mangelnder Offenheit für neue Ideen.[8]

BEISPIELE FÜR INNOVATIONEN

Ein prominentes Beispiel für eine Innovation, die zur zukünftigen Resilienz beiträgt, ist die Impfstoffentwicklung selbst, speziell die der mRNA-Impfstoffe. Die mRNA-Technologie wird seit Jahren als mögliches Mittel gegen Krebs erforscht. Durch ihre erfolgreiche aktuelle Implementierung besteht daher das Potenzial für einen Innovationsschub im Bereich der individualisierten genetischen Krebsbehandlung.[9]

Die Digitalisierung erhöht ebenfalls die Resilienz des Gesundheitswesens, indem sie eine bessere Informationsbeschaffung ermöglicht. Wenn beispielsweise die Gesundheitsbehörden besser ausgestattet sind, dann könnten sie in Zukunft effektiver auf Pandemien reagieren. Mehr Flexibilität würde zudem eine Reallokation von (Gesundheits-)Ressourcen dorthin ermöglichen, wo sie am dringendsten benötigt werden.

Auf längere Sicht bietet auch die künstliche Intelligenz potenziell einen großen Nutzen für die medizinische Diagnose und Behandlung. Aufbauend auf Big Data, könnte sie in der Lage sein, Kreuzkorrelationen schon zu erkennen, bevor ein Patient überhaupt einen Arzt aufsucht.[10] Die Ärzte wären besser informiert, und diese diagnostischen Verbesserungen würden die Behandlungen effizienter machen.[11]

Ein anderer Bereich mit rapiden Veränderungen ist die Telemedizin. Fortschritte im Gesundheitsbereich vollziehen sich aufgrund von natürlich berechtigten datenschutzrechtlichen Bedenken[12] und umfangreichen Regulierungen normalerweise langsamer als auf anderen Gebieten. Corona hat jedoch Onlinesprechstunden beim Arzt fast zur Routine werden lassen. In diesem Sinne sprengt das Virus regulatorische Ketten.[13] Die Lieferung von verschreibungspflichtigen Medikamenten war früher eine Offline-Aktivität; heute, da Rezepte automatisch an die Kunden versandt werden, bietet Amazon an, diese Lieferungen zu übernehmen.

Management: Neue Hierarchien

Die Entwicklung hin zu Onlinemeetings und -konferenzen stellt Hierarchien und die Informationsweitergabe auf den Kopf. Vor Corona haben viele Banken wichtige Gespräche, etwa über Mergers and Acquisitions nur mit leitenden Führungskräften geführt. Die nachrangigen Angestellten wurden zu solchen Treffen nicht eingeladen, da nur die wichtigsten und kenntnisreichsten Manager einen Kunden besuchten. Seit März 2020 finden solche Meetings jedoch primär online statt. Unter dem Strich macht es keinen Unterschied, ob zehn Personen an einem Zoom-Call teilnehmen oder hundert. Und so können auch Mitarbeiter aus der zweiten Reihe zu den ehemals hochrangigen Meetings eingeladen werden und aus erster Hand von den leitenden Mitarbeitern lernen. Die Vorteile sind vielfältig: Erstens lernen die Nachwuchskräfte viel schneller, wenn sie an diesen Meetings teilnehmen und beobachten, wie erfahrene Mitarbeiter in wichtigen Verhandlungen agieren. Zweitens dürfte die frühzeitige Teilnahme an diesen Meetings der Motivation der Nachwuchskräfte wahrscheinlich einen Schub geben.

Und es gibt noch einen weiteren Effizienzgewinn. Nach dem Treffen der obersten Führungskräfte war es früher notwendig, eine Nachbesprechung durchzuführen und die Erkenntnisse aus der Zusammenkunft an die anderen Mitarbeiter weiterzugeben, die nicht teilgenommen hatten. Auch dieser Schritt entfällt nun, was nicht nur Zeit spart, sondern auch die Weitergabe von Informationen erleichtern kann. All diese Schritte implizieren, dass Onlinemeetings im Grunde eine Überholspur für neue Mitarbeiter eröffnen, um selbst in leitende Positionen aufzurücken.

Viele Prozesse werden daher demokratisiert und die Informationslücken entlang der Firmenhierarchien deutlich reduziert. Dies ist allerdings nicht gleichbedeutend mit flachen Hierarchien. Die hierarchische Abstufung dürfte erhalten bleiben, aber der Informationsstand aller Personen entlang einer Hierarchieleiter in Bezug auf eine bestimmte geschäftliche Angelegenheit dürfte sehr viel ähnlicher sein.

Ein damit zusammenhängender Aspekt ist die Art und Weise, wie administrative Besprechungen in Institutionen durchgeführt werden. Vor Corona fanden diese von Angesicht zu Angesicht statt und machten, zusätzlich zur physischen Anwesenheit, häufig auch noch eine Reisetätigkeit erforderlich.[14] Diese stummen Barrieren bedeuteten Selektion: Nur einige wenige Mitglieder nahmen an solchen Treffen teil. Heute hingegen kann jeder »hereinzoomen«, sich die angesprochenen Themen anhören und eigene Kommentare dazu beisteuern. Der Zielkonflikt tritt deutlich hervor: Während Teilnahme und Anwesenheit demokratisiert werden, könnte die Führung von Unternehmen tatsächlich komplizierter werden, da mehr Stimmen gehört werden müssen. Und natürlich gibt es auch noch weitere große Nachteile. Vertrauliche informelle Treffen könnten aus Angst, dass das Gesprochene mitgeschnitten wird oder einer der Teilnehmer Screenshots anfertigt, überhaupt nicht mehr stattfinden.

Das Arbeiten von zu Hause aus fördert Resilienz, indem sie mehr Flexibilität erlaubt, da die Arbeitnehmer einfacher anders eingesetzt oder versetzt werden können. Dies hat das damit verbundene Stigma drastisch verringert.[15]

Ein weitaus weniger erforschtes Thema sind die Auswirkungen der Arbeit von zu Hause aus auf spontane soziale Interaktionen. Treffen in der Teeküche, Kaffeepausen oder zufällige Begegnungen auf dem Büroflur fallen in der Zoom-Welt weg. Ein Videoanruf erfordert einen bestimmten Anlass im Vorfeld, was bei vielen bisherigen Begegnungen im Büro nicht der Fall war. Auf der einen Seite könnte der Wegfall des Smalltalks die Produktivität steigern, da Aktivitäten reduziert werden, die nicht im engen Sinne als Arbeit gelten. Viele Führungskräfte stellen fest, dass die Effizienz von Besprechungen gestiegen ist, seit sie online abgehalten werden, weil sie tendenziell fokussierter ablaufen. Dennoch können zwanglose Interaktionen wichtig sein, um die professionellen Beziehungen mit Kollegen zu pflegen oder Ideen für geschäftliche oder akademische Vorhaben durchzuspielen. Nicht jedes Treffen in der Teeküche war nur unproduktiver Leerlauf. Vielmehr dienten diese Interaktionen auch dem Zweck, Informationen auszutauschen und Ideen zu diskutieren. Zudem spielt dabei auch oft eine Hands-on-Komponente eine Rolle, selbst bei Berufen, die eine akademische Ausbildung erfordern. Dass etwa Ingenieure gemeinsam an einem Whiteboard arbeiten oder Architekten an einem physischen Entwurf oder Modell, lässt sich virtuell wesentlich schwieriger umsetzen.

Wie wird sich das Arbeiten von zu Hause aus künftig entwickeln? Wie wird man, aus Arbeitgeberperspektive, sicherstellen, dass Arbeitnehmer ihre Arbeit machen? Es gibt zwar Software, um Screenshots von Mitarbeitern zu erstellen, sie bei der Arbeit zu fotografieren oder Anschläge auf einer Tastatur aufzuzeichnen,[16] doch eine solche Überwachung wirft weitgehende Fragen des Datenschutzes auf.

Die Leistungskontrolle wird sich stattdessen wahrscheinlich von der Input- zur Output-Kontrolle bewegen: Die Manager prüfen den Output der Mitarbeiter und bewerten sie auf dieser Basis, ohne dabei den Input sonderlich zu berücksichtigen. Dieses Verfahren bringt jedoch seine eigenen Probleme mit sich. Wenn die Aufgaben eindeutig einzelnen Mitarbeitern zugewiesen sind, ist die Output-Kontrolle relativ einfach, aber wenn mehrere Mitarbeiter gemeinsam an einem Projekt arbeiten, könnte eine reine Output-Kontrolle dazu führen, den Beitrag der einzelnen über- bzw. unterzubewerten.

Schätzungen gehen davon aus, dass nur etwa 40 Prozent der Jobs in Amerika von zu Hause aus erledigt werden können.[17] Außerdem handelt es sich dabei vorwiegend um die Tätigkeiten hochqualifizierter Arbeitskräfte. Daher könnte der Aufschwung des Homeoffice bereits bestehende Ungleichheiten noch weiter verstärken. Während die Automatisierung viele Arbeitsplätze im verarbeitenden Gewerbe gefährden könnte, haben diese Arbeitskräfte nun auch deutlich weniger Home-Office-Optionen.[18] Am Ende schließt die Notwendigkeit zwischenmenschlicher physischer Interaktionen oder der Zugang zu bestimmten stationären Gerätschaften viele Tätigkeiten davon aus, von zu Hause aus erledigt zu werden. Zudem könnten viele der Tätigkeiten, die sich für die Arbeit von zu Hause aus eignen, weniger effizient sein; man denke etwa an Beratungsdienstleistungen oder den Aufbau von Kundenbeziehungen.

Insgesamt findet sich das größte Potenzial für das Homeoffice in den Bereichen Finanzen, Versicherungen, Management und professionelle Dienstleistungen. Am anderen Ende des Spektrums besitzen das verarbeitende Gewerbe, das Baugewerbe und die Landwirtschaft fast gar kein derartiges Potenzial.

Die Abbildungen 8-2 (Tafel A) und 8-2 (Tafel B) veranschaulichen, wie sich die Heimarbeit in Zukunft voraussichtlich entwickeln wird.[19] Der durchschnittliche Angestellte (rechts) bevorzugt zwei Tage Arbeit zu Hause, während die Unternehmen (links) planen, in der Nach-Corona-Welt ein bis zwei Tage Homeoffice anzubieten. Daher könnte sich in den kommenden Jahren ein hybrides Modell herausbilden, bei dem viele Arbeitnehmer routinemäßig ein oder zwei Tage von zu Hause aus arbeiten, aber auch relativ viel Zeit im Büro verbringen.[20]

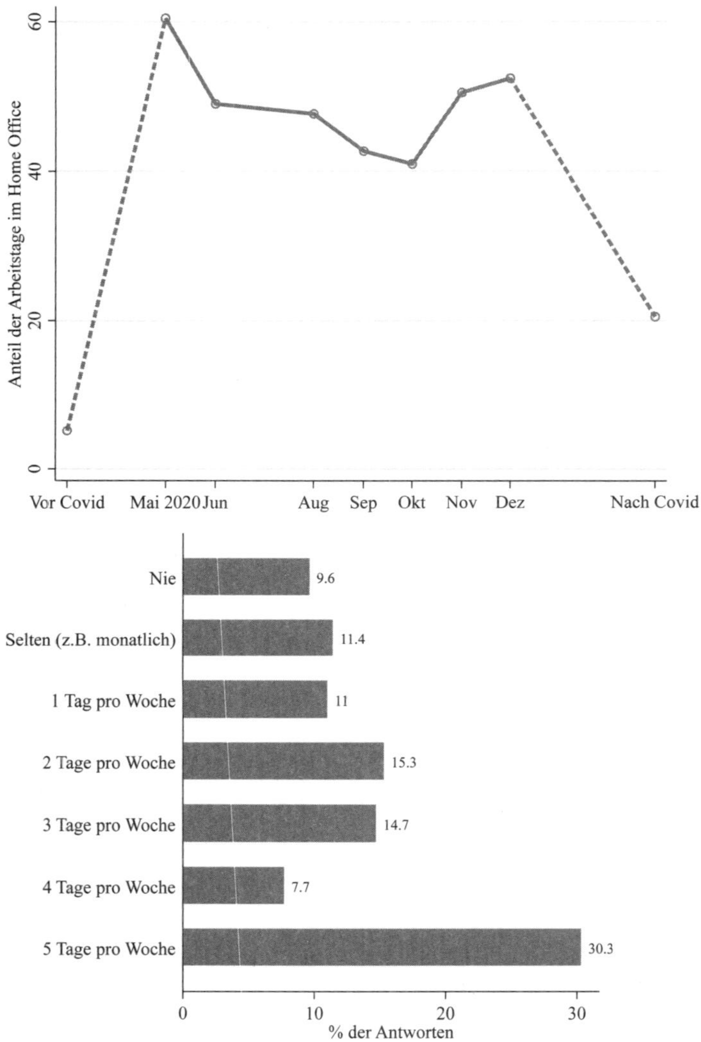

Abb. 8-2: Anteil der bezahlten Arbeitstage im Homeoffice (in Prozent) vor, während und nach der Corona-Krise (Tafel A) und die Anzahl der Arbeitstage im Homeoffice pro Woche (Tafel B). Quelle: Nick Bloom 2020

Aber die Länder sind verschieden und legen den Schwerpunkt auf unterschiedliche wirtschaftliche Aktivitäten. Schwellenländer sind tendenziell stärker auf Aktivitäten konzentriert, die nicht aus der Ferne ausgeführt werden können. Daher dürfte der Fortbestand des Homeoffice in den entwickelten Volkswirtschaften stärker ausgeprägt sein.

Googles CEO Sundar Pichai sieht für sein Unternehmen in Zukunft ein Hybridmodell vor: Die Mitarbeiter werden zwar für eine gewisse Zeit ins Büro zurückkehren, aber viele nicht permanent. Das hilft, den Druck durch lange Pendelwege zu verringern. In diesem Sinne könnte das Homeoffice auch die Produktivität sowie das Wohlbefinden vieler Arbeitnehmer, die ansonsten tägliche Arbeitswege von drei oder mehr Stunden haben, erheblich steigern.[21]

Von der Stadt zum Umland

Was ist künftig für diesen Wandel in unseren geographischen Vorlieben zu erwarten? Wird sich die Tendenz zum Umzug in die Vororte verstetigen, oder werden wir unsere alte Lebensweise wiederaufleben lassen? Da das Arbeiten von zu Hause aus wahrscheinlich noch viel häufiger stattfinden wird, sobald ein Impfstoff flächendeckend verteilt ist, könnte es insgesamt zu einem »Donut-Effekt« kommen.[22] Die Nachfrage nach innerstätischen Büroflächen in Hochhäusern geht zurück, da lange Pendelwege sowie meist überfüllte Büroräume und Aufzüge solche Standorte in Zukunft weniger wünschenswert machen. Auf der anderen Seite legen die Vororte sowohl durch die Verlagerung innerstädtischer Büros in Büroparks als auch durch den Umzug von Arbeitnehmern aus kleinen, zentral gelegenen Wohnungen in größere Vorstadtwohnungen zu.[23]

Die Kehrseite der zunehmenden Beliebtheit des Homeoffice ist, dass Corona die Attraktivität »intensiver urbaner Konzentration« gemindert hat.[24] Die Immobilienmärkte in den großen Städten sowohl in den USA als auch weltweit waren vor der Krise überhitzt. Wenn es also aus beruflichen Gründen weniger dringend erforderlich ist, in einer Großstadt zu wohnen, dann könnten viele Leute durch günstige Hauspreise in die Vororte oder aufs Land gelockt werden, vor allem wenn das gesellschaftliche Leben in den Städten eingeschränkt bleibt.[25] So sehen zum Beispiel viele europäische Paare durch den Umstand, dass das Homeoffice sämtliche geographischen Einschränkungen aufhebt, jetzt die Möglichkeit gekommen, ihren Traum von einem Leben in der Toskana zu verwirklichen.[26]

Auch das kalifornische Silicon Valley könnte grundlegend umgekrempelt werden. Die astronomischen Haus- und Mietpreise in San Francisco haben es den Unternehmen lange Zeit schwer gemacht, Angestellte in der Bay Area zu finden oder zu halten. Da die physische Anwesenheit jedoch überflüssig wird, haben sich die Mitarbeiter bereits über ganz Kalifornien hinweg in Gebiete mit erschwinglicheren Wohnkosten verteilt. Städte wie Sacramento, Reno oder Boise (Idaho) haben einen Anstieg der Mieten zu verzeichnen, während sie in San Francisco und San José zurückgegangen sind. Das deutet auf einen generelleren Wandel mit ungewissen Folgen für das Silicon Valley hin. Manche mögen befürchten, dass die Spillover-Effekte regelmäßiger Interaktionen in geografischer Nähe reduziert werden. Aber auf der anderen Seite kann das Silicon Valley seine Attraktivität erhöhen, indem es Arbeitskräfte von außerhalb der Bay Area anlockt, und sein spektakuläres Wachstum damit fortsetzen.

Eine weitere Folge dieser Abwanderungsbewegung in die Vorstädte sind die negativen Konsequenzen für die Einzelhändler in den Innenstädten. Die meisten von zu Hause aus Tätigen haben zuvor in den Stadtzentren gearbeitet. Allein für Manhattan prognostiziert Nick Bloom einen Rückgang der Einzelhandelsumsätze um zehn Prozent oder zehn Milliarden Dollar.[27]

Die Corona-Pandemie hat eine Umgestaltung unserer Städte und eine Transformation des öffentlichen Raums angestoßen. So hat beispielsweise New York neue Fahrradfahrstreifen eingerichtet und bestimmte Straßen für den Kraftfahrverkehr gesperrt. In Europa haben Lissabon, Barcelona und Paris Dutzende Kilometer Fahrradspuren angelegt.[28] Es ist offen, wie sich diese beiden Kräfte – die Erneuerung des urbanen Raums und die Umkehr der Urbanisierung – gegenseitig beeinflussen werden. Zur Jahrtausendwende haben die Digitale Revolution und der 11. September viele Beobachter zu der Ansicht verleitet, dass die großen Städte leiden würden. Allerdings ist das genaue Gegenteil eingetreten, und das wirft wiederum die Frage auf, warum es bei Corona anders sein sollte.

Schon vor Corona gab es einen Trend zum Onlineshopping, da viele klassische Einzelhandelsketten auch eine Onlinepräsenz unterhielten. Es gab allerdings auch einige Gegenbewegungen. So hat Amazon, das als Onlineshop gegründet wurde, ausgewählte Ladengeschäfte bezogen, die mit automatisierten Kassen ein überarbeitetes Einkaufserlebnis bieten.

Traditionelle amerikanische Einzelhandelsketten wie Neiman Marcus oder JC Penney standen bereits vor Corona unter Druck, und die rapide Beschleunigung eines bereits bestehenden Trends weg von ihrem Kerngeschäftsmodell zwang diese Ketten in den Konkurs. Erneut aber tritt ein K-typisches Merkmal der Rezession auf: Amazon stellte während der Pandemie 100 000 zusätzliche Arbeitskräfte in den USA ein, um die gestiegene Nachfrage zu bedienen. Allerdings ist zu beachten, dass der Schritt hin zum Onlinehandel zwar die Resilienz gegenüber künftigen Pandemien stärkt, aber zugleich auch die Vulnerabilität für großflächige Cyberangriffe vergrößert, vor allem weil der Onlinehandel stark auf einige wenige Unternehmen konzentriert ist.

Der Trend zum Onlineshopping hat auch das Potenzial, das Antlitz der Städte zu verändern. In vielen mittelgroßen Städten in Europa zum Beispiel schließen große Einzelhändler ihre Läden, und in den USA könnte die Attraktivität der Malls dauerhaft zurückgehen.

Online-Unterricht

Ähnlich wie beim Homeoffice wurde das Onlinelernen lange Zeit als ineffektiv empfunden. Einige Lehrende haben Bedenken, dass ihre Schüler dabei abgelenkt werden könnten, sodass der Online-Unterricht ohne die – wenn auch moderate – Disziplin, die das Umfeld eines Klassenzimmers bietet, dazu verdammt sein muss, nur eine unzureichende Lehre zu bieten. Zugleich macht die Notwendigkeit des lebenslangen Lernens, die zur Resilienzbildung beiträgt, einen flexiblen Online-Unterricht attraktiver.

Trotz dieser seit Langem bestehenden Bedenken haben sich in den 2010er-Jahren mehrere Trends herausgebildet. Massive Open Online Courses (MOOCs) wie Coursera, EdX, Lynda und LinkedIn Learning haben barrierefreie Bildung auf der ganzen Welt verbreitet. Eine Internetverbindung war genug, um an diesen Lehrveranstaltungen teilzunehmen. Einmal mehr beschleunigt Corona bereits existierende Trends. Die Digitalisierung des Unterrichts ist schon seit Jahren ein wichtiges Diskussionsthema in den Bildungsgremien. Die Corona-Krise zwang das Bildungssystem jedoch, innerhalb einer Woche vollständig online zu gehen, eine Entwicklung, die ansonsten möglicherweise jahrzehntelang gedauert hätte.[29]

Die Folgen dieses groß angelegten Bildungsexperiments werden in den kommenden Jahren eine enorme Menge an Forschungsarbeiten anstoßen. Ähnlich wie beim Homeoffice dreht sich die wesentliche Frage dabei um die Rolle von persönlicher Interaktion und um Peer-Effekte: Wie viel lernen Schüler von ihren Mitschülern im Klassenzimmer? Und wie viel davon geht in einer virtuellen Welt verloren? Auf der Ebene der Hochschulbildung dreht sich eine damit zusammenhängende Frage um die Bedeutung von Netzwerkaktivitäten: Ist die Qualität von beruflichen Netzwerken, die über virtuelle Verbindungen gebildet werden, vergleichbar mit dem Networking von Angesicht zu Angesicht?

Die Onlinelehre bietet aber auch deutliche Vorteile. Die Opportunitätskosten für die Studierenden sind stark reduziert. Geografische Zwänge fallen weg. Es ist möglich, in Chicago zu arbeiten und gleichzeitig einen Teilzeit-MBA an der Westküste zu absolvieren, ohne dass man dafür strapaziöse Reisetätigkeiten auf sich nehmen muss. Außerdem kommen die Studierenden in den Genuss von Gastvorträgen bekannter Referenten, die vielleicht nicht bereit wären, für eine kleine Vorlesung große Entfernungen zurückzulegen.

Um ein Gleichgewicht zwischen der Onlinelehre und dem Bedürfnis nach persönlicher Interaktion zu schaffen, bieten MBA-Programme mittlerweile auch Hybridlösungen an. Der Global

MBA der Fuqua Business School an der Duke University ermöglicht es Studierenden aus aller Welt schon seit vielen Jahren, einen MBA im Rahmen von Abendkursen zu ihrer bevorzugten Zeit zu absolvieren, wobei auch gelegentliche persönliche Treffen angeboten werden. Das MIT bietet online einen Mini-Master in Finance an, der für die leistungsstärksten Studierenden ein Tor zur Aufnahme in das reguläre Masterstudium des Fachs sein kann. Das Online-Mini-Master-Studium dient damit als Ausleseverfahren, um aus den 50 000 Onlinestudierenden die besten auszuwählen.

Ein weiterer potenzieller Trend ist eine Version des umgedrehten Klassenzimmers, des sogenannten Flipped Classroom. Vorlesungen lassen sich vergleichsweise leicht online durchführen und vorab aufzeichnen, während Kleingruppeninteraktionen eher davon profitieren, wenn sie offline und persönlich stattfinden. Daher könnten Lehrpläne mit intensiven Onlinevorlesungen – die sich gar nicht so sehr von Offline-Vorlesungen vor großen Gruppen unterscheiden, welche kaum Gelegenheiten für einen engen Austausch mit dem Professor bieten –, ergänzt um interaktive Kleingruppentreffen von Angesicht zu Angesicht, auf dem Vormarsch sein. Einige Leser werden vielleicht bemerken, dass dieses Konzept keine exklusive Innovation des 21. Jahrhunderts ist. Sowohl Oxbridge als auch beispielsweise Princeton veranstalten schon lange Treffen kleiner Intensivlerngruppen einer Handvoll Studierender mit einem Professor.

Langfristig gesehen bietet die wachsende Verbreitung der Onlinelehre außerdem die Aussicht, lebenslanges Lernen zu ermöglichen. Wenn flexible Berufslaufbahnen die traditionellen Karrierewege ersetzen, bei denen man 40 Jahre lang im selben Unternehmen arbeitet, müssen die Beschäftigten neue Fähigkeiten erlernen, wenn sie den Job wechseln, und auch der technologische Wandel erfordert Anpassungsfähigkeit von ihnen. Onlineschulungen könnten dabei eine Ergänzung zu Präsenzschulungen sein. Lebenslanges Lernen und der Erwerb neuer Fertigkeiten erlaubt es den Menschen, sich an strukturelle Veränderungen anzupassen und ihnen gegenüber folglich resilienter zu werden.

Der Trend zum Onlineshopping reduziert auch den Nutzen, Bargeld in physischer Form mit sich herumzutragen. Der anhaltende Trend zum digitalen Bezahlen hat sich beschleunigt, als physische Orte, an denen man mit Bargeld zahlen kann, schließen mussten. Natürlich haben einige Menschen in den ersten Wochen der Pandemie Bargeld zur sicheren Wertaufbewahrung abgehoben, ein Trend, der in Europa stärker ausgeprägt war.[30]

Das traditionelle Modell des Finanzwesens dreht sich um Banken, die Einlagen entgegennehmen und Kredite vergeben, während der Zahlungsverkehr selbst nur wenig Aufmerksamkeit erhält. Chinesische Online-Bezahlsysteme wie AliPay und WeChatPay haben gezeigt, welch große Bedeutung die Informationen haben, die im Zahlungsverkehr stecken. Jene Milliarden von Transaktionen, die AliPay im Laufe der Zeit sammelt, werden mit maschinellen Lernalgorithmen ausgewertet, um möglichst genau auf Basis individueller Kennzeichen Ausfallwahrscheinlichkeiten vorherzusagen. Die Verknüpfung von Zahlungsdaten mit einer Vielzahl anderer individueller Merkmale trägt wesentlich zur Verbesserung dieser Vorhersagen bei. Am Ende können solche Kundendaten an Banken oder Vermögensverwalter verkauft werden.

China ist im digitalen Zahlungsverkehr weltweit führend. Dort sind Personaldokumente, Zahlungssysteme, Telefone und physische Präsenz zentral verknüpft worden, was Bargeld im Grunde überflüssig macht.[31] Corona beschleunigt diesen Übergang aber überall auf der Welt. Auch viele Länder des globalen Südens haben digitale Transaktionen durch Maßnahmen wie Gebührensenkungen oder reduzierte regulatorische Anforderungen erleichtert.[32]

Zahlungsdaten sind sehr wertvoll, wenn sie mit anderen Datentypen kombiniert werden können, die von Onlineplattformen stammen. So lassen sich mithilfe des maschinellen Lernens auch bessere Empfehlungssysteme erstellen. Ein weiterer Verwendungsbereich ist das Kreditscoring, bei dem maschinelle Lernalgorithmen mit etablierten Kreditauskunfteien konkurrieren.[33] Die Verfügbarkeit umfangreicher Datensätze im Finanzwesen verlagert

Informationsvorteile weg von den Kunden hin zu den Dienstleistern.[34] Traditionellerweise gingen die Ökonomen davon aus, dass Einzelpersonen oder Kreditnehmer mehr über ihre Kreditwürdigkeit wissen als ihre Bank. Mit Big Data und maschinellen Lernalgorithmen kann die Bank solche Wahrscheinlichkeiten jedoch genauer vorhersagen als die einzelnen Kunden selbst. Daten aus sozialen Medien könnten Informationen offenbaren, die dem Einzelnen selbst nicht bewusst sind.

Daten sind auch für Versicherungsunternehmen hilfreich. Traditionell wissen Kunden besser, wie riskant sie agieren, und die Versicherung hat daher einen Informationsnachteil. Da sich der Informationsvorsprung mit Big Data von den Kunden weg zu den Versicherungsunternehmen verlagert, verlagern sich auch die Informationsrenten weg von den Kunden und hin zu den Plattformen, die Big Data und Zahlungsvorgänge verarbeiten.

Weitere digitale Trends

Auch auf dem Arbeitsmarkt werden digitale Tools eingesetzt, um das Matching zu verbessern. Nachdem zum Beispiel in Indien viele Wanderarbeiter während des landesweiten Lockdowns in ihre Heimatdörfer zurückgekehrt sind, zögern sie nun, wieder in die großen Städte zu gehen, solange es dort keine Arbeit für sie gibt. Ein neuer digitaler Visitenkarten-Service, der ähnlich wie LinkedIn funktioniert, aber für arme indische Arbeiter gedacht ist, erleichtert den Matching-Prozess mit bis dato über einer Million erfolgreichen Job-Matches.[35] Solche Veränderungen erleichtern die Anpassung und bieten daher Resilienz in künftigen Krisen.

Moderne digitale Tools wie LinkedIn erleichtern allerdings auch die Suche nach einem neuen Job aus ungekündigter Stellung heraus. Untersuchungen des Beratungsunternehmens Gartner deuten darauf hin, dass viele Arbeitnehmer vermehrt Zeit auf Online-Jobportalen verbringen.[36] Arbeitnehmer, deren Bemühungen im Homeoffice von ihren Firmen nicht ausreichend anerkannt werden, könnten die Ersten sein, die gehen, wenn gegen Ende der Pandemie die Zahl der offenen Stellen steigt.

Der anhaltende allgemeine Shutdown sozialer Aktivitäten beschleunigt die Entwicklung hin zu einer virtuellen Welt weiter. Neben den traditionellen Videospielen verlagern sich im Zeitalter der sozialen Distanzierung auch das Entertainment mit Onlinekonzerten oder Netflix, die Kommunikation über die beliebte Videotelefonie und viele andere Freizeitaktivitäten, etwa ein Pokerspiel mit Freunden, ins Internet.

Die Ergebnisse einer Studie von Deloitte zeigen, dass »ein Drittel der Verbraucher sich zum ersten Mal bei einem Videospielservice registriert, einen Cloud-Gaming-Service genutzt oder sich E-Sports oder ein virtuelles Sportereignis angesehen hat«.[37] Livestreams auf Twitch von E-Sportveranstaltungen haben zudem Rekordzuschauerzahlen erreicht.[38] Südkorea liegt hier im Vergleich zu anderen Nationen vorn. Dabei besteht hier durchaus die Gefahr, dass sich einige Menschen in Virtual-Reality-Erfahrungen auf Kosten des Realitätsbezugs verlieren. In Zukunft wird es wichtig sein, die Konzentrationsfähigkeit beispielsweise für gründliches Lesen und intensive analytische Aufgaben zu bewahren, was unmöglich ist, wenn man gleichzeitig mit sozialen Medien interagiert.[39] Die Sucht nach Videospielen oder dem virtuellen Leben ist eine weitere Falle, da sie die Fähigkeit der Menschen einschränken kann, wieder an der Arbeitswelt teilzuhaben und nach einem Schock wieder auf die Beine zu kommen.

9. Vernarbung – Volkswirtschaften in der Sackgasse

Dass im Vorfeld der Corona-Krise keine Spekulationsblasen oder Fehlallokationen auftraten, könnte auf eine schnellere Erholung als während der Finanzkrise vor einem Jahrzehnt hindeuten. Die Schwere der Corona-Rezession selbst kann jedoch zu einer dauerhaften Narbenbildung bei den Arbeitnehmern und den Unternehmen führen. Narben behindern Resilienz. Tiefe Narben könnten sogar die Volkswirtschaft in eine Sackgasse führen und zu einem langen und anhaltenden Rückgang der wirtschaftlichen Aktivität führen. Firmen, die unter einer vorübergehenden Illiquidität leiden, weil während der Krise die Kunden wegbleiben, sind mittelfristig von Insolvenz bedroht.[1] Dies ist ein weiterer entscheidender Unterschied zur Finanzkrise von 2008, als sich viele Bemühungen darauf konzentrierten, dem Finanzsektor, statt Wirtschaftszweigen außerhalb des Finanzwesens, wieder auf die Beine zu helfen.

Eine schwere Krise kann die Wirtschaft in mindestens drei Dimensionen vernarben. Erstens können Menschen langfristig pessimistischer werden und auch weniger bereit sein, Risiken einzugehen. Zweitens können Arbeitnehmer weniger effizient sein, da während der Arbeitslosigkeit ihr Humankapital leidet. Und drittens können Unternehmen langfristig leiden, weil sie überschuldet sind. All das kann sowohl die wirtschaftliche Gesamtlage als auch die langfristige Wachstumsrate negativ beeinflussen.

KRISEN UND DIE PSYCHE

Schwere Krisen wie Pandemien sind seltene Ereignisse. Die letzte globale Pandemie, die Spanische Grippe, wütete vor über einem Jahrhundert und war 2019 weithin in die Geschichtsbücher verwiesen.[2] Corona erinnert uns eindringlich daran, dass globale Pandemien eine zwar seltene, aber unter Umständen sehr große Bedrohung darstellen. Theorien des rationalen Lernens sagen voraus, dass Menschen die Welt nach der Pandemie als risikoreicher wahrnehmen werden, weil sie ihre Einschätzungen auf den neuesten Stand bringen, um globalen Pandemien darin ein größeres Gewicht einzuräumen.[3] Als Folge davon, dass sie die Welt als riskanter wahrnehmen, verstärken sie ihr Vorsichtssparen.[4] In diesem Sinne könnten ein als höher wahrgenommenes Risiko und eine entsprechend verstärkte Risikovermeidung theoretisch zu zwei langfristigen Nachfragebremsen werden.[5] Historisch gesehen sind Menschen, die die Große Depression erlebt haben, weniger risikofreudig, und Kohorten, die die hohe Inflation der 1970er-Jahre erlebt haben, erwarteten stets eine höhere Inflationsrate als spätere Kohorten.[6]

Das Wissen um das Risiko schwarzer Schwäne, sehr seltener Ereignisse, ist eine Herausforderung für den menschlichen Verstand. Wenn es um Ereignisse mit geringer Eintrittswahrscheinlichkeit geht, nehmen Verhaltensverzerrungen massiv zu. Unzählige Experimente von Daniel Kahneman und Amos Tversky, zwei Pionieren der Verhaltensökonomie, zeigen, wie geringe Wahrscheinlichkeiten oft entweder vollkommen ignoriert oder unverhältnismäßig stark gewichtet werden. Vor Corona wurde das Risiko von Pandemien ignoriert, ebenso wie später das Risiko einer zweiten Welle von den meisten unterschätzt worden ist – ein Phänomen, das wir als Resilienzillusion bezeichnet haben. In naher Zukunft wird die Wahrscheinlichkeit von Pandemien hingegen vermutlich eher überschätzt werden.

Mit der Zeit könnte es zu einem Kreislauf zwischen diesen beiden Verzerrungen kommen: einer anfänglichen Unterschätzung von sehr unwahrscheinlichen Ereignissen, gefolgt von einer heftigen Überschätzung. Die Wahrnehmung des Risikos einer Finanzkrise ist typischerweise auf die gleiche Weise verzerrt. Obgleich Finanzkrisen weltweit regelmäßig auftreten, werden sie oft als seltene Ereignisse charakterisiert. Grund dafür ist der Rezenzeffekt: Tritt eine Finanzkrise ein, dann überextrapolieren die ökonomischen Akteure ihre Überzeugungen, sodass sie auf eine deutliche Wahrscheinlichkeit für das Eintreten einer Finanzkrise hindeuten. Mit der Zeit wird das Risiko jedoch in den Hintergrund gedrängt, ja sogar vergessen, wenn viele aufeinanderfolgende positive Schocks eintreten. Dann bedarf es eines schweren Schocks oder einer Reihe negativer Schocks, damit eine weitere Einschätzungsrevision erfolgt.[7] Dieser Bias deutet an, dass die Vernarbung mit der Zeit verschwindet und die Resilienz wirder wirksam wird.

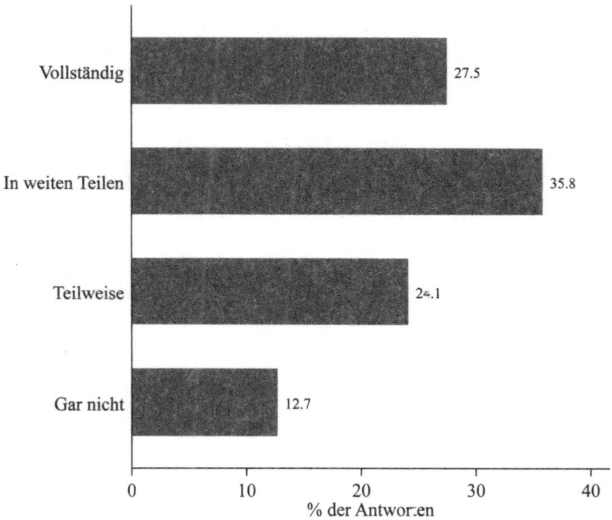

Abb. 9-1: Die Einschätzung der Wahrscheinlichkeit, bei Verfügbarkeit eines Impfstoffs wieder zu ihren vorpandemischen Aktivitäten zurückzukehren.
Quelle: Nick Bloom 2020

Abbildung 9-1 illustriert eine weitere Dimension der Risikovermeidung mit dem Potenzial einer langfristigen Vernarbung. Im Rahmen einer Erhebung werden die Befragten gebeten, den folgenden Satz zu vervollständigen: ›Nach dem Aufkommen eines Impfstoffs würde ich … zu den Aktivitäten vor der Impfung zurückkehren.‹[8] Nur 27,5 Prozent der Befragten geben an, dass sie »vollständig« zu ihrem Leben vor dem Virus zurückkehren würden. Das Meiden von U-Bahnen, überfüllten Fahrstühlen, Restaurantbesuchen oder Taxifahrten könnte dagegen noch jahrelang anhalten und nicht nur dem Verhalten der Menschen, sondern auch verschiedenen Wirtschaftszweigen ein neues Gesicht geben.

Eine zunehmende Risikovermeidung, die in bislang ganz gewöhnliche Alltagsaktivitäten einsickert, birgt das Potenzial, auch die Wahrnehmung zukünftiger Krankheiten zu verändern. Bis 2019 war es üblich, bei einer leichten Grippe »durchzupowern« und ohne großes soziales Stigma trotzdem ins Büro zu gehen. Da sich die Menschen während der Corona-Pandemie jedoch viel stärker der gesundheitlichen Externalitäten bewusst geworden sind, werden solche Verhaltensweisen künftig vielleicht nicht mehr toleriert. Wer sich im Jahr 2021 mit der Grippe infiziert, könnte viel eher dazu bereit sein, für das kollektive Ziel, Bürokollegen zu schützen, zu Hause zu bleiben.

Blickt man in der Geschichte zurück, so hat die Pestwelle im Europa des 14. Jahrhunderts die Haltung der Überlebenden zum Leben tiefgreifend verändert.[9] Einige Historiker behaupten sogar, dass diese Präferenzverschiebung der Renaissance den Weg geebnet habe. Die Überlebenden brachten ihrem Leben größere Wertschätzung entgegen und wollten ihr Dasein genießen. Familien wie die Medici traten als die ersten Kunstmäzene hervor.

NEGATIVE LANGZEITEFFEKTE AUF DEN ARBEITSMARKT

In Beschäftigungsverhältnissen

Die Arbeitslosenquote in den USA stieg im Zuge der Pandemie zunächst sprunghaft an und ging dann rapide zurück, doch dieses Bild ist etwas irreführend und deutet nicht automatisch auf eine sehr starke Resilienz des amerikanischen Arbeitsmarkts hin. Denn viele Arbeitnehmer wurden vorübergehend freigestellt und zurückgeholt, als die Unternehmen ihren Betrieb wieder aufnahmen. Dieser Umstand liegt dem außerordentlichen Anstieg der Arbeitslosenquote in den ersten Monaten der Rezession zugrunde. Abgesehen von diesen coronaspezifischen Faktoren könnte der Rückgang der Arbeitslosigkeit aber ziemlich ähnlich aussehen wie in den letzten Rezessionen auch. Tatsächlich dokumentieren Bob Hall und Marianna Kudlyak, dass sich die Beschäftigung in den USA in jeder Rezession seit der Großen Depression sehr stetig[10] und im Grunde mit der gleichen Geschwindigkeit erholte.

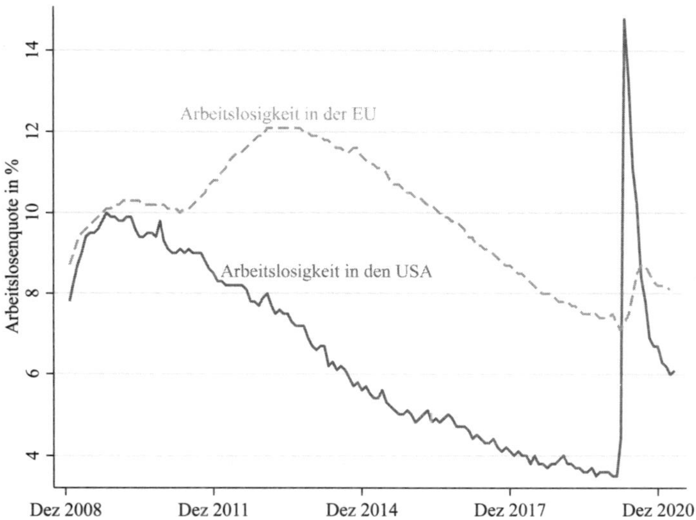

Abb. 9-2: Die Arbeitslosenquote in den USA und in Europa. Quelle: FRED 2020

Abbildung 9-2 zeigt, wie sich die Arbeitslosigkeit in den USA und in Europa seit der Finanzkrise von 2008 entwickelt hat. Der Spitzenwert bei der US-Arbeitslosenquote während der Coronakrise ist offensichtlich. Während die USA hauptsächlich auf die Entlassung von Arbeitnehmern und für US-amerikanische Verhältnisse großzügige Arbeitslosenunterstützung gesetzt haben, basiert das europäische Modell auf Kurzarbeit. Die Arbeitnehmer behalten ihre Arbeitsplätze, auch wenn sie nicht arbeiten, und die Regierung übernimmt einen Großteil der Lohnkosten (wobei das Kurzarbeitergeld in der Regel aber unter 100 Prozent des eigentlichen Lohns liegt). Die langfristige Post-Corona-Verteilung der wirtschaftlichen Aktivitäten wird entscheiden, welcher dieser Ansätze erfolgreicher ist. Während die Kurzarbeit die Beschäftigungsverhältnisse erhält, verhindert sie die Reallokation von Arbeit. Die aber ist notwendig, falls die Post-Corona-Ökonomie andere Jobs bietet, als die Ökonomie vor Corona bereithält. Es könnte sich herausstellen, dass es in Europa eine erhebliche »versteckte Arbeitslosigkeit« gibt, wenn viele der Arbeitsplätze, die auf Kurzarbeit umgestellt worden sind, nicht wiederkommen.[11] Auf der anderen Seite bricht das US-Modell der »strategischen Arbeitslosigkeit« Beschäftigungsverhältnisse auf und könnte zu einer erheblichen Vernarbung des Arbeitsmarktes führen.

Über den Erhalt von Arbeitsverhältnissen hinaus sichert die Kurzarbeit die Beschäftigten aber auch gegen makroökonomische Schocks ab. Sie behalten große Teile ihres Gehalts und anderer Leistungen, wodurch das gesellschaftliche Ziel erreicht wird, die Arbeitnehmer abzusichern und mit Resilienz auszustatten.[12]

Die entscheidende Determinante dafür, welcher Ansatz mit Blick auf die Herstellung langfristiger Resilienz überlegen ist, ist die Zukunft des technologischen Fortschritts. Wenn es große QWERTZ-Sprünge gibt, bei denen neue Wirtschaftszweige entstehen und die bestehenden an Bedeutung verlieren, wird der US-amerikanische Ansatz die Umverteilung von Arbeit erleichtern. Verringern die Menschen beispielsweise auf Dauer die Häufigkeit, mit der sie in Restaurants speisen, oder verlegen sie sich dauerhaft auf das Einkaufen im Netz, dann könnte Kurzarbeit die Beschäftigten zu lange in solchen negativ betroffenen Branchen binden. Sollte sich Corona dagegen als nur vorübergehender Schock erweisen, dann wird es günstiger sein, dass man bestehende Beschäftigungsverhältnisse aufrechterhalten hat.

Bis Juni 2020 resultierte der Beschäftigungszuwachs in den USA zumeist aus der Wiedereinstellung ehemaliger Mitarbeiter. Daher scheint es wichtig zu sein, die Beziehungen zwischen Arbeitgebern und Arbeitnehmern aufrechtzuerhalten.[13] Mit zunehmender Dauer der Pandemie könnte es jedoch erforderlich werden, dass sich die Unterstützung für Beschäftigte und Unternehmen auf Hilfe bei der Umstrukturierung ihrer Arbeit verlagern muss. Wenn sich die Wirtschaft nach der Pandemie stark von der zuvor unterscheidet, würden umfangreiche Subventionen zur Erhaltung der Beschäftigungsverhältnisse die notwendige Umverteilung von Arbeitsplätzen in neue, expandierende Sektoren verhindern.

Insgesamt gab es in den USA relativ wenige Bemühungen zum Schutz von Arbeitsverhältnissen.[14] Eine Ausnahme war das Paycheck Protection Program (PPP), das den Arbeitgebern Darlehen gewährt, die später weitgehend erlassen werden, wenn die Mittel hauptsächlich für die Zahlung von Löhnen verwendet werden.

Beim Humankapital

Studien haben gezeigt, dass das Jahr des Studienabschlusses einen wesentlichen Einfluss darauf hat, wie sich die jeweiligen Kohorten selbst Jahre später noch auf dem Arbeitsmarkt schlagen.[15] Den Abschluss in einer Rezession zu erwerben hinterlässt lang anhaltende Narben bei den betreffenden Arbeitnehmern, die viele Jahre lang nicht zu ihren Peers aufschließen, die schon zuvor in den Arbeitsmarkt eingetreten sind.

Auf ähnliche Weise lässt der Zustand der Arbeitslosigkeit Humankapital erodieren. Weil sie einige Fertigkeiten verloren oder es nicht vermocht haben, mit neuen Trends mitzuhalten, haben es arbeitslose Arbeitnehmer nach dem Verlust ihres Jobs mit bleibenden Narben in Bezug auf den Arbeitsmarkt zu tun.[16]

Hysterese – die verzögerte Erholung

Die Ökonomen Olivier Blanchard und Larry Summers prägten den Begriff der Hysterese in der Arbeitsmarktökonomie und beziehen sich damit auf Situationen, in denen die Arbeitsmärkte nicht wieder vollständig zu ihren vorherigen Arbeitslosenquoten zurückkehren, bevor eine weitere Krise eintritt, die zu noch höherer Arbeitslosigkeit führt.[17] Lange Zeit stieg in Deutschland nach jeder Rezession die Sockelarbeitslosigkeit an. Dies änderte sich erst im 21. Jahrhundert. Allgemeiner formuliert, bezieht sich der Begriff Hysterese in Physik und Materialwissenschaften auf eine verzögerte Erholung.

Neuere Arbeiten deuten darauf hin, dass es Hysterese-Effekte auf dem Arbeitsmarkt geben könnte, aber die Evidenz ist nicht ganz eindeutig.[18] Demnach können die Vernarbung von Arbeitskräften oder technologische Umstellungen in Rezessionen zu Hysterese-Effekten auf dem Arbeitsmarkt führen, wenn die Erholung von einer Rezession sehr verzögert erfolgt und möglicherweise zu einem höheren Ausgangsniveau der Erwerbslosenquote führt.

NEGATIVE LANGZEITEFFEKTE BEI UNTERNEHMEN

Im Nachgang der Finanzkrise vor zwölf Jahren konzentrierten sich die meisten staatlichen Bemühungen in den USA auf die Unterstützung der Haushalte, von denen vielen mit einer Hypothek, die den Wert ihres Hauses überstieg, nach dem Platzen der Immobilienblase das Wasser bis zum Halse stand. In vielen Ländern erholte sich die Wirtschaft nur schleppend, vor allem in Europa, wo auf den ersten Schock auch noch die Eurokrise folgte. Kurz, die Resilienz war schwerfällig, und nur einige Schwellenländer kamen rasch wieder auf die Beine. Anders als 2008 traf der erste Schock des Jahres 2020 in erster Linie den Unternehmenssektor, auch weil der CARES-Act in den USA eine sehr großzügige Unterstützung der Haushalte vorsah.

Schuldenüberhang

Corona ist ein noch nie dagewesener Cashflow-Schock für die Unternehmen, besonders im kontaktintensiven Sektor. Als die Cashflows im März 2020 versiegten, erlebten die Finanzmärkte einen Run auf Liquidität oder Cash. Unternehmen nahmen bestehende Zusagen für Kreditlinien in Anspruch, um Liquiditätspuffer aufzubauen.[19] Kreditlinien ermöglichen es Unternehmen, sich bis zu einem bestimmten Limit bei einer Bank Geld zu leihen, meist zu vorher festgelegten Konditionen. Der nicht in Anspruch genommene Teil einer Kreditlinie, der noch nicht geliehen worden ist, stellt somit einen leicht zugänglichen Puffer für das Unternehmen dar, wenn schnell liquide Mittel benötigt werden.

Nach den anfänglichen Auswirkungen von Corona auf die Finanzentscheidungen der Unternehmen bestand die Gefahr, dass es in einer zweiten Runde auch Auswirkungen auf realwirtschaftliche Entscheidungen geben könnte, vor allem auf Sachkapitalinvestitionen. Firmen in angespannter Finanzlage ohne Cashflows fuhren ihre Investitionen typischerweise zurück, ebenso solche, die eine große Ungewissheit über die zukünftige Funktionsfähigkeit ihres Geschäftsmodells vorhersahen.

Auf lange Sicht könnte die Konsequenz, dass die Unternehmen nach der Pandemie übermäßig verschuldet sind, eine anhaltende Wachstumsbremse und damit ein Hindernis für Resilienz darstellen. Der Schuldenüberhang, also eine Überakkumulation von Schulden, schafft einen Anreiz dazu, Cashflows zu deren Tilgung statt für Investitionen zu verwenden. Wenn aber Investitionen unterbleiben, dann verzögert dies die wirtschaftliche Erholung und erhöht das Risiko für eine langfristige Vernarbung.

Generell sind Maßnahmen zur Unterstützung sowohl der Unternehmen als auch der Haushalte von entscheidender Bedeutung. Die Multiplikatoren dieser Eingriffe dürften viel größer sein als die üblichen keynesianischen Multiplikatoren, weil die Hilfsmaßnahmen den Kapitalstock kleiner und mittlerer Unternehmen (KMU) und den Humankapitalbestand der Haushalte erhalten.

Kleine versus große Unternehmen

Die Corona-Rezession betrifft nicht nur verschiedene Wirtschaftszweige auf unterschiedliche Weise, sondern wirkt sich auch auf kleine und große Unternehmen unterschiedlich aus.

Abbildung 9-3 zeigt, dass die Kreditaufschläge für große Unternehmen im März 2020 enorm zugelegt haben, mittlerweile aber wieder fast auf Vorkrisenniveau liegen. Dagegen haben die Kreditvergabestandards der Banken, die für die externen Finanzierungskosten kleiner Unternehmen von großer Bedeutung sind, zu Beginn der Corona-Krise erheblich angezogen. Die Eingriffe der US Federal Reserve Bank in den Markt für Staats- und Unternehmensanleihen stabilisierten die Zinsaufschläge. Später, als sich die Profite der Banken stabilisierten, lockerten sie auch ihre Kreditvergabestands wieder. Die K-förmige Rezession über alle Industriezweige spiegelt sich zum Teil in den Finanzierungsbedingungen kleiner und großer Unternehmen wider. Kleine Firmen, von denen viele den betroffenen Wirtschaftssektoren angehören, finden sich selbst in der Zwickmühle wieder, ihre Dienstleistungen nicht anbieten zu können und zugleich von ihren Banken hohe Finanzierungskosten auferlegt zu bekommen. In den USA profitierten große Firmen viel mehr als kleine von den Programmen der Federal Reserve zum Ankauf von Unternehmensanleihen, die im nächsten Kapitel näher untersucht werden.

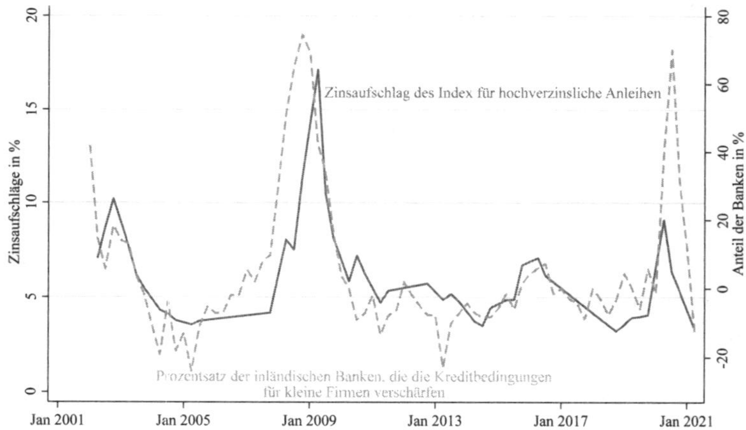

Abb. 9-3: Die Finanzierungsbedingungen für große versus kleine Firmen.
Quelle: FRED 2021

Darwin'sche Unternehmensauslese

Der Unternehmensbereich einer kapitalistischen Gesellschaft ist vielleicht nicht die erste Assoziation, die man mit Darwin'scher Auslese hat. Dennoch ähnelt der permanente Kreislauf von neuen

Marktteilnehmern, die nach den Marktanteilen der alteingesessenen greifen – das Lebenselixier des Kapitalismus –, sehr stark dem Prinzip des *survival of the fittest*. So haben beispielsweise Unternehmen, deren Geschäftsmodell durch die Smartphone-Revolution in Schwierigkeiten geriet, entweder ihre Produktlinien überarbeitet, wie etwa Kodak, der Marktführer im Bereich Fotografie des vordigitalen Zeitalters, der später allerdings den Trend zur Digitalkamera und dann zum Smartphone als Kameraersatz verpasste und sich heutzutage auf Printdienstleistungen konzentriert. Andere sind gänzlich verschwunden. Diese anekdotische Evidenz hebt die entscheidende Rolle einer Schumpeter'schen kreativen Zerstörung hervor. Besonders in den technologisch avanciertesten Volkswirtschaften stellt die Innovation eine permanente Bedrohung für die führenden Unternehmen dar und zwingt sie zu kontinuierlicher Neuerung.

Abbildung 9-4 stellt den Anteil börsennotierter Unternehmen mit negativem Gewinn pro Aktie dar. Um der Tatsache Rechnung zu tragen, dass viele Startups in ihren ersten Jahren Verluste einfahren, berücksichtige ich nur solche Firmen, die mindestens fünf Jahre alt sind. In der Regel weisen 20 Prozent oder mehr der alteingesessenen US-amerikanischen Börsenunternehmen negative Gewinne pro Aktie aus. Darunter sind mehr kleinere Firmen, aber es gibt auch unter den großen immer noch etwa 10 Prozent mit negativem EPS pro Quartal. Zudem nimmt der Anteil der Firmen mit negativen Gewinnen tendenziell zu, was vor allem kleineren Unternehmen mit Buchverlusten geschuldet ist.

Ganz generell ist Risikobereitschaft eine entscheidende Voraussetzung für eine kapitalistische Wirtschaft. Wenn kein Unternehmen in der Wirtschaft einen negativen Gewinn hätte, gäbe es dann Grund zum Jubel? Wahrscheinlich nicht. Vielmehr würde dies höchstwahrscheinlich auf einen Mangel an Risikobereitschaft hindeuten. Gleichzeitig ist das Ausmerzen von unrentablen Unternehmen wichtig. Ressourcen, die in Firmen mit düsteren Zukunftsaussichten feststecken, sollten mit der Zeit in produktivere Firmen umgelenkt werden. Wie in Kapitel 3 erläutert, erholt sich die Wirtschaft durch kreative und disruptive Innovationen schneller, auch wenn dies bedeutet, dass einige Firmen keine Profite erzielen und schließlich vom Markt gehen müssen.

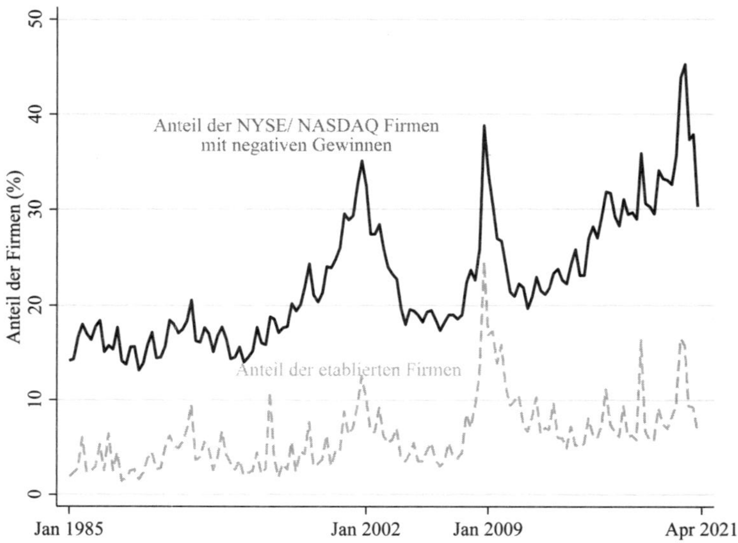

Abb. 9–4: Die durchgezogene Kurve beschreibt den Anteil der an den großen US-Börsen notierten Unternehmen (älter als fünf Jahre) mit negativen Gewinnen. Die gestrichelte Linie bezeichnet denselben Anteil, darunter aber nur die Gruppe der großen Unternehmen.
Quelle: CRSP-Compustat (WRDS) 2021

Zombie-Firmen verhindern

Es mag überraschen, dass die Zahl der Konkurse in vielen Ländern seit 2020 nicht sonderlich zugenommen hat. In einigen Fällen, etwa in Deutschland, hat sie aufgrund eines Konkursmoratoriums, das die Pflicht zur Konkursanmeldung für die Unternehmen aufgrund von Zahlungsunfähigkeit gelockert hat, sogar abgenommen.[20] Der Zielkonflikt besteht zwischen der Abwendung einer Konkurswelle, die eine zügige wirtschaftliche Erholung bedrohen würde, und den langfristigen Verlusten, die entstehen, wenn man die kreative Zerstörung, nach Schumpeter der Hauptmotor des langfristigen Wachstums, aufhält und zu viele unproduktive Firmen als Zombies überleben lässt. Während das Überleben von Zombie-Firmen für die einzelne Firma gut ist, kann es für die Gesamtwirtschaft eine Falle darstellen.[21] So untergräbt eine zu hohe Anzahl von Zombie-Firmen die Resilienz der Gesamtwirtschaft, indem sie Ressourcen binden und eine anhaltende Wachstumsbremse erzeugen.

Diese Überlegungen schließen an unsere frühere Diskussion über die beschränkte Haftung an. Einerseits bietet sie den Unternehmern eine Absicherung, die zum Eingehen von Risiken ermutigen kann. Im Falle von Zombie-Firmen kann sie jedoch auch zu einem ineffizienten Fortbestehen von Unternehmen führen, da Banken es vorziehen, neue Kredite zum Abzahlen der alten Kredite zu vergeben, um die Verluste nicht zu realisieren.

Das aber bremst die gesamte Wirtschaft aus. Der Zielkonflikt hängt auch von der Dauerhaftigkeit des Corona-Schocks ab. Wenn er nur temporär ist und die Wirtschaft zu ihrem alten Wachstumspfad zurückkehrt, erleichtert ein Konkursmoratorium die Erholung in ähnlicher Weise, wie die Kurzarbeit die Beschäftigungsverhältnisse aufrechterhält. Sollte Corona hingegen einen dauerhaften Schock darstellen, der eine langfristige Reallokation von Ressourcen erfordert, dann werden Unternehmenssanierungen erforderlich sein.

Abbildung 9-5 skizziert das übliche Verfahren für US-amerikanische Unternehmen in finanzieller Schieflage.[22] Für eine notleidende Firma gibt es zwei grundsätzliche Ergebnisse: entweder die Umstrukturierung der Schulden und des Geschäftsbetriebs, der fortgeführt wird, oder die Liquidation. Beide Ergebnisse können formell über das Insolvenzgericht oder alternativ über private Verhandlungen erreicht werden. Die Option, vor Gericht gehen zu können, kann in diesen Verhandlungen mit Gläubigern ein nützliches externes Druckmittel darstellen.

Bemerkenswerterweise schlagen 91,7 Prozent der US-amerikanischen Unternehmen, die ihren Betrieb einstellen, nicht den Weg über das Insolvenzgericht ein. Insolvenz ist also nicht immer gleichbedeutend mit einem offiziellen Konkurs. Die große Mehrheit (84,4 Prozent) der Unternehmen, die sich für einen Insolvenzantrag entscheiden, wird nach Chapter 7 liquidiert, das heißt, der Betrieb wird eingestellt. Unter Chapter 11 hingegen entscheidet der Insolvenzrichter, ob Firmen in die Liquidation geschickt oder saniert und weitergeführt werden.

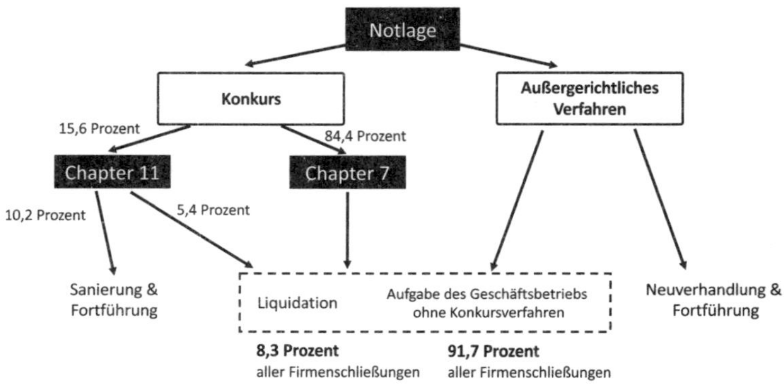

Abb. 9–5: Übersicht über Sanierungsprozesse von Unternehmen. Quelle: Greenwood, Iverson, Thesmar 2020, Brookings Paper

Die Polarisierung im Unternehmenssektor ergibt sich dort, wo große Unternehmen mit reichlichen Liquiditätspuffern viel besser auf den Corona-Schock vorbereitet sind als schwach kapitalisierte Firmen mit geringer Liquidität, eine Gruppe, zu der viele kleine und mittlere Unternehmen (KMU) gehören.[23] Darüber hinaus können große Firmen problemlos nach Chapter 11 saniert werden, während kleineren die Liquidation nach Chapter 7 droht.

Das schafft eine Begründung dafür, KMUS zu retten: nämlich um die Erosion des Unternehmenswerts zu verhindern. Ohne einen Schuldenstrich müssten die Unternehmen ihre knappe Liquidität in erster Linie zur Bedienung ihrer Schulden verwenden, anstatt ihre Belegschaft und ihr Kapital zu erhalten, was den Aufschwung nach der Pandemie verlangsamen würde.[24] Viele von ihnen werden letztendlich ihren Verpflichtungen aus dem Schuldendienst erliegen und mit einer Liquidation nach Chapter 7 enden. Selbst für Firmen, die es schaffen, eine Liquidation zu vermeiden, könnte eine hohe Verschuldung den Geschäftsbetrieb in der Erholungsphase belasten.[25] Beides schädigt die Resilienz der Volkswirtschaft.

Im Gegensatz dazu sind Rettungsmaßnahmen für große Unternehmen, die den Konkurs nach Chapter 11 beantragen können, reine Verschwendung von Steuergeldern, da ihre Aktionäre für den laufenden Geschäftsbetrieb der Unternehmen keine bedeutende Rolle spielen. Die moderne Aktiengesellschaft gehört Anteilseignern, die das Management die Firma leiten lassen, anders als bei kleinen Firmen, wo der Eigentümer gleichzeitig auch der Manager ist. Subventionen für Großunternehmen sorgen nur dafür, dass die Anteilseigner dieser Firmen einen Konkursantrag nach Chapter 11 länger hinauszögern, als es gesellschaftlich sinnvoll wäre. Eine weitere Komplikation besteht darin, dass die Insolvenzgerichte mit einer steigenden Anzahl von Verfahren konfrontiert sein könnten. Dazu gibt es zwei alternative Lösungen: die Kapazität der Insolvenzgerichte erhöhen oder die außergerichtliche Sanierung erleichtern.[26] Letzteres kann durch steuerliche Anreize für eine freie Sanierung geschehen. So könnten Gläubiger, die auf einen Teil ihrer Forderungen verzichten, im Gegenzug eine Steuergutschrift erhalten. Vorschläge dieser Art heben die Risikoteilung hervor: Einen Teil der Rechnung übernehmen die Steuerzahler, aber auch die Gläubiger sollten einen Teil der Verluste mittragen.

Um die Kapazitäten der Insolvenzgerichte zu erhöhen, kann man entweder die Zahl der entsprechenden Richter durch Neueinstellungen, befristete Einstellungen oder ihre Entsendung in stärker belastete Insolvenzbezirke erhöhen. Zudem könnte man auch noch das Konkursverfahren straffen.

Anders als die USA haben viele europäische Länder Konkursmoratorien verhängt und damit die Verpflichtung für zahlungsunfähige Unternehmen, einen Insolvenzantrag zu stellen, vorübergehend gelockert. Infolgedessen fiel die Zahl der Insolvenzen während der Pandemie paradoxerweise niedrig aus. Die Befürchtung ist jedoch, dass dies die Ruhe vor dem Sturm sein könnte, wenn diese »Zombie-Firmen« alle anfangen, Konkurs anzumelden, sobald die Moratorien aufgehoben werden.[27]

10. Das Auf und Ab an den Finanzmärkten

Die Finanzmärkte haben eine beispiellose Resilienz an den Tag gelegt, als auf einen rapiden Abschwung eine nur geringfügig langsamere Erholung folgte, die bis Ende 2020 zu Rekordständen geführt hat. Diese rasche Abwärts- und Erholungsbewegung erinnert an die Zick-Zack-Bewegung einer Waldsäge. Die Aktienmärkte erholten sich schnell von dem Abschwung im März 2020, wobei diese erneute Aufwärtsbewegung in einer Rekordzahl von Börsengängen in 2020 gipfelte. Erklärungen dafür, warum sich die Finanzmärkte viel schneller erholten als die Realwirtschaft, verweisen auf niedrige Zinsen, die Übergewichtung von Groß- und Tech-Unternehmen in den Aktienindizes, die starke Performance der Technologieunternehmen, die von den mit Corona einhergehenden Veränderungen profitierten, auf Eingriffe seitens der Zentralbanken, die das Tail-Risiko beseitigten, und auf eine potenzielle Blase am Aktienmarkt. All das wurde möglicherweise noch durch den Siegeszug provisionsfreier Trading-Apps angeheizt. Ich werde alle diese Faktoren in diesem Kapitel untersuchen.

Auf den Märkten für Unternehmensanleihen sind die Kreditaufschläge, also die Differenzen zwischen den Zinssätzen, die relativ risikobehaftete Firmen im Vergleich zu eher bonitätssicheren Unternehmen zahlen, nach der anfänglichen Panik wieder gesunken. Im Sommer 2020 entstand eine Art Anleihen-Bonanza. Befeuert von den historisch niedrigen Zinssätzen, refinanzierten Unternehmen ihre Schulden in einem noch nie dagewesenen Ausmaß. Diese Entwicklungen haben sich Anfang 2021 fortgesetzt. Sowohl an den Aktien- als auch an den Anleihemärkten kam es zu einer beispiellosen Kapitalaufnahme durch die Unternehmen. Hohe Bewertungen an den Kapitalmärkten und niedrige Zinsen für Unternehmensanleihen halten die Anreize zur Kapitalaufnahme nach wie vor aufrecht.[1]

Digitale Währungen wie Bitcoin legten eine sehr ähnliche Zickzackbewegung an den Tag. Nach dem Einbruch im März ist die digitale Währung im Jahr 2020 um circa 100 Prozent teurer geworden, gefolgt von einem neuen Höchststand Anfang 2021.[2]

Dieses Auf und Ab wurde durch rasche Interventionen der Zentralbanken unterstützt, als die Finanzmärkte im März 2020 ins Trudeln gerieten. Die Stabilisierungspolitik war wirkungsvoll und trug zum schnellen Wiederaufschwung der Finanzmärkte bei – ein auffälliges Resilienzmuster dieser Märkte.

AKTIENMARKT UND GROSSUNTERNEHMEN: DIE K-FÖRMIGE REZESSION

Wenn die Zinsen auf ein Rekordtief fallen, dann verringert das nicht nur die Kosten für die Aufnahme von Fremdkapital an den Märkten für Unternehmensanleihen, sondern stärkt auch den Wert des Eigenkapitals der Unternehmen. Niedrigere Abzinsungssätze, also geringere Opportunitätskosten der Zeit, erhöhen den Wert der künftig zu erwartenden Cashflows, was wiederum die Aktienkurse in die Höhe treiben sollte.

Abbildung 10-1 zeigt die Entwicklung des S&P 500, eines breit aufgestellten Aktienindex, der für den US-Aktienmarkt repräsentativ ist, seit September 2019. Wir können erkennen, dass die Kurse im März 2020 um mehr als 30 Prozent eingebrochen sind, bevor sie sich im restlichen Verlauf des Jahres langsam wieder erholten. Eine Ausnahme ist der Bankensektor, der sich als weniger resilient erwies und sich erst 2021 wieder erholt hat. Der anhaltende Höhenflug der Aktienkurse ist auf den ersten Blick merkwürdig, da die Wirtschaft nach wie vor in einer tiefen Rezession mit einer über den Großteil des Jahres 2020 anhaltenden erheblichen unfreiwilligen Arbeitslosigkeit steckt. Aktienkurse sind jedoch zukunftsorientiert und könnten daher ein besserer Indikator dafür sein, wie es der Wirtschaft in Zukunft ergeht. Die Zinsstruktur ist häufig ein besseres Vorhersageinstrument für wirtschaftliche Aktivitäten als Aktienmärkte.

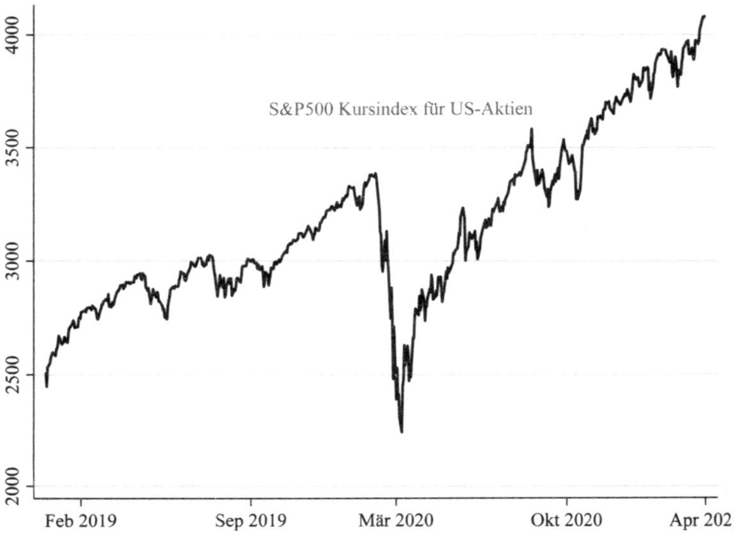

Abb. 10–1: S&P-500-Kursindex für US-Aktien.

Im Laufe des Sommers 2020 kam es zu einer weitgehenden Abkopplung der Finanzmärkte:[3] Die Aktienmärkte erholten sich schnell, obwohl die Arbeitslosigkeit so hoch war wie zuletzt in der Großen Depression. Es kann mehrere Gründe dafür geben, dass die Aktienmärkte die Realwirtschaft überflügeln; die meisten Erklärungen heben entweder darauf ab, dass die Fundamentalfaktoren robuster sind als gemeinhin angenommen, oder sie weisen auf eine Blasen-Komponente hin.[4] Der Umstand, dass der Konsum der Menschen in der Corona-Zeit zurückging, führte zu einem enormen Anwachsen der privaten Ersparnisse, die zum Teil auf den Märkten für Vermögenswerte investiert worden sind.

Erstens spiegelt der Aktienmarkt in seiner Komposition nicht die Gesamtwirtschaft wider. Kontaktintensive Unternehmen sind unter den börsennotierten Unternehmen unterrepräsentiert. Vor allem werden viele nicht börsennotierte kleine und mittelständische Unternehmen (KMU) nicht an der Börse gehandelt. Darüber hinaus werden die Aktienmärkte von großen Firmen befeuert, die einen überproportionalen Einfluss auf die Kurse ausüben, und die großen Technologiewerte haben sehr gut abgeschnitten. Vor allem das Geschäftsmodell von Amazon ist ein offensichtlicher Gewinner der Pandemie.

Zweitens haben die Zentralbanken das Tail-Risiko auf verschiedenen Anlagemärkten systematisch ausgeräumt, indem sie in der Gegenwart eine ganze Bandbreite von Vermögenswerten aufkaufen. Die Bank of Japan kauft sogar Aktien und hält 90 Prozent des japanischen Marktes für ETFs.[5] Die Schweizer Nationalbank begann mit dem Ankauf von US-Aktien, um die Aufwertungstendenz des Schweizer Franken zu deckeln. 2018 besaß sie mehr Facebook-Aktien als Mark Zuckerberg, der Gründer des Unternehmens.[6] Drittens ist der Diskontierungszins während Corona gesunken, zum Teil aufgrund der Interventionen der Zentralbank. Dies treibt den Wert von Aktien in die Höhe, selbst wenn die Cashflows unverändert bleiben. Im einfachen Gordon-Growth-Modell ist es die Differenz zwischen diesem Abzinssatz r und der Wachstumsrate g, die den Fundamentalwert der Aktienkurse antreibt – man erinnere sich: Der Wert zum Zeitpunkt 0 ist die Dividende, geteilt durch r-g. Selbst wenn g leicht gesunken wäre, könnte das durch einen noch größeren Rückgang des realen Abzinsungssatzes r überkompensiert werden. Darüber hinaus hat der Glaube an eine schnelle V-förmige Rezession ohne langfristige Narbenbildung wahrscheinlich auch dazu beigetragen, dass die mittelfristigen Erwartungen in Bezug auf die Fundamentaldaten, das heißt die Dividenden, stabil geblieben sind.[7]

Viertens ist irrationaler Überschwang eine weitere Erklärung für den Aufschwung an den Aktienmärkten. Das Narrativ von der »Angst, die Erholung zu verpassen«,[8] könnte dabei eine bedeutende Rolle gespielt haben. 2008 brach der Aktienmarkt zunächst zusammen, erholte sich dann aber wieder kräftig. Viele Investoren, die im Tief verkauften, verpassten jenen starken Aufschwung und wollten diesen Fehler dieses Mal nicht noch einmal machen.

Eine Zunahme des Handelsvolumens ist auch mit den Trading-

Apps in Verbindung gebracht worden, da viele Investoren auf Plattformen wie etwa RobinHood oder in Deutschland Trade Republic ihren Aktienbestand täglich oder sogar noch schneller umschichten. Durch die Schließung vieler Wettbüros und Casinos nahm die Zahl der Nutzer von Trading-Apps im März enorm zu,[9] und diese neuen Trader wurden mit ungewöhnlichen Phänomenen in Verbindung gebracht.

Auf Basis von Tipps, die im WallStreetBets-Forum auf der Onlineplattform Reddit zirkulierten, trieben Kleinanleger den Aktienkurs des Videospielehändlers GameStop allein am 26. Januar 2021 um über 100 Prozent in die Höhe und verursachten damit große Verluste für Hedgefonds, die darauf spekuliert hatten, dass die Aktie an Wert verliert.[10] Im Laufe der ersten 29 Tage des Jahres nahm der Kurs der GameStop-Aktie um 1700 Prozent zu, obgleich das Geschäftsmodell des Unternehmens sehr am Einzelhandel orientiert ist und dementsprechend stark von den anhaltenden Schließungen von Geschäften und Malls betroffen war. Dieser Kaufrausch dehnte sich auch auf andere Werte aus, zum Beispiel den der Kinokette AMC, eine weitere Aktie mit hohen Leerverkäufen – das sind Wetten auf Kursverluste. Die meisten dieser Gewinne lösten sich schnell wieder in Luft auf.[11] Lasse Pedersen (2021) liefert eine detaillierte Darstellung der Ereignisse und bringt diese Phänomene mit Meme-Investing – Investieren, getrieben durch Social Media Hypes – und Predatory-Trading-Mechanismen in Zusammenhang, also einer Art und Weise des Aktienhandels, bei der andere Investoren dazu gedrängt werden, ihre Positionen zu ungünstigen Preisen zu liquidieren.

Der Boom von traditionellen Börsengängen

Doch nicht nur vermochten es bankrotte Unternehmen, Geld aufzutreiben, sondern auch die Startups stürzten sich auf die Aktienmärkte. Traditionelle Börsengänge (IPOs), bei denen eine Investmentbank den Prozess der Aktienemission bei einem Unternehmen beaufsichtigt, erlebten trotz der düsteren wirtschaftlichen Prognosen im Jahr 2020 einen beispiellosen Boom. Tatsächlich übertrifft dieser nominal den IPO-Rausch auf dem Höhepunkt der Dotcom-Blase im Jahr 2000 (Abbildung 10-2), wobei die am stärksten wachsenden Sektoren die Gesundheitsindustrie, der Finanzsektor und die Elektroindustrie sind. Einige Börsengänge des Jahres 2020, zum Beispiel die von Airbnb oder DoorDash, verzeichneten am ersten Tag Kurssteigerungen, die es seit der Dotcom-Blase nicht mehr gegeben hat – was möglicherweise ein verdächtiges Zeichen ist.[12]

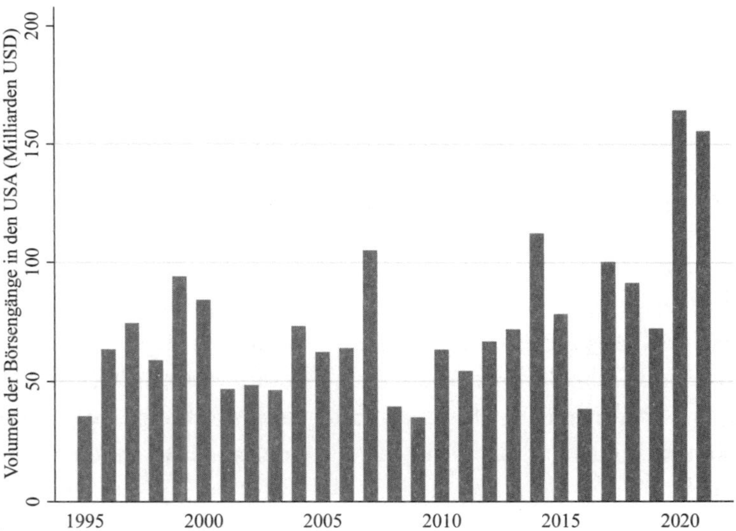

Abb. 10-2: Volumen der Börsengänge in den USA.
Quelle: SDC (WRDS) 2021

Allerdings hat sich in den USA eine neue Form des Zugangs zu den öffentlichen Aktienmärkten entwickelt. IPOs sind in der Regel kostspielig, da die Investmentbanken Gebühren in Höhe von etwa sieben Prozent des Angebots erhalten. Eine Alternative, die im Jahr 2020 an Popularität gewonnen hat, ist der Zugang zum Aktienmarkt über eine Special Purpose Acquisition Company (SPAC), die den traditionellen Prozess des Börsengangs umgeht. Eine SPAC ist eine Mantelgesellschaft, die Geld mit dem Ziel aufnimmt, später ein Unternehmen zu erwerben. Die SPAC kauft ein Unternehmen, das an die Börse gehen möchte, und fusioniert mit ihm. Dieser Prozess eines Börsengangs durch die Hintertür wird immer beliebter; die auf diese Weise im Jahr 2020 über SPACs erfolgten IPOs weisen ein Gesamtvolumen von 70 Milliarden Dollar aus.[13] Die Attraktivität eines solchen Börsengangs ergibt sich nicht unbedingt aus den geringeren Kosten – SPACs sind zwar tendenziell etwas günstiger als IPOs, doch es können auch zusätzliche Gebühren anfallen –, sondern auch daraus, dass regulatorische Vorschriften angepasst wurden.[14]

ANLEIHEMÄRKTE

Die Aktienmärkte legten also eine außerordentliche Resilienz an den Tag. Das Gleiche galt für die Anleihemärkte, denen wir uns jetzt zuwenden. Aktienansprüche begründen eine partielle Beteiligung an einem börsennotierten Unternehmen, während Schulden ein Versprechen darstellen, dass der Forderungsinhaber während der Laufzeit fixierte Zinsen erhält und am Ende der Laufzeit die geschuldete Summe zurückerstattet bekommt. Der Besitz von Anleihen beinhaltet aber kein Mitspracherecht in dem betreffenden Unternehmen. Im Falle einer finanziellen Schieflage sind die Gläubiger allerdings auch die Ersten, die ihre Forderungen erstattet bekommen, bevor die Aktionäre auch nur einen Pfennig erhalten. Forderungen sind daher typischerweise weniger risikobehaftet. Oft ist ein Unternehmen in Zahlungsschwierigkeiten immer noch in der Lage, seine Gläubiger zumindest teilweise zu bedienen. Für die Aktionäre könnte am Schluss dagegen nur noch wenig übrig bleiben. Trotzdem schwanken die Preise von Anleihen, wenn Person A sie an Person B verkauft, weil die Einschätzung, ob die Firma das, was sie schuldet, auch tatsächlich in vollem Umfang zurückzahlen kann, sich ändern kann.

Es gibt einen großen Unterschied zwischen Anleihen und Aktien. Der Eigentümer einer Aktie ist an Gewinnen und Verlusten eines Unternehmens beteiligt, wohingegen der Besitzer einer Anleihe höchstens den Nennwert der Anleihe erhalten kann. Die Luft nach oben ist also begrenzt, aber der Anleiheninhaber erfährt nur Verlust, wenn das Unternehmen im Falle des Konkurses nicht den vollen Nominalwert der Schulden zurückzahlen kann. Letztere Gefahr wird als Ausfallrisiko bezeichnet. Zunächst werden wir uns jedoch die öffentliche Verschuldung ansehen.

Der Markt für US-Schatzanleihen und die Marktmacher letzter Instanz

Die öffentliche Verschuldung besteht aus Schuldtiteln, die von nationalen oder regionalen Regierungen ausgegeben werden. In den USA werden solche Titel US-Schatzanleihen genannt. In Deutschland heißen die vom Bund ausgegebenen Anleihen Bundesanleihen.

In der Theorie gehen die Wirtschaftsmärkte von der Annahme aus, dass sich Käufer und Verkäufer gleichzeitig begegnen und Waren, Dienstleistungen oder Wertpapiere gegen Geld tauschen. Tatsächlich kann es aber eine zeitliche Lücke zwischen dem Zeitpunkt des Verkaufs, wenn jemand eine US-Schatzanleihe verkaufen will, und dem Zeitpunkt des Kaufs geben, wenn ein anderer Investor ebenjenes Wertpapier erwerben möchte. Um die Lücke zwischen diesen beiden Zeitpunkten zu überbrücken, braucht es einen Dritten, nämlich einen Marktmacher, der die Anleihe in der Zwischenzeit auf Lager hält.

Traditionell haben große Banken diese Funktion auf dem Markt für US-Schatzanleihen übernommen. Sie vermittelten zwischen Käufern und Verkäufern, indem sie große Mengen dieser Papiere in ihren Bilanzen hatten. Aufgrund der Regulierungen infolge der Finanzkrise jedoch erfordert das Marktmachen mittlerweile nicht unerhebliches Bankkapital. Dies schreckt die Banken vom Marktmachen ab. Weil die Banken eine Menge Kapital halten müssen, wenn sie Anleihen vermitteln, bevorzugen sie andere, weniger stark regulierte Aktivitäten, die größere Gewinnspannen bieten. Abbildung 10-3 illustriert, wie die in hellgrau dargestellte Bilanzkapazität der Großbanken seit der Finanzkrise stabil geblieben ist, während das Angebot an US-Schatzanleihen kontinuierlich gestiegen ist. An ihrer Stelle sind Hedgefonds in den vergangenen zehn Jahren als Marktmacher eingestiegen.

Im März 2020 »erstickte« der Markt für US-Schatzanleihen – einer der größten und üblicherweise liquidesten Finanzmärkte der Welt – an der Liquiditätsnachfrage, was die US Federal Reserve dazu nötigte, als Marktmacher letzter Instanz einzuspringen, um die Resilienz wiederherzustellen. Kein Investor wollte mehr Marktmacher sein, da ein Pipeline-Effekt die Händler überforderte. Obwohl sie ihre Aufgabe erfüllten und die Vermittlung ausweiteten,[15] konnte die schiere Menge an Aufträgen nicht schnell genug über ihre Bilanzen abgewickelt werden.

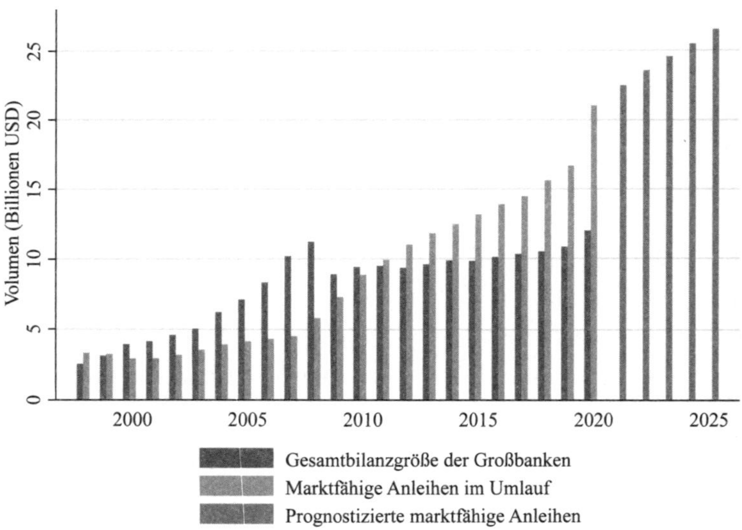

Abb. 10–3: Das Wachstum der marktfähigen US-Schatzanleihen (Staatsanleihen) übersteigt das der Vermögenswerte der Großbanken.
Quelle: Darrell Duffie 2020

Schlussendlich kaufte die Fed Schatzanleihen im Wert von fast zwei Billionen Dollar auf. Dieser Eingriff ging insofern über das Marktmachen hinaus, als die amerikanische Zentralbank viele dieser Anleihen als Teil ihrer Quantiative-Easing-Programme längerfristig hielt und nicht mit einer zeitlichen Verzögerung weiterverkaufte. Als sich die Lage stabilisierte, stiegen die Preise für US-Schatzanleihen. Doch erstmals in der Geschichte legten sie in den ersten Wochen der Coronakrise tatsächlich zu.[16]

Wir können davon ausgehen, dass sich ein solches Marktversagen wiederholen wird – vielleicht auch öfters, da die Schuldenquote der USA enorm ansteigt, was dazu führt, dass mehr US-Staatspapiere über den Markt vermittelt werden müssen.[17]

Der Finanzmathematiker Darrell Duffie schlägt eine neue Marktstruktur für diese Schatzanleihen vor, die auf einer breiten zentralen Abwicklung basiert. Er vertritt die Ansicht, dass es ineffizient sei, den gesamten Treasury-Markt über die Händlerbilanzen abzuwickeln.[18] Ein allgemeines zentrales Clearing würde – durch die Aufrechnung von Käufen und Verkäufen – die Sicherheit der Abwicklungen auf dem Markt verbessern und den für ein bestimmtes Handelsvolumen erforderlichen Umfang der Händlerbilanzen verringern.[19]

Durch die Saldierung von Käufen und Verkäufen müssten Banken, welche in diesem Markt als Intermediäre fungieren, nur noch den Saldo vorhalten, was weniger Bilanzkapazität erfordert.

In dieser angedachten neuen Marktstruktur hätte die Fed drei Aufgaben zu erfüllen. Erstens sollte sie stets verfügbar sein, um bei Bedarf Liquidität wiederherzustellen. Zweitens könnte sie dem CCP (Central Clearing Counterparty) als letzte Instanz Liquidität für Treasury-Sicherheiten zur Verfügung stellen. Das heißt, das CCP könnte sich einfach von der US Federal Reserve Geld leihen, indem es US- Schatzanleihen als Sicherheiten hinterlegt, ähnlich wie das Diskontfenster für die Banken. Die Fed wäre damit am Ende der Marktmacher letzter Instanz. Und drittens können Fed oder SEC, also die Wertpapieraufsicht, das neue CCP beaufsichtigen und regulieren.[20]

Unternehmensanleihen und die Zentralbank als Versicherer von Tail-Risiken

Unternehmensanleihen sind meist langfristige festverzinsliche Wertpapiere, die von einem in der Regel (sehr) großen Unternehmen ausgegeben werden. So könnte eine Firma beispielsweise versprechen, dem Inhaber der Anleihe in fünf Jahren 100 Dollar zu zahlen, und sammelt dafür heute beim Verkauf der Anleihe 90 Dollar ein. Die jährliche Rendite dieser spezifischen Anleihe beträgt zum Ausgabezeitpunkt ungefähr zwei Prozent.[21] Unternehmensanleihen funktionieren daher ähnlich wie Staatsanleihen. Sie weisen allerdings ein höheres Ausfallrisiko auf, sind weniger gut besichert und zudem weniger liquide, was bedeutet, dass es schwieriger ist, sie an andere weiterzuveräußern. In den USA ist dieser Markt ziemlich groß, während in Europa und Asien die Bankfinanzierung nach wie vor üblicher ist. Von entscheidender Bedeutung ist in diesem Markt das Rating einer Anleihe, welches von einer Ratingagentur ermittelt wird. Risikoanleihen weisen ein hohes Ausfallrisiko und daher ein niedriges Rating aus. »Investment-Grade«-Anleihen werden hingegen als recht sicher bewertet.

Im März 2020 standen die Finanzmärkte vor dem Zusammenbruch. Der Preis für Risiko schoss in astronomische Höhen (Abbildung 10-4), und die internationalen Kapitalströme zogen sich auf sichere Anlagen zurück, vor allem auf kurzfristige US-Schatzanleihen. Die Volatilität stieg im März sprunghaft an, die Finanzierungskonditionen verschärften sich, und die Unternehmensanleiherenditen kletterten in die Höhe, selbst bei den sichersten Unternehmen.[22] Zudem gab es Spillover-Risiken. Viele Unternehmen, die nur knapp als *investment-grade* (BBB) geratet wurden, wurden in Portfolios japanischer oder europäischer Investoren gehalten. Viele dieser Investoren dürfen nur Investment-Grade-Anleihen halten. Verschlechtert sich das Rating, sind sie hingegen gezwungen zu verkaufen.

So hätte sich eine Welle von Abwertungen bei diesen Firmen international ausbreiten können.[23] Ein solcher Ablauf hätte dem der Finanzkrise von 2008 geähnelt.

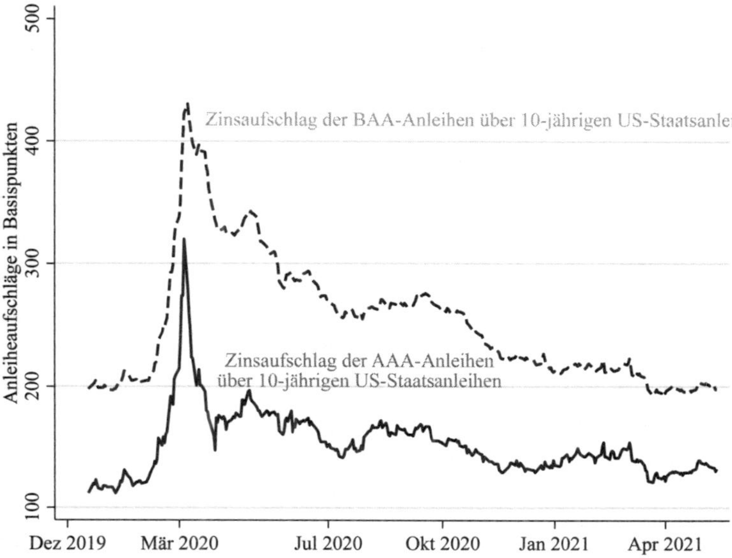

Abb. 10–4: Anleihenaufschläge, definiert als Zinssatz für Anleihen mit AAA-(BAA-)Rating, abzüglich des Zinssatzes für zehnjährige US-Schatzanleihen.
Quelle: FRED 2021

Wie Abbildung 10-4 zeigt, ist es den staatlichen Eingriffen dieses Mal allerdings viel schneller geglückt, die Märkte zu stabilisieren, als es 2008 der Fall war: Während das durchschnittliche Risiko erhöht blieb, ist der Preis für Risiko gesunken. Die Abbildung zeigt außerdem, dass sich die Spannen zwischen hochverzinslichen Anleihen, die relativ risikoreiche Unternehmensanleihen sind, und von Ratingagenturen als *investment-grade* bewerteten Anleihen, die relativ sicher sind, sich im März 2020 zwar erheblich vergrößert haben, ihre damaligen Höchststände aber auch bald schon wieder hinter sich ließen. Auf den ersten Blick geben die beiden Kurven den Preis für Risiko an: Wie viel Vergütung verlangen die Investoren zusätzlich, um Unternehmensanleihen anstelle von weniger riskanten Staatspapieren zu halten?

Die seit der großen Finanzkrise gefahrene Geldpolitik dreht sich nicht nur um die Kontrolle des kurzfristigen risikofreien Zinssatzes, sondern ist auch deshalb nach wie vor so mächtig, weil sie den Preis für Risiko verringern kann. Sie könnte die Finanzlage von März 2020 wieder stabilisieren. Viele Anleihemärkte haben zwei Gleichgewichte: Ein »gutes« Gleichgewicht, bei dem die Investoren Schulden als sicher betrachten und daher niedrige Zinsen akzeptieren, und ein »schlechtes«, bei dem sie dieselben Schulden als unsicher betrachten und aufgrund dieser Einschätzung einen Aufschlag und eine hohe Risikoprämie verlangen. Wenn der Aufschlag steigt, haben die Unternehmen immer mehr Mühe mit der Bedienung ihrer Schulden, was wiederum die Wahrscheinlichkeit für Zahlungsausfälle erhöht. Die Folge, dass mit hohen Zinsen ein hohes Risiko einhergeht, verwirklicht sich damit selbst.

Durch die Eliminierung des endogenen Risikos kann die Zentralbank das schlechte Gleichgewicht abwehren. Exogene Risiken, etwa das Entstehen einer neuen Pandemie, können von ihr nicht beeinflusst werden. Jedoch hat eine Zentralbank, die finanzielle Risiken auf sich nimmt, einen machtvollen Einfluss auf die Reduzierung des Preises für Risiko, was endogene Verstärkung und Liquiditätsspiralen verhindert, also das schlechte Gleichgewicht beseitigt.

Zudem verhindert dies die Verstärkung negativer Schocks oder die Fehlallokation von Risiken über die Wirtschaft hinweg. Die Märkte können zwar gut mit kleinen ökonomischen Schocks umgehen, aber speziell die Finanzmärkte sind nach großen Schocks nicht selbststabilisierend. Gezielte Eingriffe seitens der Zentralbank verschaffen insofern Resilienz, als sie der wirtschaftlichen Erholung den Weg ebnen und durch die Bereitstellung eines Backstops das Tail-Risiko beseitigen können. Dies ermöglicht es den ökonomischen Akteuren, sich von der Krise wieder zu erholen.

Die Fed konzentrierte sich 2020 sofort auf die Stützung der Kreditvergabe mit dem Endziel, den wirtschaftlichen Schaden zu begrenzen und die Ökonomie für eine rasche Erholung in Stellung zu bringen.[24] Angesichts des beispiellosen Charakters dieses fundamentalen Schocks liegt der wesentliche Fokus auf der Vermeidung einer auf die Krise folgenden Vernarbung,[25] indem den Unternehmen eine Absicherung bereitgestellt wird.[26]

Konkret umfassen die neuen Möglichkeiten der US Federal

Reserve in der Corona-Krise den Ankauf von kommerziellen hypothekenbesicherten Wertpapieren – also Papieren, die durch gewerbliche Immobilien besichert sind –, den Ankauf von Unternehmensanleihen und die Vergabe von Krediten an kleine und mittelständische Unternehmen (KMU).[27] Darüber hinaus werden mittelfristige Finanzierungen für Unternehmen bereitgestellt, die mit Einschränkungen verbunden sind, zum Beispiel mit Beschränkungen von Dividendenzahlungen und Aktienrückkäufen.[28] Da die US Fed die Unternehmen jedoch nicht direkt finanzieren kann, wurde eine Zweckgesellschaft (Special Purpose Vehicle, SPV) gegründet, bei der das Finanzministerium die ersten möglichen Verluste übernimmt.[29]

Sollte sich die Situation verschlechtern, so steht die Zentralbank mit neuem institutionellem Rahmen bereit, mehr Risiko zu übernehmen, indem sie risikoreichere Vermögenswerte aufkauft. Die Ankäufe von Unternehmensanleihen durch die Fed waren zwar nur sehr gering, doch das Versprechen, dass sie bei Bedarf eingreifen würde, war ausreichend, um die Märkte zu stabilisieren.[30] Bisher haben die Interventionen der Zentralbanken letztlich dazu geführt, dass der Preis für Risiko gesunken ist, während das Ausfallrisiko weiterhin hoch ist.[31] Seit April 2021 hat die Fed einige dieser Notmaßnahmen zur Erhaltung der Liquidität zurückgefahren; beispielsweise erlaubt sie den Banken künftig nicht mehr, ihre Bestände an Schatzanleihen und überschüssigen Einlagen vom zusätzlichen Mindestreservesatz, einer Begrenzung der Bankenverschuldung, auszunehmen.[32]

Im Gegensatz zu den USA zeigen die asiatischen und europäischen Firmen eine viel größere Abhängigkeit von der Bankfinanzierung als US-Firmen, die vom Anleihemarkt abhängen. Unternehmensanleihen bieten Firmen zwar einen direkten Zugang zu externem Kapital ohne die Vermittlung durch Banken, aber dafür reagieren die Zinssätze sehr sensibel auf das Rating der Anleihen. Auf der anderen Seite wird die Bankenfinanzierung über einen Finanzintermediär abgewickelt, der größere Anreize hat, das jeweilige Unternehmen zu beobachten. Das umfangreiche Wissen über eine bestimmte Firma kann in Krisenzeiten, in denen Ungewissheit über die Aussichten des Unternehmens herrscht, die Kosten von Bankkrediten im Verhältnis zu den Kosten von Unternehmensanleihen senken.

Auf den europäischen Märkten waren die großen Verkäufer von Anleihen und in geringerem Maße auch von Aktien im März 2020 die institutionellen Anleger, darunter zu einem geringeren Teil[33] auch Versicherungsunternehmen.[34] Die nationalen Zentralbanken hingegen waren Nettokäufer von Schuldtiteln.[35] Im März 2020 kam es in der EU zu einem typischen grenzüberschreitenden Ausverkauf von ausländischen Vermögenswerten. Im April verflüchtigte sich der Pullback-Effekt sowohl für weniger als auch für stärker vulnerable Länder, was darauf hindeutet, dass deren Bewohner eine Stabilisierung erwarteten.[36]

Während das EZB-Ankaufprogramm (QE) darauf abzielt, Deflationsrisiken zu bekämpfen, ist das Hauptziel des PEPP (Pandemic Emergency Purchase Program) die Stabilisierung der Märkte.[37] Dies ist insofern bemerkenswert, als das Mandat der EZB offiziell nicht die Finanzmarktstabilität ist. Allerdings lässt sich ihr Auftrag mit der Aufgabe begründen, das Funktionieren des geldpolitischen Transmissionsmechanismus sicherzustellen.

Es gibt viele Belege dafür, dass das PEPP der EZB zur Stabilisierung der Märkte beigetragen hat. Verschiedene Messgrößen zeigen, dass es in der Eurozone zu einer signifikanten Stabilisierung gekommen ist.[38] Die Renditen von Staatsanleihen sind beispielsweise für die EZB ein wichtiger Indikator, da sie sich stark in der Bankenfinanzierung widerspiegeln und sich auch auf die Kreditkosten der Haushalte niederschlagen.[39]

Dieser effektive Backstop seitens der Zentralbank ist jedoch nicht zum Nulltarif zu haben: Durch die systematische Übernahme von Tail-Risiken durch die Zentralbanken wird die Risikobereitschaft erhöht, was in Zukunft zu moralischen Risiken führen kann.[40] Um diese abzumildern, sind mögliche Lösungsansätze eine stärkere Regulierung der systemrelevanten Finanzmarktteilnehmer und Anforderungen an die Liquiditätsabsicherung für Unternehmen mit hohem Fremdkapitalanteil.[41]

Die Anleihen-Bonanza des Sommers 2020

Sobald sich die Situation stabilisiert hatte, wendete sich das Blatt. Die folgende Diskussion bezieht sich auf die Situation in den USA, wobei andere Länder der Welt ähnliche Entwicklungen erlebt haben. Im Sommer 2020 kam es zu einer beispiellosen »Anleihen-Bonanza«. Begünstigt durch die historisch niedrigen Zinssätze stieg die Emission von Unternehmensanleihen massiv an. Das ging so weit, dass die Unternehmen ihre Liquiditätspuffer auffüllten und einige sogar Aktien zurückkauften. Letzteres ist aus Sicht der Finanzstabilität sehr beunruhigend, da der Verschuldungsgrad der Unternehmen dadurch steigt und der Unternehmenssektor anfälliger für Zinserhöhungen wird, was die Resilienz auf Unternehmensebene untergräbt.

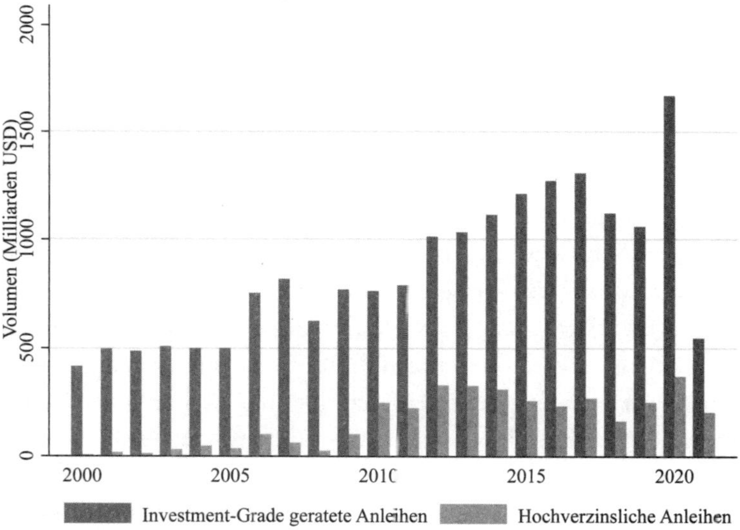

Abb. 10–5: Die Ausgabe von Unternehmensanleihen in den USA erreichte 2020 neue Rekordhöchststände.
Quelle: Mergent FISD (WRDS)

Abbildung 10-5 zeigt den sprunghaften Anstieg der Ausgabe von Unternehmensanleihen im Jahr 2020.[42] Er übertrifft alle bisherigen Höchststände bei Weitem. Ein Teil der Anleihen-Bonanza wird durch den Wunsch nach Refinanzierung von Fremdkapital zu historisch niedrigen Zinssätzen angetrieben. Ältere hochverzinsliche Anleihen durch neue zu ersetzen ermöglicht es den Unternehmen, sich niedrige Zinsen für die absehbare Zukunft zu sichern.

Die anfängliche Marktschmelze war zwar mit der von 2008 vergleichbar, aber dieses Mal haben die Zentralbanken viel schneller reagiert als damals. Die Auswirkungen zeigen sich an der Anleihen-Bonanza: Rasche Interventionen stabilisierten die Märkte innerhalb von wenigen Wochen und stützten die Unternehmen, die sich an den Märkten für Unternehmensanleihen Mittel beschaffen konnten und damit schnell wieder auf die Beine kamen. Man könnte sogar behaupten, dass das Jahr 2020 als Lektion dafür diente, wie 2008 hätte gehandhabt werden sollen.

Bankkredite

Interventionen am Markt für Unternehmensanleihen betreffen nicht alle Firmen unmittelbar. Viele kleine und mittelständische Unternehmen, insbesondere in Europa und Asien, aber auch in den USA, sind auf Bankkredite angewiesen. Als die Unternehmen während des »Dash for Cash« im März 2020 anfingen, bereits bestehende Kreditzusagen, sogenannte Kreditlinien, in Anspruch zu nehmen, stellten die Banken ihnen große Summen zur Verfügung. Am Horizont zeichnete sich allerdings schon eine Kreditklemme ab. Denn da so viele Mittel in bereits zugesagte Kreditlinien gingen, hatten die Banken keinen großen Spielraum, um zusätzliche neue Kredite zu vergeben, was auf Kosten der Finanzierung neuer Sachinvestitionen ging.

Im Gegensatz zu den traditionellen Banken waren Schattenbanken wie Hedgefonds, Geldmarktfonds oder strukturierte Investmentvehikel schon immer weniger stark reguliert. Seit der Finanzkrise 2008 wurden Banken einer strikteren Regulierung unterzogen, was für Schattenbanken nur bedingt der Fall war. Während sich die Banken bei der Bedienung bestehender Kreditlinien als zuverlässig erwiesen, war der Schattenbankensektor während der Corona-Krise weniger stabil und trug somit weniger zur Resilienz der Finanzmärkte bei.

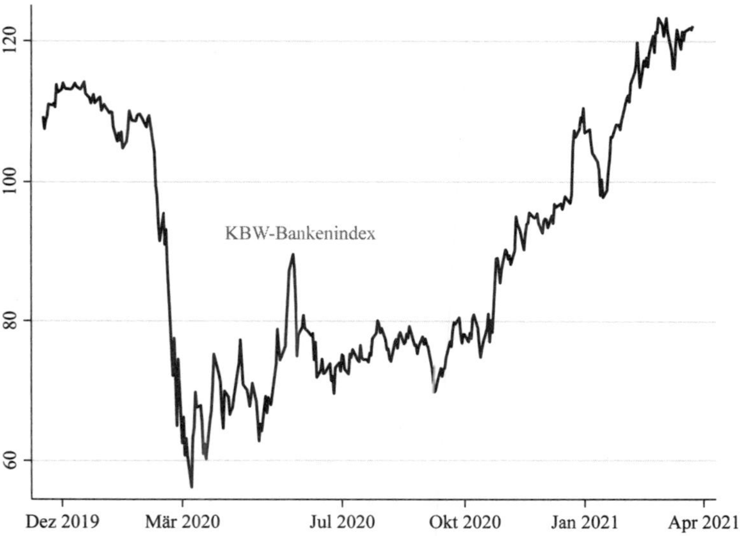

Abb. 10–6: Die langsame Erholung des Bankaktienindex KBW im Jahr 2020.
Quelle: KBW-Bankenindex (NASDAQ)

Die Banken wurden vom Corona-Schock besonders hart getroffen, und ihre Aktienkurse fielen stärker als der Marktdurchschnitt. Abbildung 10–6 veranschaulicht, dass die Erholung bei ihnen erst 2021 eintrat.

Kreditgeber letzter Instanz

Der Hauptgrund dafür, dass wir den Bankensektor so genau unter die Lupe nehmen, ist der, dass er Kapital vermittelt, idealerweise an produktive Unternehmen, die externes Kapital benötigen. Wie sollten die Banken dazu ermutigt werden, Kredite für Realinvestitionen zu vergeben? Ein Teil einer Strategie der Zentralbanken ist es, ihnen zu erlauben, ihre Schulden zu refinanzieren und Darlehen als Sicherheiten zu hinterlegen.

Zentralbanken können Märkte stabilisieren, indem sie als Kreditgeber letzter Instanz fungieren. Bagehot schlug im 19. Jahrhundert vor, Kredite an solvente, aber vorübergehend illiquide *Banken* zu vergeben, solange diese solide Sicherheiten stellen können. Mit Hilfe umfangreicher Eingriffe der Zentralbank hat sich der Bankensektor bisher als resilienter erwiesen als im Jahr 2008. So konnte er beispielsweise den bereits erwähnten »Dash for Cash« der Unternehmen auffangen.

Ein denkbares Leitprinzip für die Notfallkreditvergabe an Unternehmen in der Corona-Krise ist eine modifizierte Bagehot-Regel: »Vergebe großzügig Kredite an solvente *Firmen* gegen gute Sicherheiten und zu einem Strafzins« – womit die Zentralbank zum Kreditgeber letzter Instanz auch für Unternehmen und nicht nur für die Banken würde.[43]

Wagniskapitalgeber letzter Instanz

Bevor ich auf die Prinzipien eingehe, die festlegen könnten, wie die Zentralbanken den Unternehmen direktere Hilfen zukommen lassen, werde ich zunächst darlegen, warum Banken den Unternehmenssektor nicht stärker unterstützen. Man könnte ja schließlich behaupten, dass Banken Kapital aufnehmen können, um mehr Kredite zu vergeben und gleichzeitig die Eigenkapitalanforderungen zu erfüllen. In der Praxis nehmen Banken in Rezessionen jedoch kein Eigenkapital auf, unter anderem deshalb nicht, weil die Kurse ihrer Aktien niedrig sind – tatsächlich gehören Bankaktien im Jahr 2020 zu den größten Börsenverlierern –, was die Beschaffung zusätzlicher Kapitalmittel erschwert. Die gegenwärtigen Anteilseigner werden sich zudem wahrscheinlich auch gegen die Aufnahme von neuem Eigenkapital sperren, da dies ihre Anteile verwässert. Daher könnte es erforderlich sein, die Unternehmen auf direktere Weise zu unterstützen.

Es wurde vorgeschlagen, dass die Zentralbank die Unternehmen nicht nur indirekt über den Bankensektor, sondern auch verstärkt direkt stützen sollte. Angesichts der Gefahr eines lang anhaltenden

Schuldenüberhangs besteht die Herausforderung dabei darin, Unternehmen zu stützen, ohne dieses Problem des Schuldenüberhangs zu vergrößern. Zusätzliche Kreditvergaben an die Unternehmen erfüllen dieses Kriterium nicht, da sie sie mit weiteren Schulden belasten würden. Stattdessen müssen, wie Jeremy Stein betont, die Interventionen Eigenkapitalspritzen umfassen. Der entscheidende Unterschied zwischen Fremd- und Eigenkapital besteht darin, dass der Eigenkapitalanspruch an Wert verliert, wenn es der Firma schlecht ergeht, während die Fremdkapitalforderung nicht variabel ist.

Der Grundsatz für die Unterstützung von Unternehmen auf mikroökonomischer Ebene sollte darin bestehen, langfristig lebensfähige Firmen mit temporären Liquiditätsengpässen zu erhalten, ohne einen übermäßigen Schuldenüberhang zu schaffen, während auf makroökonomischer Ebene die Amplifikation des Schocks eingehegt werden muss.[44]

Tatsächlich könnten sich die Maßnahmen an einem Prinzip des »Wagniskapitalgebers letzter Instanz« orientieren, wobei die Finanzierung schrittweise in Abhängigkeit vom Erfolg erfolgt. Auf diese Weise kann die Zentralbank angeschlagene Bilanzen des Unternehmenssektors stabilisieren. Angesichts der großen Ungewissheiten sollten Finanzierungsmöglichkeiten in großem Umfang und im Insolvenzfall nachrangig zur Verfügung gestellt werden, um die Unternehmen nicht mit riesigen Schuldenlasten zu beladen.[45]

Wenn man auf ein derartiges Neuland vorstößt, ist eine klare Führung für die Zentralbanken erforderlich. Ein Wagniskapitalgeber letzter Instanz muss entscheiden, welche Unternehmen durch fortgesetzte Finanzierung überleben und welche nicht. Welches sind die Phasen der Wagniskapitalfinanzierung, und an welchen Wendepunkten wird sie entzogen? Überlegungen der politischen Ökonomie werden hier ebenfalls von Bedeutung sein, da ein Entzug der Finanzierung in späteren Phasen umstritten sein kann. Eine solche Politik geht weit über die traditionellen Maßnahmen der Zentralbank hinaus und birgt ein erhebliches politisches Risiko. Aber die Vermeidung eines Schuldenüberhangs durch die Übernahme von bedingten Eigenkapitalansprüchen an Unternehmen schafft Resilienz. Ein solches Programm könnte möglicherweise vom Finanzministerium gefahren werden, das dazu besser in der Lage sein könnte als die Zentralbank.

Die wichtigste Lektion aus Kapitel 10 ist, dass Zentralbanken wirkmächtig sind und verschiedene Aufgaben erfüllen, die zur Sicherung der Resilienz der Finanzmärkte beitragen. Als Marktmacher, Kreditgeber, Wagniskapitalgeber und Vermögenskäufer letzter Instanz üben sie eine entscheidende Funktion aus, wenn es darum geht, sicherzustellen, dass sich die Finanzmärkte wieder erholen, selbst nach so erheblichen Verwerfungen wie in der Frühphase der Corona-Krise.

11. Hohe Staatsverschuldung, aber geringe Zinslast

FISKALISCHE ANREIZE ALS RESILIENZVERSTÄRKER

2008 löste ein vergleichsweise kleinerer Schock mit dem Ausfall der Subprime-Hypotheken in den USA eine verheerende weltweite Finanzkrise aus. 2020, als der große fundamentale Corona-Schock auftrat, hegten einige Beobachter daher die Befürchtung, dass ein Rückgang des US-amerikanischen Bruttoinlandsprodukts um 30 Prozent (annualisiert) im zweiten Quartal des Jahres sich in eine abgrundtiefe Rezession übersetzen würde. Eine expansive Fiskal- und Geldpolitik wehrte diese Gefahr jedoch ab. Die Arbeitslosigkeit stieg in den USA zwar stark an, ging aber auch rasch wieder zurück. In vielen europäischen Ländern erreichten die Arbeitslosenquoten nicht die Höchststände aus der Zeit der Eurokrise, und das BIP erholte sich im dritten Quartal des Jahres vielerorts wieder. Und während die Aussichten zwar nach wie vor ungewiss sind, wurde doch zumindest ein Szenario wie zur Zeit der Großen Depression wahrscheinlich verhindert. Dies unterstreicht die Macht der staatlichen Stabilisierungspolitik für eine resiliente Volkswirtschaft, wirft aber auch neue Fragen über den Umgang mit der Krise 2008 auf.

In China war die Fiskalpolitik während der globalen Finanzkrise 2008 wesentlich aggressiver als heute. Das außerordentlich große Stimulusprogramm des Landes machte die chinesische Wirtschaft sehr resilient und kam zudem der Weltwirtschaft als Ganze zugute.

Hätten aggressivere Maßnahmen in den Industrieländern im Jahr 2008 die Rezession abmildern und mehr zur Resilienz beitragen können? Oder liegt der Unterschied zwischen beiden Krisen vor allem darin, dass es 2008 eine Finanzkrise war, während es

2020 keine ist, zumindest nicht bis jetzt? Man könnte im Weiteren auch noch die Hypothese aufstellen, dass die Politik aus der Rezession des Jahres 2008 gelernt hat. Als die Finanzmärkte im März 2020 ins Wanken gerieten, konnten die Zentralbanken auf ihre Erfahrungen von just einer Dekade zuvor zurückgreifen, um Notfallpläne wieder zu beleben. Dies führte dazu, dass die entsprechenden Interventionen 2020 extrem schnell erfolgt sind. Ein schnelles staatliches Handeln stärkt die Resilienz. Durch die Reduzierung des Ausmaßes und der Dauer des wirtschaftlichen Absturzes wird die Gefahr der Narbenbildung abgeschwächt, was den ökonomischen Akteuren eine bessere Ausgangsposition für einen neuerlichen Aufschwung verschafft.

Die Feststellung lohnt, dass sich die Corona-Krise auch von der Euro-Krise 2011/12 unterscheidet. Im Gegensatz zu dieser ist sie nicht das Resultat nationaler politischer Fehlentscheidungen. Im Jahr 2020 herrschte unter allen Euro-Mitgliedsländern zu Beginn des Corona-Schocks im Grunde Einigkeit über das finanzpolitische Framework der Eurozone. Auf der Bankenseite hat der 2014 eingeführte Einheitliche Aufsichtsmechanismus zudem die Bankenüberwachung verbessert.[1]

Generell spielt die Politik eine entscheidende Rolle bei der Verhinderung von langfristigen, narbenbildenden Folgen. Die Bereitstellung einer Versicherungszahlung im Nachhinein kann den Schock abfedern und den Weg für eine schnellere Erholung ebnen. Die üblichen Bedenken bezüglich des moralischen Risikos, dass eine höhere Versicherung auch die Risikobereitschaft fördert, treffen im Fall der Corona-Krise nicht zu, da das Virus niemandes Verschulden ist.

Anfangs folgte die Politik dem Prinzip des *»Whatever it takes«*, was zu einem starken Anstieg der Staatsverschuldung führte. Doch dann stellt sich die Frage, ob darauf nicht ein zweiter »Mein-Gott-was-haben-wir-getan«-Moment folgen würde.

Könnte die hohe Verschuldung der öffentlichen Haushalte in Zukunft Probleme bereiten, indem sie das Wirtschaftswachstum beschneidet oder den künftigen finanzpolitischen Spielraum zur Bewältigung künftiger Krisen einschränkt, was die gesamtwirtschaftliche Resilienz verringern würde? Oder liegen die Dinge anders, weil die Zinssätze niedrig sind, was wiederum die Zinslast der Staatsverschuldung senkt?

HOHE STAATSVERSCHULDUNG

Die US-Staatsverschuldung ist in den letzten zwei Jahrzehnten von etwa 60 auf über 100 Prozent des Sozialprodukts angestiegen (Abbildung 11-1) und wird in den kommenden Jahren voraussichtlich neue Höchststände erreichen. Noch niemals haben die USA in Friedenszeiten einen so hohen Stand der Staatsverschuldung erlebt. In Japan ist die Haushaltslage sogar noch eklatanter: Dort verwaltet der Staat eine Schuldenquote von mehr als 200 Prozent des BIP, während er in 50 der letzten 60 Jahre ein Haushaltsdefizit zu verzeichnen hatte.[2] Zwar wird etwa die Hälfte der japanischen Staatsschulden von der japanischen Zentralbank, der Bank of Japan, gehalten,[3] doch werden wir gleich noch darauf eingehen, dass die Reserven, die zur Finanzierung dieser Schulden ausgegeben werden, immer noch zu den Gesamtverbindlichkeiten des Staates gerechnet werden müssen. In vielen europäischen Staaten hat die Staatsverschuldung ebenfalls stark zugenommen. Sie liegt nun auch in Frankreich bei über 100 % des BIP, in Italien bei rund 150 %.

WARUM DIE ZINSSÄTZE SO NIEDRIG SIND

Trotz der hohen Staatsverschuldung, die auch vor Corona schon schwelte, machten die historisch niedrigen Realzinsen die Staatsverschuldung erträglich und schufen fiskalischen Spielraum. Was für den Finanzminister ein Segen ist, spiegelt generellere makroökonomische Trends wider.

Abbildung 11-1 zeigt die Entwicklung der US-Staatsverschuldung im Verhältnis zum BIP (dunkelgraue Fläche) sowie die der Zinsausgaben im Verhältnis zum BIP (die gestrichelte Kurve). Seit den 1990er-Jahren sind die staatlichen Zinszahlungen im Verhältnis zum BIP deutlich zurückgegangen, während sich die Staatsverschuldung in diesem Verhältnis fast verdoppelt hat.

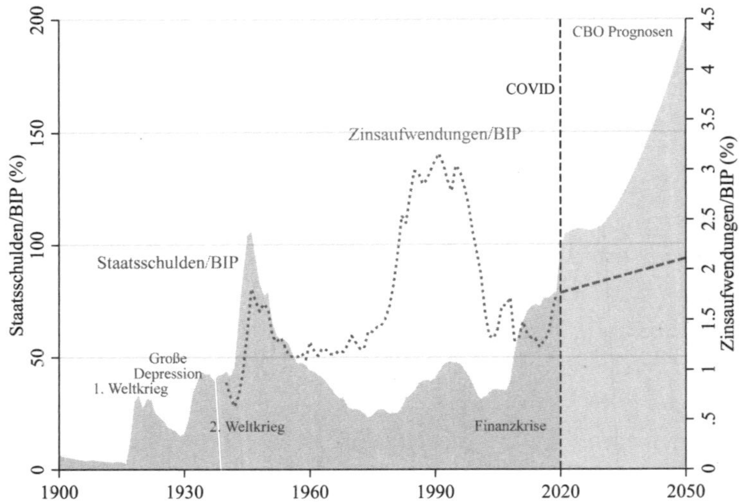

Abb. 11-1: Verhältnis von Staatsschulden und Zinsaufwendungen in den USA relativ zum Bruttoinlandsprodukt. Nach 2020: CBO-Projektionen.
Quelle: FRED 2021 and CBO

Um ein vollständiges Bild von der Staatsverschuldung zu erhalten, ist es zunächst einmal wichtig, die Gründe für die niedrigen Zinsen zu verstehen. Das umfangreiche Vorsorgesparen, für das wir bereits eindeutige Belege gesehen haben, drückt den Zinssatz für sichere Anlagegüter, besonders Staatsanleihen, nach unten. Die Risikobereitschaft des Marktes scheint gering zu sein, sodass die Preise für sichere Anlagegüter steigen und die Renditen sinken, während die Risikoprämien für riskante Anlagegüter steigen. Der demografische Wandel, vor allem eine höhere Lebenserwartung, drückt ebenfalls auf die Zinsen, da ältere Haushalte in der Regel ein geringeres Engagement in risikoreichen Anlageformen bevorzugen und mehr Ersparnisse für längere Zeiten im Ruhestand ansparen. Daher fragen sie sichere Anlagen nach, und diese höhere Nachfrage drückt die Verzinsung von Staatsanleihen.

Schwaches Wachstum – die säkulare Stagnationshypothese –[4] dürfte die Zinsen noch weiter unter Druck setzen. Geringe künftige Wachstumsraten belasten tendenziell die aktuellen Zinssätze, da sie letztlich von den Sachkapitalrenditen abhängen, die an das Wirtschaftswachstum gebunden sind.

Bei einer extrem langfristigen Betrachtung sollte der stetige Rückgang der Zinsen jedoch nicht allzu überraschend sein. Die weltweiten Zinssätze sind schon seit 800 Jahren im Sinken begriffen.[5] Abbildung 11-2 zeigt den US-amerikanischen Realzinssatz, also den Nominalzins abzüglich der Inflationsrate, im Zeitverlauf. Während die Realzinssätze zu Beginn des 19. Jahrhunderts bei etwa fünf Prozent lagen, sind sie heute nahe null.

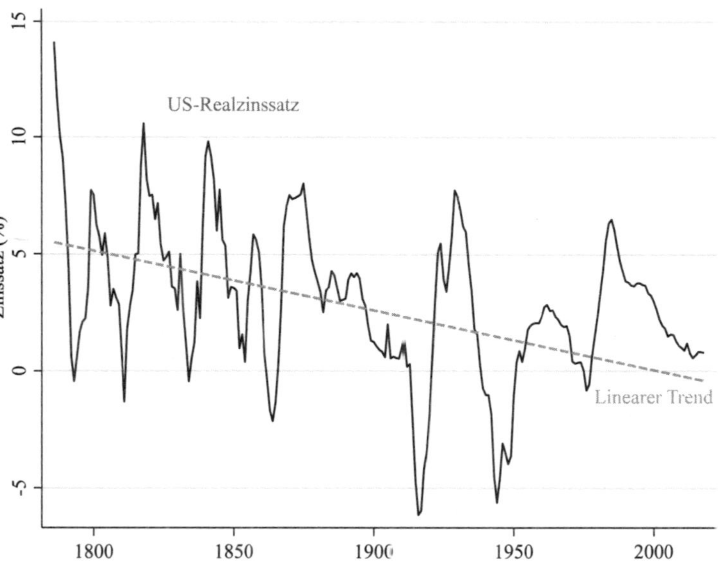

Abb. 11-2: Die Realzinsen sinken in den USA schon seit langer Zeit. Quelle: Schmelzing 2020

Und schließlich könnte sich die wachsende Ungleichheit auf die Zinssätze auswirken, da die Reichen dazu neigen, mehr zu sparen als die ärmeren Haushalte. Steigt der Anteil der Reichen am Gesamtvermögen, erhöht sich das gesamte Sparaufkommen der Wirtschaft, was die Zinsen tendenziell reduziert. Allerdings fließt ein Teil dieser Ersparnisse in risikoreichere Anlagen, sodass die Auswirkungen auf die Renditen von Staatsanleihen weniger eindeutig sind. Ein Nebeneffekt der Sparschwemme, die niedrige Zinssätze befeuert, ist die Gefahr eines übermäßigen Aufbaus von Schuldtiteln und die Entstehung von Vermögenspreisblasen[6] bei den Grundstücks- oder Immobilienpreisen.

SICHERE ANLAGEN UND ZINSEN

Der stete Anstieg der Staatsverschuldung in den letzten Jahrzehnten wirft eine Reihe von Fragen zur Schuldentragfähigkeit auf. Hohe öffentliche Schulden sind nicht unbedingt ein Problem, solange die Menschen bereit sind, all diese Anleihen zu niedrigen Zinsen zu halten.

Die Beliebtheit von Staatsanleihen erklärt sich zum Teil aus ihrem Status als sichere Anlage. Haushalte und Unternehmen schätzen Staatsanleihen, weil sie sicher sind, selbst wenn deren Renditen niedrig sind. In Zeiten der Krise wird die Möglichkeit, Mittel zur Finanzierung von Konsum oder Investitionen zu erhalten, besonders wertgeschätzt. Ein sicherer Vermögenswert kann unter diesen Umständen immer noch ganz ohne oder zumindest ohne großen Abschlag verkauft werden. Finanzökonomen würden eine Anlage, deren Wert steigt, wenn der Aktienmarkt schwächelt, eine Anlage mit niedrigem Betafaktor nennen.

Was wäre, wenn der Staat den Status einer sicheren Anlage für seine Schuldpapiere verlieren würde? Schlimmer noch, was wäre, wenn die Anleger anfangen würden, sich Sorgen über einen Zahlungsausfall oder einen impliziten Zahlungsausfall durch Inflation zu machen? Das sind die ökonomischen Fragen unserer Zeit angesichts der weltweiten Rekordverschuldung zur Bekämpfung der Corona-Krise.[7]

Die beiden wichtigsten Merkmale einer sicheren Anlageform werden durch die »Good Friend Analogy« und die »Safe Asset Tautology« veranschaulicht: Ein sicherer Anlagewert ist wie ein guter Freund. Er ist präsent und wertvoll, wenn man ihn braucht, sei es aufgrund eines persönlichen oder eines gesamtwirtschaftlichen Schocks. Im Falle eines unvorhergesehenen Ereignisses kann man die sichere Anlage immer noch ohne große Abzüge verkaufen.

Andere Bürger, die keinen persönlichen Schock erlitten haben, sind bereit, diesen sicheren Vermögenswert zu geringen Transaktionskosten zu kaufen (da die Zentralbank als Marktmacher letzter Instanz eintreten könnte). Auf den ersten Blick würde man annehmen, dass die sichere Anlage fortlaufend in der Wirtschaft gehandelt wird: Die Haushalte, die einen negativen Schock erleiden, verkaufen sie, um den Sturm zu überstehen, und andere kaufen sie bereitwillig an. Und wenn der Käufer seinerseits einen Schock erleidet, wird er das Produkt wieder weiterverkaufen und so weiter. Zweitens ist ein sicherer Vermögenswert deshalb sicher, weil er als sicher wahrgenommen wird – eine Art Tautologie, die verdeutlicht, warum es mehrere Gleichgewichte geben kann. Im ersten Gleichgewicht wird das sichere Anlagegut als sicher wahrgenommen und daher zu einem hohen Preis gehandelt, aber es gibt auch noch ein zweites Gleichgewicht, in dem es den Status des sicheren Assets verliert.

Allgemeiner ausgedrückt: Die sichere Anlage erlaubt es den Leuten, sich selbst zu schützen und somit ihr Risiko zu reduzieren. Neben dem Geld generiert ein sicheres Asset also auch noch einen netten Leistungsfluss, da es eine Absicherung gegen Risiken ermöglicht. Ein zweiter Leistungsfluss besteht darin, dass Staatsanleihen als gute Sicherheiten akzeptiert werden, was eine besicherte Kreditaufnahme begünstigt. Diese Erkenntnis verdeutlicht, dass das klassische Asset Pricing modifiziert werden muss. Die klassische Asset-Pricing-Gleichung umfasst nicht mehr nur den entsprechend diskontierten Cashflow-Strom, sondern muss noch um einen diskontierten Strom von Leistungsflüssen ergänzt werden.

$$A/P = E[ZW(\text{Geldfluss})] + E[ZW(\text{Leistungsfluss})]$$

Der reale Wert der Staatsverschuldung, also das Verhältnis der nominalen Anleihen A zum Preisniveau P, ist gleich dem erwarteten Zeitwert des Cashflows aus den Staatsschulden plus dem Leistungsfluss, der nun erklärt werden soll:

Der Cashflow, der die Staatspapiere stützt, ist der Überschuss der Steuereinnahmen über die Staatsausgaben, Zinsaufwendungen nicht eingerechnet. In den letzten Jahrzehnten waren die gesamtwirtschaftlichen Cashflows niedrig, und auch für die Zukunft deuten die Prognosen auf niedrige Cashflows hin. Staatspapiere sind jedoch auch dann wertvoll, wenn keine Primärüberschüsse – das heißt, Überschüsse im Nicht-Zinshaushalt, dem Haushalt under Ausschluss der Zinsen – vorhanden sind, da der Leistungsfluss die Bewertung der Staatsschulden auch beeinflusst. Letzterer ist besonders in Krisenzeiten hoch und wertvoll, wenn das Risiko der Leute hoch ist. Wenn alles riskant ist, schätzen die Leute die sichere Anlage noch mehr. Mit anderen Worten, sie gewinnt in Zeiten des wirtschaftlichen Abschwungs an Wert, da zu diesen Zeiten ein »Good Friend«-Charakteristikum besonders wertvoll ist.

HOHE VERSCHULDUNG UND DIE ANFÄLLIGKEIT FÜR ZINSSPRÜNGE

Solange der Status als sicherer Vermögenswert beibehalten werden kann, kann der Staat seine Schuldtitel zu günstigen Zinssätzen ausgeben. Die Bürger sind bereit, einen niedrigen Zinssatz zu erhalten, da sie den Leistungsfluss schätzen. Solange der Zinssatz unter der Wachstumsrate der Wirtschaft liegt, kann die Regierung sogar ein Schneeballsystem betreiben: Die fällig werdenden Anleihen werden mit neu ausgegebenen Schuldverschreibungen getilgt und für zusätzliche Ausgaben noch mehr Titel emittiert. Das Verhältnis der Schulden zum Bruttoinlandsprodukt fällt, da die Wirtschaft schneller wächst als die Zinslast der Schulden.

Mit anderen Worten: Der Staat kann »die Blase abschöpfen«.

Begünstigt wird diese Entwicklung noch durch die Zunahme des Vorsorgesparens in Zeiten großer Ungewissheit, da es die Zinsen weiter nach unten drückt. Verschwindet jedoch die Ungewissheit und mit ihr der Anlass zum vorsorgenden Sparen, werden die Volkswirtschaften anfällig für Zinssprünge.

Wenn der Staat mehr Staatspapiere ausgibt und deren Emissionsrate hochgetrieben wird, sinkt die Rendite nach Inflation. Inflation verwässert deren Wert und wirkt wie eine Inflationssteuer. Übersteigt jedoch die Inflationssteuer ein bestimmtes Maß, verlieren die Staatspapiere, die ja die Bemessungsgrundlage der Inflationssteuer sind, so viel an Wert, dass Einnahmengewinne aus dem Abschöpfen der Blase schrumpfen. Mit anderen Worten: Anders als von den Befürwortern der Modern Monetary Theory (MMT) behauptet, gibt es selbst im günstigsten Fall, wenn der reale Zinssatz unter der gesamtwirtschaftlichen Wachstumsrate liegt, eine Grenze.[8] Man kann daher nicht beliebig viele neue Schulden aufnehmen.

Die größte Gefahr bei einer hohen Staatsverschuldung ist die Entstehung mehrerer Gleichgewichte. Es besteht das inhärente Risiko, dass die Blase platzen könnte. In einem guten Gleichgewicht nehmen die Wirtschaftsakteure die Schulden als sicher wahr und verlangen daher einen niedrigen Zinssatz. Für die gleiche Höhe der Staatsverschuldung gibt es jedoch auch ein schlechtes Gleichgewicht, in dem sie als unsicher wahrgenommen wird und die Investoren einen hohen Ausgleich für dieses Risiko verlangen. Daher besteht nach der anfänglichen ultraexpansiven Fiskalpolitik auf der ganzen Welt die Sorge, dass wir in eine »Mein-Gott-was-haben-wir-getan«-Phase eintreten könnten, in der die Balance zugunsten des schlechten Gleichgewichts kippt und frühere Haushaltsexpansionen die Staatshaushalte nun in Mitleidenschaft ziehen.

Vom Standpunkt der Bewahrung der Resilienz aus betrachtet, müssen die Länder den Status ihrer Staatsschulden als sichere Anlageform scharf im Blick behalten. Sobald der Sprung in das schlechte Gleichgewicht einmal vollzogen ist und die Staatsanleihen ihren sicheren Vermögenswertstatus verloren haben, ist es fast unmöglich, wieder umzukehren. In anderen Worten, dies führt in eine haushaltspolitische Falle: Die Zinsen schießen in die Höhe, während der Staat schon eine erhebliche Zinslast zu tragen hat.

Aus diesem Grund kommt den Zentralbanken unter solchen

Umständen eine wichtige Rolle zu. Geld (Bargeld und Zentralbankreserven) ist eine besondere Form der Staatsverschuldung. Es bietet einen weiteren Leistungsfluss an, da es als Tauschmittel für Transaktionen dient. Trotzdem ist Geld letztlich eine Verbindlichkeit des Staates, allerdings mit besonderen Eigenschaften. Denn seine Laufzeit ist unendlich, da es niemals zurückgezahlt werden muss. Für Bargeld werden nicht einmal Cashflows in Form von Zinsen versprochen. Dies steht im Gegensatz zu Staatsanleihen, die in der Regel Zinszahlungen leisten und die Kapitalsumme zu einem vorher festgelegten Fälligkeitsdatum zurückzahlen. Zentralbankreserven zahlen heutzutage ebenfalls Zinsen, die sich in Abhängigkeit vom Leitzins ändern. Ihr Zinssatz ist variabel, was heißt, dass ihre Duration sehr niedrig ist (niedrige Zinssensitivität), während die Laufzeit unendlich ist. Wenn Zentralbanken *Quantitative Easing* betreiben, tauschen sie Geld mit unendlicher Laufzeit gegen Staatsanleihen mit endlicher Laufzeit. Diese und andere geldpolitische Maßnahmen führen uns zum nächsten Kapitel.

WEITERE IMPLIZITE STAATSVERSCHULDUNG

Zum Schluss lohnt es sich noch, einen weiteren Punkt anzusprechen. Die Gesamtverschuldung des Staates setzt sich aus expliziten Schulden, meist umlaufenden Staatsanleihen, und impliziten Schulden wie beispielsweise Pensionszusagen zusammen. Letztere sind nicht frei handelbar und gelten daher nicht als sichere Anlagewerte. Darüber hinaus tun sich komplexe politisch-ökonomische Fragen auf, wenn der Staat sich zwischen der Bedienung von Staatsschulden oder Pensionsverpflichtungen entscheiden muss. Der Markt könnte zwar vermuten, dass die Staaten Leistungen wie die Sozialversicherung kürzen und explizite Staatsschulden als vorrangig behandeln würden, doch das sollte nicht als ausgemachte Tatsache betrachtet werden. Es ist nicht klar, wie sich die politisch-ökonomischen Überlegungen auswirken werden, da die Pensionäre, vor allem in alternden Gesellschaften, auch eine starke Wählerbasis darstellen.[9]

12. Inflationsschwankungen

Bei Resilienz geht es darum, nach einem Schock wieder auf die Beine zu kommen – sowohl auf individueller als auch gesamtwirtschaftlicher Ebene. Es gilt Fallen und Kipppunkte zu vermeiden. Im Bereich Inflation können zwei Probleme auftreten, die durch die in den vorherigen Kapiteln beschriebene hohe Verschuldung entstehen können: eine Deflations- und eine Inflationsfalle. Der Spielraum für Zentralbanken ist derzeit äußerst gering. Halten sie diesen nicht ein, »riskieren« sie entweder eine dauerhaft zu niedrige Inflation, die dem Wachstum schaden würde, oder eine dauerhaft zu hohe Rate, welche die Inflation aus dem Gleichgewicht bringen könnte. Die Zentralbanken sollten sich nicht nur auf einen der beiden Fallstricke konzentrieren, sondern wachsam beide im Auge behalten. Zusätzlich zum Resilienz-Management muss daher analysiert werden, wie man diese Fallen vermeiden kann.

Der Vergleich mit dem Fahrrad- oder Motorradfahren, den ich herangezogen habe, um die Resilienz des Gesellschaftsvertrags zu erklären, lässt sich auch auf die Inflation anwenden. Wir wissen nicht, ob das Rad nach rechts in die Niedriginflation kippt oder nach links in die Inflationsfalle. So ist für die Resilienz-Politik Flexibilität vonnöten, um den Drahtseilakt zwischen übermäßiger Inflation und Deflation zu meistern.

DAS AUF UND AB DER INFLATION

Abbildung 12-1 zeigt eine »inflation whipsaw«: Nach einer niedrigen Inflationsrate oder sogar Deflation steigt die Inflation anfangs wieder für längere Zeit an und übertrifft ihr Ausgangsniveau.

Das ist eins der möglichen Inflationsszenarien in der derzeitigen Krise, in der eine Inflationsfalle drohen könnte.

Während des Lockdowns ging die Inflation aus Gründen, die ich gleich näher erläutern werde, insgesamt zurück, wenngleich eine Quantifizierung hier schwierig ist. Man fürchtete daher eine mögliche Deflationsfalle, bei der eine erhöhte Staatsverschuldung eine dauerhafte Niedriginflation und ein schwaches Wirtschaftswachstum verursachen würde, eine sogenannte »Japanisierung«, nach Japans makroökonomischer Entwicklung seit den Neunzigern benannt.

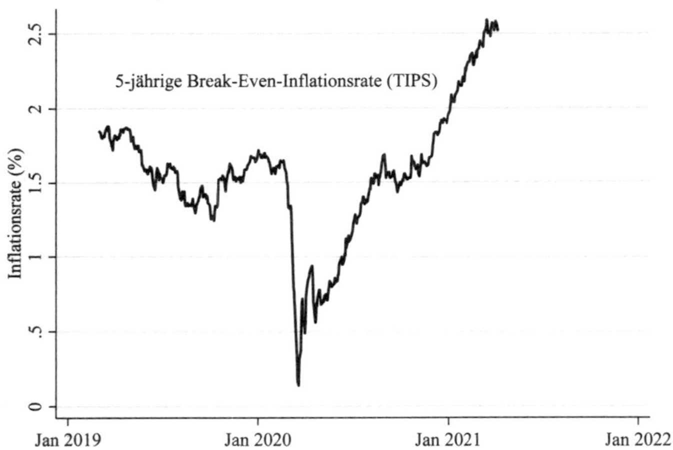

Abb. 12–1: Die Linie verbildlicht die erwartete Inflation der USA für die nächsten fünf Jahre, hergeleitet aus dem Break-even der Zinsen zwischen inflationsindexierten US-Anleihen (TIPS) und regulären US-Staatsanleihen.
Quelle: FRED 2020

Noch schlimmer wäre es, wenn wir nacheinander in beide Fallen tappen würden, wie es mit der inflation whipsaw der Fall wäre. Kurzfristig gibt es eine Tendenz zur Deflation, während es längerfristig nach Inflationsdruck aussieht. Es wird ein schwieriger Balanceakt werden, diesen Strömungen zu widerstehen. Möglicherweise werden wir es mit einer inflation whipsaw zu tun bekommen, beziehungsweise könnte es eine zweite whipsaw zusätzlich zu den Finanzstabilitätsschwankungen, wie ich sie in Kapitel 10 beschrieben habe, geben.

Inflationserwartungen

Aufgrund der gegenwärtigen Ungewissheit, ob und in welche Falle wir nach dem Corona-Schock tappen, werden die Inflationseinschätzungen wohl unklarer ausfallen – eine größere Varianz der Prognosen auf individueller Ebene. Außerdem wird man sich weniger darüber einig sein, ob wir uns auf eine übermäßige Inflation oder Deflation zubewegen – ein Anstieg in der Varianz *zwischen* den Individuen.

Grafik A in Abbildung 12-2 zeigt, dass in den professionellen Vorhersagen die Unsicherheit bezüglich der Inflationserwartungen gestiegen ist, und dabei handelt es sich um die Prognosen von Inflationsexperten. Die Uneinigkeit über die Prognosen wuchs erheblich vom letzten Quartal 2019 bis zum zweiten Quartal 2020, die hellgrauen Balken haben sich weiter auseinandergezogen. Zwischen Grafik A und Grafik B können wir zudem ein schwankendes Whipsaw-Muster erkennen. Die Inflationserwartungen stiegen erneut vom zweiten zum vierten Quartal 2020, die grauen Balken haben sich nach rechts bewegt.

Abbildung 12-3 zeigt die Inflationsvorhersage, wobei verschiedene Muster auffallen. Erstens gehen die Haushalte von einer anhaltend zu hohen Inflationsrate aus. Der Durchschnittshaushalt in den USA erwartet eine Inflation von drei Prozent, wohingegen sich die tatsächliche Inflationsrate in den letzten drei Jahrzehnten um zwei Prozent bewegte. Zweitens sind die Haushalte bezüglich der Inflation verunsichert. Die gestrichelten Linien zeigen die Konfidenzbänder der Haushalte. Daran lässt sich erkennen, dass die Unsicherheit 2020 erheblich angestiegen ist und weiterhin erhöht bleibt, die gestrichelten Linien sind weiter auseinander. Drittens gibt es auch zunehmende Uneinigkeit zwischen den Haushalten, wie sich an der breiteren, grau hinterlegten Fläche zeigt. Einige Haushalte gehen von einer Inflation aus, wohingegen andere eher ein Deflationsszenario befürchten.

Dieses Muster der zunehmenden Uneinigkeit könnte mit der Sorge über eine längerfristige inflation whipsaw einhergehen. An der Unstimmigkeit lässt sich außerdem ablesen, dass manche Haushalte eher eine übermäßige Deflation, andere eine Inflationsfalle fürchten.

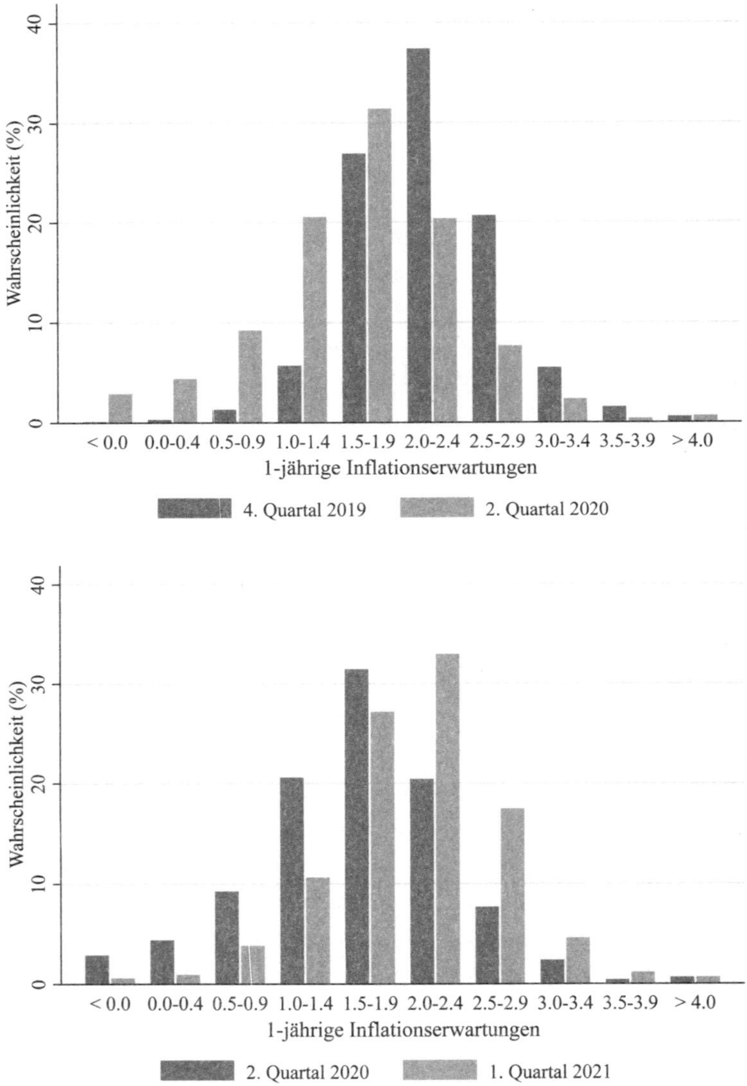

Abb. 12–2 (A&B): Expertenprognosen zur Inflationserwartung (ein Jahr im Voraus). Die obere Grafik zeigt die sinkende Inflation zu Anfang der Corona-Krise und eine größere Uneinigkeit unter den professionellen Vorhersagen. Die untere zeigt den Umschwung zu einer höheren Inflation in der zweiten Hälfte von 2020.
Quelle: Federal Reserve Bank of Philadelphia 2020: Survey of Professional Forecasters

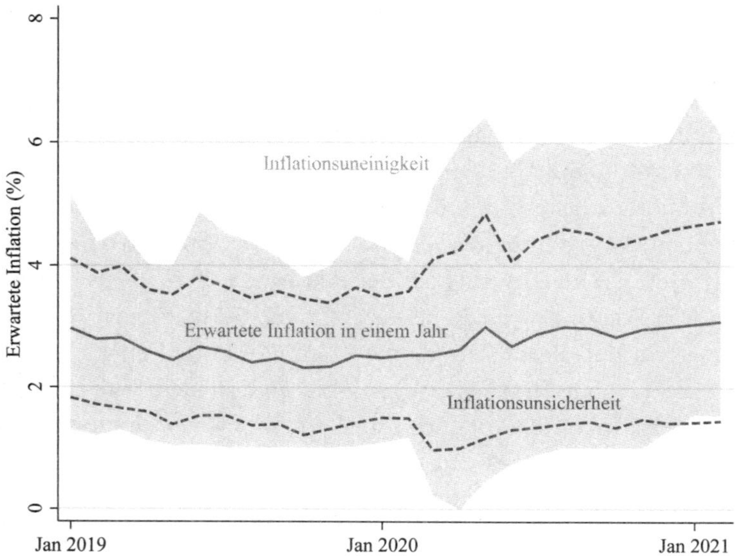

Abb. 12–3: Inflationserwartungen der Haushalte über einen längeren Zeitraum. Im Frühling 2020 stiegen die Inflationserwartungen der Haushalte, ebenso die Unsicherheit über zukünftige Inflationserwartungen (zwei gestrichelte Linien) sowie die Uneinigkeit unter den Haushalten über zukünftige Inflationsraten (hinterlegter Bereich). Quelle: Federal Reserve Bank of New York 2020: Household Survey.[1]

Inflationsmessung

Die Inflationsmessung ist eine große Herausforderung, bei der man Hunderte von Gütern und Dienstleistungen für die Wirtschaft miteinbeziehen muss. Statistiker gehen das Problem hauptsächlich über die Definition eines Warenkorbs für den Durchschnittskonsumenten an, gefolgt von der Erfassung der Preisänderungen dieser Güter, woraus sich der sogenannte Verbraucherpreisindex als wichtige Messgröße für die Inflation ableiten lässt.

Die Standard-Inflationsmessung orientiert sich am Warenkorb des Durchschnittsbürgers und misst die gewichtete Preisänderung dieser Güter. Bevor man tiefer in die theoretischen Überlegungen zum Einfluss Coronas auf die Inflation einsteigt, muss man erwähnen, dass die Warenkörbe sich seit Beginn des Lockdowns innerhalb von Wochen massiv verändert haben.

Während der Pandemie gingen die Ausgaben für Kino- und Restaurantbesuche, Urlaub und andere größere Posten im Warenkorb stark zurück.[2] Eine Quantifizierung der Inflation anhand des Standard-Warenkorbs könnte daher zu falschen Schlüssen führen.[3] Legt man die Gewichtung aus der Zeit vor der Pandemie an, werden die Preisunterschiede bei Fahrrädern, medizinischer Versorgung und Kabelfernsehen, die im August 2020 im Vergleich zum Vorjahr um circa fünf Prozent gestiegen sind, zu niedrig gewichtet. Andererseits brachen die Preise für Verkehr, Hotels, Berufsbekleidung und den Flugverkehr im zweistelligen Prozentbereich ein.[4] Diese Preisrückgänge werden übergewichtet, da der neue »Corona-Warenkorb« von derlei Gütern wegtendiert. Abbildung 12-4 zeigt, wie stark sich der Warenkorb in unterschiedlichen Produktkategorien verändert hat. Per Kreditkarte getätigte Ausgaben für Kunst, Unterhaltung und Erholung machen im November 2020 50 Prozent weniger aus als im Zeitraum vor Corona. Andererseits sind die Ausgaben für Lebensmittel seit der Pandemie konstant höher.

Die Mietpreisentwicklung, die in den USA 40 Prozent des dem Verbraucherindex zugrunde liegenden Warenkorbs ausmacht, beeinflusst die Inflationsmessung stark. In Manhattan fiel die Durchschnittsmiete 2020 von 3500 auf 2700 Dollar.[5] Dies ist möglicherweise lediglich ein vorübergehender Effekt. Sollten die Menschen 2021 wieder nach New York strömen, könnten die Mietpreise erneut nach oben klettern, was eine erhebliche Steigerung der Lebenshaltungskosten und der verbraucherpreisbasierten Inflation nach sich ziehen würde.

Die genaue Definition eines Gutes ist für die Messungen von großer Bedeutung und auch für die Frage, ob es sich bei der Coronakrise um einen Nachfrage- oder Angebotsschock handelte. Auf den ersten Blick könnte man die Pandemie für einen negativen Nachfrageschock für Restaurantbesuche halten. Definiert man jedoch das schöne Essen in einem netten Restaurant als Dienstleistung, wird deutlich, dass ein solches vielerorts – besonders drinnen – gar nicht verfügbar war. Daher ist die Nachfrage danach und damit der potenzielle Preis dafür zwar sehr hoch[6], aber kein Restaurant kann dieses Gut anbieten. Anders formuliert, die Coronakrise war tatsächlich ein Angebotsschock. Alles in allem wird die Inflation in den offiziellen Statistiken wohl aus verschiedenen Gründen unterschätzt.

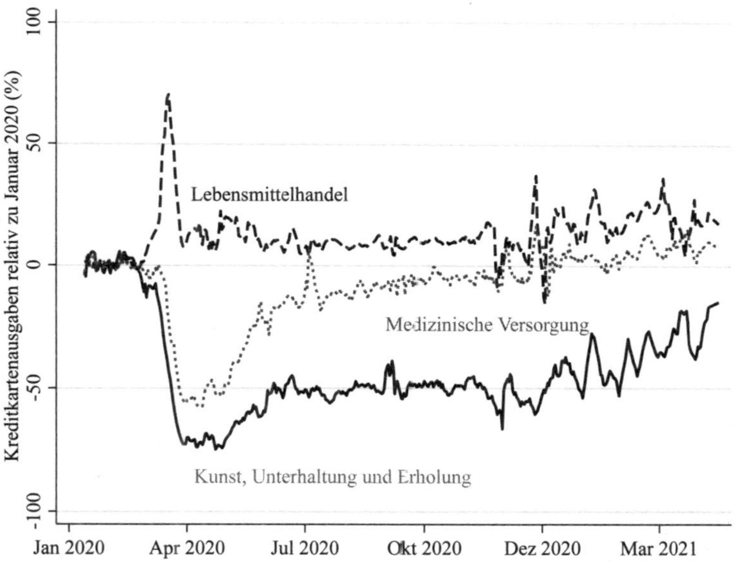

Abb. 12–4: Veränderungen im Warenkorb. Kreditkartenausgaben im Vergleich zu Januar 2020.
Quelle: Opportunity Insights 2021

KURZFRISTIGE ENTWICKLUNGEN

Wir werden nun zuerst die kurzfristigen Inflations- und Deflationskräfte während der Corona-Zeit näher betrachten, bevor wir auf die Inflationswirkung nach der Pandemie eingehen.

Bis zum Ende des Jahres 2020 haben sich die kurzfristigen Inflationskräfte aus verschiedenen Gründen in abgeschwächter Form geäußert.[7] Sie sollen hier, bevor wir genauer auf sie eingehen, aufgeführt werden: Zwangssparen, das dadurch ausgelöst wird, dass man viele Produkte und Dienstleistungen nicht oder nicht wie sonst kaufen kann, begünstigt Deflationsdruck. Zudem führt höheres Risiko zu Vorsorgesparen.

Tritt eine Fehlallokation von Kapital zwischen den Sektoren auf, sinkt das Angebot. Somit steigt die Inflationsrate tendenziell, wenn das in den kontaktarmen Bereichen benötigte Kapital nicht aus den kontaktintensiven umgeleitet werden kann. Das treibt die Preise nach oben.

Vorsorgliches Sparen und Flucht in sichere Anlagen

Der massive Anstieg der Unsicherheit zu Beginn des Lockdowns löste eine größere Nachfrage nach sicheren Anlagen aus. Im März 2020 kam es daher zu einer klassischen »Flucht in sichere Häfen«, bei der Investoren ihre Portfolios auf Safe Assets umstellten, weg vom Risikokapital.

Der Bestand an liquiden Mitteln der US-Haushalte wuchs, im April 2020 waren ihre Ersparnisse im Jahresvergleich um 20 Prozent gestiegen, die Girokontoguthaben um 30 Prozent.[8] Diese gesteigerte Nachfrage nach sicheren Anlagen und Geld führte kurzfristig zu Deflationsdruck, weil Konsumgüter weniger nachgefragt wurden.

Nicht der gesamte Anstieg der Haushaltsersparnisse ist gewollt, vielmehr wird das Sparen dadurch begünstigt, dass während des Lockdowns weniger ausgegeben werden kann. Den Shutdown kann man mit Zwangssparen gleichsetzen, besonders bei Haushalten mit höheren Einkommen, deren Warenkorb Ausgaben im kontaktintensiven Bereich stärker gewichtet.[9] In Abbildung 12-5 sehen wir den Anstieg bei den Ersparnissen, besonders im Frühling 2020. Der starke Rückgang bei den Ausgaben für Freizeitaktivitäten, siehe Abbildung 12-4, unterstützt dieses Bild. Da Museen, Theater und Opern geschlossen bleiben, sparen ihre Stammkunden (zwangsweise) bei Ausgaben in diesen Bereichen.

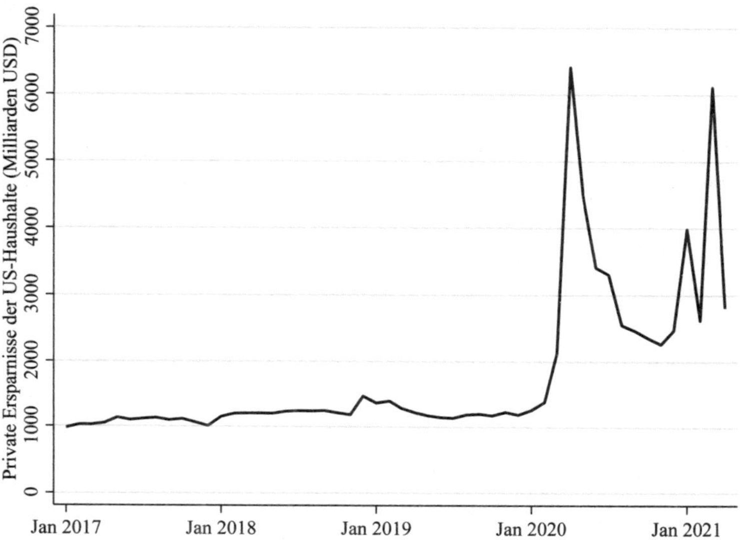

Abb. 12-5: Private Ersparnisse der US-Haushalte.
Quelle: FRED 2021

Auch der Ansturm der Firmen auf Liquidität der Firmen lässt die Nachfrage nach Geld steigen. Die Unternehmen schöpften bestehende Kreditrahmen aus und hielten die Mittel in kurzfristig liquidierbaren Anlagen, die sich bei Bedarf einfach in Geld umwandeln lassen.

Unterbrechung globaler Lieferketten und Abbau von Überkapazitäten

Ein weiterer Aspekt ist die Unterbrechung globaler Lieferketten. Da sich die Produktivitätsgewinne aus der Globalisierung teilweise umkehren, werden die Preise für einige Güter steigen.[10] Überkapazitäten und Arbeitslosigkeit verursachen dagegen zusätzlichen Abwärtsdruck auf die Preise.[11] Im Gegensatz dazu stiegen die Preise von Computerchips und Bauholz, als diese im Sommer 2021 knapp wurden.

UNKONVENTIONELLE GELDPOLITIK DER ZENTRALBANK

In der Keynesianischen Wirtschafslehre stehen Inflation und Arbeitslosigkeit in einer Wechselbeziehung. Zumindest kurzfristig, so betont es diese Theorie, kann eine niedrigere Arbeitslosenquote auf Kosten der Inflation erreicht werden. Diesen negativen Zusammenhang zwischen Inflation und Arbeitslosigkeit nennt man Phillips-Kurve. Wenn durch expansive Geldpolitik mittels Niedrigzinsen die gesamtwirtschaftliche Nachfrage steigt, müssen mehr Arbeitskräfte eingestellt werden. Dafür sind Lohnerhöhungen notwendig, es sei denn, es gibt sehr viele Arbeitslose. Solange die Zentralbank nicht die Zinsen erhöht, wird die Arbeitslosenquote fallen, die Inflation aber steigen. Daher müssen die politischen Akteure sich für eine Seite entscheiden: Wollen sie lieber die Inflation oder die Erwerbslosigkeit kurzfristig gering halten?

Über die 2000er Jahre – in Japan sogar noch länger – ist die Phillips-Kurve jedoch auffällig flach geblieben. Auch ohne dass die Inflation gestiegen wäre, ließ sich eine niedrigere Arbeitslosenquote erreichen. Dies erleichtert eine Stimulierung des Arbeitsmarktes, erschwert jedoch eine Beeinflussung der Inflation. Viele Industrieländer haben ihre Zentralbanken damit beauftragt, ein bestimmtes Inflationsziel zu erreichen. Die Europäische Zentralbank peilt eine Inflationsrate knapp unter zwei Prozent an. Die US-amerikanische Fed hat ein Inflationsziel, das symmetrisch um zwei Prozent liegt. Bei einer zweiprozentigen Inflation ist der Nominalzins üblicherweise etwas höher, da Kreditgeber für die Inflation entschädigt werden wollen. So gibt es ausreichend Spielraum für die Senkung der nominalen Zinssätze, bevor es zu einem Nullwert kommt.

Jedoch hatten die Zentralbanken der Industrieländer seit der Finanzkrise 2008 Schwierigkeiten, Inflationsraten um zwei Prozent zu erreichen. Da die Zentralbanken immer wieder an diesem erklärten Ziel scheiterten, setzten sie verstärkt auf unkonventionelle Geldpolitik. Aber auch eine anhaltende Stimulierung über die letzten Jahrzehnte hatte keine großen Auswirkungen auf die Inflationsrate.

Mit einer lang anhaltende Niedriginflation trotz großa ngelegter expansiver Geldpolitik ist es jedoch, so Harvard-Ökonom Jeremy Stein, wie wenn ein Arzt ständig die Dosis erhöht, nachdem das Medikament beim Patienten keine Wirkung zeigt. Auf die erste Einnahme mag eine zweite oder vielleicht dritte folgen, aber eine ständige Erhöhung der Dosis kann Nebenwirkungen auslösen. Zu den Begleiterscheinungen der lockeren Geldpolitik gehört die Sorge um die Finanzstabilität, da sich Anlagenblasen bilden könnten.

Quantitative Lockerung und Inflation

Normalerweise setzen Zentralbanken den kurzfristigen Zinssatz. Anfang des 21. Jahrhunderts reizten sie während der Finanzkrise ihre Möglichkeiten zur Zinssenkung aus und waren dann gezwungen, auf unkonventionelle Maßnahmen der Geldpolitik umzuschwenken. Dabei war eines ihrer wichtigsten Instrumente die quantitative Lockerung (QL), die einen umfangreichen Ankauf von Wertpapieren mit längerer Laufzeit darstellt. Sie zielt darauf ab, die Zinssätze entlang der nach Laufzeiten sortierten Zinsen zu beeinflussen. Die Senkung der langfristigen Zinssätze auf sichere Anlagen wie Staatsanleihen soll die Risikobereitschaft fördern.

Dahinter steckt der Gedanke, dass niedrige Zinssätze auf sichere Anlagen Investoren dazu bringen, auf risikoreichere Anlagen wie Unternehmensanleihen umzusatteln, was wiederum die Finanzierungskosten für Unternehmen senken würde. Im Grunde erwirbt die Zentralbank langfristigere Anleihen im Tausch gegen Zentralbankreserven. Letztere haben eine unbegrenzte Laufzeit und ähneln daher vom Konzept her sogenannten Konsols. Bei diesen ewigen Anleihen gibt es in regelmäßigen Abständen Zinsen, jedoch niemals Kapital zurück. Heutzutage werden auf Zentralbankreserven Zinsen gezahlt, die von einer Veränderung des Leitzinses der Zentralbank abhängen. Das heißt, die Reserven haben eine unbegrenzte Laufzeit und dabei eine hohe Zinssensitivität, ihre Duration ist also niedrig.

Die Zentralbankbilanz

Die quantitative Lockerung beeinflusst die Bilanz der Zentralbank. Auf der Aktivseite tauchen die von der Zentralbank zusätzlich gekauften Wertpapiere auf, während auf der Passivseite (unterhalb der Nulllinie in den Abbildungen 12-6 und 12-7) der Betrag der ausstehenden Reserven zunimmt.

Die Abbildungen 12-6 und 12-7 zeigen die Entwicklung der Bilanzen von Fed und EZB im 21. Jahrhundert. Über der Nulllinie stehen die Aktiva, wobei es sich größtenteils um Wertpapiere, aber auch Goldreserven oder Forderungen aus geldpolitischen Operationen handelt, welche die Bank erworben hat. Die beiden wichtigsten Verbindlichkeiten der Zentralbank, dargestellt unter der Nulllinie, sind der ausstehende Geldumlauf und die Reserven. Rückkaufvereinbarungen (und in den USA der Treasury General Account, das Konto des US-Finanzministeriums bei der Fed) machen den restlichen Teil der Passiva aus. Die Differenz zwischen Aktiva und Passiva entspricht dem Eigenkapital der Zentralbank. Da sich Bilanzen immer ausgleichen, müssen sich Aktiva und Passiva sowie Eigenkapital gleichmäßig entwickeln.

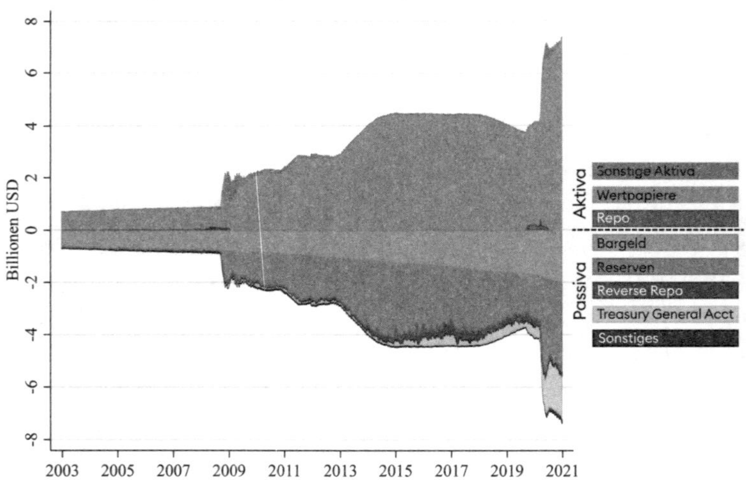

Abb. 12-6: Bilanz der Fed. Aktiva über der Nulllinie, Passiva darunter.
Quelle: FRED 2021

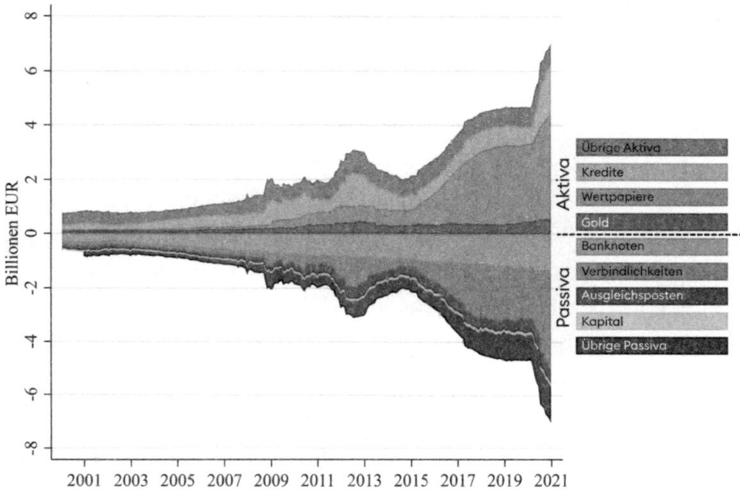

Abb. 12-7: Bilanz der EZB
Quelle: EZB 2021

Eine der ersten spürbaren Auswirkungen der großen Rezession, der Eurokrise und Corona-Pandemie, sind die seit 2008 immer längeren Bilanzen der Zentralbanken auf beiden Seiten des Atlantiks. Abbildung 12-6 illustriert die drei großen Aufkaufperioden der quantitativen Lockerung in den USA. Jedes Mal gab die Zentralbank große Mengen an Reserven für den Ankauf von Staatspapieren aus. Im März 2020 übertraf der Anstieg bei den Käufen die drei vorherigen QL-Phasen während der Finanzkrise. Hier sei darauf hingewiesen, dass das Konto des US-Finanzministeriums nach den umfangreichen Interventionen des Finanzministeriums ebenfalls ordentlich zugelegt hat.

Die EZB setzte sowohl auf quantitative Lockerung als auch auf Rückkaufvereinbarungen, also kurzfristige, besicherte Kredite an Banken. Es wird deutlich, wie vor allem seit 2015 ein kontinuierlicher Ankauf von Assets, darunter hauptsächlich Staatsanleihen, aber auch einige Unternehmensanteile, zu einem großen Bilanzwachstum beigetragen hat. Zusätzlich kurbelten während der Finanzkrise Kreditgeschäfte das Bilanzwachstum an. Abbildung 12-7 zeigt deutlich, dass das Pandemie-Notfallankaufprogramm (PEPP)

2020 zu einem weiteren starken Anstieg der Wertpapiere der EZB geführt hat.

Bilanzrisiken

Man sollte nicht vergessen, dass die Zentralbank auch Teil des Staates ist. Derlei große Zentralbankbilanzen wird es dauerhaft geben. Das Zinsrisiko, das mit dem Erwerb von Staatsanleihen einhergeht, ist ein beträchtliches, sollten die Zinsen steigen und damit die Anleihekurse nachgeben.[12] Zudem gibt es noch Kredit- oder Ausfallrisiken. In Europa ist das Kreditrisiko für einige Staatsanleihen höher als für andere. Da sich alle Mitglieder der Eurozone in einer Währung verschulden, können sie ihre Währung nicht einseitig abwerten, um ihre Schulden um jeden Preis zurückzuzahlen – ein Problem, das während der Eurokrise äußerst deutlich wurde.

Hier müssen die Zentralbanken miteinkalkulieren, dass Staatsanleihen ihren Status als sichere Anlage verlieren könnten. Sollte eine solche Falle zuschnappen, würde die makroökonomische Politik erheblich komplizierter: Den Finanzministerien würde es nämlich schwer fallen, die Refinanzierungskosten ihrer Schulden zu tragen, insbesondere in Ländern, in denen fiskalische Kapazität und die Möglichkeiten, aus Steuerhöhung Einnahmen zu generieren, begrenzt sind.

Die neue Geldpolitik der Fed: Flexible Durchschnittsinflation

2020 entschied sich die US-Fed, ihr bisher festes Inflationsziel von um die zwei Prozent flexibler zu handhaben. Diese neue Strategie sieht vor, dass die US-amerikanische Notenbank nicht durchgängig ihr Inflationsziel halten muss. Sollte sich die Rate für eine Weile unter zwei Prozent bewegen, kann die Fed anschließend die Inflation eine Weile steigen lassen, solange sie im Schnitt bei ungefähr zwei Prozent bleibt.[13]

Man könnte sich jedoch die Frage stellen: Wenn man nicht einmal die zwei Prozent schafft, wie soll man dann dieses neue, höhere Ziel erreichen? Die Antwort oder die Hoffnung der Fed ist, dass die Menschen nun glauben, dass die nächste Zinserhöhung verzögert wird. Die Verzögerung der erwarteten Zinserhöhungen dürfte dann zu einer höheren Inflationserwartung beitragen.

Helikoptergeld

Im April 2020 erhielten viele US-Haushalte einen Scheck vom Finanzamt über 1200 Dollar pro Erwachsenen und im Dezember weitere 600 Dollar. Im Frühjahr 2021 gab die Biden-Regierung noch einmal 1400 Dollar an die US-Bürger aus. Von der Idee her kommt das am ehesten an Milton Friedmans berühmtes Gedankenexperiment zum Helikoptergeld heran, in dem eine Zentralbank einfach Geld auf die Menschen abwirft, um die Inflation anzuregen. Lange galt dies als direkteste Eingriffsmöglichkeit, um Inflation zu generieren.

Wie sich diese Einmalzahlungen auf die Inflation auswirken werden, ist noch nicht abschließend geklärt. Ein Großteil davon wurde anfangs eher gespart als ausgegeben. In gewisser Weise brachten die Haushalte ihr neues Geld zu den Banken. Die Banken halten Überschussreserven und die Fed US-Staatsschulden, um die Anreiz-Schecks abzusichern. Wenn die Haushalte jedoch beginnen, dieses Geld auszugeben, könnte eine Inflation folgen. Larry Summers und Olivier Blanchard meinen, dass Bidens Stimulus die US-Wirtschaft überhitzen und die Inflation letztendlich befeuern wird – worauf wir später noch genauer eingehen werden.

Entwicklungen im globalen Süden

Quantitative Lockerung wurde in vielen Ländern angewendet. Die konkrete Ausgestaltung ist in der Regel aber länderspezifisch. Auch Brasilien nutzt eine Art »tropische QL«, indem es die Fälligkeitsstruktur bei seinen Schulden verkürzt. Die Zinssätze für kurzfristige Kredite sind in der Regel niedriger als die Zinsen auf längerfristige Anleihen, sodass der Fiskus seine Zinskosten durch Umschichtung in Kredite mit kurzen Laufzeiten senken kann. Im Grunde wird mit dieser Strategie versucht, den steilen Anstieg der Zinskurve auszunutzen. Hierbei wird jedoch übersehen, dass Zentralbankreserven im Gegensatz zu kurzfristigen Staatspapieren eine unendliche Laufzeit haben.

Ihr Erfolg ist davon abhängig, dass Brasilien zukünftig erfolgreiche Reformen umsetzt. Sollten die Märkte das Vertrauen in Brasilien verlieren, würde das Land in eine heikle Situation mit in die Höhe schnellenden Zinssätzen geraten, während ein Großteil der Staatsschulden refinanziert werden müsste.[14] Die kurzfristigen Gewinne aus der Verkürzung der Fälligkeitsstruktur werden also durch das Refinanzierungsrisiko erkauft.

Langzeitfolgen

Zwar scheint es auf dem Höhepunkt der Krise kurzfristig eher eine Deflation zu geben, die verschiedenen, langfristig wirkenden Kräfte deuten aber auf ein Whipsaw-Muster hin.

Umverteilung, staatliche Zusagen, Nachholbedarf und Gewinnspannen großer Unternehmen tragen potenziell ebenfalls zu einer Inflation bei. Und schließlich könnten die Kreditprogramme von Regierungen auf der ganzen Welt die Inflation nach oben treiben – oder zumindest, sollte die Pandemie sich in die Länge ziehen, die Deflation zukünftig dämpfen.[15]

Umverteilung wie auch staatliche Verpflichtungen sollten die Kaufkraft konsumfreudiger Haushalte unterstützen und die Unternehmen am Leben erhalten, was beides tendenziell zu Preissteigerungen beiträgt. Auf den Nachholbedarf gehen wir gleich noch genauer ein.

Wirtschaftliche Erholung und Flucht in den Konsum

Wenn sich die Wirtschaft erholt und das Risiko wieder abflaut, wird sich die Tendenz zur Flucht in den sicheren Hafen umkehren. Die Haushalte stellen ihre Portfolios wieder auf risikoreichere Anlagen um. Durch steigende Konsumnachfrage entsteht Druck auf das aggregierte Preisniveau, längerfristig löst dies einen weiteren Inflationsschub aus.

Nachholbedarf

Was den Konsum am stärksten antreiben wird, ist der Nachfragestau durch die Einschränkungen des Lockdowns. Viele Urlauber mussten ihre Reisepläne für 2020 absagen, was einen Reiseboom auslösen könnte, wenn die Pandemie größtenteils überstanden ist. Genauso werden einige große Lust haben, ins Kino, zu Theatervorstellungen oder ins Restaurant zu gehen.

Zwar bedeutet ein Lockdown eigentlich einen Angebotsschock, dieser kann sich jedoch auch in einen Nachfrageschock verwandeln.[16] Anhand eines einfachen Beispiels lässt sich das Thema Nachfragestau illustrieren: Stellen wir uns einmal vor, man würde auf einmal keine linken Schuhe mehr produzieren, aber weiterhin rechte Schuhe herstellen. Da linke und rechte Schuhe Güter sind, die komplementär verwendet werden, hätten sie einzeln keinen großen Nutzen für die meisten Kunden. Ein Produktionsstopp bei den linken Schuhen würde sich daher auch auf den Rechte-Schuhe-Sektor auswirken. Wenn aber die Konsumenten das gesamte Vermögen, das sie sonst für Schuhe ausgeben, sparen, könnte, sobald die Produktion für linke Schuhe wieder anläuft, die Nachfrage nach Schuhen durch die Decke gehen. Der Angebotsschock bei den linken Schuhen hat einen Nachfrageschock für die rechten ausgelöst. Wenn linke Schuhe wieder verfügbar sind, gibt es einen großen Nachfragestau bei Schuhen. Noch anschaulicher und mit Corona-Bezug sind die Paare teurer Wein und Restaurants, Hochzeiten und Hochzeitsfotografen oder Popcorn und ein Kinobesuch. Ökonomisch gesehen sind die intertemporale Substitutionselastizität – inwieweit sind die Verbraucher bereit, den Konsum zu verschieben, wenn sie einen bestimmten Zinssatz auf ihre Ersparnisse erhalten – und die sektorübergreifende Substitutionselastizität – inwieweit sind die Verbraucher bereit, Güter aus verschiedenen Sektoren zu einem bestimmten Zeitpunkt gegeneinander auszutauschen – hier die beiden wichtigsten Kräfte.[17] Wenn die sektorübergreifende Substitutionselastizität sehr gering ist, Verbraucher also nicht Produkte mit solchen aus anderen Bereichen ersetzen, führt ein Shutdown zu einem starken Rückgang bei den Ausgaben. Dieser heftige Ausgabeneinbruch könnte die aufgestaute Nachfrage stimulieren, sobald der Lockdown beendet ist, da die Haushalte über mehr Vermögen verfügen, nachdem sie während der Lockdownzeit zum Sparen »gezwungen« waren. Die kurzfristig schwächelnde Nachfrage kann zukünftig eine höhere Nachfrage und Inflation auslösen – womit wir wieder beim Inflation-Whipsaw-Mechanismus wären. Die Inflation könnte trügerisch niedrig sein, bevor sie wieder in die Höhe schießt. Zudem ist derzeit noch unklar, ob gezielte steuerliche Maßnahmen sich wohlstandssteigernd auswirken. Eine Umverteilung zugunsten kontaktintensiver Sektoren ist auch inflationsfördernd. Hielte man diese Sektoren jedoch unterkapitalisiert, wäre es zwar dem Wachstum nicht dienlich, könnte jedoch die Inflation unter Kontrolle halten.[18]

Die Überhitzung der Wirtschaft in Kauf nehmen

Die expansive US-Fiskalpolitik der Ära Trump in Form einer Unternehmenssteuersenkung, gefolgt von einer offensiven finanzpolitischen Reaktion auf die Coronakrise, dem CARES-Act, setzte sich mit Bidens 1,9 Billionen Dollar schwerem Konjunkturpaket fort. Mit weiteren Maßnahmen, beispielsweise umfangreichen Infrastrukturausgaben, ist zu rechnen.

Das Hilfspaket vom Dezember 2020 und das von März 2021 belaufen sich zusammen auf 2,8 Billionen US-Dollar an neuen Ausgaben, verglichen mit einer geschätzten Produktionslücke von nicht mehr als 900 Milliarden US-Dollar.[19] Die Produktionslücke misst die Differenz zwischen Produktionspotenzial einer Wirtschaft bei Vollbeschäftigung und der tatsächlichen Produktion vor dem Hintergrund der aktuellen Erwerbslosigkeitsrate. Ob die Stimulierungsmaßnahmen die Produktionslücken übertreffen, hängt nun zum großen Teil von Fiskalmultiplikatoren ab. Wenn die Haushalte ihre gesamten Anreizsummen sparen, ist der Multiplikator null, geben sie alles davon aus, kann er über eins steigen.[20] Um mit 2,8 Billionen US-Dollar eine Produktionslücke von 900 Milliarden US-Dollar zu schließen, müsste der Fiskalmultiplikator bei ungefähr 0,3 liegen. In der Praxis herrscht große Unsicherheit über den Wert des Multiplikators. Die meisten Studien schätzen den Wert jedoch weit über 0,3. Neben anderen führenden Ökonomen legte so auch Lawrence Summers (2021) dar, dass ein Stimulus zwar unerlässlich, Umfang und Tempo der Konjunkturmaßnahmen jedoch vielleicht zu viel des Guten gewesen seien, wodurch ein Heißlaufen der Wirtschaft und erneute Inflation drohe. Laut Warren Buffett schossen die Einkaufspreise einiger Rohstoffe seiner Holdinggesellschaft Berkshire Hathaway im Frühjahr 2021 in die Höhe, er warnte vor einer Überhitzung der Wirtschaft.[21]

Auch Paul Krugman (2021) äußerte seine Bedenken dazu. Bidens 1400-Dollar-Schecks für US-amerikanische Haushalte müssten, um eine Überhitzung der Wirtschaft zu vermeiden, eher »nicht-stimulierend« sein und größtenteils gespart und nicht ausgegeben werden.[22] Wenn die Rettungs-Schecks (finanziert durch neue Staatsanleihen) gespart werden und auf Bankkonten liegen, haben die Banken mehr Überschussreserven bei der Fed, die dann über QL in Staatsanleihen angelegt werden. Diesen Selbstfinanzierungsmechanismus haben wir bereits betrachtet, als es darum ging, warum Helikoptergeld auf dem Höhepunkt der Corona-Krise nicht stimulierend wirkte. Werden die Schecks jedoch ausgegeben, wirken sie stimulierend und können zu einer Überhitzung der Wirtschaft führen. Aus politischen Gründen steht Krugman aber dennoch hinter Bidens großem Maßnahmenpaket, damit die USA als gespaltenes Land wieder zusammenfinden.

Der Inflationsanker

Inwieweit die Menschen bereit sind, ihren Konsum zu verschieben, hängt von den Inflationserwartungen ab. Geht man von einer hohen Inflation aus, also von in Zukunft erheblich höheren Preisen, konsumieren die Menschen früher. Erwartungen sind hier also maßgeblich: Solange der Inflationsanker hält und die längerfristigen Erwartungen stabil sind, ergeben sich geringe Konsumverschiebungen. Diese Erwartungen können sich aber jederzeit verändern. Gefahr droht dann, wenn die Inflation langfristig ins Wanken gerät. Das hängt davon ab, wie die Menschen die Inflation einschätzen und wie sie die Einschätzung oder zukünftige Erwartung anderer beurteilen.

Eine überhitzte Wirtschaft könnte die Fed zu schnellerem Handeln zwingen, um die Inflation wieder einzufangen. Dies könnte durch ein Anheben der Zinssätze geschehen oder durch eine Reduktion bis hin zu einem Stopp von Anleihenkäufen, wie beim sogenannten »Taper Tantrum« 2013. Tatsächlich stiegen im Februar 2021 für lang laufende Anleihen die Zinsen in den USA, obwohl die Fed sich äußerst zurückhaltend verhielt.

Der Inflationsanker könnte aber auch in Richtung Deflation ausbrechen. Wenn alle davon ausgehen, dass die Preise über das kommende Jahr leicht fallen, werden einige mit größeren Anschaffungen warten, bis sich diese gesunkenen Preise manifestieren. Solche Deflationserwartungen können zu selbst erfüllenden Prophezeiungen werden. Da alle ihre Ausgaben verschieben – besonders bei teuren, langlebigen Anschaffungen –, führt die fehlende Nachfrage zu weiteren Preiseinbrüchen. Je größer sie die Deflation einschätzen, umso länger warten die Haushalte mit ihren Anschaffungen, was die Deflation verstärken und eine dauerhafte Deflationsfalle verursachen kann.

MONETÄRE VERSUS FISKALISCHE VERSUS FINANZIELLE DOMINANZ

Inflation und öffentlicher Haushalt

Wie hängt Inflation mit dem Staatshaushalt zusammen? Milton Friedmans berühmter Ausspruch, wonach Inflation stets und überall ein monetäres Phänomen ist, steht dem von Thomas Sargent gegenüber: Inflation ist stets und überall ein fiskalisches Phänomen. Denn Inflation wird durch aktuelle und zukünftige staatliche Steuern und Schulden beeinflusst. Die fiskalische Theorie des Preisniveaus (FTPL), für die unter anderem Christopher Sims steht, besagt, dass der reale Wert der ausstehenden Schulden – Staatsanleihen und Geld – durch aktuelle oder zukünftige primäre staatliche Haushaltsüberschüsse gedeckt sein muss. Hat ein Staat ein anhaltendes Haushaltsdefizit und ist somit nicht in der Lage, seine nominalen Schulden mit zukünftigen Steuereinnahmen zu tilgen, wird die Inflation steigen. Dadurch sinkt der reale Wert der Staatsschulden, sodass diese wieder glaubhaft bedient werden können. Stabile Preise hängen also davon ab, dass der Staatshaushalt langfristig ausgeglichen ist. Dies läuft monetaristischen Ansichten entgegen, nach denen die Inflation ausschließlich auf die Geldpolitik und die Geldmenge, definiert als Bargeld, Bankeinlagen und Reserven, ohne Staatsverschuldung, zurückzuführen ist.

Aus der fiskalischen Theorie der Preise ergibt sich eine einfache Folgerung. Wenn sich die fiskalische Position eines Landes dauerhaft verschlechtert und die nominale Verschuldung gleichbleibt, muss die Anpassung über einen Anstieg des Preisniveaus, also eine höhere Inflation, erfolgen.

Die FTPL setzt zudem voraus, dass Regierungen, die Schulden in ihrer eigenen Währung machen, nie zahlungsunfähig werden, da sie immer mehr Geld drucken können, um die Schulden zu begleichen. Anders sieht es für Länder aus, die sich Geld in Fremdwährungen leihen. Mehr Geld zu drucken, um die Schulden direkt zurückzuzahlen, ist keine Option, wenn die Schulden auf eine

Fremdwährung lauten. Ähnlich verhält es sich in der Eurozone: Sollte beispielsweise Italien neue Staatsschulden aufnehmen, kann es nicht eigenmächtig mehr Euro drucken, um diese zu begleichen.

Die Modern Monetary Theory (MMT) geht noch einen Schritt weiter und sagt: Solange die Arbeitslosigkeit nicht über die natürliche Arbeitslosenquote, das heißt Vollbeschäftigung, steigt, muss man sich keinerlei Sorgen um die Staatsausgaben machen. Stagflation gibt es in dieser Theorie nicht.

Historisch gesehen haben hohe fiskalische Ausgaben meist zu einem Inflationsanstieg geführt. In Abbildung 12-8 ist das US-Haushaltsdefizit für die Zeit nach dem Amerikanischen Bürgerkrieg mit der schwarzen durchgezogenen und die Inflationsrate mit der schwarzen gestrichelten Linie dargestellt. Die Korrelation zwischen einer hohen Inflation und großen Haushaltsdefiziten ist auffällig. Die hellgraue Linie zeigt den nominalen Zinssatz, gemessen als gewichteter Durchschnitt des Zinssatzes für Drei-Monats-Commercial-Paper, also kurzfristige Schuldverschreibungen von Kapitalgesellschaften, die keine Banken sind.

In jedem großen Krieg – dem Amerikanischen Bürgerkrieg, den beiden Weltkriegen, dem Vietnamkrieg – wuchs das Defizit, während die Preise erheblich stiegen. Wenn dann das Defizit wieder abflachte, war die Inflation unter Kontrolle. Eine ähnliche Dynamik lässt sich zwischen den Siebzigern und Achtzigern erkennen. Die einzige Ausnahme bildet das letzte Jahrzehnt, in dem große Haushaltsdefizite mit einer sehr niedrigen Inflation zusammentreffen.

Die derzeitige hohe Staatsverschuldung von über 100 Prozent des BIP ist in Friedenszeiten ein Novum, große Staatsdefizite gab es jedoch bereits früher, in einigen Fällen wurden sie auch überwunden. Dies gibt einen Einblick, wie Zentralbanken und Regierungen in der Vergangenheit auf hohe Staatsverschuldung reagiert haben.

Im Ersten Weltkrieg kam es in den Haushalten aller beteiligten Länder zu großen Etatdefiziten, da die Kriegsausgaben meist schuldenfinanziert waren. Somit waren alle Kriegsakteure im Nachgang von einer kurzfristigen Inflation betroffen.[23] Mittelfristig entwickelte sich die Situation in Deutschland ganz anders als die angelsächsische. Sowohl die USA als auch Großbritannien erhoben hohe Steuern, um dem Inflationsdruck entgegenzuwirken und den öffentlichen Haushalt zu konsolidieren. Großbritannien führte außerdem den Goldstandard wieder ein. In Deutschland hingegen schlug die angestrebte Haushaltskonsolidierung fehl und ebnete den Weg für die Hyperinflation 1923.[24]

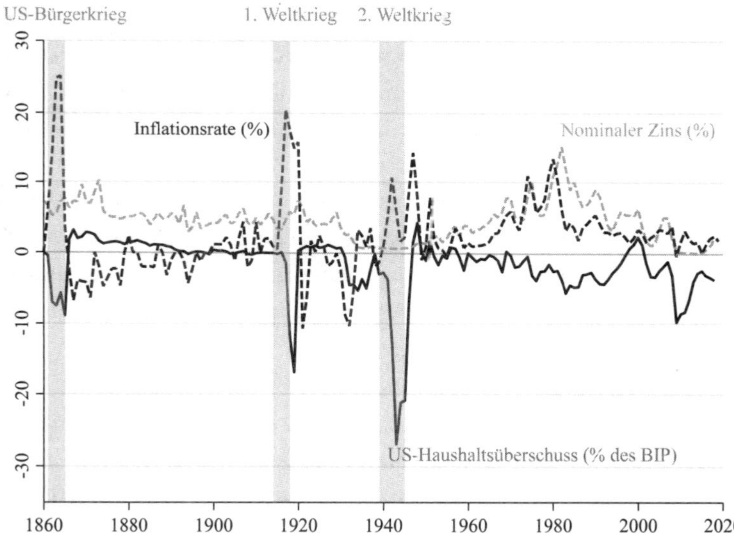

Abb. 12-8: Fiskalischer Zusammenhang mit der Inflation, vor allem während der Kriegsfinanzierung.
US-Haushaltsüberschuss, kurzfristiger Nominalzinssatz und Inflation. Daten zu den Überschüssen und Nominalzinsen. Der Nominalzinssatz setzt sich aus den Renditen von Nicht-Finanzanleihen mit einer Duration unter drei Monaten zusammen.
Quelle: FRED (2020). Daten zu Inflation und BIP: (Officer and Williamson 2021) and (Johnston and Williamson 2021)

Daher ist die zukünftige Steuerpolitik von großer Bedeutung und vor allem die Erwartungen daran. Man könnte auch argumentieren, dass Inflation immer und überall ein politisches Phänomen ist, da ihr Verlauf davon abhängt, ob die Gesellschaft und ihre Institutionen stark genug sind, um Anti-Inflationsmaßnahmen durchzusetzen.

Natürlich muss man auch erwähnen, dass Kriege sich von Pandemien unterscheiden. Beispielsweise verursachen sie einen beträchtlichen Nachfrageschub.[25]

Institutionelle Rahmenbedingungen

Der Staat entscheidet sowohl über den Haushalt als auch über die nominale Zinsrate. In der Vergangenheit entschieden sich einige Länder dafür, ihre Geld- und Fiskalbehörde unter dem Dach des Finanzministeriums zusammenzuführen. Eine solche Konstellation birgt jedoch wirtschaftspolitische Risiken. Im Vorfeld von Wahlen sind Politiker versucht, die Zinsen zu senken, um die Wirtschaft anzukurbeln, selbst wenn dies nach der Wahl einen Inflationsanstieg bedeuten kann. Derlei Konjunkturpolitik ist besonders schädlich, wenn die Inflation bereits hoch ist und Zinserhöhungen erforderlich sind.

Sogar eine Regierung, die vorab eine niedrigere Inflation versprochen hat, würde davon Abstand nehmen, sobald die Wahlen näher rücken. Als Folge dieses Zeitinkonsistenz-Problems wurden in einigen Ländern die Zentralbanken als unabhängige monetäre Instanzen des Staates eingerichtet.[26] Dennoch ist die Zusammenarbeit zwischen den Zentralbanken und dem Finanzministerium wichtig.

Bei der Steuerung der Inflation ist das Zusammenspiel von Monetär- und Fiskalpolitik etwa unabdingbar. Im Folgenden soll darauf eingegangen werden, wie monetäre und fiskalische Behörden interagieren. Schränkt die Regierung ihre Ausgaben ein, wenn die Zentralbank die Zinsrate anhebt? Und dann gibt es da noch einen dritten wichtigen Akteur: den Finanzsektor.

Wer hat den längeren Atem?

Um die Inflation lenken zu können, muss die Zentralbank die Möglichkeit haben, zu bremsen, das heißt im Falle eines Inflationsanstiegs bei den Zinsen zulegen zu können. Damit eine Zinserhöhung wirksam wird, muss die Regierung, die jetzt mit einer höheren Zinslast umgehen muss, zwangsläufig andere Ausgabenposten senken oder die Steuern erhöhen. Kein Wunder also, dass der Fiskus kein großer Freund von Zinserhöhungen ist. Es entsteht also ein Konflikt zwischen Währungsbehörde und Finanzministerium. Wer gewinnt die Oberhand?

Im Falle einer fiskalischen Dominanz ignoriert das Finanzministerium einfach die Zinspolitik der Zentralbank. Wir stellen uns einmal vor, dass die Zentralbank die Zinssätze auf fünf Prozent erhöht hat, die Regierung aber trotzdem weiter mehr Anleihen ausgibt, um die gesteigerte Zinslast zu decken. Da die gesamtwirtschaftliche Nachfrage weiter stimuliert wird, steigt auch die Inflation weiter an. Die Zentralbank muss daraufhin möglicherweise zur Inflationseindämmung die Zinssätze weiter erhöhen, woraufhin die Regierung mit der Ausgabe von noch mehr Anleihen reagieren könnte. Bleibt der Staat stur, kann die Zentralbank keine unabhängige Geldpolitik mehr betreiben, und die Staatsverschuldung steigt und steigt.

Eine Autometapher hilft uns, den Zusammenhang mit der viel diskutierten Inflations-Whipsaw zu verstehen.

Bei monetärer Dominanz sitzt die Zentralbank hinterm Steuer und die Regierung im Beifahrersitz. Die Regierung reduziert andere Ausgaben oder hebt die Steuern an, wodurch sich die Inflation einpendelt.

Aber wer nun tatsächlich die Oberhand behält – die Zentralbank oder die Regierung –, ist ungewiss. Es ist ein Spiel, bei dem es um den längeren Atem geht. Man kann sich das vorstellen wie zwei Rennwagen, die aufeinander zurasen – wer wird zuerst das Steuer herumreißen und vom Kurs abweichen? Der Fahrer, der stur bleibt, gewinnt, aber wenn beide stur bleiben, dann kracht es.

Während der Niedriginflationsphase braucht man eine starke Geldpolitik, um die Wirtschaft in einer Deflationsphase anzuschubsen, aber genauso wichtig ist eine Geldpolitik, die später auf die Bremse treten kann. Nur eine Zentralbank mit guten Bremsen kann in der ersten Phase aggressiv auftreten – genau wie ein Rennfahrer größere Risiken eingeht, wenn er weiß, dass sein Auto sicher bremst.[27]

Bei den Bremsen handelt es sich in diesem Fall um Unabhängigkeit der Zentralbanken, aber auch, wie wir später noch sehen werden, um makroprudenzielle Maßnahmen, die langfristige Finanzstabilität sicherstellen.

Finanzielle Dominanz

Wir dürfen den dritten Akteur in dieser Dynamik von Zentralbank und Regierung nicht vergessen, nämlich den Finanzsektor. Sollte sich dieser als sehr resilient erweisen, werden die Verluste möglicherweise auf den Finanzsektor abgewälzt. So hat Spanien zum Beispiel die Aussetzung der Hypothekenzahlungen während der Coronakrise veranlasst. Vorher hatten Banken die Möglichkeit, die Zwangsvollstreckung einzuleiten, wenn Immobilienkredite nicht rechtzeitig bezahlt wurden. Das Moratorium macht dies unmöglich, und daher werden viele Immobilienkredite nicht mehr zurückgezahlt werden, was zu Verlusten im Bankensektor führt.

Im Allgemeinen können diese Verluste auf den Bankensektor abgewälzt werden. Die Banker wissen das natürlich. Daher haben sie einen Anreiz, den Sektor schwach erscheinen zu lassen und Dividenden auszuzahlen oder Aktien zurückzukaufen, anstatt Puffer aufzubauen. Ihr Handeln entspricht somit dem genauen Gegenteil von Resilienzaufbau.

Einem schwachen Finanzsektor würde man nicht die Verluste aufbürden, man kann sogar von einer Rettungsaktion in Krisenzeiten ausgehen.

Wer würde eine solche Rettungsaktion finanzieren? Jetzt geht es noch einmal darum, wer den längeren Atem hat: Der Staat könnte dem Finanzsektor mit einem transparenten Ressourcentransfer aus der Patsche helfen. Auch die Geldpolitik kann die Banken rekapitalisieren, indem sie die Asset-Preise ändert. Durch eine Senkung der Zinssätze würde der Wert der von den Banken gehaltenen Assets erhöht, während der Wert der Verbindlichkeiten in den Bankbilanzen sinkt.

Um eine Dominanz des Finanzsektors zu verhindern, spielt die sogenannte makroprudenzielle Politik eine wichtige Rolle.

Sie soll sicherstellen, dass die gesamtwirtschaftlichen Auswirkungen von Problemen im Finanzsektor begrenzt sind. Eine gute makroprudenzielle Politik hat die Risiken, die potenziell mit dem Aufbau von Fremdkapital einhergehen, genau im Blick. Zudem ermöglichen Stresstests den Aufsichtsbehörden, Dividendenausschüttungen und Aktienrückkäufe zu verbieten, wenn sich zeigt, dass die Banken nicht über ausreichende Puffer verfügen.

Inflationäre Kräfte auf lange Sicht

Charles Goodhart und Manoj Pradhan beschreiben, wie hohe Staatsverschuldung in Kombination mit einer alternden Bevölkerung in den nächsten Jahrzehnten weiter langfristigen Inflationsdruck bewirken wird.[28] Mit einer alternden Bevölkerung steigt vermutlich auch das Haushaltsdefizit, da beispielsweise höhere Sozialversicherungsausgaben oder die Kosten für die medizinische Versorgung älterer Menschen anfallen.

Grundsätzlich gibt es drei Arten, große Haushaltsdefizite zu verringern. Wirtschaftswachstum könnte die Steuereinnahmen erhöhen, wodurch sich Defizite reduzieren ließen, ohne groß Ausgaben kürzen zu müssen. Allerdings war das Produktivitätswachstum in den letzten zwei Jahrzehnten dürftig. Darüber hinaus impliziert eine alternde Bevölkerung mit einem zunehmenden Anteil älterer Menschen, die von den jungen abhängen, ein geringes Wachstum der Erwerbsbevölkerung.

In Ermangelung eines starken, anhaltenden Wirtschaftswachstums könnte der Staat steuerlich eingreifen oder die Ausgaben reduzieren, jedoch sind diese beiden Vorgehensweisen politisch nicht sehr beliebt. So bleibt nur die beliebteste unbeliebte Methode: höhere Inflation. Eine steigende Inflation bedeutet zunehmend Gefahr für die Unabhängigkeit der Zentralbank. Die Rahmenbedingungen einer konventionellen Geldpolitik erfordern vor dem Hintergrund einer wachsenden Inflation strenge Maßnahmen.

Hochverschuldete Staaten werden jedoch vor einer solchen monetären Dominanz zurückschrecken, da sie einen Anstieg der Zinslast für den Staat mit sich brächte.

GELDPOLITIK ÜBER DIE TAYLOR-REGEL HINAUS

In den Neunzigern kam die Inflationszielregelung als Standard für die Geldpolitik der Industrieländer auf. Man gab den Zentralbanken ein Inflationsziel vor, und sie passten den Zinssatz so an, dass dieses erreicht wurde, je nachdem wie sich Inflation und »Produktionslücke« entwickelten. Im Falle einer über das Ziel hinausschießenden Inflation oder einer positiven Produktionslücke (wenn die tatsächliche Produktion die potenzielle Produktion der Wirtschaft überschritt), setzte man die Zinsen nach oben. Im gegenteiligen Fall einer niedrigeren Inflation oder Rezession mit einer negativen Produktionslücke sollten die Zinssätze gesenkt werden. Diese mechanische sogenannte Taylor-Regel, die in der Praxis nur wenig anspruchsvoller ist, diente den Zentralbanken als einfache Orientierungshilfe – bis zur Finanzkrise.

Jetzt, wo Maßnahmen der unkonventionellen Geldpolitik an der Tagesordnung sind, reicht es nicht mehr aus, nur den Zins im Blick zu haben. Zentralbanken sind mit ihrem groß angelegten Ankauf von Assets maßgeblich an der Beeinflussung von Risikoprämien und Zinsdifferenzen beteiligt. Zudem stellen die Zentralbankbilanz und ihr Wachstum wichtige Größen dar.

Für den Umgang mit all diesen geldpolitischen Instrumenten ist ein ganzheitlicherer Ansatz vonnöten. Über die gesteigerte Inflation und der Produktionslücke hinaus sollte die Zentralbank auch fiskalische und finanzielle Risiken berücksichtigen. Ebenso müssen das Risiko eines rasanten Zinsanstiegs und die damit verbundenen Folgekosten für den Staatshaushalt miteinbezogen werden. Wir dürfen nicht vergessen, dass die Geldpolitik auf die Refinanzierungskosten des Staates für seine Schulden zurückwirkt. Zudem muss man nichtlineare Rückkopplungsschleifen der Geldpolitik und ihren Einfluss auf die Schuldenfinanzierungskosten des Staates miteinbeziehen. Es gilt also, die simple Taylor-Regel als eine allgemeine Funktion zu sehen, die all diese Elemente berücksichtigt. Die Instrumente einer solchen erweiterten Taylor-Regel wären nicht mehr nur der kurzfristige Zinssatz, sondern auch das Geldmengenwachstum und die Werkzeuge der unkonventionellen Geldpolitik des vergangenen Jahrzehnts.

Geldpolitik der Umverteilung

Schließlich bleibt noch hervorzuheben, dass Geldpolitik Umverteilungseffekte hat.[29] Das ist bereits in der traditionellen Geldpolitik der Fall, da jede Veränderung der Zinskurve die Anleihenkurse beeinflusst. Kreditnehmer profitieren von einer Zinssenkung, wohingegen die Sparer verlieren.

Neben diesen direkten Effekten aus der Veränderung von Zinssätzen oder Spreads führt jede auf Inflation ausgerichtete Zentralbankmaßnahme auch zu einer Umverteilung. (Unerwartete) Inflation senkt den Wert von Nominalforderungen in der Wirtschaft wie Ersparnisse. Gleichzeitig verlieren Kreditgeber durch unerwartete Inflation, die sie nicht in ihren verlangten Zinssatz miteingepreist haben, während Kreditnehmer daraus einen Vorteil ziehen, da der reale Wert ihrer Schulden sinkt. Die Inhaber von realen Forderungen, zum Beispiel inflationsindexierten Anleihen (TIPS), profitieren.

Eine Geldpolitik der Umverteilung kann daher eingesetzt werden, um Sektoren mit überschuldeten Bilanzen zu stabilisieren. Während der Großen Rezession 2008 betraf das den Haushalts- und Bankensektor. Indirekt hat die Geldpolitik den Bankensektor rekapitalisiert und die Risikoprämien gesenkt. Der Corona-Schock traf wohl Teile des Unternehmenssektors am härtesten, da in vielen Industrieländern fiskalische Maßnahmen der Regierungen die direkten Auswirkungen der Pandemie auf Haushaltsbilanzen abfederten.

13. Ungleichheit

Vor Corona war die Ungleichheit schon über Jahrzehnte auf dem Vormarsch. Ein steigender Anteil des Gesamtvermögens entfiel auf das oberste Prozent der Haushalte, da sie den Löwenanteil der Gewinne aus technologischen Innovationen für sich beanspruchten. Neue Technologien führten verstärkt zu einer »Winner-takes-it-all-Dynamik« – wonach sich ausschließlich durchsetzt, wer über den größten Marktanteil verfügt – mit großen Erträgen für die Tech-Spitzenreiter. Die Durchschnittslöhne in den USA stiegen jedoch in den vergangenen fünf Jahrzehnten kaum an, außerdem stellte sich ein Gefühl der Unsicherheit ein. In den letzten Jahren ist die Lebenserwartung der weißen männlichen US-Amerikaner im Schnitt gesunken[1] – eine traurige Entwicklung, die angesichts des rasanten medizinischen Fortschritts in kaum einem anderen Land zu beobachten ist.

Zwar stieg die Ungleichheit *innerhalb* einiger Länder, der weltweite Trend bei der Verteilung des Wohlstands deutet jedoch auf eine Verringerung der Ungleichheit hin. Neue Technologien und das Outsourcing nach China, Ostasien und Osteuropa verschaffen Millionen Menschen neue Arbeitsplätze. Eine neue globale Mittelklasse entstand in diesen Ländern und verringerte die Ungleichheit zwischen den Nationen. Im Zuge dieser Entwicklung büßten die Arbeitnehmer in den fortgeschrittenen Volkswirtschaften ihre Verhandlungsmacht ein, da sie nun mit einer viel größeren Arbeiterschaft auf der ganzen Welt und neuen Technologien konkurrieren mussten.

In diesem Kapitel geht es um die Ungleichheit der Resilienz und ihre Auswirkungen auf die Ungleichheit in verschiedenen wirtschaftlichen Bereichen. Dafür soll erst die individuelle Resilienz in ihrer Heterogenität dargestellt werden, bevor auf die verschiedenen Möglichkeiten zur Ungleichheitsmessung und die damit verbundene Kritik eingegangen wird. Die anschließende Diskussion knüpft daran an und konzentriert sich auf die gesellschaftliche Ungleichheit.

UNGLEICHHEIT DER INDIVIDUELLEN RESILIENZ

Die Ungleichheit bei der Resilienz von Arm und Reich hat erhebliche soziale Konsequenzen. Im Falle eines Schocks haben wohlhabendere Haushalte ausreichend Puffer, um ihn zu überstehen, und werden wohl auch in Zukunft zu den reicheren Haushalten gehören. Ärmere Haushalte hingegen sind verletztlicher und haben es schwerer, sich zu erholen. Ihnen droht die Gefahr, in die Armutsfalle zu tappen und nach und nach weiter zurückzufallen, was die Kluft zwischen Arm und Reich weiter vergrößern würde.

Und noch ein Aspekt verschlimmert die Ungleichheit immer weiter: Da reiche Haushalte wissen, dass sie einen negativen Schock sehr wahrscheinlich überstehen werden, können sie größere Risiken eingehen. Möglicherweise sind sie eher geneigt, in risikoreichere Anlagen zu investieren, die langfristig höhere Renditen erwarten lassen. Ärmere, weniger resiliente Haushalte können sich diese Volatilität nicht leisten und verzichten eher ganz auf diese riskante, wenn auch profitable Möglichkeit. Sendhil Mullainathan und Eldar Shafir weisen auf dieses Problem hin und stellen heraus, dass Arme viel Energie in die Absicherung des täglichen Lebensunterhalts investieren, was sie daran hindert, Risiken einzugehen.[2] Langfristig, so beschreibt es Luigi Pistaferri mit seinen Co-Autoren, verstärkt es die ursprüngliche Ungleichheit, wenn wohlhabendere Haushalte auch höhere Renditen auf ihre Investitionen erzielen als ärmere.[3]

ARTEN DER UNGLEICHHEIT

Bevor man näher betrachtet, wie sich die individuelle Resilienz auf die unterschiedlichen Dimensionen der Ungleichheit auswirkt, muss man die verschiedenen Arten der Ungleichheit definieren. In den Medien wird meist von wachsender Ungleichheit berichtet, tatsächlich gibt es jedoch unterschiedliche Konzepte davon. Eine anhaltend ungleiche Resilienz führt zu steigender Einkommens- und später Vermögensungleichheit.

Einkommensungleichheit

Die Einkommensungleichheit misst die Einkommensverteilung von Privathaushalten über einen gewissen Zeitraum, beispielsweise in einem bestimmten Jahr. Die reichsten Amerikaner verdienten in dieser Zeitspanne über eine Milliarde Dollar, während sich das Einkommen vieler Haushalte auf unter 30 000 Dollar belief.

Covid hatte wahrscheinlich keinen großen Nivellierungseffekt für die Spitzenverdiener. Allerdings könnte es unterhalb des einen Prozents der Spitzenverdiener einen solchen Effekt geben. Viele kleinere Unternehmer, von denen einige zur oberen Einkommensschicht gehören dürften, mussten trotz staatlicher Subventionen erhebliche Verluste verbuchen, während weniger wohlhabende Arbeitskräfte zumindest ihr Einkommen halten konnten.

Vermögensungleichheit

Die Vermögensungleichheit bildet auch den Wert des Hauses einer Familie oder den von Finanzanlagen ab. Im Gegensatz zur Einkommensungleichheit misst die Vermögensungleichheit auch abdiskontiertes, zu erwartendes, zukünftiges Einkommen. Die Vermögensungleichheit liefert somit eine Momentaufnahme der Ungleichheit zu einem bestimmten Zeitpunkt, beispielsweise am Ende eines Jahres. Allerdings ändert sich die Einschätzung des Vermögens nicht nur, wenn zusätzliches Einkommen gespart wird, sondern auch, wenn Vermögen an Wert gewinnt oder verliert – was stark von Änderungen des Zinssatzes abhängt.

Nehmen wir einmal den Inhaber einer Anleihe, die 100 Dollar Zinsen pro Jahr verspricht. Wenn die Zinssätze sinken, ändert sich nichts am Ertrag der Anleihe, aber ihr aktuell abgezinster Wert würde aufgrund des niedrigeren Zinssatzes steigen, ein reiner Kapitalgewinn-Effekt, und der Besitzer wird trotz unveränderten Einkommens auf dem Papier reicher.

Die Ungleichheit zu beziffern ist keine leichte Aufgabe. Manche Ansätze basieren auf Steuererklärungen oder ziehen aus den Zahlungen der Erbschaftssteuer Schlüsse über das Vermögen. Hat man sich einmal auf die Datengrundlage geeinigt, muss man sich den schwierigen Fragen stellen, wie man die Vermögenswerte einschätzt. Eine besondere Herausforderung ist die Bewertung von zukünftigen Sozialversicherungsansprüchen.[4] Zahlungen, die in Jahrzehnten fällig sind, müssen sachgerecht abgezinst, Erwartungen über zukünftige Steuern und Änderungen bei den Leistungszahlen berücksichtigt werden. Je höher der Abzinsungssatz solcher kommenden Sozialversicherungszahlungen, desto geringer ist ihr heutiger Wert. Über einen Zeitraum von 40 Jahren können selbst kleine Änderungen der Zinsannahmen eine große Rolle spielen – eine Erinnerung daran, wie mächtig Zinseffekte sind.

Eine weitere Schwierigkeit ist die Bewertung privater Firmen. Zum obersten Prozent gehören viele Unternehmer – nicht nur vom Kaliber Silicon Valley, sondern auch Ärzte oder Anwälte, die sehr erfolgreiche Privatbetriebe führen. Im Gegensatz zu börsennotierten Unternehmen, deren Marktwert sich aus den Aktienkursen herauslesen lässt, ist eine Privatfirma weitaus schwieriger einzuschätzen.

Trotz der Messschwierigkeiten stimmen die meisten darin überein, dass die Vermögensungleichheit in den USA seit den 1980er-Jahren gestiegen ist. In welchem Ausmaß jedoch, wird heiß debattiert.[5] In anderen Ländern ist es weitaus unklarer, ob es einen Zuwachs der Vermögensungleichheit gab. In Frankreich, Großbritannien und Dänemark, die hier zu den Ländern mit der besten Datenlage gehören, zeigt sich ein gemischtes Bild. Bei der Ungleichheit gab es dort – wenn überhaupt – einen geringeren Anstieg als in den USA.

Viele Schwellenländer sind von großer Ungleichheit geprägt. In China stieg sie über die letzten drei Jahrzehnte stark an, mittlerweile gehört es zu den Ländern mit der größten Ungleichheit.[6]

Warum sich manche von Schocks weniger gut erholen

Bei der Resilienzungleichheit handelt es sich um ein neues Konzept, welches die ungleiche Fähigkeit der Menschen meint, sich nach einem negativen Schock zu erholen. Für Wohlhabende mag die Pandemie nur einen temporären Schock bedeuten, arme Arbeitskräfte ohne Rücklagen jedoch – die Mehrheit der amerikanischen Haushalte hätte Schwierigkeiten, mit einer unerwarteten Ausgabe von 1000 US-Dollar zurechtzukommen – müssen wohl mit langfristigen Konsequenzen rechnen. Angesichts eines Vernarbungseffekts auf dem Arbeitsmarkt kann ein temporärer und unerwarteter Schock wie die Coronakrise sich auch dauerhaft niederschlagen. Ärmere Menschen sind also weniger resilient als wohlhabende. Wie gerade dargelegt, verstärkt die Resilienzungleichheit die Einkommensungleichheit und, wenn sie weiter anhält, langfristig auch die Vermögensungleichheit.

Wenn die soziale Mobilität sehr hoch ist, besteht die Möglichkeit, dass die Ungleichheit zu einem bestimmten Zeitpunkt sehr hoch ist und die Gesellschaft dennoch fair ist. In extremer Ausprägung würde das bedeuten, dass Gut- und Geringverdiener ständig wechseln. Bei einer großen sozialen Mobilität sind Geringverdiener nicht in der niedrigen Einkommensklasse gefangen und können wieder auf die Beine kommen. Somit hängt die individuelle Resilienz auch mit der sozialen Mobilität zusammen.

UNGLEICHHEIT IM GESUNDHEITSWESEN

Unter den Industrieländern waren die USA besonders schlecht auf die Krise vorbereitet. Anders als in Kanada oder Europa, wo es eine allgemeine Krankenversicherung gibt, waren zehn Prozent der US-Bevölkerung ohne Versicherungsschutz[7] und hatten nach einer Corona-Erkrankung mit hohen Behandlungskosten zu kämpfen. Hinzu kommt, dass die US-Bevölkerung bezüglich ihres Gesundheitszustands relativ schlecht dasteht: Ihre Lebenserwartung stagniert seit Jahren, während sie in den anderen entwickelten Volkswirtschaften stetig steigt. Zudem haben in den USA viele Arbeitskräfte der unteren Gehaltsklasse keinen Anspruch auf Lohnfortzahlung im Krankheitsfall.[8] Diese Situation hat sich in den letzten Jahren mit dem Aufschwung der Gig Economy (v. a. Online-Dienstleistungen) und ihren Arbeitsplätzen, die wenig Sicherheiten bieten, verschlimmert.[9]

In den Vereinigten Staaten ist ein sicherer Arbeitsplatz in zweierlei Hinsicht wichtig: Er sorgt nicht nur für einen gesicherten Lebensunterhalt, sondern verschafft den meisten Arbeitskräften auch ihre Krankenversicherung. Im Falle eines Jobverlusts büßen sie beides ein.

Schon 1993 wies Bill Clinton auf die Problematik der Koppelung der Krankenversicherung an den Arbeitsplatz und die damit verbundene Gefahr, bei einem Jobwechsel vorübergehend den Versicherungsschutz zu verlieren, hin. Ungleichheit hat einen großen Einfluss auf die Verbreitung des Virus.

Durch unzureichenden Schutz erkrankter Arbeitskräfte waren Menschen oft gezwungen weiterzuarbeiten, um ihr Einkommen zu sichern, und setzten ihre Kollegen dem Infektionsrisiko aus. Diese gesundheitlichen Nachteile sind von besonderer Relevanz für Menschen mit Vorerkrankungen, da Corona für sie am gefährlichsten ist.[10] Ein besseres Krankenversicherungssystem, das den Zugang zur Gesundheitsversorgung erleichtert und den Menschen hilft, sich zu erholen, trägt zur individuellen und zur allgemeinen gesellschaftlichen Resilienz bei.

In den USA profitieren reichere Countys tendenziell mehr von Social-Distancing-Maßnahmen, vermutlich weil mehr Arbeitskräfte von zu Hause aus arbeiten können und so das Risiko der Ansteckung am Arbeitsplatz minimiert wird.[11] Umgekehrt ist dies für die Armen oft keine Option, in Schwellen- oder Entwicklungsländern ist die Situation noch gravierender. In indischen Slums ist Social Distancing eher Wunsch als Realität. Die beengten Wohnverhältnisse und die unumgängliche Arbeit verhindern eine wirksame soziale Distanzierung.[12] Außerdem sind ärmere Haushalte bei Shutdowns oftmals stärker von Einkommensverlusten betroffen, wenngleich dies, zumindest in Lateinamerika, teils durch erweiterte »Sozialhilfe« etwas abgefedert werden konnte.[13]

Regionale Ungleichheit

Gesundheitliche Ungleichheit hat auch eine regionale Komponente. In wohlhabenden Gegenden gibt es bessere Krankenhäuser und oftmals auch mehr Krankenhausbetten pro Einwohner. Angesichts der starken Segregation der US-Städte und -Vororte in reichere und ärmere Viertel wirkt sich die gesundheitliche Ungleichheit sehr unterschiedlich auf die jeweiligen Bewohner aus. Ähnlich liegt der Fall in Brasilien, wo die Gesundheitsversorgung in armen Vierteln schlechter ist als in den reichen.[14] Eine weitere Herausforderung ist hier, entsprechende Hygienebedingungen zu ermöglichen. Daher sind arme Viertel in Brasilien besonders von Corona betroffen.[15]

Auch die Resilienzungleichheit und ihre Auswirkungen auf zukünftige Einkommens- und Vermögensungleichheit sind während der Coronakrise regional bedingt.

Es sind die wohlhabenden Teile Manhattans in New York, in denen der Konsum am stärksten zurückging, wie zum Beispiel die Upper East Side. Dort sanken die Ausgaben für personenbezogene Dienstleistungen im März 2020 quasi auf null.

Abbildung 13-1 zeigt das Konsumverhalten von wohlhabenden und ärmeren Haushalten in Kalifornien. Die Ausgaben der weniger wohlhabenden waren innerhalb von drei Monaten wieder auf demselben Stand wie vor der Pandemie, was sich teils auf die großen fiskalischen Stimulierungsbemühungen zurückführen lässt. Die Ausgaben der Reichen jedoch waren noch im Dezember 2020 um 10 Prozent niedriger.

Die geografische Verteilung des Rückgangs von geringfügigen Beschäftigungen war sehr verzerrt in den USA. Je reicher die Gegend, umso größer war der Rückgang von Arbeitsplätzen mit niedrigem Einkommen. In Manhattans Nachbarschaft lässt sich hier einer der extremsten Rückgänge beobachten. Viele geringfügige Beschäftigungen gingen hier verloren, als vermögende Haushalte kein Geld mehr für Restaurantbesuche, Babysitter oder Reinigungspersonal ausgaben.

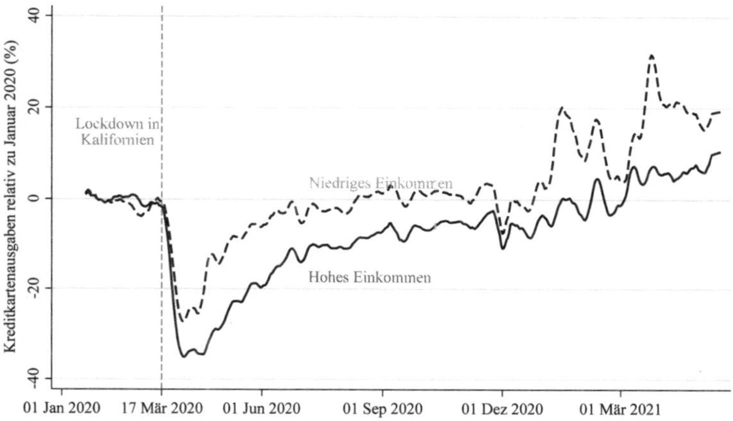

Abb. 13-1: Ausgaben von Personen mit hohem Einkommen im Vergleich zu Personen mit niedrigem Einkommen.
Quelle: Opportunity Insights 2021

Daraus folgt, dass die »Armen, die für die Reichen arbeiten«, am meisten unter der Coronakrise zu leiden hatten.[16] In Countys in den USA, bei denen schon vorher große Ungleichheit herrschte, stieg diese noch weiter an, da wohlhabende Haushalte weitgehend von der Coronakrise abgeschirmt waren und aufs Homeoffice ausweichen konnten. Arbeitnehmer in nicht systemrelevanten Sektoren trugen somit die größte Last, da ihre Sektoren stark von den Lockdowns betroffen waren. In Kombination mit der Resilienzungleichheit wird die Coronakrise möglicherweise die Schere zwischen Arm und Reich weiter öffnen, weswegen es dringend einen Ansatz braucht, um schlechter dastehenden Haushalten nach der Krise wieder auf die Beine zu helfen.

Roomba- und Vernarbungseffekt

Der sogenannte »Roomba-Effekt« könnte die Ungleichheit weiter verschärfen. Die Angst vor kontaktintensiven Dienstleistungen führte dazu, dass Menschen durch Maschinen ersetzt wurden: Haushalte, die befürchteten, ein in verschiedenen Wohnungen tätiger Reinigungsdienstleister würde sie dem Virus aussetzen, schafften sich einen Staubsaugerroboter der Marke Roomba an. Dieser Roboter wird ihnen wohl auch nach der Krise bleiben, sie werden demnach weniger auf Reinigungspersonal zurückgreifen. Das wird sich langfristig auswirken, und die Nachfrage nach Putzpersonal wird wahrscheinlich auch lange nach der Coronakrise nicht wieder auf ihren alten Stand zurückkehren. Die Erholung des Dienstleistungsbereichs könnte somit dauerhaft beeinträchtigt sein und die Resilienz einschränken.

Chancenungleichheit

Anstatt Ungleichheit abzuschwächen, wird Corona sie vermutlich noch verstärken und langfristig Fallgruben schaffen, wie sich am Beispiel des Umgangs mit E-Learning zeigt. Schüler aus ärmeren Familien machen viel weniger Matheaufgaben in einer häufig verwendeten App als ihre Altersgenossen aus wohlhabenden Haushalten.[17] Selbst die Google-Suchanfragen nach Online-Lernmitteln sind in reicheren Gegenden häufiger.[18] Bildung ist jedoch ein wichtiger Faktor für die Resilienz, da sie Arbeitskräfte flexibler und damit anpassungsfähiger macht.

Niederländische Schüler, die während des Lockdowns ihren Abschluss machten, zeigten einen »Lernverlust« von drei Prozentpunkten im Vergleich mit vorherigen Jahrgängen. Der Lernschwund ist aber weitaus größer bei Kindern von Eltern mit niedrigerem Bildungsstand.[19] Das erschwert es, sich wieder aufzurappeln, und beeinträchtigt die Resilienz langfristig hinsichtlich zukünftiger Schocks. Auch zwischen privatem und öffentlichem Schulsystem könnte eine tiefe Kluft entstehen. Die Wahrscheinlichkeit, dass

Schüler in Großbritannien täglichen Online-Unterricht erhielten, war an Privatschulen doppelt so hoch wie an staatlichen Schulen.[20] Gleichzeitig fehlten Schüler aus einkommensschwachen Familien eher mal einen Tag in der Schule.

Manche Schüler könnten dadurch dauerhaft abgehängt werden. Hindernisse bei der Bildung von Humankapital werden auch die Resilienz derjenigen untergraben, deren Lernfähigkeit während der Pandemie gelitten hat. Hinzu kommt, dass viele Kinder in den USA in der Schule zu Mittag essen. Kinder, die darauf angewiesen sind, ihr Mittagessen in der Schule zu erhalten, trifft es also doppelt hart, wenn auf Online-Unterricht umgestellt wird.

In Entwicklungsländern sind diese Probleme weit dringlicher.

Die Schule kann eine nivellierende Wirkung haben, wenn aber die Kinder während Shutdowns gezwungen sind, zu Hause zu bleiben, droht die Gefahr, dass sie nie zurückkehren. Dadurch wird die Bildung von Humankapital nachhaltig beeinträchtigt, was das Risiko eines langfristigen Vernarbungseffekts mit sich bringt. Die Soziologin Márcia Lima schreibt, dass in Brasilien der Anteil von Mittelschülern, die ein Handy und einen Internetzugang haben, sehr ungleichmäßig verteilt ist. Besonders im Norden und Nordosten des Landes haben nur wenige Schüler Zugang zu dem für Homeschooling benötigten Equipment.[21]

Ungleichheit und Resilienz des Gesellschaftsvertrags

Eine Gesellschaft ist resilienter, wenn der Gesellschaftsvertrag von einem Großteil ihrer Mitglieder weitgehend akzeptiert wird. Wenn es keine Gerechtigkeit und Chancengleichheit gibt, sondern Geschlechterungleichheit und rassistische Benachteiligung, gerät der Gesellschaftsvertrag ins Wanken. Umgekehrt wird seine Resilienz durch Gerechtigkeit, Chancengleichheit, soziale Mobilität und Nichtausgrenzung gefördert. Die Politik sollte zudem auch nicht ungerechtfertigt bestimmte gesellschaftliche Gruppen bevor- oder benachteiligen. Wenn die Resilienz aller Mitglieder einer Gesellschaft individuell gefördert wird, kommt das der gesamtgesellschaftlichen Resilienz zugute. In diesem Teil des Kapitels soll es um das geschlechterspezifische Ungleichgewicht, rassistische Benachteiligung und politische Debatten gehen, die während der Coronakrise aufkamen.

Geschlechterungerechtigkeit

Die Benachteiligung aufgrund des Geschlechts ist nicht nur ungerecht, sondern kann Frauen auch davon abhalten, Risiken einzugehen, da es für sie schwierig ist, sich nach einem Schock wieder zu erholen. Dadurch droht die Gefahr, dass sie langfristig in Karriere und Einkommen zurückgeworfen werden.

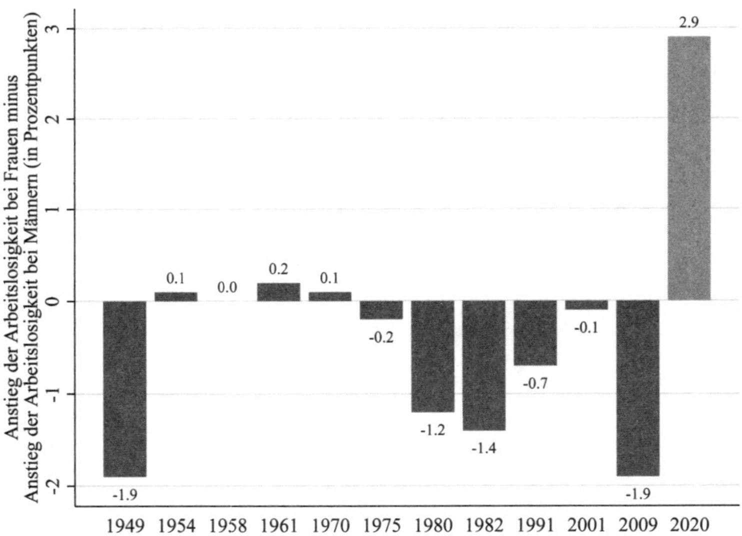

Abb. 13–2: Anteil der Frauenarbeitslosigkeit abzüglich des Anstiegs der Männerarbeitslosenquote vom ersten bis zum letzten Monat jeder Rezession in den USA gemäß den NBER-Konjunkturdaten. Die zugrunde liegenden Werte sind saisonal bereinigt.
Quelle: Alon, et al. 2020

Anhand neuer Daten lässt sich zudem erkennen, dass Frauen vom Coronaschock im März 2020 weitaus stärker betroffen waren; normalerweise leiden Männer mehr unter Rezessionen. Die Rezession in der Coronakrise unterscheidet sich insofern von anderen Rezessionen nach dem Zweiten Weltkrieg, weil sie sich vorwiegend im Dienstleistungsbereich und nicht so sehr im verarbeitenden Gewerbe niederschlug. Da hauptsächlich Männer in der Produktion von Industriegütern tätig sind und der Dienstleistungssektor hingegen weiblich dominiert ist, kam es während Corona zu einem beispiellosen Anstieg der Frauenarbeitslosigkeit. Außerdem mussten Frauen den Löwenanteil an zusätzlicher Arbeit tragen, die sich aus der Schließung von Kinderbetreuungseinrichtungen und dem Homeschooling ergab.[22]

Bevölkerungsgruppen, Ungleichheit und Resilienz

In den USA kam es 2020 während der Coronakrise zu Spannungen zwischen den Bevölkerungsgruppen und einer Rassismusdebatte. Afroamerikaner und Latinos üben eher risikoreiche Beschäftigungen aus, leben eher mit mehr Menschen auf engem Raum und haben gleichzeitig schlechteren Zugang zur Gesundheitsversorgung sowie einen höheren Anteil an Vorerkrankungen.[23] Ein ähnliches Muster lässt sich darin erkennen, wie Kleinunternehmen sich in der Krise schlugen. Diejenigen, die von einer Person aus einer Minderheit geführt wurden sowie von Frauen oder Migranten, traf die Coronakrise am heftigsten. Die Anzahl aktiver afroamerikanischer Geschäftsinhaber fiel im April 2020 um 41 Prozent und erholte sich später nur schleppend.[24] Jahrzehntelanges Redlining bei der Kreditvergabe – also die diskriminierende Ausgrenzung von Gebieten, in denen bestimmte Bevölkerungsgruppen leben – und residentielle Segregation haben sich in Form von tiefen Gräben der Ungleichheit auf die Landkarte der USA niedergeschlagen. In Brasilien gibt es während der Coronakrise ein ganz ähnliches gesundheitliches Phänomen, je nach Bevölkerungsgruppe. Afrobrasilianer sind von einer höheren Sterblichkeitsrate betroffen und dem Virus aufgrund arbeitsbedingter Risiken stärker ausgesetzt.[25]

Die Coronakrise traf die Bevölkerungsgruppen unterschiedlich hart, in den USA waren Afroamerikaner besonders betroffen. Für sie war beispielsweise 2,8-mal so oft ein Krankenhausaufenthalt infolge einer Coronainfektion notwendig, ihr Sterberisiko war 1,9-mal höher als das der weißen Bevölkerung.[26] Hieran zeigt sich der systemische Rassismus, der auch heute noch in den USA vorherrscht. Afroamerikaner sind noch immer von einem Ungleichgewicht in den Bereichen Gesundheit, Einkommen, Bildung, Leistung, Gewalt oder Arbeitsumfeld betroffen.

Nach der Ermordung George Floyds entwickelte sich aus der Rassismusdebatte in den USA eine politische Krise. Ökonomin Lisa Cook plädierte in der Folge für eine vollkommen neue Denkweise, um einen nachhaltigen Strukturwandel herbeizuführen:[27] Es bedarf antirassistischer Politik und Praktiken, eines verbesserten MINT-Bildungswegs, der sich mit der Unterrepräsentation von Minderheiten in diesen Fächern befasst, und einer Umstrukturierung der Polizei.[28] Zudem muss der US-Kongress das eklatante Wohlstandsgefälle zwischen den Bevölkerungsgruppen angehen (siehe Abbildung 13-3).[29] Seit der Bürgerrechtsbewegung in den 1960er-Jahren geht die Schließung der Vermögens- und Einkommenslücke zwischen den Bevölkerungsgruppen furchtbar schleppend voran. An beiden Baustellen ist man nicht viel weiter als 50 Jahre zuvor. Das Vermögensverhältnis zwischen weißen und schwarzen Männern schwankt zwischen 4 und 6, was bedeutet, dass der durchschnittliche weiße Mann über ein 4- bis 6-mal höheres Vermögen verfügt. Weiße Männer verdienen im Vergleich zu schwarzen etwa doppelt so viel. Die Gleichstellung bei den Bürgerrechten hat bisher also nicht zu einer Verringerung der wirtschaftlichen Ungleichheiten geführt.

Das Wohlstandsgefälle zwischen den Bevölkerungsgruppen führt zu unternehmerischer Ungleichheit. Über ein Drittel der US-amerikanischen Kleinunternehmen ist irgendwann auf die finanzielle Unterstützung eines Familienmitglieds oder Freundes angewiesen. Aufgrund der erwähnten herkunftsbedingten Vermögenskluft erhalten afroamerikanische Unternehmer diese Unterstützung weitaus seltener. Das Projekt Runway Social Finance in Oakland (USA) versucht, das Problem durch die Bereitstellung von Finanzmitteln – beispielsweise bedingungsloser Geldtransfers – für kleine, afroamerikanisch geführte Unternehmen anzugehen. Sie müssen dafür nur einen soliden Businessplan vorlegen.[30] Dieser Mangel an Unterstützung veranschaulicht, wie sich Resilienzungleichheit wieder auf die wirtschaftliche Ungleichheit auswirken kann. Afroamerikanische Unternehmer mit geringen Rücklagen sind weniger resilient. Und wird durch eine Rezessionsperiode ihre Erholung verzögert, drohen dauerhafte Vernarbungseffekte. Furcht vor diesen kann die Risikobereitschaft hemmen und zu weniger Innovation führen.

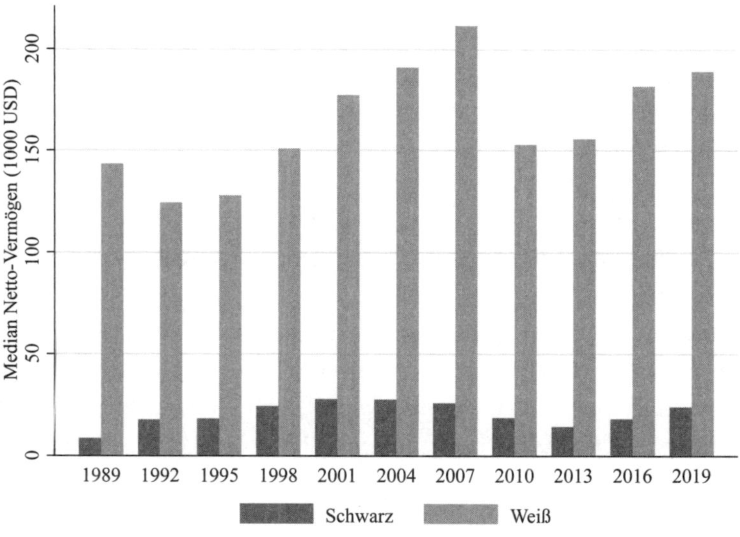

Abb. 13–3: Einkommensverhältnis und Vermögensverhältnis von weißen und schwarzen Männern in den USA.
Quelle: Aliprantis u. a. 2020 und Federal Reserve Board of Gouverners 2021: Survey of Consumer Finances

Obwohl Minderheiten unverhältnismäßig stark betroffen sind, deutet bisher nichts darauf hin, dass die fiskalischen Unterstützungsmaßnahmen der USA sich speziell an diese Personen richten.

Das größte Programm für Unternehmen, PPP, kommt von Bankenseite. Unternehmer, die einer Minderheit angehören, greifen für die Beantragung finanzieller Mittel jedoch überproportional oft auf Fintech zurück und blieben bei PPP außen vor. Infolgedessen erhielten die Countys mit dem größten Anteil schwarzer Geschäftsinhaber nicht die gleichen PPP-Mittel.[31] Mehr noch, afroamerikanisch geführte Unternehmen hatten schon vor der Coronakrise schlechtere Bilanzen mit höherem Verschuldungsgrad.[32]

Häufig ist institutionalisierter Rassismus der Grund für derlei Benachteiligung.[33] Lisa Cook schreibt, dass die USA dadurch, dass Afroamerikaner nicht stärker in den Innovationsprozess eingebunden sind, jedes Jahr 4,4 Prozent des Bruttoinlandsproduktes einbüßen. Das übersteigt den jährlichen Verlust von 2,7 Prozent durch die Diskriminierung von Frauen.[34] Abgesehen von den wirtschaftlichen Verlusten wirft die seit Langem bestehende »Achievement Gap« zwischen den Bevölkerungsgruppen die Frage auf, ob wir als Gesellschaft wirklich frei sein können, wenn es keine Chancengleichheit gibt.

Die apokalyptischen Reiter der Nivellierung

Corona stellt einen großen, wohl einmaligen Bruch mit weitreichenden Konsequenzen dar. Einige Tech-Firmen und ihre Aktionäre fuhren enorme Gewinne ein, während viele arme Menschen unter der Krise litten, doch lassen sich die langfristigen Auswirkungen der Pandemie auf die Ungleichheit noch nicht einschätzen. Auch früher schon haben Pandemien – wie die Pest im 14. Jahrhundert – zu großen Umwälzungen der Ungleichheit geführt.

Walter Scheidel schreibt dazu, dass Einkommens- und Vermögensungleichheit in der Vergangenheit sogar ausschließlich durch gewaltsame Erschütterungen verringert wurden: Massenmobilisierungskriege, »transformative Revolutionen«, Staatsversagen und Pandemien.[35] Diese vier Faktoren bezeichnet Scheidel als apokalyptische Reiter der Nivellierung. Zumindest eines dieser Ereignisse müsse weiträumig eintreffen und eine nahezu »apokalyptische«

Auswirkung auf die Bevölkerung haben, um einen nivellierenden Effekt zu erzielen.

Während der beiden Weltkriege wurde viel Kapital zerstört, meistens von Wohlhabenden, die über unverhältnismäßig viel davon verfügten. Der Tod vieler Männer im erwerbsfähigen Alter beschränkte zudem das Angebot an Arbeitskräften, was die Reallöhne nach oben trieb. Scheidel schreibt weiter: »Die Massenmobilisierungskriege dienten auch als ungemein wirkungsvolle Katalysatoren für egalisierende Maßnahmen, indem sie überzeugende Argumente für die Ausweitung des Wahlrechts, die gewerkschaftliche Organisation der Arbeitskräfte und die Ausweitung des Sozialschutzes lieferten. Die Erschütterungen der Weltkriege lösten einen Prozess aus, der als ›Große Kompression‹[36] bezeichnet wird: Es kam zu einer deutlichen Verringerung der Einkommens- und Vermögensungleichheit in den entwickelten Ländern. Diese Kompression fand im Wesentlichen in der Weltkriegsepoche zwischen 1914 und 1945 statt, war jedoch erst mehrere Jahrzehnte nach dem Ende des Zweiten Weltkriegs abgeschlossen.«[37] Die russische Revolution oder der Zusammenbruch des modernen Somalia sind Beispiele für Revolutionen und Staatsversagen, die die jeweiligen Länder nachhaltig verändert haben.

Letztendlich kann man auch die großen, von der Pest ausgelösten Arbeits-Umverteilungseffekte dem dramatischen Rückgang des »Humankapitalbestands« zuschreiben, als Millionen Menschen in Europa starben. Dadurch stiegen die relativen Kosten für Arbeitskräfte, da diese im Verhältnis zum Kapital knapp waren. Paradoxerweise kann eine humanitäre Krise die Gleichheit resilient machen, das heißt, Gleichheit kann an Fahrt gewinnen.

Sorgt Corona – oder hat es das bereits – für ähnliche Umwälzungen bei der Verteilung von Einkommen oder gar Wohlstand? Diese Pandemie ist anders als die Weltkriege, die Pest oder Staatsversagen, denn sie bringt nicht die beiden entscheidenden, für eine Nivellierung notwendigen Wirtschaftsmechanismen mit sich. Erstens wurde nicht das physische Kapital zerstört und auch der »Humankapitalbestand« ist bisher intakt geblieben. Außerdem hat man in den letzten Jahrzehnten immer mehr Arbeiter durch Roboter ersetzt, was die Löhne in den für die Automatisierung geeigneten Branchen weiter drücken könnte.

Außerdem ist für uns Corona zwar ein großer Schock, aber möglicherweise ein geringer im Vergleich zu anderen Ereignissen der Menschheitsgeschichte, zudem eventuell auch zeitlich begrenzter als die vier Reiter, von denen Walter Scheidel schreibt. Um Ungleichheit zu nivellieren, braucht es einen heftigen Schlag mit Dauerwirkung und großer, nahezu dauerhafter Umverteilung.

TEIL IV:
GLOBALE RESILIENZ

14. Herausforderungen für Schwellenländer

Vor rund 10 000 Jahren wurde die Menschheit sesshaft, die Weltbevölkerung wuchs bis Mitte der 1970er-Jahre auf vier Milliarden an. In den darauffolgenden 45 Jahren bis heute kamen fast weitere 4 Milliarden Menschen hinzu. Dies muss in den Siebzigern, als der Diskurs von den Diskussionen um »Die Grenzen des Wachstums« des Club of Rome bestimmt war, eine beängstigende Perspektive gewesen sein: Wie würde man diese rasant wachsende Bevölkerung ernähren und dafür sorgen, dass die Menschheit sich weiterentwickelt? In Anbetracht der damaligen, recht pessimistischen Einschätzungen war die Menschheit erstaunlich erfolgreich. Hunderte Millionen Menschen haben in den letzten vier Jahrzehnten die Armut hinter sich gelassen und sind nun Teil der globalen Mittelschicht. Bei dieser Erfolgsgeschichte spielte die Globalisierung eine entscheidende Rolle. Anfang der Neunziger lebten noch immer 1,9 Milliarden Menschen, also 36 Prozent der Weltbevölkerung, in extremer Armut. Heute sind es, trotz wachsender Weltbevölkerung, nur noch 650 Millionen. Die Weltwirtschaft machte einen großen Sprung, der Hunderte Millionen aus der Armut befreite.[1]

In der zweiten Hälfte des 20. Jahrhunderts ging die globale Ungleichheit stark zurück. Der wirtschaftliche Aufstieg von Indien, China und den asiatischen Tigerstaaten katapultierte zig Millionen Menschen von der Armut in die globale Mittelschicht. Diese Länder wuchsen schneller als die Industrieländer, wodurch sie sehr viel aufholen konnten, und die globale Ungleichheit sank. Dennoch besteht die Gefahr, weiter auf der Stelle zu treten.

ZWEI FALLEN: ARMUT UND MITTLERES EINKOMMEN

Man neigt dazu, alle Schwellen- und Entwicklungsländer in einen Topf zu werfen und als monolithisch zu betrachten, dabei sind sie äußerst unterschiedlich aufgestellt in puncto Institutionen, wirtschaftlicher Entwicklung oder Entwicklungsstrategie und haben auch mit unterschiedlichen Resilienz-Herausforderungen zu kämpfen.

Oftmals wird Armut als Unterschreiten eines bestimmten Einkommensniveaus definiert, die sogenannte »Armutsgrenze«, unter der der Erwerb lebensnotwendiger Ressourcen nicht mehr möglich ist. Eine etwas dynamischere Definition der »Armut« ist an unser Konzept der Resilienz geknüpft. Demnach ist ein Mensch dann arm, wenn ein negativer Schock wie eine Missernte verhindert, dass er seine Kinder weiter zur Schule schicken kann und somit die gesamte Familie nicht wieder auf die Beine kommt. Nach dieser Definition kann es einen großen Unterschied machen, wenn jemandem die Möglichkeit gegeben wird, sich nach einem harten Schlag wieder aufzurappeln, selbst wenn sein aktuelles Einkommen nicht steigt.

Individuelle Armutsfallen werden in einigen der am wenigsten entwickelten Länder (LDCs) noch verstärkt, wo sich große Teile der Gesellschaft am Rande der Armut befinden oder schon davon betroffen sind. Wenn sich ein ganzes Land in einer Armutsfalle befindet, fehlt generelle Resilienz, und die Wirtschaft kann sich nicht freischwimmen.

In einer frühen Entwicklungsphase schafften es viele Wirtschaften aus der Artmusfalle heraus, sie nähern sich der Technologie der entwickelten Volkswirtschaften immer weiter an. Indem sie billige, oft ungelernte Arbeitskräfte anboten, wenig konsumierten und ausgiebig investierten, erzielten viele Länder gehörige Wachstumsraten. So stiegen sie von einkommensschwachen Ländern, bei denen Fragen des Lebensunterhalts im Mittelpunkt stehen, zu solchen mit mittlerem Einkommen auf. Schwellenländer dieser Art haben mit anderen Herausforderungen zu kämpfen. Zwar sind sie aus der Armut herausgewachsen, verfügen über eine solide Mittelschicht und über gewissen fiskalischen Spielraum, um die wirtschaftlichen Folgen einer Pandemie anzugehen, könnten jedoch in die umstrittene Falle des mittleren Einkommens geraten.

Es ist etwas anderes, eine aufholende Wirtschaft zu organisieren als eine, die bereits moderne Technologien übernommen hat. Ein Nachziehen kann man oftmals mit investitionsbasierter Entwicklung erreichen. Indem, auf Kosten des Konsums, ein großer Teil des BIP investiert wird, baut sich der Kapitalstock schnell auf und die Länder wachsen. Der Konsumanteil beträgt in den USA im letzten Jahrzehnt[2] etwa 67,5 Prozent des Pro-Kopf-BIP, wohingegen er in China[3] zwischen 40 bis 45 Prozent liegt.

In der Investitionsphase hat man hohe Fixkosten für den Aufbau von neuen Unternehmen. Um die neue Industrie zu schützen, ihr Rendite zu ermöglichen und Anreize für die Entwicklung von Industrie und große Investitionen zu schaffen, kann die Beschränkung des Wettbewerbs ein Mittel sein.

Nähert man sich jedoch der Technologiegrenze, muss man von der entwicklungsorientierten auf eine innovationsbasierte Strategie wechseln. Ein Aufholprozess lässt sich vergleichsweise einfach mit großen Mengen an Kapital ermöglichen, Volkswirtschaften an der technologischen Front wachsen jedoch durch Innovation. Daher müssen Länder mit mittlerem Einkommen irgendwann auf ein anderes Wachstumsmodell umschwenken. In der innovationsbasierten Phase ergeben sich die größten verbleibenden Gewinne, wenn man die Manager und Arbeiter am effizientesten verschiedenen Aufgaben und Firmen zuordnet.[4] Dieses Matching ist entscheidend. Die besten Manager müssen sich um die wichtigsten innovativen Aktivitäten kümmern, um ein nachhaltiges technologisches Wachstum am Laufen zu halten. In dieser Phase kann begrenzter Wettbewerb zu einer suboptimalen Verteilung von guten Managern auf innovative Aktivitäten führen. Wird diese ungünstige Verteilung von Talent nicht korrigiert und das Humankapital der Arbeitnehmer nicht aufgebaut, laufen die Länder Gefahr, in der Falle des mittleren Einkommens stecken zu bleiben. In diesem Fall verlangsamt sich das Wachstum nach einem ersten Sprung von niedrigem zu mittlerem

Einkommen deutlich. Ein nachhaltiger und vollständiger Aufholprozess in Richtung fortgeschrittener Volkswirtschaft könnte sich verzögern oder vollkommen scheitern. Um dies zu vermeiden, sind mehr Wettbewerb, mehr Investitionen in Humankapital und die Entwicklung führender innovativer Branchen erforderlich.

Indem man die Entwicklung des Humankapitals durch mehr und bessere Bildung fördert, lassen sich nicht nur die Fähigkeiten von Arbeitnehmern ausbauen, sondern auch die Resilienz, wenn flexiblere Arbeitskräfte bei Schocks schneller andere Aufgaben übernehmen können. Die für eine weiterführende Entwicklung unabdingbaren Bereiche jedoch zu vernachlässigen würde eine Volkswirtschaft angreifbar machen. Ein Schock allein könnte die Resilienz zunichtemachen oder Länder sogar in eine Falle treiben.

Exportorientierte und staatlich gelenkte Entwicklung

Die Länder setzen auf unterschiedliche Wachstumsmodelle. Am erfolgreichsten ist hier das exportorientierte Wachstumsmodell, das in den meisten asiatischen Ländern zum Einsatz kommt. Es hat ausgesprochen gut funktioniert und zig Millionen Menschen in China, Südkorea, Indien, Hongkong, Singapur und Taiwan aus der Armut befreit. Die zunehmende wirtschaftliche und finanzielle Globalisierung brachte weitere Gewinne. Jedoch ist das exportorientierte Modell in Gefahr: Sollten Industrieländer sich abschotten, würden Entwicklungsländer, die auf Handel und ausländische Direktinvestitionen angewiesen sind, den höchsten Preis zahlen.[5] Dies würde einen weltweiten Vernarbungseffekt auslösen, und der Aufholprozess der Schwellenländer würde beeinträchtigt sein. Zumindest bis zum Frühjahr 2021 setzte man jedoch auf Diversifizierung der Lieferketten mithilfe unterschiedlicher Zulieferer aus verschiedenen Ländern und nicht darauf, Produktionsstätten aus dem Ausland zurückzuholen.

Dann wäre da noch Brasiliens staatlich gelenktes Entwicklungsmodell mit einer übermäßigen Einmischung der Regierung in die Wirtschaftspolitik, großer Ungleichheit und einer eher abgeschotteten Wirtschaft.[6] Das Land hat es über die letzten 60 Jahre nicht geschafft, auf das Niveau einer Industrienation zu kommen.

Die Schuldenspirale, das langsame Wachstum, soziale Spannungen und die instabile Demokratie bedeuten ein großes Risiko für Brasilien.[7] Sein unzureichendes Entwicklungsmodell und das bereits vor der Coronakrise bestehende hohe Haushaltsdefizit schränken den fiskalischen Handlungsspielraum gehörig ein und beeinträchtigen zudem die Möglichkeiten einer wirtschaftlichen Erholung von der Krise. Hinzu kommt, dass Brasilien, als die Pandemie die Welt erfasste, sich im Gegensatz zu einigen westlichen Ländern gerade erst von einer Rezession erholte.[8]

Gesundheitliche Resilienz

Genau wie in Industrieländern geht es bei der Resilienz von Entwicklungs- und Schwellenländern nicht nur um wirtschaftliche Ergebnisse, sondern auch um die Gesundheit. Diesen Ländern fällt es aus verschiedenen Gründen schwerer, sich von einem Schock wie der Coronakrise zu erholen. Die Resilienz ist beeinträchtigt, weil man andere gesundheitliche Abwägungen treffen muss, Lockdowns weniger Wirkung zeigen und die Bevölkerungsdichte höher ist. Dafür war die jüngere Bevölkerung in den meisten dieser Länder ein Vorteil, da sich zumindest die ersten Virusvarianten weniger stark auf Jüngere auswirkten.

Die erste Reaktion auf einen Schock kann unerwünschte Nachwirkungen haben, wie die Abwägungen zeigen, die Schwellenländer hinsichtlich sichtbarer und unsichtbarer Toter treffen müssen. Konzentriert man sich im Gesundheitswesen hauptsächlich auf die Coronabekämpfung, kann sich das an anderer Stelle negativ auswirken, wenn beispielsweise Impfungen gegen andere Krankheiten nicht stattfinden. In Indien erhielt während des Lockdowns über eine Million Kinder sehr wichtige Impfungen nicht, und risikoreichere Hausgeburten nahmen zu. Den Gesundheitsexperten bereitet vor allem Tuberkulose Kopfzerbrechen. Eine mangelhafte Tuberkuloseversorgung während der Pandemie könnte in Indien zusätzliche 6 Millionen Fälle zur Folge haben, mit 1,4 Millionen Toten bis 2025.[9] Es besteht also nicht nur ein Spannungsfeld zwischen der Grundversorgung und Anti-Corona-Maßnahmen, sondern auch beim Kampf gegen Covid und dem gegen andere Infektionskrankheiten. Eine geringe Rate an Covid-Toten lenkt womöglich von zahlreichen Todesfällen durch aufgeschobene Impfungen gegen andere Krankheiten oder andere verschobene medizinische Behandlungen ab.

Die Coronakrise auf die leichte Schulter zu nehmen hat jedoch ebenfalls bittere Konsequenzen, wie sich an Indiens zweiter Welle im Frühling 2021 zeigt. Anfang Mai meldete das Land bis zu 400 000 Neuinfektionen am Tag – ein trauriger Weltrekord –, die tatsächlichen Fälle werden sogar auf das 5- bis 30-fache geschätzt.[10] Grund für die Katastrophe sind unter anderem große Menschenmengen bei religiösen Festen, aber auch politische Kundgebungen. Als sich die Fälle im oppositionell geführten Bundesstaat Maharashtra zu häufen begannen, kam seitens der Zentralregierung anscheinend wenig Unterstützung. Die schnell aus dem Ruder geratende Krise führte zum Zusammenbruch des Gesundheitssystems. Es fehlte an medizinischem Sauerstoff, die Krankenhäuser waren überfüllt, und die davor auf Einlass wartenden Kranken starben auf den Straßen. Ärzte wurden teils von Angehörigen derer, die sie nicht behandeln oder retten konnten,[11] angegriffen. Einige zogen daher gar in Erwägung, die gebeutelte Hauptstadt Delhi zu verlassen und nach Südindien zu ziehen. Andererseits gibt es eine große lokale Hilfsbereitschaft in der Bevölkerung, viele Bürger engagierten sich, und die sozialen Netzwerke stärkten die Resilienz. Auch das Sozialgefüge kann also bei der Bewältigung schwerer Krisen helfen.

Fast alle Entwicklungs- und Schwellenländer waren von der Coronakrise betroffen, wie Argentinien, Ruanda und Nigeria, wobei Brasilien und Südafrika unter einer neuen, ansteckenderen Virusvariante litten.[12] Sollte sich die Doppelmutante von Indien in andere Länder ausbreiten, wäre das nicht nur für die betroffenen

Länder, sondern für die ganze Welt verheerend. Erst wenn Corona vollkommen eingedämmt ist, wird die Gefahr weiterer Mutationen und damit erneuter Ausbrüche gebannt sein.

Weniger effektive politische Maßnahmen

Der Schock trifft einige Entwicklungs- und Schwellenländer zwar sehr hart, um aber bestmöglich auf ihn zu reagieren, fehlt es ihnen jedoch an politischem Spielraum. Beispielsweise waren Lockdowns in diesen Ländern schwerer durchzusetzen, denn in einer Gesellschaft, in der viele von der Hand in den Mund leben, ist der Preis dafür enorm: Grundlegende Fragen der Existenzsicherung werden dringlich und führen möglicherweise zu ebenso vielen oder noch mehr Toten als durch Covid.[13] Daher sind umfangreiches Social Distancing und wirtschaftliche Einschränkungen unzumutbar für Länder, in denen es um die Lebensgrundlage und das Überleben geht.[14]

Unabhängig von diesen besonderen Herausforderungen haben die Schwellenmärkte ebenso strickte Lockdowns durchgesetzt wie die Industrienationen. Für einen Lockdown spricht seine Signalwirkung für die breite Öffentlichkeit, wie ernst es um die gesundheitliche Lage bestellt ist. Trotz dieses Signalcharakters – besonders wenn die Lockdowns kurzfristig eingeführt werden – waren sie in diesen Ländern nicht tragbar, da dort wenige Tätigkeiten von zu Hause ausgeübt werden können.[15] So mussten einige Schwellenländer wieder öffnen, bevor das Virus unter Kontrolle gebracht worden war, was beträchtliche wirtschaftliche Schäden und teils enttäuschende gesundheitliche Ergebnisse nach sich zog.[16]

Schlechte Lebensumstände können auch die Einhaltung des Social Distancing erschweren. Anhand von Handy-Daten aus Brasilien lässt sich feststellen, dass Bewohner von Favelas sich weniger an die räumliche Trennung halten als viele Menschen aus anderen Gegenden. Überfüllte Wohnviertel und nahe beieinanderliegende Behausungen stellen eine Herausforderung für

die Durchsetzung von Maßnahmen zur öffentlichen Gesundheit dar.[17]

RESILIENT DURCH FISKALPOLITISCHEN SPIELRAUM

Eine Strategie ist dann gut, wenn sie nach einem Schock für Unterstützung sorgt und die Erholung beschleunigt. Derlei Maßnahmen sind jedoch kostspielig und hängen stark davon ab, wie viel fiskalischen Spielraum ein Land hat. Denn erstens benötigt man, um die Verluste umzuverteilen und die Bürger zu schützen, ausreichend Steuerkraft, welche in den Entwicklungs- und Schwellenländern nicht so stark ausgeprägt ist. Zweitens gilt es, für zusätzliche Resilienz in guten Zeiten vor einer Krise Puffer zu generieren. Drittens hängen die Möglichkeiten zur Kreditaufnahme von stabilen Steuerplänen, dem internationalen Steuerwettbewerb und dem Risiko ab, dass Staatspapiere nicht mehr als lokale sichere Anlageform betrachtet werden.

Eine Besonderheit der Coronakrise ist, dass die Schwellenländer über deutlich größeren fiskalischen Spielraum verfügen als in früheren Krisenzeiten. Die niedrigen US-Zinsen tragen zu anhaltenden Kapitalströmen in diese Länder bei, aber sie haben noch immer weniger Luft nach oben als die Industrieländer und sind auch anfälliger für die Umkehrung der Kapitalströme.

Umverteilung in Schwellen- und Entwicklungsländern

Die Fiskalpolitik hängt maßgeblich von der staatlichen Steuerkraft ab und ist mit dem Entwicklungsmodell eines Landes, seiner informellen Wirtschaft und dem institutionellen Rahmen verknüpft. Ein Land mit ausreichend Steuerkraft hat die Möglichkeit zur Umverteilung zugunsten der Teile der Gesellschaft, die am meisten unter dem aktuellen Schock leiden. Somit wird sichergestellt, dass die am schlimmsten Betroffenen wieder auf die Beine kommen, was wiederum die Voraussetzung für soziale Resilienz darstellt.

Von Staatsseite reagierte man recht unterschiedlich auf die Krise.[18] Industrieländer gaben 2020 im Durchschnitt etwa 20 Prozent ihres BIP für direkte fiskalische Unterstützung und staatliche Garantien aus, dabei wurden die beiden Bereiche in etwa gleich berücksichtigt. In Ländern wie Brasilien, Bulgarien oder Indien machen alle fiskalischen Maßnahmen und Garantien zusammen lediglich circa sechs Prozent des BIP aus, wohingegen es in einkommensschwachen Entwicklungsländern (LIDC), also den relativ ärmsten Ländern der Erde wie Myanmar, Äthiopien oder Senegal, nur zwei Prozent an fiskalischen Entlastungen gab.[19] Diesen Nationen, die im Vergleich mit dem Entwicklungsstand der anderen Länder weiter hinten stehen, drohen erhebliche Vernarbungseffekte, was auch ihre Fähigkeit, später aufzuholen, beeinträchtigen könnte. Wer im Vorhinein finanzpolitisch bereits wenig Luft nach oben hat, ist bei einem heftigen Schock wie der Coronakrise auch weniger resilient.

Zusätzlich herrscht hinsichtlich der Implementierung fiskalischer Maßnahmen auch innerhalb der Ländergruppen eine große Heterogenität vor. Beispielsweise setzte die Türkei fast gänzlich auf Kredite und Garantien, hatte jedoch wenige direkte Staatsausgaben (13 Prozent vs. 1 Prozent des BIP), wohingegen Chile direkte fiskalische Maßnahmen priorisierte (8 Prozent vs. 2 Prozent des BIP).[20] Garantien sind für die Regierung billiger, da sie keine direkten staatlichen Ausgaben nach sich ziehen, verstärken jedoch das Überschuldungsproblem der Unternehmen.

Wie sollten die Länder nun aber entscheiden, was bei ihnen zur Finanzierung der Hilfsprogramme besteuert wird: Arbeit, Kapital oder beides? Ein klassischer Ansatz geht auf Ramsey zurück, wonach man möglichst immobile Produktionsfaktoren besteuern sollte, da dies die Verzerrungswirkungen auf die Allokation minimiert. Migration ist für viele Arbeitskräfte mit Hürden verbunden, Kapital jedoch international mobil. Daher ist Kapitalbesteuerung eher ineffektiv, wo doch die Mittel einfach in ein anderes Land transferiert werden können. Insbesondere in der heutigen wissensbasierten Wirtschaft, in der große Technologieunternehmen Aktivitäten problemlos in Länder mit vorteilhaften Steuersätzen verlagern können. Das ist ein Argument für eine hohe Besteuerung der Arbeit, aber eine relativ niedrige Kapitalsteuer. Ein Vorschlag, wie man trotz Kapitalmobilität höhere Abgaben erzielen könnte, ist eine globale Kapitalsteuer, die dem US-amerikanischen System ähnelt. Im Grunde müssen US-Bürger ihr Einkommen aus Kapital und Arbeit immer in den USA besteuern, unabhängig von ihrem Wohnort. Dieses System ließe sich auch auf Unternehmen ausweiten, dafür wäre ein sehr viel intensiverer internationaler Informationsaustausch notwendig, es würde jedoch den Anreiz verringern, zur Steuervermeidung Gewinne in andere Länder zu transferieren.[21] Für diesen Ansatz braucht es eine Vereinbarung der größten Länder zur Besteuerung der Reichen und zur Besteuerung und Verteilung von Kapital.

Im Frühjahr 2021 hat die neue US-Regierung unter Präsident Biden einen Vorschlag gemacht, um Unternehmensgewinne global zu besteuern. Dies brachte Bewegung in eine Initiative, die die Pariser OECD schon lange verfolgte.

Neben der Gewinnverlagerung ins Ausland ist auch die informelle Arbeit eine Möglichkeit zur Steuervermeidung, was besonders in den Schwellen- und Entwicklungsländern problematisch ist. Steuererhebung gestaltet sich dort sehr schwierig, aufgrund des oftmals großen informellen Sektors (nach konservativen Schätzungen macht er beispielsweise in Brasilien 40 Prozent der Wirtschaft aus[22]) und wegen der potenziellen Steuerhinterziehung durch Verlagerung von Aktivitäten in diesen. Eine Steuererhöhung birgt die Gefahr, dass wirtschaftliche Aktivitäten weiter in den informellen Sektor abwandern. Um die Erhebung von Steuern zu erleichtern, wäre der Einsatz von neuen digitalen Tools denkbar. Elektronische Zahlungen sind leichter zu überwachen, und die Automatisierung der Steuererhebung kann eine effiziente Lösung sein, ohne viele Ressourcen für die Durchsetzung der Steuergesetze zu binden.

Entwicklungs- und Schwellenländer und ihr fiskalpolitischer Handlungsspielraum sind auch unterschiedlich von den Schwankungen der Rohstoffpreise betroffen. Diese gerieten während der Pandemie gehörig ins Straucheln, allen voran der Ölpreis. Für einige Länder, wie beispielsweise Indien, war dies ein Segen, da ein wichtiges Importgut billiger wurde, für andere, vor allem Öl- und Rohstoffexporteure, ein harter Schlag.

Schwellen- und Entwicklungsländer zählen auch auf Heimatüberweisungen von Arbeitsmigranten als wichtiges Polster und Einnahmequelle. In einigen Ländern, wie Kirgisistan, Nepal oder Honduras, machen diese Rücküberweisungen 20 Prozent ihres BIP oder mehr aus.[23] Ein Rückgang dieser Ströme in Krisenzeiten wirkt sich stark auf die lokale Wirtschaft aus.

Antizyklische Maßnahmen, Puffer und Kreditfähigkeit

Eine der wichtigsten Lehren aus der Coronakrise ist, dass man für Resilienz zuverlässige finanzielle Puffer benötigt. Antizyklische Finanzpolitik kann der Resilienz einen Schub geben. In Hochkonjunkturzeiten kann der Staat Defizite abbauen und sogar Überschüsse erwirtschaften, sofern reichlich Steuereinnahmen anfallen. Sich in guten Zeiten zu bescheiden, sorgt für die notwendigen finanziellen Reserven, die einem nach einem Schock wieder auf die Beine helfen. In schlechteren Zeiten können die Länder dann in großem Umfang Kredite aufnehmen, ohne an ihre Verschuldungsgrenzen zu stoßen. Dies ermöglicht fiskalische Resilienz.

Einige Schwellenmärkte brachten keine Puffer mit in die Coronakrise, Hilfen bereitzustellen gestaltet sich für sie daher besonders schwierig. Brasilien hatte beispielsweise schon vor Ausbruch der Pandemie, seit 2014[24], große Haushaltsdefizite, die in der Krise die Resilienz des Landes einschränkten.

Diese schon im Vorfeld bestehenden Probleme erklären, warum es in manchen Schwellenländern keine staatlichen Hilfsprogramme gibt.[25] Die öffentliche und private Überschuldung ist ein wahrer Resilienz-Killer. Verschuldete Staaten mit unzureichend finanzpolitischer Manövriermasse können nicht die fiskalische Unterstützung bieten, die ihre Wirtschaft zur Erholung benötigt. Die Verschuldung privater Unternehmen veranlasst diese zu Investitionskürzungen, was wiederum Vernarbungseffekte begünstigt, da die Erholung sich verzögert und der Wachstumseinbruch langfristig sein kann. Außerdem häufen sich im privaten Sektor Schulden an, wenn Firmen neue Darlehen aufnehmen müssen, um liquide zu bleiben. Aus privaten Schulden werden in Krisenzeiten aber letztendlich häufig staatliche. Zudem steigt das Ausfallrisiko, wenn der Staat Bailouts organisieren muss.

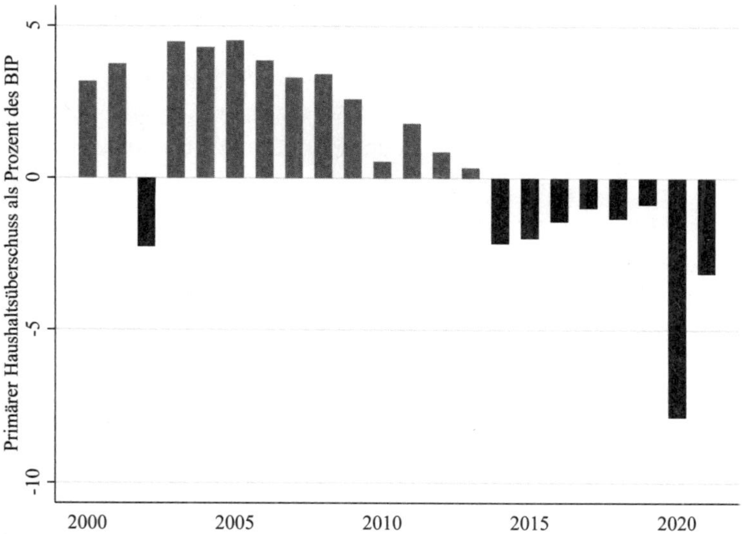

Abb. 14-1: Brasiliens primärer Haushaltsüberschuss/-defizit als prozentualer Anteil am BIP.
Quelle: Trading Economies 2021

Generell ist die Kreditaufnahmefähigkeit von Schwellenländern begrenzt, da die Institutionen schwächer sind und Schattenwirtschaft, in der keine Steuern gezahlt werden, verbreiteter ist. Der Fiskalpolitik ein solides Fundament zu geben sorgt für Transparenz und Glaubwürdigkeit. Sie sind von zwei Bedingungen abhängig: Erstens gewährleistet eine breite politische Unterstützung, dass die fiskalischen Pläne bei einem Regierungswechsel nicht vollkommen umgeworfen werden. Zweitens ist zur Überzeugung des privaten Sektors ein verständliches und glaubwürdiges Konzept der Regierung erforderlich, in dem sie darlegt, wie Bilanzen in Zukunft ausgeglichen werden. Solche Rahmenbedingungen sollen dafür sorgen, dass die Fiskalpolitik nicht eine von den Finanzmärkten getriebene ist, bei der in der Krise Austeritätsmaßnahmen durchgesetzt werden müssen.

Es ist bemerkenswert, dass sich in der Vergangenheit viele Schwellenländer für eine solche, nämlich prozyklische Fiskalpolitik[26] entschieden haben, so auch Brasilien. Wurde die fiskalische Kapazität während eines Booms durch große Investitionsprogramme weitgehend ausgeschöpft, bleibt wenig Spielraum, um auf Rezessionen zu reagieren, und eine Falle tut sich auf. Eine unzureichend expansive Gelpolitik bei Konjunkturrückgang kann die Abschwungsphase verlängern. Zudem hat die Fiskalpolitik nicht viele Handlungsmöglichkeiten, weil die Finanzmärkte hohe Zinsen fordern.

Fiskalische Puffer durch Sonderziehungsrechte des IWF

Unmittelbare fiskalische Erleichterung für die Entwicklungs- und Schwellenländer lässt sich – wie es US-Finanzministerin Janet Yellen Ende Februar 2021 forderte[27] – auch mit der Zuteilung von mehr Sondererziehungsrechten (SZR) [28] vom IWF erreichen, welche die Länder dann nach einem festgelegten Verhältnis in US-Dollar oder andere harte Währungen umwandeln können. Bei den SZR handelt es sich um ein Reserveguthaben, das in einem vom IWF verwalteten Korb verwahrt wird. Derzeit sind in diesem Währungskorb US-Dollar, Euro, Renminbi, der japanische Yen und das britische Pfund vertreten.

Die Sonderziehungsrechte erfüllen, wenn auch mit großen Einschränkungen, die drei Funktionen von Geld. Sie sind eine zuverlässige und stabile Rechnungseinheit, die als Korb der wichtigsten Währungen definiert ist. Zweitens sind SZR ein Wertaufbewahrungsmittel. Ihr Wert ist stabiler als der von einzelnen Währungen und kann als wertvolle Reserve für Zentralbanken dienen.

Drittens sind SZR als Tausch- und Zahlungsmittel aber äußerst limitiert. Die SZR sind ein geschlossenes System, das nicht mit anderen Währungs- und Finanzsystemen interagiert. SZR können nur zwischen den Teilnehmern des Systems übertragen werden, also Regierungen, Zentralbanken und internationalen Institutionen. Mit den SZR kann man nur Zahlungen zwischen diesen offiziellen Stellen abwickeln, das heißt, private Akteure haben keinen Zugang zu SZR und können sie daher nicht für private Transaktionen nutzen, um Zahlungen untereinander zu tätigen oder zu erhalten. Selbst innerhalb der SZR-Abteilung sind Zahlungsabwicklungen nicht ohne weiteres möglich. Die Empfängerseite muss in gewissem Maße der Bezahlung in SZR zustimmen.

Nachdem neue SZR gewährt werden, können sich die Mitgliedsländer des IWF an eine der führenden Zentralbanken, wie die US-amerikanische Fed oder die EZB, wenden, um die Sonderziehungsrechte in ihre Währung einzutauschen und so mehr finanzpolitischen Spielraum zu generieren. Die Zentralbank »druckt« dann einfach die Währung, es werden also neue Dollars oder Euro ausgegeben, und die Zentralbank schreibt die SZR in ihrer Bilanz auf die Aktivseite. Das Land, das die harte Währung erhält, kann diese dann ohne weitere Auflagen ausgeben. SZR stellen einem Land also unverzüglich weitere Fremdwährungsreserven zur Verfügung, die es zur Erweiterung des finanzpolitischen Spielraums verkaufen, oder mit denen es Zahlungen an Zentralbanken anderer Länder tätigen kann.[29] Vor allem aber können verschuldete IWF-Mitgliedsländer damit fällige Schulden tilgen, etwa bei der chinesischen Regierung.

Ein weiterer Vorteil ist ein politischer. Im Gegensatz zu vielen anderen Programmen des IWF sind an die Sonderziehungsrechte keine Bedingungen, wie beispielsweise die Durchführung von Reformen, geknüpft. Sie würden allen Ländern zugutekommen, selbst denen, die keine Reformbemühungen anstreben.[30]

Im Grunde sind SZR eine Mischung aus Geld- und Fiskalpolitik. Zwar ist die Transaktion an sich monetär, sie hat aber eine deutliche fiskalische Komponente und steht für eine Einigung über zukünftige offizielle Hilfe. Doch welche Vorteile bieten die SZR gegenüber den direkten Hilfen einer Entwicklungsbank? Da wäre vor allem die internationale Koordination zu nennen, denn der Einsatz von Sonderziehungsrechten holt viele Länder an einen Tisch. Ein weiterer »Vorteil« ist ein Argument politischer Natur: Durch SZR können Industrieländer mit neu gedrucktem Geld Hilfe leisten, anstatt diese aus ihrem Staatshaushalt zu finanzieren. Verhandlungen über das Haushaltsbudget sind ein langwieriger parlamentarischer Prozess, SZR werden daher politisch leichter durchzusetzen sein. Mit der Zuweisung inländischer Ressourcen für internationale Hilfe riskiert man außerdem negative Presse im eigenen Land.

Dennoch gibt es Stimmen, die sich gegen den vermehrten Einsatz und eine zusätzliche Gewährung von SZR aussprechen, da sie im Grunde nicht als fiskalische Entlastung gedacht sind, sondern die Bereitstellung internationaler Liquidität ermöglichen sollen.[31] Das Ziel sollte sein, kurzfristige Engpässe zu überbrücken. Außerdem ist der Umfang der impliziten fiskalischen Transfers durch die SZR gering im Vergleich zu der Entlastung, die die Entwicklungs- und Schwellenländer eigentlich benötigen.

UMSCHULDUNG

Der Erlass großer Teile der Schulden in Krisenzeiten verschafft Ländern mehr Luft zum Atmen und eine Chance, sich wieder zu erholen. Die Möglichkeit einer Umschuldung kann daher ein wichtiges Resilienz-Element sein. Entscheidend ist jedoch, dass sie effizient und schnell durchgeführt wird, im Gegensatz zur aktuellen Situation, in der die Umschuldung bis zu sechs Jahre dauern kann. Diese Ineffizienzen bei der Umschuldung machen den gesamten Prozess unpraktisch, da sich die Länder um die Überbrückungsfinanzierung für die Dauer des Umschuldungsprozesses sorgen. Da hohe Haushaltsdefizite während der Covid-Krise die Staatshaushalte weiter belasten, könnte die Belastung durch die Staatsverschuldung nach der Krise noch einmal erheblich wachsen.

Nicht tragbare Verschuldung

Da die Covid-Krise zu sinkenden Steuereinnahmen führt, während gleichzeitig die Staatsausgaben steigen, geraten die Staatshaushalte unter Druck. Dies kann dazu führen, dass Rating-Agenturen die Bonität eines Landes herabstufen, wie zum Beispiel bei Kolumbien im Mai 2021 geschehen,[32] oder zu einem teilweisen Zahlungsausfall führen, wie bei Sambia im November 2020.[33] Länder wie Ghana oder Angola, die 50 % ihres Staatshaushaltes nur für Zinszahlungen ausgeben, geraten ebenfalls unter Druck.[34] In allen Fällen besteht die Gefahr, dass die angespannte fiskalische Situation die Kosten für die Aufnahme neuer Schulden erhöht, was die Schulden potenziell nicht tragfähig macht.

Einige Ökonomen unterscheiden zwischen »den guten, den schlechten und den hässlichen« Schuldenproblemen.[35] Wenn Schuldenprobleme als Ergebnis großer, öffentlich finanzierter, wachstumsfördernder Investitionsprogramme angehäuft wurden, stellt dies eine »gute« Verschuldung dar. Immerhin hat sich der Kapitalstock des Landes erhöht und damit das potenzielle BIP gesteigert. »Schlechte« Schulden sind Ausgaben, die letztlich vergeudet wurden, was zu einem Schuldenüberhang und potenziellen langfristigen ökonomischen Narben führen kann. »Hässliche« Schulden schließlich sind Schulden, die in Korruption fließen oder auf private Konten in Steueroasen umgeleitet werden.

Schulden sind auch belastender, wenn sie nicht in der eigenen Landeswährung denominiert sind. In den 1980er und 1990er Jahren war die Hauptursache für Währungskrisen die Fremdwährungskreditaufnahme durch den Staat. Wenn die heimische Währung abwertete, ging plötzlich der Wert der US-Dollar-Schulden in die Höhe. Glücklicherweise wurde diese Erbsünde in den letzten Jahrzehnten für die Staatsschulden der Schwellenländer weitgehend überwunden.[36] Allerdings erfolgt die private Schuldenaufnahme oft noch in Fremdwährungen und das Wechselkursrisiko bleibt bestehen.

Proaktive Politik und Prokrastination

Wenn Schuldenprobleme auftauchen, haben Länder zwei Möglichkeiten: entweder proaktiv handeln oder zögern.[37]

Eine solide Politik, ein gutes Schuldenmanagement, ein IWF-Programm und eine »freiwillige« Umschuldung können dazu beitragen, die fiskalische Last zu reduzieren und die Risiken einer hohen Verschuldung zu mindern.

Prokrastination ist aber wesentlich häufiger als eine proaktive Politik zur Minderung der öffentlichen Schuldenlast. Die Tendenz der Länder, den Umstrukturierungsprozess zu verzögern, verstärkt die Probleme.[38] Prokrastination erfolgt aus mindestens zwei Gründen. Erstens könnte eine Umschuldung die Fähigkeit eines Landes beeinträchtigen, in der Gegenwart auf den Staatsschuldenmärkten Kredite aufzunehmen. Eine Überbrückungsfinanzierung durch den IWF sollte in diesen Fällen einen Anreiz für die Regierung darstellen, den Neuverhandlungsprozess früher zu beginnen und die Gläubiger bei der Umstrukturierung der Schulden ins Boot zu holen. Zweitens können notwendige fiskalische Anpassungen bei inländischen Wählern sehr unpopulär sein.

Die Hoffnung stirbt bekanntlich zuletzt, und so kann es politisch opportun sein, die Lösung des Fiskalproblems auf die lange Bank zu schieben, anstatt harte Einschnitte zu verkünden.

Das Holdout-Problem, Collective Action Clauses und der Pariser Club

Eine weitere Herausforderung ist das Holdout-Problem, das eine Koordination unter den vielen Gläubigern erfordert. Kein Kreditgeber möchte der erste sein, der Zugeständnisse macht, da dies indirekt anderen Kreditgebern zugutekommt, deren Chance auf eine vollständige Rückzahlung sich verbessert, wenn einige Gläubiger auf Teile ihrer Ansprüche verzichten, das heißt einen Haircut vornehmen.

In den 1980er Jahren wurden Staatsschulden oft nur von einigen wenigen großen amerikanischen und europäischen Banken gehalten. Der Pariser Club, der die wichtigsten Gläubigerländer umfasste, konnte daher die Schuldenverhandlungen koordinieren. Da in den letzten Jahrzehnten Hedgefonds und viele andere institutionelle Investoren in den Markt für Staatsschulden eintraten, sind Verhandlungen, an denen alle Gläubiger beteiligt sind, mittlerweile nicht mehr zu koordinieren. Als Argentinien im Jahr 2002 zahlungsunfähig wurde, lehnten beispielsweise der Hedgefonds Elliott Management und einige andere Gläubiger, die insgesamt 7 % der ausgefallenen Schulden hielten, einen 70-prozentigen Schuldenschnitt ab. Stattdessen klagte Elliott mehr als ein Jahrzehnt lang gegen Argentinien. Letztendlich kam es zu einem gerichtlichen Vergleich, bei dem Argentinien nach vielen Irrungen und Wirrungen, einschließlich der Beschlagnahmung eines argentinischen Schiffes in Ghana, zustimmte, die Schulden zurückzuzahlen.[39]

Zurzeit gibt es keinen einheitlichen Ansatz dafür, den Konkurs eines Landes in einem effizienten und transparenten Prozess abzuwickeln. Um den Gesamtprozess zu formalisieren und von der derzeitigen Einzelfallbetrachtung wegzukommen, wurden 2002 Vorschläge für einen Mechanismus zur Restrukturierung von Staatsschulden (Sovereign Debt Restructuring Mechanism, SDRM) entwickelt.[40] Die zugrunde liegende Idee besteht darin, eine Art Konkursrecht für Staaten zu schaffen, ähnlich dem Konkursrecht für Firmen, das einheitliche Richtlinien für die Abwicklung von Unternehmensinsolvenzen bietet. Allerdings haben diese Vorschläge bisher nicht zu greifbaren internationalen Vereinbarungen geführt. Stattdessen hat man sich für Collective Action Clauses (CACs) entschieden, die verhindern, dass eine kleine Minderheit von Anleihegläubigern eine Einigung mit der großen Mehrheit der Anleihegläubiger blockieren kann. Eine Einigung zur Umschuldung wird für alle Gläubiger rechtsverbindlich, wenn die große Mehrheit zustimmt. Solche CACs sind jedoch nicht in alten Schuldverträgen enthalten. Auch neue Schuldtitel wie beispielsweise ölgedeckte Kredite, die durch natürliche Ressourcen besichert sind, fallen oft nicht unter die CACs.

Eine weitere Herausforderung für die Schuldenbeschränkung ist die unscharfe Unterscheidung zwischen privaten und öffentlichen Kreditgebern. Die chinesische Entwicklungsbank versucht, ihren Status als privater Kreditgeber beizubehalten, damit sie nicht von Zugeständnissen und Schuldenreduzierungen des öffentlichen Sektors betroffen ist.

Die Lösung des Holdout-Problems ist noch schwieriger, da weder der Gesamtbetrag der Schulden noch die Identität der Kreditgeber typischerweise öffentlich bekannt sind. Es gibt keine Statistiken über Kredite, die Regierungen bei verschiedenen Quellen aufgenommen haben, sodass kein Gläubiger das genaue Ausmaß der Verpflichtungen der Regierung gegenüber anderen Gläubigern kennt. Jüngste Untersuchungen des Peterson Institute of International Economics deckten auf, dass viele chinesische Schuldner durch ausdrückliche Klauseln daran gehindert werden, ihre Schulden offenzulegen. Darüber hinaus vereinbaren die Schuldner, ihre Kreditaufnahme bei China von einer kollektiven Umschuldung fernzuhalten, und in einigen Fällen gewähren sie China recht indirekten Einfluss auf die Innen- und Außenpolitik.[41] China wird als großer Gläubiger der Schwellenländer eine entscheidende Rolle im Umschuldungsprozess spielen.

Reprofilierung

Konzeptionell ist eine Sonderform der Umschuldung die Reprofilierung, bei der anstelle eines expliziten Schuldenerlasses lediglich die Laufzeit der Schulden verlängert wird. Reprofilierung ist sinnvoll, wenn die Verschuldung grundsätzlich tragbar ist, aber das Land einem Refinanzierungsrisiko ausgesetzt ist.

Das Refinanzierungsrisiko kann zu einem Run auf die Schulden führen. Wenn Schulden fällig werden, müssen Regierungen oft Teile oder die Gesamtheit dieser Schulden refinanzieren: Wenn Gläubiger A, dessen Schulden diese Woche fällig werden, erwartet, dass Gläubiger B die Schulden eines Landes in der nächsten Woche nicht refinanziert, wird er sie wahrscheinlich auch nicht refinanzieren. Sonst würde man riskieren, dass die Schulden nicht vollständig zurückgezahlt werden, wenn Investor B keine Verlängerung der Finanzierung gewährt. Man kann sich leicht vorstellen, wie dies zu einer Kette von abgebrochenen Refinanzierungen führt, die in einem Run auf die Schulden und dem Bankrott des Staates gipfeln. Ein zweites Gleichgewicht, bei dem Investor A erwartet, dass alle nachfolgenden Investoren die Schulden refinanzieren, und daher ebenfalls refinanziert, ist in der Regel vorzuziehen.

Um solche reinen Liquiditätsprobleme abzumildern, können erzwungene Refinanzierungen, manchmal auch Schuldenreprofilierung genannt, eine Lösung darstellen. Dabei werden die Schulden nicht erlassen, sondern nur aufgeschoben. Kein Investor muss einen Nominalverlust hinnehmen, aber das Land profitiert sofort von der längeren Fälligkeitsstruktur der Schulden.

Schulden aussetzen – ein gemeinsamer Rahmen

Ein konkretes Beispiel für die Reprofilierung war die Initiative der G20 zur Aussetzung des Schuldendienstes ab April 2020, die sich an die Staatsschulden von Ländern mit niedrigem Einkommen richtete. Alle Entwicklungsländer, die der Initiative zugestimmt haben, müssen bis zum 30. Juni 2021 keine Schuldendienstzahlungen von Staat zu Staat leisten.[42] Die Regelung sorgt also für eine sofortige fiskalische Entlastung, zumindest bei den Schulden gegenüber anderen Regierungen oder deren staatlichen Banken.[43] Ein weiterer entscheidender politischer Vorteil der Schuldenaussetzungsinitiative DSSI war, dass sie China als eines der G20-Mitglieder in den Prozess der Umschuldung mit ins Boot holte.

Da Kredite von Privaten (meist Banken) nicht einbezogen wurden, lief das DSSI nur auf eine Umschuldung von Schulden gegenüber öffentlichen Gläubigern hinaus und kam somit privaten Gläubigern zugute. Sie sollen wie vereinbart bedient werden, während die öffentlichen Gläubiger in der Warteschlange der Gläubiger nach unten rücken. Das neue Common Framework der Weltbank und des IWF zielt darauf ab, die Struktur des DSSI zu verallgemeinern. Das Rahmenwerk würde einen koordinierten Ansatz zur Umschuldung für 73 einkommensschwache Länder anwenden, die für das DSSI infrage kommen. Neben den traditionellen Mitgliedsländern des Pariser Clubs, hauptsächlich aus Nordamerika und Europa, würde das neue gemeinsame Rahmenwerk auch Indien, China, Saudi-Arabien und die Türkei mit einbeziehen. Wenn ein anspruchsberechtigtes Schuldnerland das neue gemeinsame Rahmenwerk aufruft, würde die Restrukturierungslast gleichmäßig auf alle am gemeinsamen Rahmenwerk teilnehmenden Gläubiger verteilt werden. Ein weiteres wichtiges Element des gemeinsamen Rahmens ist die Gleichbehandlung. Private Gläubiger sollen nicht günstiger behandelt werden als öffentliche. Dies könnte dazu beitragen, dass privat gehaltene Schulden in den Schuldendienst einbezogen werden. Letztlich kann eine neue Schuldenrestrukturierung nur dann erfolgreich sein, wenn der Mechanismus Zuckerbrot und Peitsche für die Gläubiger beinhaltet, um sicherzustellen, dass andere Gläubiger daran teilnehmen.

Neue Schulden

Eine weitere Sorge ist, dass eine Umschuldung zu neuen »schlechten oder hässlichen« Schulden einlädt, da sie die bereits bestehende Schuldenlast mindert. Sobald die Schulden umgeschuldet sind, erlangen die Regierungen einen gewissen fiskalischen Spielraum zurück und könnten weitere nicht durchhaltbare Ausgaben tätigen. Ohne die richtigen Anreize könnten die neuen Schulden aber auch für nicht nachhaltige, unproduktive Ausgaben genutzt werden. In einem solchen Szenario bietet die Umschuldung zwar eine kurzfristige Lösung, aber keine zusätzliche langfristige Belastbarkeit. Neue hässliche Schulden könnten das Land sogar in eine schlechtere Lage manövrieren als zuvor.

15. Eine neue Weltordnung

Da die gesamte Menschheit in Corona einen gemeinsam Gegner[1] hatte, wäre ein multilateraler Koordinierungsansatz die erfolgversprechendste Herangehensweise gewesen, um die Resilienz zu stärken und die vielen dringliche Herausforderungen anzugehen – von der Implementierung von Reisebeschränkung bis hin zur Entwicklung effizienterer Tests und eines Impfstoffes. Aber trotz zahlreicher Vorschläge kam keine wirklich weltweit agierende Initiative zustande. Stattdessen traten während Corona die schon bestehenden internationalen Spannungen stärker hervor. Während die USA unter Trump die Füße auffällig still hielten, als es darum ging, eine globale Führungsrolle bei der Pandemiebekämpfung anzunehmen, ging Chinas »Maskendiplomatie«, im Zuge deren das Land im März 2020 versuchte, Maskenlieferungen mit diplomatischen Zielen zu verbinden, letztlich nach hinten los. Um die Jahreswende zu 2021 bildete sich dann eine Impfdiplomatie heraus, die genauso darauf aus ist, Chinas Image im Ausland aufzupolieren.[2] Die USA verfolgten anfänglich eine Amerika-first-Strategie und lieferten keine US-Impfungen ins Ausland. Die EU exportierte dafür 40 Prozent ihrer produzierten Impfprodukte.[3] Auch Indien exportierte große Mengen an Impfstoff, bevor es im Frühjahr 2021 von der zweiten Welle getroffen wurde und die Lieferungen ins Ausland vorübergehend einstellte.[4] Zu den Impfexporteuren in Schwellenländer gehört auch China.

Diese strategischen Rivalitäten spiegeln die größeren, durch Chinas Aufstieg und die Globalisierung bedingten Veränderungen wider. Mit zunehmender globaler Interdependenz in den letzten 40 Jahren wurden die Vorteile aus dem Handel maximiert. Die Länder spezialisierten sich auf ihre komparativen Vorteile und das Welthandelsvolumen wuchs beträchtlich – insbesondere nachdem

China sich in den 1970er-Jahren dem Kapitalismus öffnete und der Eisernen Vorhang zu Osteuropa 1989 fiel.

Die wirtschaftliche Integration schadete der Resilienz jedoch auch. Manche Firmen verließen sich auf Zulieferer aus anderen Teilen der Welt, oftmals ohne Diversifizierung der Lieferketten. Als sich Corona im Frühling 2020 verbreitete und die Länder sich um die Versorgung mit Gesichtsmasken und persönlicher Schutzausrüstung kümmern mussten, stellten einige mit Schrecken fest, wie importabhängig sie waren.

In diesem Kapitel werden verschiedene Aspekte der Globalisierung untersucht, angefangen mit einer Diskussion zur Geopolitik und der Fragestellung, wie die Coronakrise die Weltordnung verändert. Darauf aufbauend, beleuchten wir das Finanzwesen und den Handel auf globaler Ebene näher und wie sie mit der Resilienz zusammenhängen.

GEOPOLITIK UND WELTORDNUNG

Geopolitik im traditionellen Sinne beschreibt, inwiefern geografische Gegebenheiten wie natürliche Grenzen die internationale Politik beeinflussen. Bei der modernen Definition von Geopolitik dreht es sich jedoch oftmals eher um ein Nullsummenspiel der Länder: Der Gewinn eines Landes wird als der Verlust eines anderen angesehen. Diese Dynamik steht jedoch in einem natürlichen Spannungsverhältnis mit Situationen, in denen eine internationale politische Koordination für alle Parteien vorteilhaft sein kann. Corona-Impfstoffe sind hier ein Paradebeispiel.

Mit Impfstoffen können Produzentenländer oder solche mit Überkapazitäten unter Umständen auch internationalen Einfluss gewinnen. Wer Impfdosen weitergibt, darf auf unmittelbare politische Vorteile hoffen oder kann Bonuspunkte für später sammeln.

Geopolitik ist Teil der Weltordnung, die sich anhand zweier Kriterien charakterisieren lässt. Erstens geht es darum, ob Vereinbarungen multilateral mithilfe internationaler Institutionen oder bilateral zwischen den Ländern getroffen werden. Nachdem wir dies näher beleuchtet haben, werden wir zwischen einer institutionenbasierten Ordnung und einer ergebnisbasierten internationalen Ordnung unterscheiden.

Stabilität in einer komplexer werdenden Welt

Die Weltordnung kann grundsätzlich entweder multilateral oder bilateral aufgestellt sein. In einem multilateralen Modell, in dem oftmals internationale Institutionen eine Rolle spielen, gibt es umfassende Übereinkünfte, die viele Länder auf der ganzen Welt miteinbeziehen. Hinzu kommen regionale multilaterale Zusammenschlüsse, wie die EU, ASEAN oder regionale Handelsabkommen. Die Alternative dazu wäre eine bilaterale Weltordnung, in der Länder paarweise über Abkommen verhandeln. Das hätte vor allem Vorteile für einflussreiche Nationen mit ihrer überlegenen Verhandlungsposition in allen bilateralen Verhandlungen.

Die neue Ordnung nach dem Zweiten Weltkrieg wurde vor allem von Regeln und internationalen Institutionen geprägt.[5] Multilaterale Institutionen wie die Vereinten Nationen, die Welthandelsorganisation (WTO), der Internationale Währungsfonds (IWF), die Weltbank und die Weltgesundheitsorganisation (WHO) sind von zentraler Bedeutung für die Gestaltung der Weltordnung und bieten der internationalen Gemeinschaft eine Plattform, um politische, wirtschaftliche oder soziale Herausforderungen zur Sprache zur bringen.

Diese regelbasierte oder institutionsorientierte Weltordnung bietet Stabilität in einer immer komplexer werdenden Welt und wirkt unerwünschten Rückkopplungsschleifen wie Handels- oder Währungskriegen entgegen. Dafür kann sich ein regelbasiertes System bei einem plötzlichen Schock weniger flexibel anpassen. Regelbasierte Empfehlungen stützen sich natürlich auch nur auf ungewisse Zukunftsannahmen, was der Resilienz schaden könnte, sollte die Wirtschaft sich plötzlich nachhaltig verändern. Außerdem schränkt es die starken Parteien ein, wenn sie sich aufgrund der Regulierungen durch internationale Institutionen allesamt an die gleichen Regeln halten müssen.

Eine ergebnisorientierte internationale Ordnung, in der Institutionen eine weitaus geringere Rolle spielen, ist flexibler, besonders bei unerwarteten Schocks wie der Coronakrise, möglicherweise aber auch erheblich instabiler. Ohne eine globale Regulierung des Handels oder des internationalen Geldsystems drohen Währungs- und Handelskriege. Die ergebnisorientierte Herangehensweise schränkt die mächtigsten Nationen weit weniger ein als multilaterale Vereinbarungen. Aber in einem institutionenbasierten System werden sie über die Regulierungen mitentscheiden.

An internationale Übereinkommen können sich Merkmale beider Ansätze zeigen. Das Pariser Klimaabkommen ist mit seinem Zwei-Grad-Ziel ergebnisorientiert, aber auch multilateral.[6] Die Geldpolitik der Europäischen Zentralbank hingegen ist multilateral, wenn auch regelbasiert.

Multilaterale Ansätze bei der Impfstoffentwicklung

Zusammenarbeit über die Ländergrenzen hinweg war im Rahmen der ersten Forschung an einem Corona-Impfstoff natürlich besonders wichtig, als es um die internationale Finanzierung der Entwicklung ging. Die Länder wussten anfangs noch nicht, wie erfolgreich ihre Studien verlaufen würden, daher wollte man sich für den Fall absichern, dass aus dem eigenen Impfstoff nichts würde. Es schien also eine gute Idee zu sein, eine globale Initiative zu gründen, welche Mittel bündeln und einen erfolgreichen Impfstoff unter allen Mitgliedern verteilen würde. Berechnungen zufolge müsste jedes Land dafür lediglich 0,15 Prozent seines BIP investieren.[7]

Als im Dezember 2020 jedoch mehrere Impfstoffe entwickelt waren, rückte der Plan in den Hintergrund. Die Möglichkeiten für internationale Zusammenarbeit sind dabei längst noch nicht ausgeschöpft. Die globale Impfstoffverteilung berührt einige sensible Themen, und weder die USA noch andere Länder wollten eine

Führungsrolle einnehmen.[8] Die WHO fährt mit COVAX einen internationalen Ansatz. Mit der Finanzierung durch Geberländer, die Weltbank und private Stiftungen wie die Bill and Melinda Gates Foundation will COVAX den Impfzugang für arme Länder sicherstellen. Im Dezember 2020 standen dafür schon 2 Milliarden Dosen bereit, die unter den teilnehmenden 190 Ländern verteilt werden.[9] Zudem geben Länder, die weitaus mehr Impfdosen erwarben, als sie Einwohner haben, ihre überschüssigen Impfungen entweder an COVAX weiter oder lassen sie anderweitig den Ländern zukommen, die nicht über genug Impfstoffzusagen verfügen.[10] Oftmals nutzen Länder, die sich überschüssigen Impfstoff gesichert haben, diesen auch für ihre geopolitischen Zwecke.

Die Beziehungen zwischen den USA und China

Der große Machtkampf zwischen China und den USA, der sich am Handelskrieg sowie beim Wettrennen um Tech-Standards (zum Beispiel die Kontroversen um Huawei 5G und TikTok) schon vor Corona zeigte, dehnt sich weiter aus und schadet der globalen Resilienz.[11] Der auf Autarkie ausgerichtete chinesische Strategieplan Made in China 2025 verdeutlicht den Aufstieg und die Ambitionen des Landes.

Weitere Tech-Schlachtfelder sind der Versuch, die Herzen der jungen Generation zu gewinnen und Einfluss auf sie zu nehmen, sowie der Datenschutz. Auf digitaler Ebene ist die Beziehung zwischen offenen und autoritären Systemen äußerst asymmetrisch. China lässt einerseits viele US-Technologieunternehmen nicht auf seinen Markt, kann aber die US-Jugend und andere westliche Gesellschaften mit seinen Apps wie TikTok beeinflussen. Zumindest auf einer Seite bestehen also digitale Grenzen. Werden diese in Zukunft noch undurchlässiger, und werden sie einseitig bleiben, oder wird bald von beiden Seiten gemauert? Und damit nicht genug der Fragen: Was bedeutet eine solche Aufteilung des Internets für die Wirtschaft? Und wem gehören die Daten?

Der Tech-Wettbewerb wird natürlich nicht auf diese beiden Länder beschränkt bleiben, digitale Grenzen drohen sich zu einem weitaus größeren Problem zu entwickeln. Als es Anfang Mai 2020 zwischen China und Indien zu Grenzkonflikten im Himalaya-Gebiet kam, tat sich dem Silicon Valley die Chance auf, in den großen indischen Markt einzusteigen, der bisher hauptsächlich von chinesischen Tech-Firmen dominiert wird.[12]

Im selben Monat verglich Larry Summers die Beziehung zwischen China und den USA mit der zweier Schiffbrüchiger, die zusammen in einem Rettungsboot sitzen. Selbst wenn beide Seiten einander feindlich gesinnt sind, braucht es zwei zum Rudern des Boots, und man muss zusammenarbeiten.[13] China versucht, seine Macht im Ausland auszuweiten, beispielsweise durch die Belt and Road Initiative. Indem Straßen, Brücken und Häfen für eine »neue Seidenstraße« gebaut werden – mit Infrastruktur von den Pazifikhäfen Shanghais bis zu den Atlantik- und Nordseehäfen Europas –, kann China Einfluss auf die beteiligten Länder gewinnen. In Sri Lanka, Pakistan oder Dschibuti wurden bereits Infrastrukturprojekte finanziert.[14] Einige befürchten, dass die Kredite, mit denen die Länder diese Projekte finanzieren, später für finanzielle Abhängigkeiten sorgen. Verdeckte Staatsverschuldung verschärft die Problematik der asymmetrischen Information, sollte in Zukunft eine Umschuldung notwendig werden.

Ähnlich sind Australien, Japan, Indien und die USA – die sogenannte Quad-Gruppe – allesamt zutiefst besorgt über Chinas Expansion im Indopazifik, wo sich die Spannungen in letzter Zeit verschärft haben.[15]

Das Freihandelsabkommen Regional Comprehensive Economic Partnership (RCEP), das im November 2020 von China und 14 weiteren Ländern um den Pazifik unterzeichnet wurde, verdeutlicht Chinas wachsenden Einfluss in Südasien. Es ersetzt das Abkommen »Transpazifische Partnerschaft«, mit dem die USA unter Obama versucht hatten, alle asiatischen Länder, vorerst ohne China, in ein Boot zu holen. Präsident Trump zog sich jedoch nach Amtsantritt aus dem noch nicht unterzeichneten Abkommen zurück.[16] Die Unterzeichnung eines ähnlichen, wenn auch weniger ehrgeizigen Freihandelsabkommens mit China anstatt den USA als Hauptland stellt die ursprünglichen Bestrebungen auf den Kopf. RCEP ist derzeit die größte Freihandelszone der Welt und »umfasst nahezu ein Drittel der Weltwirtschaft«.[17]

Die seit Januar 2021 regierende Biden-Administration hat Trumps bilateralen America-first-Ansatz gegen einen multilateralen eingetauscht und hebt die Bedeutung multilateraler Bündnisse hervor. Eine der ersten Amtshandlungen war es, im Rahmen einer umfassenderen Strategie zur Eindämmung des chinesischen Einflusses mit den Quad-Mitgliedern einen Plan zur Covid-Impfstoff-Verteilung in die asiatischen Länder zu schmieden. [18] Dabei spielt die indische Impfstoffproduktionskapazität eine wichtige Rolle. Da die USA kein Vakzin exportieren würden, bevor die US-Bevölkerung geimpft wäre, hing die Welt stark von den indischen Lieferungen ab. Indien versuchte mit seinen Impfstoffzusagen zum Teil auch, Einfluss zu gewinnen – vor allem im Wettlauf mit China.[19] Die indische Regierung dürfte dies während der zweiten Coronawelle im Mai und April 2021 bereut haben, als das Land täglich die meisten Corona-Toten weltweit verzeichnete.

Die Spannungen zwischen den USA und China traten im März 2021 bei einem konfliktgeladenen Treffen zwischen US-Außenminister Blinken, dem Nationalen Sicherheitsberater der USA Jake Sullivan und ihren chinesischen Amtskollegen, Politbüromitglied Yang und Staatsrat Wang, in Anchorage, Alaska, deutlich hervor. Dabei setzten sich die USA für eine regelbasierte Weltordnung ein, während die chinesischen Amtsträger betonten, es gebe zwei verschiedene Arten von »Demokratie« auf der Welt und es sei »wichtig für die Vereinigten Staaten, an ihrem eigenen Image zu arbeiten und aufzuhören, ihr Demokratieverständnis in der restlichen Welt zu verbreiten«. Denn der »Westen repräsentiert nicht die öffentliche Meinung der gesamten Welt«. Hieran wird deutlich, wie unsicher es ist, ob wir in Zukunft eine gemeinsame Weltordnung haben werden oder gar eine fortschreitende Polarisierung, die die Länder in zwei Blöcke, zwei konkurrierende Systeme – eines China, eines den USA zugewandt – spaltet.[20]

In einem solchen Konflikt zwischen zwei Parteien kann Europa eine wichtige Position einnehmen. China hat sich mit seinen Investitionen in östliche EU-Mitglieder während der Euro-Krise ein gutes Standing in Europa verschafft. Der Hafen im griechischen Piräus, Europas siebtgrößter, der von der chinesischen Rederei Cosco aufgekauft wurde, ist nur ein Beispiel dafür. Während der Coronakrise wurde Chinas Außenpolitik sehr viel weniger diplomatisch. Die sogenannte Maskendiplomatie sorgte für Spannungen, als China sich als größter Wohltäter Italiens darstellen wollte.

Als Corona erstmals im chinesischen Wuhan aufkam, sandten europäische Firmen im Januar und Februar 2020, ohne großes Aufsehen, medizinische Ausrüstung nach China. Später, als sich im März 2020 in Europa die Pandemie ausbreitete, verschickte China – einer der weltweit wichtigsten Lieferanten von unerläslicher medizinischer Ausrüstung – Tausende Gesichtsmasken, Test-Kits und Beatmungsgeräte in die ganze Welt.[21] Das Drängen auf umfangreiche Medienberichterstattung und der Versuch, einen Keil zwischen die EU-Länder zu treiben, löste eine heftige Gegenreaktion aus und verärgerte europäische Diplomaten. Im Verlauf des Jahres 2020 behauptete China sogar, dass das Virus tatsächlich ursprünglich aus Europa stamme.

Der Westen versucht seinerseits, demokratische Werte und Menschenrechte in China voranzutreiben. Anstatt sich mit einer bipolaren Welt abzufinden, baut Deutschland auf das Prinzip »Wandel durch Handel«. Trotz aller wirtschaftlicher Verbindungen gibt es jedoch keine Demokratisierungsbemühungen im Reich der Mitte.[22] Außenpolitische »Falken« fordern daher in puncto China eine härtere Gangart, die umfangreichen wirtschaftlichen Verflechtungen machen eine Distanzierung aber fast unmöglich – ganz anders als im Kalten Krieg.

Darüber hinaus wird Chinas Umgang mit ausländischen Investoren als äußerst restriktiv angesehen. Während chinesische Staatsunternehmen, und damit indirekt der Staat, strategisch Technologie im Ausland erwerben, reguliert China den Fremdanteil seiner eigenen Firmen streng. Die jüngsten Vorkommnisse vertieften die Gräben noch. Als 2016 eine chinesische Firma den deutschen Roboterhersteller Kuka übernahm, waren viele deutsche Außenpolitiker alarmiert. Aus Angst vor einem Ausverkauf des deutschen Know-hows wurden nach einiger Diskussion die Gesetze für ausländische Anteilhabe an deutschen Unternehmen 2019 verschärft.[23]

Ende 2020 jedoch schloss die EU, mit Deutschland in der Ratspräsidentschaft, das Umfassende Investitionsabkommen (CAI) mit China ab. Es festigt die wirtschaftlichen Beziehungen und erleichtert europäische Investitionen in China, da beispielsweise die Anforderung wegfiel, bei Eintritt auf den chinesischen Markt Joint Ventures mit chinesischen Unternehmen zu bilden.[24] Ob dieses Abkommen ratifiziert wird, ist noch nicht abzusehen. Eine der wichtigsten Fragestellungen der internationalen Beziehungen ist, ob Europa seinen transatlantischen Kontakt zu den USA nach der Ära Trump vertiefen wird oder eine Annäherung an China sucht. Die USA und Europa könnten einen mächtigen Gegenpol zu China bilden, vor allem wenn sie zusammenarbeiten und selbst gemeinsame Standards festlegen würden, was seit dem Scheitern der Transatlantischen Handels- und Investitionspartnerschaft (TTIP) langsamer vonstattengeht.

Im Mai 2021 nahmen Indien und die EU die Verhandlungen über ein Handelsabkommen als Gegengewicht zum chinesischen Einfluss wieder auf.[25] Auffällig ist, dass Indien bewusst dem Handelspakt RCEP zwischen China und seinen wichtigsten Nachbarn im asiatisch-pazifischen Raum eine Absage erteilt hat.

GLOBALES FINANZSYSTEM

Das internationale Zusammenwirken von Staaten und dem Privatsektor ist auf eine stabile und resiliente Weltwährung angewiesen. Im 19. und Anfang des 20. Jahrhunderts übernahm das britische Pfund diese Rolle, während seit dem Zweiten Weltkrieg der US-Dollar weltweit vorherrscht.

Die Rolle des US-Dollars

Der Dollar übernimmt drei wichtige Funktionen in der heutigen Wirtschaft: Er fungiert als internationale Verrechnungseinheit, Tauschmittel und Wertanlage. Der Dollar wird wahrscheinlich auch weiterhin die dominante Währung bleiben, aber sollten die anderen Länder jemals skeptisch gegenüber den US-Schulden werden, könnte das für die USA zum Problem werden. Erste Schwächen zeigten sich im März 2020, als der Markt für US-Staatsanleihen ist Stocken geriet, wie in Kapitel 10 bereits ausführlicher besprochen.

In manchen Ländern ist der US-Dollar die eigentliche Währung, wie zum Beispiel in Ecuador, das über keine eigene Landeswährung verfügt und sich stattdessen vollkommen auf den US-Dollar verlässt, eine gänzlich dollarisierte Wirtschaft. Jedoch nehmen Unternehmen in Schwellen- und Entwicklungsländern mit geringerem Dollarisierungsgrad gerne Kredite in US-Dollar auf und sind somit der US-Geldpolitik unterworfen. Viele Rohstoffe einschließlich Öl werden ebenfalls in dieser Währung fakturiert.

Der US-Dollar wird zudem als Tauschmittel genutzt, ein Großteil des internationalen Handels, ausgenommen die Eurozone und ihre Nachbarn, läuft in US-Dollar ab.[26]

Zu guter Letzt fungiert der US-Dollar auch als Wertanlage für den privaten Sektor, in dem viele Darlehensverträge in US-Dollar abgeschlossen werden, wie auch im öffentlichen Bereich, schließlich ist er die Weltreservewährung. Darüber hinaus gibt es große Offshore-Märkte für US-Dollars, auf denen sie fernab der US-Gerichtsbarkeit gehandelt werden.

Dass ihre Staatsanleihen weltweit als sicher angesehen werden, bedeutet für die USA, dass sie wie eine Investmentbank agieren können: Sie geben niedrig verzinste Anleihen aus und reinvestieren die Mittel in risikoreichere Engagements wie ausländische Direktinvestitionen (FDI), die weitaus mehr Rendite abwerfen.

Einige Länder halten auch Dollar-Reserven, um den lokalen Safe-Asset-Status ihrer inländischen Staatsanleihen zu wahren.

Die Bevölkerung wiederum nutzt diese heimischen Staatsanleihen als Sicherheitspolster im Falle eines individuellen negativen Schocks. Dann nämlich könnten sie die sichere Anlage in der Landeswährung an Landsleute verkaufen. Die inländischen Staatspapiere müssen dafür zuverlässig ihren Wert behalten, da sich ansonsten auch die Bevölkerung auf die US-Staatsanleihen als sichere Anlagen stürzt.

Die globale Flucht in sichere Häfen

Eine großvolumige Kapitalflucht in globale sichere Häfen, typischerweise US-Staatsanleihen, aber auch deutsche Bundesanleihen, kann zu großen Verwerfungen führen.

Dieses Flucht in Staatsanleihen ist wahrscheinlicher, wenn der US-Zins hoch ist; anders gesagt, wenn die US-Notenbank den Zinssatz senkt, können inländische Anleihen leichter ihren lokalen Safe-Asset-Status beibehalten, da ihre Rendite die der US-Staatsanleihen übersteigt. Ist der US-Zinssatz hingegen höher und ein Schock wie die Coronakrise trifft die Weltwirtschaft, wird eine Flucht in sichere Anlagen folgen.

Ein solcher Ansturm auf US-Dollar-Anleihen entwertet die Landeswährungen und steigert den realen Wert der Dollar-Schulden. Da Schwellenländer und insbesondere Firmen in Schwellenländern Schulden in Dollar haben, könnte eine Abwertung nach hinten losgehen und der Resilienz schaden, anstatt eine Konjunkturerholung zu gewährleisten. Andererseits könnte die Abwertung des Wechselkurses Exporte beflügeln. Ein niedriger Wechselkurs sorgt in Schwellen- und Entwicklungsländern für zusätzliche Exportnachfrage aus dem Ausland, da deren Güter nun im Verhältnis billiger sind. Kurzfristig dürfte dies zu einem schnelleren Anstieg des BIP führen.

Dafür steigen die Rohstoffkosten für Importländer bei einer Abwertung der Landewährung an und belasten den Haushalt.

Eine Flucht in sichere Häfen wie im März und April 2020 hatte es noch nie zuvor gegeben, sie bedrohte die Resilienz des gesamten Finanzsystems.

Die Kapitalflucht aus den Entwicklungs- und Schwellenländern erreichte während der Pandemie ein Rekordniveau, sogar im Vergleich mit der Weltfinanzkrise, dem Taper Tantrum (Reaktion auf die Ankündigung der Fed 2013, ihre quantitativen Lockerungen einzuschränken) und dem China-Crash von 2015 und 2016, der Anlagenmärkte auf der ganzen Welt in Aufruhr versetzte. Im März 2020 waren nicht einmal zehnjährige US-Staatsanleihen gut genug, und jeder wollte Zentralbankreserven halten. Erst durch das Eingreifen der Fed, vor allem mit ihren sogenannten Swap-Linien, welche Entwicklungs- und Schwellenmärkten Dollar-Liquidität ermöglichten, stabilisierte sich der Kapitalfluss wieder.

Im Rahmen solcher Swap-Arrangements leiht die Fed ausländischen Zentralbanken effektiv US-Dollar und agiert damit sozusagen als globaler Kreditgeber der letzten Instanz. Die Kapitalabflüsse während Corona waren weitaus gravierender als zur Weltwirtschaftskrise 2008 oder dem Taper Tantrum fünf Jahre später. Es war eine Zitterpartie für die Finanzwelt, als die US-Notenbank 2013 ihre Anleihenkäufe zurückfuhr; die Zinssätze stiegen, und die Entwicklungs- und Schwellenländer gerieten finanziell in die Bredouille.

Als später in 2020 der erste Run auf sichere Anlagen nachgelassen hatte, stiegen die Kapitalzuflüsse in Entwicklungsländer auf Rekordniveau.[27] Während die Zinsraten in den Industrieländern weiterhin fast bei null sind, flossen allein in den ersten drei Wochen des Jahres 2021 17 Milliarden US-Dollar in die Schwellenmärkte, da die Anleger nach höheren Renditen strebten.[28] Die Maßnahmen der US Fed stabilisierten die Kapitalströme und kehrten sie am Ende wieder um. Diese Politik trug erheblich zur Resilienz von Schwellen- und Entwicklungsländern sowie der internationalen Kapitalmärkte bei.

Globaler Finanzzyklus

Da die Schwellenmärkte vom Dollar abhängen, sind sie Teil des globalen Finanzzyklus. Auf eine Risk-Off-Phase mit vorsichtigen Anlegern und einem hohen Risikopreis könnte in der Weltwirtschaft eine Periode mit einem als gering wahrgenommenen Risiko folgen, eine »Risk-On-Phase«. Für Schwellen- und Entwicklungsländer ist es in einem solchen Umfeld geringer staatlicher Zinslast verlockend, eigene lokale sichere Anleihen zu schaffen. Die Bürger und Unternehmen eines Landes halten dann ihre einheimischen Anleihen als Safe Assets, um ihr spezifisches idiosynkratisches Risiko abzudecken, und haben sogar einen Anreiz, wenn die US-Zinsen niedrig sind, in US-Dollar zu leihen. Der relativ günstige US-Dollar-Kreditzins kurbelt das Wirtschaftswachstum an und hält die lokale Safe-Asset-Blase stabil. Wenn dann die Angst vor einer Risk-Off-Phase kommt, droht ein Platzen der Blase. Daher wollen auf einmal alle in US-Treasuries investieren, anstatt in Dollar Schulden zu machen und die Anleihen der Schwellen- und Entwicklungsländer als Sicherheit zu halten. Das Wirtschaftswachstum bricht ein, und die Blase gerät noch stärker ins Zittern.[29]

Spillover-Effekte der US-Geldpolitik

Der globale Finanzzyklus kann vom Hin und Her zwischen Risk-On- und Risk-Off-Phasen getrieben werden, aber auch vom Auf und Ab der US-Zinspolitik. Hohe US-Zinsen entsprechen der Risk-Off-Phase, während niedrige US-Zinsen mit Risk-On-Perioden einhergehen. Daher verursacht die US-Geldpolitik einen großen Spillover-Effekt auf die Entwicklungs- und Schwellenländer. Bei fallenden US-Zinsen fließt Kapital in die Schwellenländer, was deren Wirtschaft ankurbeln kann. Das Ganze kehrt sich aber bei einer Straffung der US-Geldpolitik um, jetzt ist Resilienz gefragt. Die große Abhängigkeit vieler Schwellenländer von der US-Geldpolitik bedeutet für diese Nationen einen Balanceakt, ein Konflikt zwischen heimischen Zielen und externen Anforderungen

Resilienz bei weltweiter Dollarknappheit

Die weltweite Dominanz des US-Dollars zeigt sich am deutlichsten an den riesigen Offshore-Dollarmärkten, auch Eurodollar-Markt genannt. Eurodollars haben nichts mit Euros zu tun, vielmehr handelt es sich dabei um Depots in US-Dollar außerhalb der USA, die nicht unter der Aufsicht der Fed stehen. Der Eurodollar-Markt kam in den 1950er-Jahren auf. Damals gab es strenge Bankregulierungen, wie beispielsweise eine Obergrenze für Einlagezinsen, die einschränkte, wie viele Zinsen man mit inländischen Einlagen verdienen konnte. Die Firmen begannen daher, ihre Depots ins Ausland zu verlegen. Der Eurodollar-Markt wuchs kontinuierlich und ist heute der größte Offshore-Markt für US-Dollar-Finanzierungen. Einige europäische Banken greifen auf diesen Offshore-Markt zurück, um sich günstig mit kurzfristiger Dollarfinanzierung Dollarkredite zu beschaffen. Die Dollarschöpfung fernab der US-Regulierung kurbelt den internationalen Handel an und ist finanziell attraktiv, solange billige Dollareinlagen verfügbar sind.[30] Zu den regulatorischen Vorteilen kommen außerdem steuerliche.

Fristen- und Liquiditätstransformationen gehören zum Kerngeschäft der Banken. Mit dem Offshore-Markt tun sie dies auch in US-Dollar, jedoch außerhalb der Jurisdiktion der amerikanischen Regulierer. Die Banken investieren in langfristige illiquide Anleihen und geben kurzfristige liquide Sichteinlagen aus.

Aber das Dollar-Kreditgeschäft von Banken außerhalb der USA hängt entscheidend von der Verfügbarkeit billiger Dollar-Sichteinlagen ab, die in Krisenzeiten ausbleiben können. Die klassische Strategie bei einem solchen Versiegen der Finanzierung und dem Aufkommen von Liquiditätsproblemen ist der Rückgriff auf die Zentralbank als Kreditgeber. Auch die EZB fungiert als ein solcher Geldverleiher letzter Instanz, wenn sie europäischen Banken im Falle eines Finanzierungsengpasses Euro-Finanzmittel zur Verfügung stellt.

Wenn europäische Banken jedoch Dollarmittel benötigen, können sie sich nicht an die US-Zentralbank als letztmöglichen Kreditgeber wenden, da die Fed keine Kredite gegen Sicherheiten an ausländische Banken vergibt. In dieser Hinsicht birgt der Offshore-Dollar mehr Risiken als der Onshore-Dollar, denn die US-Banken können sich auf die Fed als Kreditgeber der letzten Instanz verlassen.

In Ermangelung weiterer Absprachen kann die EZB nur europäische Banken mit Euros versorgen. Hier kommen die Swap-Lines ins Spiel, wie in Abbildung 15-1 dargestellt. Wenn das Dollarangebot der Fed durch andere Zentralbanken ausgeweitet wird, müssen ausländische Banken und Unternehmen nicht befürchten, dass ihre Dollarmittel versiegen. Denn mit Swap-Lines können sie von ihrer eigenen Zentralbank US-Dollars erhalten.

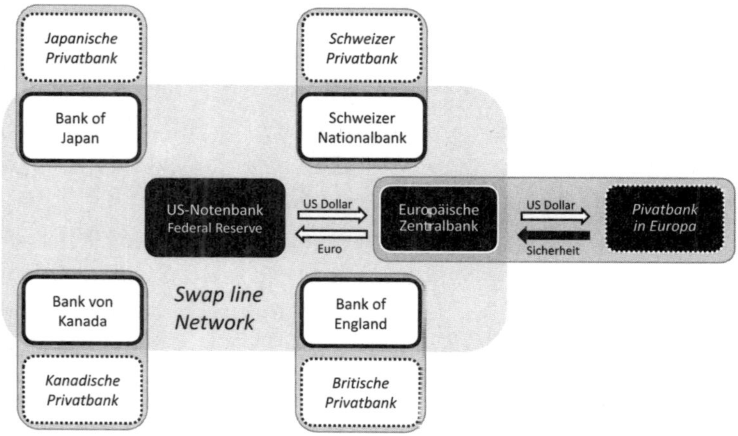

Abb. 15–1: Darstellung der Dollar-Swap-Linien der Fed.

Am 19. März 2020 nahm die Fed die Swap-Vereinbarungen, die während der Großen Finanzkrise 2008/09 etabliert worden waren, mit großen Zentralbanken wieder auf. Üblicherweise werden 7-tägige Geschäfte mit einem festen Wechselkurs vereinbart. Die US-Fed stellt der EZB Dollars zur Verfügung, die EZB im Gegenzug Euros. Die Fed legt zudem den Zinssatz fest, beispielsweise einen Zinsaufschlag von 0,5 Prozent auf den OIS-Satz (Overnight Index Swaps). Dann leiht die EZB einer europäischen Bank Dollars zum gleichen Zinssatz gegen bestimmte Sicherheiten, deren Qualität sie bewertet. Im Grunde leiht die US-Fed der europäischen Bank also über die EZB Geld.

Hierbei ist zu erwähnen, dass die Swap-Linien der Zentralbanken für die Fed vollkommen risikofrei sind. Wenn eine deutsche Bank Dollargelder benötigt, leiht sie sich diese ja nicht direkt von der Fed, sondern von der Europäischen Zentralbank. Somit geht die US-Notenbank kein direktes Ausfallrisiko ein, wenn die deutsche Bank pleitegehen sollte. Das Ausfallrisiko verbleibt gänzlich bei der EZB. Auch ein Wechselkursrisiko hat die Fed nicht, da die Swaps auf Dollarbasis vereinbart werden. Letztlich verdient die Fed mit dieser Leistung Zinsen und macht, nach Ansicht der Ökonomen Saleem Bahaj und Ricardo Reis, ein gutes Geschäft damit, da die EZB die Überwachung und das Ausfallrisiko übernimmt.[31]

Somit fungiert die Fed effektiv als Geldgeber letzter Instanz auf dem offshore Eurodollar-Markt. Ausländische Zentralbanken können sich in Krisenzeiten auf die Dollarmittel der Fed verlassen und daher ausländische Unternehmen auf einen Dollar-Nachschub. Nicht zu verachten ist auch, wie dadurch die Rolle des Dollars als globale Währung gestärkt wird.

Auch andere Zentralbanken nutzen in ihren jeweiligen Währungen ähnliche Swap-Linien; so auch die EZB, die auf anderen europäischen Märkten selbst Liquidität in Rahmen von Swaps und Repos zur Verfügung stellt. Die chinesische Zentralbank hatte bis 2015 über 100 Abkommen zu Yuan-Swap-Linien abgeschlossen, die die Position der chinesischen Währung international stärken sollen.

Darüber hinaus können ausländische Zentralbanken US-Treasuries für Repo-Geschäfte bei der Fed nutzen, um Liquidität zu erhalten. Die ausländische Zentralbank hinterlegt bei der Fed ein US-Schatzpapier im Tausch gegen Dollarmittel. Sobald die Laufzeit der Rückkaufvereinbarung, die oft nur ein oder zwei Wochen beträgt, ausläuft, gibt der Investor die US-Dollars an die Fed zurück und die Fed ihrerseits das Treasury-Papier.

Globale sichere Anlagen (GloSBies)

Normalerweise haben die Zentralbanken der Entwicklungs- und Schwellenländer keine Swap-Linien-Vereinbarungen mit der US-Fed. Wenn also ihre Anlagen nicht mehr als sicher gelten und es außerdem zu einem plötzlichen Versiegen von Geldern und Krediten kommt, wird es teuer für sie. Ein aktives Eingreifen wie das, was die Fed als indirekter Geldgeber letzter Instanz mit ihren Swap-Linien leistet, würde diese plötzlichen Einbrüche unwahrscheinlicher machen. Noch besser wäre jedoch eine alternative, resiliente internationale Finanzarchitektur, die aus sich heraus stabil ist und ohne aktives Eingreifen auskommt. Außerdem ist normalerweise nicht der Mangel an sicheren Assets das eigentliche Problem, sondern vielmehr dass diese nicht immer überall auf der Welt gleichmäßig emittiert werden. Nur wenige Industrieländer wie die USA, Deutschland und Japan können weltweit sichere Anlagen zur Verfügung stellen. Kommt es zur Flucht in den sicheren Hafen, ist das immer mit grenzüberschreitenden Kapitalflüssen verbunden. Eine mögliche Antwort, um die Emission von Safe Assets gleichmäßig global zu verteilen, wäre es, wirklich globale sichere Assets, die ich GloSBies nennen möchte, zu kreieren.[32]

Um globale sichere Anlagen zu schaffen, kann man in zwei Schritten vorgehen: Erstens erstellt man einen Pool an Staatsanleihen verschiedener Länder. Um aus den Staatspapieren von Schwellenländern sichere Assets zu machen, könnte man chinesische, indische, brasilianische, südostasiatische, afrikanische und russische Anleihen zusammennehmen. Anschließend teilt man den Pool in mehrere Tranchen auf. Der Einfachheit halber stellen wir uns vor, dass es nur zwei Tranchen gibt, einmal die vorrangingen und einmal die nachrangigen Anleihen. Fällt eine der Staatsanleihen im Pool aus, erleiden zuerst die Halter der nachrangigen Anleihen den Verlust. Erst wenn es zu einem vollständigen Ausfall der nachrangigen Anleihe kommt, könnten die Vorrang-Gläubiger Geld verlieren.

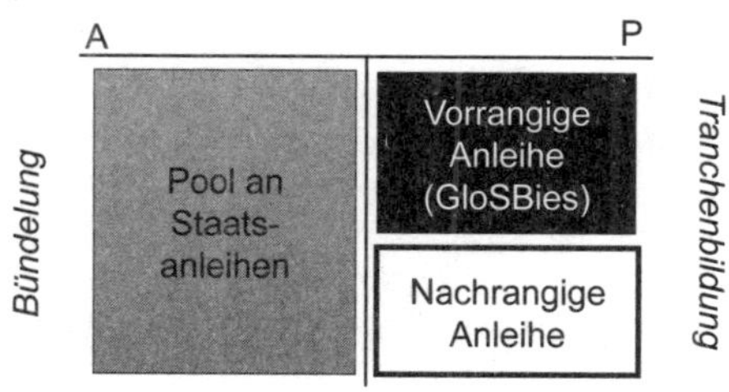

Abb. 15-2: Bilanz einer Zweckgesellschaft, die Staatsanleihen zusammennimmt und sie in Vorzugsanleihen, GloSBies, und nachrangige Anleihen unterteilt.

An einem einfachen Beispiel lässt sich illustrieren, dass die Vorzugsanleihen sicherer sind als jede der Staatsanleihen aus dem Pool für sich allein genommen. Nehmen wir einmal an, Brasiliens

Staatsanleihen fallen komplett aus. Wer hier Anteile besitzt, wird einen möglicherweise großen Verlust einfahren. Gibt es jedoch eine Tranche der globalen sicheren Anlagen, trifft der Ausfall Brasiliens zuerst die Inhaber der nachrangigen Anleihen. Wenn alle Länder außer Brasilien vollständig zurückzahlen, erleiden die Besitzer der vorrangigen GloSBies keine Verluste.

Die Vorranganleihen sind also sicher und können als sichere Anlage gelten, wodurch sie niedriger verzinst werden. Das wiederum käme dem fiskalischen Spielraum der Schwellen- und Entwicklungsländer und der Resilienz zugute.

Kommt es zur Kapitalflucht in den sicheren Hafen, wird dies von der nachrangigen zur vorrangigen Tranche stattfinden und nicht mehr über grenzüberschreitende Kapitalflüsse. Die Wertpapiere von Schwellenländern zu bündeln und in Tranchen zu unterteilen, anstatt sie einzeln zu emittieren, trägt bei entsprechend heterogenen Schwellen- und Entwicklungsländern außerdem zur Diversifizierung bei.

Das GloSBie-System ist an die Idee der Sovereign Bond Backed Securities (SBBS) oder die European Safe Bonds (ESBies) angelehnt, die für die Eurozone vorgeschlagen wurden.[33] Der Euroraum litt unter einer ganz ähnlichen Flucht in den sicheren Hafen, was sich in einem Kapitalfluss von den Peripherieländern in wenige Kernländer niederschlug. Zwar besteht innerhalb der Eurozone kein Wechselkursrisiko, die globale GloSBies-Nachranganleihe fängt deshalb auch das Währungsrisiko auf, wenn die zugrunde liegenden nationalen Anleihen in inländischer Währung denominiert sind.

Neues, digitales Geld und seine Folgen

Normalerweise wird in den USA der US-Dollar verwendet (und von einigen Handelspartnern), in Europa der Euro, der nationale Peso in vielen lateinamerikanischen Ländern und so weiter. In unserer immer digitaleren Welt, in der auch Finanztransaktionen zunehmend online durchgeführt werden, ändert sich die traditionelle Rolle von Währungsgebieten. In Zukunft könnten wir

37 E-Währungen in unserer digitalen Geldbörse haben, die sich innerhalb von Millisekunden gegeneinander eintauschen lassen. Derzeit gibt es eine Vielzahl an Digitalwährungen wie BitCoin, Ethereum oder die von Facebook angekündigten Diem, vormals Libra. China macht hier mit seinen Zahlungsdienstleistern Alipay und WeChat Pay Konkurrenz. Kann sich eine neue Digitalwährung als zusätzliche Weltwährung etablieren oder sogar dem Dollar den Rang ablaufen? Macht ein solches System mit vielen digitalen Währungen das weltweite Währungssystem weniger resilient? Einige chinesische Restaurants in den USA akzeptieren bereits E-Renminbi. Erst im Januar 2021 verbot die US-Regierung Zahlungen via Alipay oder WeChat Pay. Mit zunehmender Digitalisierung könnten sich die Eigenschaften von Geld und Währungsräumen verändern. Geld erfüllt die drei Funktionen als Recheneinheit mit Wertaufbewahrungs- und Tauschfunktion. Die wachsende Verbreitung von digitaler Währung kann diese Bündelung der drei Funktionen entweder auflösen oder mit neuen digitalen Funktionen verbinden.[34] Digitale Währungen lassen sich einfach eintauschen, und sie sind weitreichend verfügbar. Daher könnte man verschiedene Währungen für die verschiedenen Funktionen des Geldes einsetzen. Eine Währung mit hohem Realzins wäre hervorragend als Wertspeicher geeignet; sollte sie auf anderen Plattformen jedoch nicht problemlos akzeptiert werden, wäre sie ein schlechtes Tauschmittel. Dafür böte ein weitverbreitetes Tauschmittel wohl nicht ebenso attraktive Zinssätze. Außerdem besteht die Möglichkeit, manche Formen von Geld oder Token an bestimmte digitale Plattformen zu koppeln, was mitunter deren Liquidität beeinflusst. Es wären auch digitale Währungen denkbar, die einen besseren Datenschutz bieten.

Aus dieser Entwicklung könnte eine neue Art von Währungsgebieten hervorgehen: digitale Währungsräume. Im Gegensatz zu den althergebrachten Währungszonen, die durch geografische Grenzen bestimmt sind, sind diese durch ein digitales Netzwerk, das die User miteinander verbindet, definiert. Die daraus resultierenden Skaleneffekte durch größere Erträge bei unveränderten Fixkosten sowie die Verknüpfung mit anderen

Finanzdienstleistungen begünstigen das Entstehen digitaler Währungsräume.

Ein Nebeneffekt könnte die sogenannte »digitale Dollarisierung« sein. Auch wenn ein Land nicht physisch dollarisiert ist, also der Dollar bei nichtdigitalen Transaktionen keine Verwendung findet, könnten neue Arten digitaler Zahlungsmittel zur dominanten Währung aufsteigen, mit ähnlichen geldpolitischen Implikationen wie bei einer konventionelle Dollarisierung. In einer dollarisierten Wirtschaft, in der Schulden in Dollar gemacht werden, hat die inländische Geldpolitik weitaus weniger Einfluss, da sie nur den kurzfristigen Zinssatz der inländischen Währung steuern kann. Folglich »importiert« ein digital dollarisiertes Land die Geldpolitik sowie die Inflation der digitalen Währung.

Vor allem in Südostasien sind AliPay und WeChat Pay auch außerhalb von China zunehmend verbreitet. Digitale Versionen des Renminbi haben es also über die Landesgrenzen hinaus geschafft. Wenn sich dies weiterentwickelt, hat die chinesische Geldpolitik immer stärkere Auswirkungen auf diese Länder. Zudem hat die Chinesische Zentralbank offiziell den digitalen RMB angekündigt, der 2022 groß an den Start gehen soll und privaten digitalen Zahlungsdienstleitern Konkurrenz macht.[35] Vor diesem Hintergrund hat die Geldpolitik – besonders die kleinerer Schwellen- und Entwicklungsländer – weniger Macht, und ihre Resilienzfunktion wird beeinträchtigt.

Welthandel

Das globale Finanzsystem wird auch dazu benötigt, um den Welthandel zu finanzieren. Dieser wird sich nach der Coronakrise erheblichen Resilienz-Herausforderungen mit einer unsicheren Perspektive gegenübersehen. Schon vor der Pandemie hatte sich das Handelswachstum im Vergleich zur Hyperglobalisierung Ende der 1990er Jahre verlangsamt. Jetzt stellt sich die Frage, wie man Lieferketten resilienter gegen temporäre Störungen machen kann.

Explodierender Handel

Der Aufschwung der Schwellenländer fiel mit einem steilen Anstieg des globalen Handelsvolumens in den 1990er-Jahren zusammen, das bis zur Finanzkrise anhielt. Allein zwischen 2000 und 2008 stieg das Warenhandelsvolumen um 50 Prozent (siehe Abbildung 15-3). Globale Wertschöpfungsketten bildeten sich heraus, um den Gewinn aus Handel und Spezialisierung voll auszureizen. In manchen Ländern wurden Rohstoffe gefördert, die andere Nationen dann zu Zwischenprodukten verarbeiteten. Wiederum andere Glieder der globalen Wertschöpfungskette fertigten daraus schließlich das Endprodukt.[36] Durch Hyperspezialisierung lassen sich zwar Wettbewerbsvorteile optimal ausnutzen, aber möglicherweise auf Kosten der weltweiten Resilienz. Grundsätzlich war der explosionsartige Handelszuwachs für die Schwellenländer von Vorteil, er hatte jedoch auch seine Schattenseiten, wie beispielsweise die zunehmende Ungleichheit.

Verlangsamte Globalisierung

Wie wirkt sich Corona generell auf den internationalen Handel aus? Wird die Krise einigen der Trends aus Zeiten vor der Pandemie einen ähnlichen Schub geben wie dem Homeoffice und der Telemedizin?

Abbildung 15-3 zeigt, dass sich bereits vor der Coronakrise, um die Große Finanzkrise, die Globalisierung verlangsamte.[37] Einige sind der Meinung, die rasant fortschreitende Globalisierung der Neunzigerjahre hätte ohnehin nicht dieses Tempo beibehalten können,[38] eine gewisses Wachstumsabflachen des internationalen Handelsvolumens war somit unvermeidbar. Doch obwohl der Welthandel in den ersten Monaten der Coronakrise Einbußen hinnehmen musste, erholte er sich im Herbst 2020 beträchtlich, sodass bisher nichts auf einen krisenbedingten Rückgang des Warenhandels hindeutet.[39]

Andererseits haben Unterbrechungen der Lieferketten und ein Mangel an Arbeitskräften zum Löschen der Container das globale Containertransportgeschäft – die Grundlage für den interkontinentalen Handel – massiv beeinträchtigt. Da viele Arbeiter an Corona erkrankten waren, verzögerte sich beispielsweise das Entladen von Containern in US-Häfen. Bald darauf fehlten ebendiese Container in China, um weitere Industriegüter in die USA zu transportieren, was schließlich zu einem Mangel an Halbleitern führte, die beispielsweise für die Produktion von Handys oder Autos unverzichtbar sind.[40] Zusätzlich stiegen die Containerpreise erheblich an. In Anlehnung an unsere Terminologie könnte man diesen Effekt als »Handels-whipsaw« bezeichnen, weil es sich um ein ähnliches Zugsägenmuster handelt wie bei den Schwankungen zwischen Inflation und Deflation. Zwar war die weltweite Nachfrage im März und April 2020 sehr gering, erholte sich dann aber schneller, als das Angebot mithalten konnte. Der Welthandel scheint resilient zu sein.

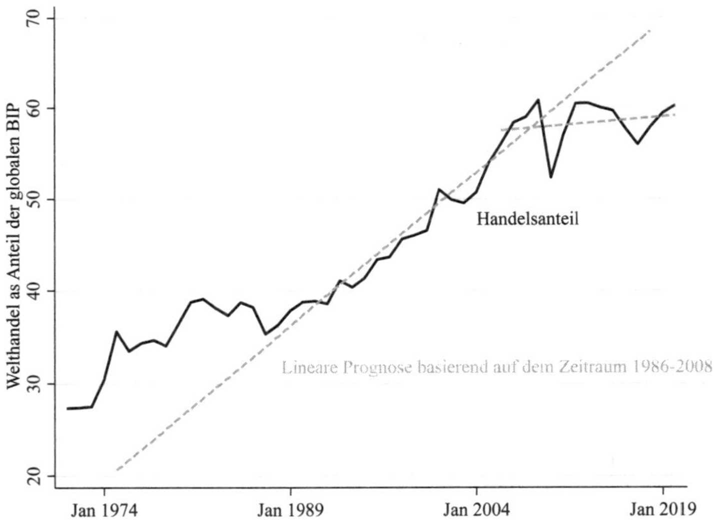

Abb. 15-3: Verlangsamte Globalisierung: Welthandel als Anteil am weltweiten BIP. Nach der Handelsexplosion der 1980er-Jahre gab es Mitte der 2000er-Jahre ein Einpendeln.
Quelle: CPB Netherlands Bureau for Economic Policy Analysis 2021

Digitalisierung und Robotik werden den internationalen Ideenaustausch weiter vereinfachen, letztere die Kapitalverschiebung forcieren. Die Globalisierung von Dienstleistungen in der Bildung oder Telemedizin trägt ebenfalls zu einer stärkeren wirtschaftlichen Vernetzung bei.

Auf Unternehmensseite wäre alternativ auch Reshoring denkbar, bei dem vormals ausgelagerte Aktivitäten wieder ins Heimatland zurückgeholt werden – was freilich nicht ganz kostenlos ist. Unternehmen, die einiges investiert haben, um Produktionskapazitäten im Ausland aufzubauen, laufen Gefahr, hohe Verluste einzufahren, wenn sie bestehende outgesourcte Projekte aufgeben. Dies könnte erklären, warum es, obwohl Reshoring bei Befragungen von Führungskräften durchaus ein Thema ist, selten tatsächlich durchgeführt wurde.[41] Das Ausbleiben von Reshoring spricht also auch gegen einen starken Handelsrückgang.

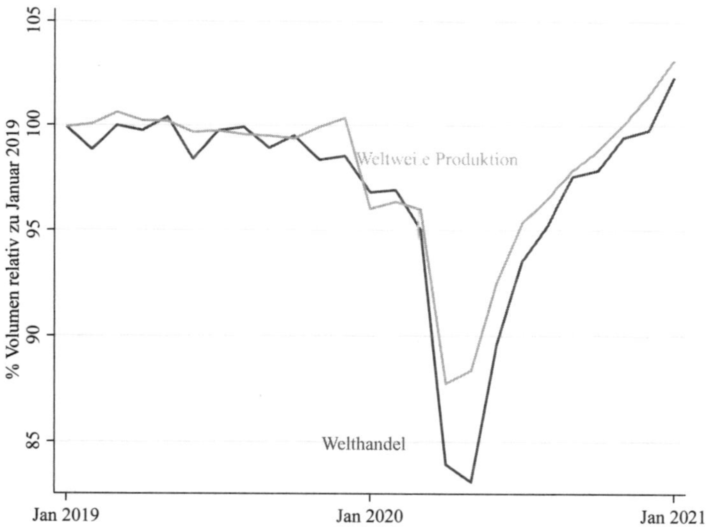

Abb. 15-4: Welthandel und weltweite Industrieproduktion im Vergleich mit Januar 2019. Deutliche Erholung in der zweiten Hälfte von 2020.
Quelle: CPB Netherlands Bureau for Economic Policy Analysis 2021

Kostenminimierung versus Resilienz

Corona zeigte die Schwächen im Netz der globalen Wertschöpfungsketten auf. Früher ging es beim Aufbau solcher internationaler Ketten vor allem um Kostenminimierung. Dass man die Zulieferer allein nach Preis auswählte, machte manche Firmen angreifbar. Wenn ein Zulieferer, und mag er noch so kostengünstig sein, wegen eines idiosynkratrischen Schocks schließen muss, schlägt bei einem Streik oder einer Naturkatastrophe für die Firma am anderen Ende der Wertschöpfungskette die Stunde der Wahrheit. Genau auf derlei Risiken der Wertschöpfungskette machte die Pandemie aufmerksam, und zwar nicht nur im produzierenden Gewerbe, sondern auch im Dienstleistungssektor. Einige Dienstleistungsunternehmen haben im großen Stile Backoffice-Tätigkeiten in Schwellenländer ausgelagert, vor allem nach Indien. Als dort im Frühjahr 2021 die zweite Coronawelle wütete, zwang dies mehrere amerikanische Finanzunternehmen, solche Aktivitäten in andere Offshore-Hubs umzuverlagern.[42]

In Zukunft wird die spannendste Frage sein, ob das bereits erwähnte Reshoring der in Schwellen- und Entwicklungsländer verlagerten wirtschaftlichen Aktivität tatsächlich durchgeführt wird. Oder setzt man auf das sogenannte Multisourcing, schwenkt also beispielsweise von seinen zwei chinesischen Zulieferern (nachgelagerte Firmen haben normalerweise gern zwei davon, um deren Verhandlungsmacht einzuschränken) auf drei um, die jeweils auf unterschiedlichen Kontinenten sitzen. Letzteres muss nicht auf Kosten aller Schwellen- und Entwicklungsländer gehen.

Wirklich neu an den globalen Lieferketten wird wahrscheinlich sein, dass bei der Auswahl von Zulieferern nun die Belastbarkeit an erster Stelle steht, nicht die Kostenminimierung.[43] Anders gesagt wird das vorherrschende Dogma »just-in-time«[44] durch ein »just-in-(worst)-case« ersetzt. Dann würden Unternehmen zwei oder drei Lieferanten aus verschiedenen Teilen der Erde nutzen, um sich gegen länderspezifische Schocks abzusichern. Durch eine Diversifizierung kann man sich zwar vor derlei länderspezifischen Ereignissen (unkorrelierte Schocks) schützen, im Falle einer Pandemie (aggregierter weltweiter Schock) hilft sie aber wenig.[45]

Die neue Ausrichtung auf weniger globale und angreifbare Lieferketten wird wahrscheinlich kurzfristig die Rezession verstärken[46] und in der Umstellungsphase könnten Engpässe entstehen.[47] Langfristig dürfte jedoch die exportgetriebene Entwicklungsstrategie der letzten Jahrzehnte weniger zukunftsträchtig sein.

Deglobalisierung

Das Konzept der langsamen Globalisierung ist nicht gegen Kritik erhaben. Teils wird ein allgemeiner Rückgang der Globalisierung prognostiziert. Der Handel von Waren hat sich auf hohem Niveau stabilisiert, aber wenn man Globalisierung breiter definiert, sieht man einen rückläufigen Trend. Globalisierung beinhaltet auch »die Dynamiken von Investitionen, Dienstleistungen, Humankapital, Ideen, Management-Methoden, Infrastruktur und Normen«.[48] Allen voran könnte es beim Handel, bei ausländischen Investitionen, der Migration und offenen Grenzen Einschränkungen geben; Protektionismus und Einwanderungsbeschränkungen dürften eher zunehmen.[49] Dabei würden sich sinkende Einwanderungszahlen beispielsweise sofort auf zahlreiche amerikanische Universitäten auswirken, die sich maßgeblich aus Studiengebühren ausländischer Studierender finanzieren.[50] Selbst wenn sich die Globalisierung im Warenhandel lediglich verlangsamt, könnte es in anderen Bereichen zur Deglobalisierung kommen.

Politische Kräfte und Technologie

Die Zukunft der Globalisierung wird vor allem durch das Gegensatzpaar des wachsenden technologischen Fortschritts und des politischen Drucks entschieden. Ersterer ist ein Globalisierungstreiber, letzterer drängt auf Deglobalisierung.

Zuerst glaubte man, der »China-Schock«, ausgelöst durch die

wirtschaftliche Öffnung Chinas Anfang der Neunzigerjahre, würde sich langsam entfalten und von den gut funktionierenden Arbeitsmärkten der Industrieländer abgefedert werden. Tatsächlich aber traten die Arbeitskräfte aus den amerikanischen Industriehochburgen oder den ehemaligen europäischen Industrie- und Bergbauzentren in Konkurrenz mit den Arbeitern aus Osteuropa und den Schwellenländern, als diese sich dem internationalen Handel öffneten. Diejenigen lokalen Arbeitsmärkte, die sich auf die Produktion von Gütern verlegt hatten, welche sich auch aus dem Ausland importieren ließen, traf es besonders hart und nachhaltig. Die Löhne sanken, und die Beschäftigungszahlen blieben im Vergleich zu anderen, weniger beeinträchtigten lokalen Arbeitsmärkten niedrig.[51] Diese Entwicklungen entfachten politischen Widerstand gegen internationalen Handel, wie sich beispielsweise am aktuellen Handelskrieg zwischen den USA und China zeigt.

Andere Stimmen – darunter der Ökonom Adam Posen – führen diesen Wandel eher auf die gestiegene Technisierung zurück. Seit der Erfindung des Computers sind viele Innovationen eher auf hochqualifizierte Arbeitskräfte ausgerichtet. Angesichts des zunehmend qualifizierte Arbeitnehmer begünstigenden technologischen Wandels wäre ein Anstieg der Ungleichheit auch ohne eine stetig wachsende Globalisierung unvermeidlich gewesen.

Vielen modernen Technologien ist das Winner-takes-all-Prinzip zu eigen, was meist mit den Netzwerkeffekten vieler Internetgeschäfte zusammenhängt. Google machte seine ersten Schritte beispielsweise mit einem erfolgreichen Suchalgorithmus. Indem die Leute ihn benutzten und mit Userdaten fütterten, wurde er immer besser. Ganz automatisch entstand so eine dominante Suchmaschine im Internet, die es für Konkurrenten äußerst schwierig macht, aufzuholen und dieselbe Menge an Userdaten anzusammeln. Aus technologischen Veränderungen dieser Art ergeben sich Marktmacht und Rendite für erfolgreiche Firmen und (teilweise) ihre Mitarbeiter, während die Nachzügler auf der Strecke bleiben. Der Gewinner erhält nahezu alles.

Prinzipien traditioneller Handelsabkommen

Was sind nun, vor dem Hintergrund dieser Veränderungen, die wichtigsten Aspekte, auf die sich zukünftige Handelsabkommen für eine gerechtere und resilientere Welt konzentrieren sollten? Die meisten würden wohl darin übereinstimmen, dass die grenzüberschreitenden Externalitäten von Maßnahmen für ein globales Regelwerk sprechen – damit ist es jedoch nicht getan. Die meisten Konzepte haben solche Nebeneffekte. So betreffen sie beispielsweise die Bildung, die grundsätzlich als nationale Angelegenheit, in Deutschland sogar als Ländersache betrachtet wird.[52]

Bis in die Neunzigerjahre legten die meisten traditionellen Handelsabkommen ihr Hauptaugenmerk auf zwei Aspekte: Inländerbehandlung ausländischer Güter und Nichtdiskriminierung. Sobald Ware aus dem Ausland die Grenze überquert hat, soll sie wie inländische Güter behandelt werden und alle Güter aus welchem Land gleich – und das war der Knackpunkt.

Harmonisierung von Regulierungen, Hyperglobalisierung, Deep Integration

Nach und nach veränderten sich die üblichen Bestimmungen für den Welthandel, wie beispielsweise anhand der Einführung des europäischen Binnenmarkts 1993 deutlich wird. Da auf dem gemeinsamen Markt nun jegliche Grenzbehandlung wegfiel, bedurfte es einer Harmonisierung von Regulierungen der verschiedenen Länder. Die zunehmende Einflussnahme auf die Innenpolitik der jeweiligen Länder führte zu Abwehrreaktionen vieler Menschen. Im Zeitalter der Hyperglobalisierung gibt es immer mehr vertiefte Handelsabkommen, manchmal als »deep integration«[53] bezeichnet. Diese enthalten Vorschriften, die die regulatorische Reichweite der nationalen Gesetzgebung effektiv untergraben und sich so über inländische Präferenzen hinwegsetzen. Beispielsweise legte die EU in ihren letzten Handelsdeals großen Wert auf Tierschutzvorschriften, Menschenrechte und den Klimawandel, wie beispielsweise im Mercosur-Abkommen, und die USA nahmen ins nachverhandelte NAFTA[54] eine Klausel auf, wonach Mexikos Löhne im Automobilsektor erhöht werden. Ein weiteres Beispiel ist das Freihandelsabkommens zwischen den USA und Europa, das teils aufgrund von Diskussionen über »Chlorhühnchen« scheiterte. Die Ängste der Verbraucher wegen dieser Hühner trugen zu einem starken Anti-Handelsabkommen-Narrativ bei.

Angesichts dieser Freihandelszonen der neuen Generation sollte man das alte Wirtschafts-Mantra, wonach Freihandel Vorteile bringt, überdenken. In der Fachwelt gibt es eine rege Debatte über die Abwägung von Vor- und potenziellen Nachteilen einer »deep integration«. Während im Zuge der konventionellen Handelsliberalisierung meist nur »Produzentenlobbys und Gewerkschaften«[55] im Fokus standen, bezieht »deep integration« auch ökologische und soziale Interessengruppen mit ein. Außerdem erwähnenswert ist, dass durch Änderungen von Standards oder Vorschriften die Effekte von Tarifzugeständnissen unterlaufen werden könnten, wodurch sich die Auswirkungen dieser vertieften Freihandelsabkommen auf Wohlstand und Resilienz sehr viel schwieriger einschätzen lassen.[56]

Die Zukunft des Handels

Wie wird der Handel in Zukunft aussehen? Und in welchen Bereichen benötigen wir weltweite Vorgaben? Wirtschaftler fordern gerne Maßnahmen, wenn der Markt beispielsweise aufgrund von Externalitäten schwächelt. Aber nur extreme Ausprägungen von Externalitäten, wie die Beggar-thy-neighbour-Politik (»Ruinier deinen Nachbar«), und globale öffentliche Güter wie zum Beispiel Wissen erfordern globale Koordination. Sogenannte Beggar-thy-neighbour-Maßnahmen verursachen unterm Strich Verluste und sind primär darauf ausgelegt, einem anderen Land zu schaden. Es sind also besondere, böswillige wirtschaftliche Externalitäten, die über das normale Maß hinausgehen. Die Externalität ist nicht nur ein Nebeneffekt, sondern mit voller Absicht Kern der Maßnahme.

Ein zweiter Grund für Koordination ist die Bereitstellung öffentlicher Güter. Globale öffentliche Güter – Musterbeispiel Gesundheitswesen – sind oftmals unterversorgt. Daher sind die Argumente für weltweit greifende Regeln spärlich gesät. Auch ohne internationales Regelwerk gilt in vielen Bereichen der Weltwirtschaft das Prinzip »Tugend ist ihr eigener Lohn«[57], da die weltweit gewünschten Maßnahmen ohnehin im Interesse der Einzelländer liegen. Jedes Land hat im besten Fall ein Interesse daran, in gewissem Umfang diese öffentlichen Güter bereitzustellen. Wenn man jedoch die Beggar-thy-neighbour-Politik und die globalen öffentlichen Güter genauer anschaut, zeigt sich ein entstelltes Bild der Globalisierung seit den 1990ern: mit fehlender internationaler Regulierung von Steueroasen[58], wettbewerbswidrigem Verhalten, dem Klimawandel oder der aktuellen Krise im Gesundheitswesen.[59] Global einheitliche Regeln haben noch einen anderen Nachteil.

Letztendlich muss eine Einführung gemeinsamer Bestimmungen auch gegen die Erkenntnisse aus idiosynkratrischen Experimenten[60] abgewogen werden. Ist man beispielsweise nicht sicher, wie sich der digitale Sektor am besten regulieren ließe, kann man in verschiedenen Ländern jeweils andere Vorschriften erproben und die besten Ergebnisse zusammenführen.

Weltweit Standards setzen

Viele der neuen Technologien profitieren stark von Netzwerkeffekten und länderübergreifenden einheitlichen Standards.

Globale Standards lassen sich mithilfe von Freihandelsabkommen implementieren, aber damit nicht genug. Die Strategie »China Standards 2035« unterstreicht Chinas Ambitionen: Die 5G-Technologie, das Internet der Dinge und künstliche Intelligenz werden darin als Bereiche genannt, in denen China die Festlegung globaler Standards beeinflussen möchte.[61] Unter chinesischen Politikern ist die Idee weitverbreitet, dass Unternehmen der dritten Ebene lediglich Produkte herstellen, die der zweiten Ebene Technologien entwickeln und Unternehmen der ersten Ebene, also an der Spitze, Standards vorgeben.

Diese Ambitionen illustrieren erneut die Rivalität mit China, die ein wichtiges Thema dieses Kapitels war.

16. Klimawandel und Resilienz

Der Klimawandel stellt für die Menschheit eine der größten Herausforderungen unserer Zeit dar. Die Gefahr, dass unser Planet durch den menschengemachten Klimawandel bleibende Schäden erleidet, untergräbt die Resilienz der Menschheit.

Im Kapitel 2 haben wir bereits angesprochen, dass das Konzept der Nachhaltigkeit aus zwei Elementen besteht: erstens, dass es keinen nachteiligen, langsamen langfristigen Trend gibt, der das Leben auf unserem Planeten bedroht, und zweitens Resilienz, die Fähigkeit, nach möglichen negativen Schocks wieder zurückzufedern. Beide zusammen machen einen Trend nachhaltig. Und um nun die Herausforderungen des Klimawandels anzugehen, können wir auf einige der Lektionen in Sachen Resilienz aufbauen, die uns die Corona-Krise gelehrt hat.

WENIGER KONSUM VERSUS MEHR INNOVATION

Zwei grundsätzlich entgegengesetzte Ansätze wurden bisher verfolgt, um die Herausforderung durch den Klimawandel zu meistern. Einige sagen, dass wir die Geschwindigkeit des Wirtschaftswachstums auf ein bestimmtes nachhaltiges Niveau drosseln müssen, damit der Ressourcenverbrauch auf die Menge reduziert werden kann, die Jahr für Jahr auf natürliche Weise wieder erneuert wird. Die Alternative besteht darin, bahnbrechende Innovationen zu erreichen, die es uns ermöglichen, die wirtschaftliche Aktivität auf das Ziel Kohlenstoffneutralität auszurichten, ohne dabei das Tempo des Wirtschaftswachstums auszubremsen.

In der Frühphase der Corona-Krise gingen die Kohlenstoffemissionen weltweit zurück. Doch trotz großflächiger Lockdowns und des drastischen Rückgangs von Wirtschaftsaktivitäten, Mobilität und Konsum führte dies nur zu einem geringen Rückgang der globalen Emissionen. Im Vergleich zu dem, was nötig ist, um in den nächsten Jahrzehnten Kohlenstoffneutralität zu erreichen, war die Verringerung der Verschmutzung winzig. Schätzungen gehen davon aus, dass die weltweiten Treibhausgase im Frühjahr 2020 nur um etwa sieben Prozent reduziert werden konnten.[1] Dies legt nahe, dass eine Einschränkung des Konsums kaum ausreichen wird, um den Klimawandel zu beeinflussen. Die erforderlichen Änderungen des Lebensstils sind zu groß und gleichzeitig politisch nicht durchsetzbar. Die Proteste der Gelbwesten in Frankreich haben uns diese politischen Schwierigkeiten deutlich vor Augen geführt.

Die Alternative ist Innovation, um uns auf einen Pfad der Nachhaltigkeit zu führen. Innovation kann durch Abmilderung (Mitigation), Anpassung (Adaptation) und Verbesserung (Amelioration) erfolgen.[2]

Innovationen zur Mitigation zielen darauf ab, die Auswirkungen des Klimawandels zu reduzieren, indem sie die CO_2-Emissionen senken. Ein Beispiel dafür sind Elektroautos: Da sie keine fossilen Brennstoffe benötigen, führen sie zu geringeren Emissionen, was die Auswirkungen des Klimawandels verringern soll. Aus Sicht der Umwelt scheint dies der attraktivste Ansatz zu sein.

Adaption hingegen ermöglicht es uns, uns besser an die unvermeidlichen Folgen des Klimawandels anzupassen. Innovationen, die die Anpassung erleichtern, sind zum Beispiel Hightech-Deiche, um Gebiete unterhalb des Meeresspiegels vor Überschwemmungen zu schützen. Auch Migration ist eine Form der Anpassung. Da die Auswirkungen des Klimawandels je nach Region sehr unterschiedlich ausfallen, kann sie zusätzliche Resilienz schaffen. Menschen, die in der Nähe von Küsten, die wahrscheinlich überflutet werden, oder in Überschwemmungsgebieten leben, können durch den Wegzug in weniger exponierte Gebiete an Resilienz gewinnen. Die Vorteile einer Liberalisierung der Migration werden weltweit als sehr groß eingeschätzt.[3] Aber diese modellbasierten Berechnungen ignorieren typischerweise, dass Migration in großem Maßstab möglicherweise zu Spannungen führen kann, da das implizite kulturelle Einvernehmen, das einer Gesellschaft zugrunde liegt, verloren geht.

Und schließlich haben einige vorgeschlagen, Verbesserung in Gestalt des Geo-Engineering zu schaffen. Die prominentesten dieser Ansätze umfassen entweder die Regulierung der Sonneneinstrahlung (Solar Radiation Management) durch die Ausbringung von Aerosolen in der Stratosphäre, um das Sonnenlicht zu reflektieren, oder die Entfernung von Treibhausgasen durch Kohlendioxidabscheidung, Wiederaufforstung oder Ozeandüngung.

Flexibilität ist bei diesem Prozess entscheidend. Wir wissen noch nicht, welcher Ansatz am besten funktionieren wird, und deshalb wird Resilienz hier wohl am ehesten durch Diversifizierung erreicht, indem nämlich entlang aller drei Dimensionen Innovationen umgesetzt werden. Strukturell ähnelt das Problem sehr der Entwicklung der Corona-Impfstoffe, die ich in einem früheren Kapitel diskutiert habe. Flexibel zu bleiben ermöglicht eine Reoptimierung im Hinblick auf zukünftige Informationen und Schocks.

DAS TRITTBRETTFAHRERPROBLEM DER KLIMAPOLITIK

Warum fallen angesichts der großen Bedrohung durch den Klimawandel und des breiten Konsenses über die Notwendigkeit von Gegenmaßnahmen die Bemühungen, gegen ihn aktiv zu werden, so langsam aus?

Ein Grund dafür ist der hohe Kooperationsbedarf auf internationaler Ebene. Ein kleines Land, wie zum Beispiel Belgien, kann zwar auf nationaler Ebene vieles ändern, aber selbst wenn es morgen vollständig kohlenstoffneutral würde, wären die Auswirkungen auf das Weltklima verschwindend gering. Daher sind weltweite Anstrengungen aller Länder erforderlich. Selbst bei größeren Staaten wie Großbritannien machen die CO_2-Emissionen nur 1,1 Prozent der weltweiten Klimabelastung aus.[4]

Dieses Problem ist in den Wirtschaftswissenschaften allgemein als das Trittbrettfahrerproblem bekannt. Und es gilt nicht nur für einzelne Länder. Das gleiche Problem tritt nämlich auch bei Individuen innerhalb eines Landes auf. Wenn 80 Prozent der Holzöfen in einem Land abgeschaltet werden müssen, hofft jede Person, die einen solchen Ofen besitzt, dass ihre Nachbarn ihre Öfen abschalten, statt dass sie ihren eigenen abschaltet. Das Herzstück des Trittbrettfahrerproblems bildet eine Externalität: Wenn andere die Umwelt schützen, profitiere auch ich davon, obwohl ich sie in keiner Weise für ihre Bemühungen entschädige.

Hinzu kommt, dass Umweltprobleme mit dem behaftet sind, was wir in Kapitel 2 als Rückkopplungsexternalitäten bezeichnet haben. Nehmen wir an, dass wir alle weltweit ein bisschen öfter die Klimaanlage einschalten, um es ein bisschen angenehmer zu haben. Klimaanlagen sind eine bedeutende Ursache des Stromverbrauchs, der zu einem großen Teil aus nicht erneuerbaren Energien gedeckt wird. Mehr Klimaanlagen verursachen also mehr Stromverbrauch, was wiederum mehr CO_2-Emissionen verursacht. Insgesamt führt dies zu höheren Temperaturen in der Welt, die eine Externalität des erhöhten Klimaanlageneinsatzes auf alle sind. Mit steigenden Temperaturen steigt auch ihr Gebrauch, und wir befinden uns in einer negativen Rückkopplungsschleife, die uns näher an den Klima-Kipppunkt bringt.

Doppelte Externalitäten bei Umweltinnovationen

Die Ausgaben für Forschung und Entwicklung im Bereich Umweltinnovation fallen aufgrund einer Doppelexternalität zu niedrig aus. Zunächst die Umweltexternalität: Neue Klimaschutz-Innovationen weisen Externalitäten auf der Output-Seite auf. Einige Nutznießer solcher Innovationen tragen nicht direkt zu ihnen bei und erhalten so eine positive Externalität.

Zweitens gibt es eine klassische Innovationsexternalität, ein Thema, das wir bereits im Kapitel zur Innovation diskutiert haben. Ein Teil des während des Innovationsprozesses generierten Wissens schwappt auf andere Erfinder über, was eine weitere positive Externalität darstellt. Doch der Innovator investiert zum großen Teil zum Nutzen anderer.

Das Ergebnis des Vorliegens dieser beiden Externalitäten ist eine doppelte Externalität, die die Klima-Innovation hemmt. Aufgrund der F&E-Externalität wird zu wenig in Klimainnovationen investiert, und gleichzeitig gibt es zu wenig Mitigation und Adaption. Würden Innovatoren hingegen erwarten können, dass ihnen alle Vorteile einer Erfindung zugutekommen, würden sie mehr investieren.

Das Henne-Ei-Problem, neu gefasst

Zusätzlich tritt das Henne-Ei-Problem, auch QWERTY-Problem genannt, aus Kapitel 8 wieder auf. Netzwerkeffekte behindern die Einführung klimafreundlicher Technologien. Betrachten wir etwa das Netz der Elektroladestationen. Davon gibt es relativ wenige, sodass viele Autobesitzer zögern, auf ein Elektrofahrzeug umzusteigen, aus Angst, nicht genügend Ladestationen vorzufinden. Da es nur wenige Elektroautobesitzer gibt, sind die meisten Orte zum Treibstoffbezug Tankstellen und nicht Elektroladestationen.[5]

Diese Netzwerkeffekte werden von einer Rückkopplungsschleife befeuert, die ihren Ursprung in strategischen Komplementaritäten hat. Wenn einige Elektrotankstellen in Ihrer Umgebung eingerichtet werden, dann erhöht das den Anreiz für den Kauf eines Elektroautos, was die Nachfrage nach Stromtankstellen ankurbelt, und das wiederum macht das Elektroauto noch attraktiver. Infolgedessen gibt es mehrere mögliche Gleichgewichte. Entweder sind die meisten unserer Tankstellen solche für Sprit, und die meisten Leute kaufen Autos mit Verbrennungsmotor, oder die meisten Tankstellen haben Elektroladesäulen, und die Leute kaufen Elektroautos. Im »falschen« Gleichgewicht mit zu vielen Tankstellen festzustecken ist eine Art Falle: Es erschwert die Einführung klimafreundlicherer Technologien und behindert damit Resilienz. Wenn wir uns in der Nähe eines Kipppunkts des Klimawandels befinden, ist es besonders prekär, in einer solchen Sackgasse zu stecken. Schon ein kleiner Schock könnte uns über die Klippe hinaus in eine negative Rückkopplungsschleife stoßen.

Zudem ist der Aufbau eines großen Netzwerks mit beträchtlichen irreversiblen Kosten verbunden, da sowohl die Zulieferer als auch die Verkäufer der Endprodukte große Vorabinvestitionen tätigen müssen. Wenn wir uns unsicher sind, ob das Auto der Zukunft mit Strom oder Wasserstoff angetrieben wird, dann wollen die Unternehmen versunkene Kosten vermeiden, die entstehen, wenn sie auf die falsche Strategie setzen. Abzuwarten und die Einführung ein wenig hinauszuzögern ermöglicht es, sich alle Optionen offenzuhalten. Doch zu viel »abwarten und Tee trinken« führt auch dazu, dass wertvolle Zeit für den Klimaschutz verloren geht. Vorreiter wie Elon Musk mit Tesla müssen dann vielleicht auf Elektrizität setzen, um andere zu überzeugen, es ihnen gleichzutun. Alternativ zu diesen konträren Einzelkämpfern kann auch der Staat Standards festlegen, die die Industrie zur Annahme neuer Netzwerke anleiten. So oder so können Fallen aufgelöst werden, um Resilienz zu fördern.

Klimaclubs

Eine Lösung für das internationale Trittbrettfahrerproblem, die der Nobelpreisträger Bill Nordhaus vorgeschlagen hat, sind Klimaclubs: Jene Länder, die einen Klimaclub bilden, würden sich auf ambitionierte Emissionsziele verständigen. Das besondere Merkmal eines solchen Clubs im Vergleich zu anderen Initiativen wäre, dass Nichtmitglieder bestraft würden.[6] Zum Beispiel könnte man einen Strafzoll auf Waren aus Nichtmitgliedsländern erheben. Dadurch gäbe es für Außenstehende Anreize zur Mitgliedschaft und für Insider Anreize, den Club nicht zu verlassen, wodurch das Trittbrettfahrerproblem angegangen wird.[7]

Eine Situation kann aus zwei Gründen nicht nachhaltig sein: Entweder befindet man sich so nah an einem Kipppunkt, dass schon ein kleiner Schock eine negative Rückkopplungsschleife in Gang setzt, oder man steckt in einem langsamen Abwärtstrend, der an einem Kipppunkt endet. Beide Situationen verlangen nach einer Umkehr und mehr Resilienz.

Im Zusammenhang mit dem Klimawandel lautet eine der dringlichsten Fragen, wie die Anstrengungen zur Bekämpfung der Umweltverschmutzung im Laufe der Zeit hochgefahren werden können: Sollten wir in der nächsten Zukunft große Schritte unternehmen oder erst nach und nach klimafreundlichere Technologien einführen und diese im Laufe der Zeit ausbauen? Hier sind mehrere Überlegungen entscheidend. Resilienz ist wichtig. Wenn wir nur wenig Resilienz gegenüber negativen Klimaschocks haben, bedarf es eines schnellen Handelns, um zu vermeiden, dass Feedbackschleifen in Gang gesetzt werden. Im Zusammenhang mit dieser Überlegung ist auch die Dauer der Schocks von Bedeutung. Wenn wir erwarten, dass zukünftige Klimaschocks sehr beständig sein werden, dann müssen wir diese Schocks vermeiden, weil die Erholung von beständigen Veränderungen wesentlich komplizierter sein wird.

Aus einer dynamischen Perspektive betrachtet, ist der Abzinsungsfaktor mit dem man zukünftige Kosten und Erträge abdiskontiert. Wenn wir die Zukunft weitgehend außer Acht lassen, dann werden dadurch kostspielige Maßnahmen zur Eindämmung des Klimawandels sofort ausgebremst. Aber die Zinssätze sind in den letzten Jahrzehnten aufgrund der Alterung der Bevölkerung, der Sparschwemme, des geringen Wirtschaftswachstums und der Ungleichheit gesunken. Daher sind auch die Abzinsungssätze niedrig. Die Zukunft wird weniger abdiskontiert, das heißt, es wird stärker berücksichtigt, was für ein frühzeitiges Handeln gegen den Klimawandel spricht.

Kipppunkte und Irreversibilität

Ich habe in diesem Buch immer wieder betont, wie Fallen und Kipppunkte Resilienz-Killer sein können. Besonders schädigend sind sie, wenn sie unumkehrbar sind. Irreversibilitäten sind so etwas wie eine permanente Falle. Hinzu kommt, dass viele Kipppunkte, wie zum Beispiel die Verlangsamung und das Versiegen des Golfstroms, nicht mit hundertprozentiger Sicherheit vorhergesagt werden können. Stattdessen bedeutet die stochastische Komponente rund um die Kipppunkte, dass man sich zu ihrer Vermeidung am besten ausreichend weit von solchen potenziellen Momenten entfernt hält.

Andererseits besteht die Gefahr, dass Externalitäten zu Verzögerungen führen, die unser Klima in Richtung Kipppunkte treiben und so die Resilienz verringern.

Es ist das Cheap-Riding, das diesen Prozess antreibt. Angenommen, die ganze Gesellschaft müsste aus einem einzigen Teich fischen, um sich zu ernähren. Aus Angst, dass andere den Teich leer fischen, fischt jeder schon früh sehr viel. Doch dieses Cheap-Riding bringt die gesamte Gruppe näher an den Kipppunkt, an dem nicht mehr genug Fische übrig sind, die sich vermehren und damit die Bevölkerung am Leben erhalten können. Die Überfischung der Ozeane veranschaulicht perfekt, wie diese Mechanismen funktionieren. Das Gleiche gilt für die CO_2-Belastung, wo klimarettende Innovationen hinausgezögert und »technologische Redundanzen« nicht aufgebaut werden. An diesem Punkt kann es sehr wertvoll sein, über schnell umsetzbare Notfallpläne zu verfügen. Nicht alle Innovationen sind gleichermaßen wünschenswert. Geo-Engineering-Technologien zur Verfügung zu haben ist für den Fall nützlich, dass sich der Klimawandel rasch verschärft, dennoch ist Vorsicht geboten. Denn sollten diese Technologien unerwartete Nebenwirkungen haben, dann könnten wir von einer Falle in die nächste tappen. Daher ist es bei der Erforschung solcher Technologien entscheidend, sich auch über die damit verbundenen Risiken und Begleiterscheinungen weit im Voraus zu informieren.

Grünes Paradox

Um eine schrittweise Einführung verschiedener Klimaziele wie etwa von CO_2-Emissionsvorgaben zu beurteilen, bedarf es auch der Abwägung der folgenden zwei dynamischen Gesichtspunkte. Der deutsche Ökonom Hans-Werner Sinn argumentiert, dass ein langsames Hochfahren von Emissionszielen starke Anreize für die Inhaber kohlenstoffemittierender Ressourcen, beispielsweise Öl- und Gasfirmen, schafft, die Nutzung ihrer Ressourcen zu beschleunigen.[8] Daher könnten strengere Emissionsziele in der Zukunft paradoxerweise zu mehr Emissionen in der Gegenwart führen und so den Klimawandel beschleunigen.

Eine sehr schnelle Anhebung der Emissionsziele könnte jedoch zu einem weiteren paradoxen Effekt führen. Wenn wir die Emissionen jetzt schon sehr aggressiv reduzieren, dann halten wir uns zwar von den Kipppunkten fern, aber wir lassen auch mehr fossile Brennstoffe im Boden. Diese werden in Zukunft daher weniger knapp und damit billiger sein, was die Anreize zur Emissionsreduktion künftig verringert. Unter dem Strich lässt sich also festhalten, dass ehrgeizige Emissionsziele in der Gegenwart zu höheren Emissionen in der Zukunft führen können.[9]

Es ist also ein schmaler Grat, auf dem sich die Politik bewegen muss, um den optimalen Zeitplan für das Hochfahren von Emissionszielen festzulegen.

WIE WIRD KLIMAPOLITIK PLANUNGSSICHER?

Koordinierung und Flexibilität

Die Koordination von Strategien zum Hochfahren ist von entscheidender Bedeutung für die Planungssicherheit. Nehmen wir an, ein Stahlwerk erwägt, von Kohle auf Wasserkraft umzustellen.[10] Solche langfristigen Investitionen sind sehr riskant. Daher müssen Unternehmen über eine relative Sicherheit bezüglich der Umweltpolitik über den Planungshorizont verfügen, bevor sie sich auf derartige Großinvestitionen einlassen. Andernfalls könnte die Gefahr, dass eine kostspielige Energiewende versunkene Kosten verursacht, die Vorteile überwiegen.

Eine CO_2-Steuer mit klaren Prognosen über ihre künftige Entwicklung ist eine Methode, die Gewissheit über den Preis des CO_2-Ausstoßes bietet. Aber eine solche Steuer würde die Menge des CO_2-Ausstoßes selbst nicht festlegen. Diese bliebe unbestimmt. Alternativen dazu wären politische Maßnahmen, die auf die Menge der Emissionen abzielen. Dies wird durch Verschmutzungszertifikate erreicht, bei denen der Staat die Anzahl der Zertifikate festlegt. In diesem Fall ist der Preisverlauf jedoch unklar, was für die Unternehmen ein Risiko hinsichtlich der Emissionskosten darstellt.[11] Einige Stimmen, wie die des französischen Ökonomen Jacques Delpla, haben angeführt, dass eine staatliche Stelle eingreifen könnte, um den Preis zusätzlich zu stabilisieren, indem sie einige Zertifikate kauft oder verkauft.

Zurück zur Planungssicherheit: Die Verminderung der Risiken einschließlich Preisrisiken, die mit der Einführung umweltfreundlicher Technologien verbunden sind, senkt die mit solchen Investitionen verbundenen Risikoprämien. Dies dürfte wiederum die Kosten für die Einführung umweltfreundlicher Technologien senken.

Während die Festlegung auf einen fixen Transformationspfad zwar eine gewisse Planungssicherheit schafft, nimmt sie uns zugleich aber auch die Flexibilität, die ein Schlüsselelement für Resilienz ist. Wenn sich Kipppunkte abzeichnen, sollte man die Möglichkeit haben, die bisherigen Anstrengungen erheblich zu verstärken, um die Kipppunkte zu umschiffen und Resilienz zu erreichen. Die Reoptimierung der optimalen Klimapolitik über die Zeit ist ein entscheidender Bestandteil für ihren Erfolg.

Das Problem der Zeitinkonsistenz

Mit dieser Möglichkeit zur Reoptimierung ist ein Zeitinkonsistenzprobleme verbunden. Zu Beginn wollen die Regulierungsbehörden einen bestimmten Preisverlauf für CO_2 versprechen, um den Unternehmen Planungssicherheit zu verschaffen und die Übergangskosten für die kohlenstoffintensiven Industrien zu minimieren. Aber die Regulierer wollen diese Regeln in der Zukunft möglicherweise auch nachjustieren, wenn sich neue Entwicklungen ergeben. Diese Flexibilität sorgt zwar für Resilienz, untergräbt aber auch die Glaubwürdigkeit des ursprünglichen Versprechens über den künftigen Preis für CO_2.

Daraus ergibt sich ein Zielkonflikt zwischen Ex-post- und Ex-ante-Resilienz. Ex-ante-Resilienz erfordert verbindliche Regeln, die Anreize für eine energische Durchsetzung von CO_2-Maßnahmen schaffen. Ex-post hingegen möchte man die Resilienz aufrechterhalten, indem man sich die Möglichkeit offenhält, später zu reoptimieren – ähnlich wie bei der Corona-Krise, bei der man die Gesundheitspolitik den jeweiligen Entwicklungen in der Pandemie anpassen möchte.

17. Ausblick

Die Menschheitsgeschichte ist eine Geschichte des Fortschritts. Bei allem, was sie erreicht hat und in Zukunft noch erreichen wird, kommt es zwangsläufig zu zahlreichen Schocks. Auf einige davon sind wir vorbereitet und wissen ungefähr, wie sie aussehen könnten, andere werden »unbekannte Unbekannte« sein. Da wir in einer stetig voranschreitenden Welt Schocks nicht vermeiden können, müssen wir unbedingt resilient sein, also in der Lage, nach einem Schlag wieder aufzustehen. Zudem kann man sich als Einzelperson wie auch als Gesellschaft an der Resilienz als Leitstern orientieren.

An dieser Stelle sollen ein paar weitere Entwicklungen zusätzlich zu Pandemien aufgeführt werden, die ohne Frage unerwartete Schocks mit sich bringen werden. Diese Entwicklungen beinhalten – wie die meisten Erfindungen – großes Potenzial, aber auch Risiken. Sie könnten uns an gefährliche Kipppunkte führen, die wir gegenwärtig noch nicht näher bestimmen können. Eine der großen Fragen ist hier: Wie können wir resilient bleiben?

Cyberangriffe können kritische Infrastruktur lahmlegen, Chaos und Tod mit sich bringen. Müssen wir zum Schutz der Resilienz Redundanzsysteme zur Datensicherung gesetzlich vorschreiben? Mit solchen Redundanzen könnte man Erpressungen durch die Androhung von Cyberangriffen abwenden. Diese gibt es bereits jetzt: Am 8. Mai 2021 mussten die USA die Colonial-Pipeline, die fast die Hälfte des an der Ostküste verbrauchten Kraftstoffs liefert, wegen einer Ransomware-Cyberattacke abschalten.[1]

Künstliche Intelligenz (KI) wird uns viele Entscheidungen abnehmen – und damit auch eine Last, aber vermutlich ebenso die Freiheit zu entscheiden. Vor allem aber wird KI die Überlegenheit des menschlichen Geistes infrage stellen, sobald es zur Singularität kommt, dem Zeitpunkt, ab dem der technologische Fortschritt ein unkontrollierbar würde.

Vielleicht können wir Menschen mit der KI schritthalten, wenn wir unseren Geist trimmen, indem wir Hirn und Rechenleistung zusammenführen. Anstatt das Smartphone in der Hand hat man dann einen Chip direkt im Gehirn. Dieser Chip hätte außerdem den Vorteil, dass sich darüber direkt mit den Chips anderer Menschen kommunizieren ließe. So wie die Technik des 19. und 20. Jahrhunderts mit Maschinen unsere Muskelkraft ergänzte, könnten im 21. Jahrhundert neue Technologien unsere Gehirnleistung verbessern. Elon Musks Unternehmen Neuralink arbeitet an einem Chipimplantat fürs Gehirn.

Die Gehirnleistung lässt sich auch chemisch mit »mentalen Steroiden« steigern. In einem wettbewerbsorientierten Umfeld – man denke nur an Prüfungen, um an einer Spitzenuniversität zugelassen zu werden – könnten leistungssteigernde Präparate oder Medikamente einem Vorteile gegenüber den Mitschülern verschaffen, ähnlich wie beim Doping im Profisport. Natürlich bringen all diese Entwicklungen ihre eigenen Risiken und Unwägbarkeiten mit sich. Da tun sich viele neue ethische Fragestellungen, aber auch Chancen auf. Inwiefern ist beispielsweise jemand für sein eigenes Handeln verantwortlich, wenn »sein Chip« entscheidet? Was passiert, wenn es jemand schafft, den Gehirnchip zu hacken? Bietet ein digitales Backup der eigenen Individualität zusammen mit einem Reboot-Knopf Resilienz? Wie schützen wir die Privatsphäre und unsere Persönlichkeit?

Auch beim Thema Gen- und Biotechnik betreten wir Neuland.[2] Derzeit sterben viele Menschen, weil es nicht genug Transplantationsorgane gibt. Zukünftig werden wir neue Organe im Labor oder sogar im Reagenzglas züchten können. Vielen Patienten, die bisher jahrelang auf ein Spenderorgan warten müssen, wird damit Leid erspart, aber in Zukunft könnte man auch schwache (oder gealterte) Körperteile durch »perfekte«, vielleicht leistungsfähigere ersetzen. Auf diese Weise würden Supermenschen entstehen, die sich auf unterschiedliche Fähigkeiten spezialisieren könnten, was wohl ganz eigene Risiken birgt. Diese Bewegungen sind auf globaler Ebene unaufhaltsam, daher brauchen wir ethische Schutzmaßnahmen, welche die Fähigkeit bewahren helfen, wieder aufzustehen, sollten einige der Entwicklungen aus dem Ruder laufen.

Natürlich werden mithilfe von Gentechnologie auch Waffen hergestellt werden, bei denen die Nichtverbreitung ein größeres Problem darstellen könnte als bei den ABC-Waffen (atomare, biologische und chemische). Atomwaffen zum Beispiel können nicht von einer Person allein gebaut werden. Der Philosoph Nick Bostrom von der University of Oxford befürchtet, dass in der Zukunft Einzelpersonen unsere Zivilisation beispielsweise mit selbstgemachten Biohacking-Tools zerstören können. In einem solchen Falle gibt es kein Zurück mehr.[3]

Im Vergleich mit diesen Aussichten und damit verbundenen Problemen erscheinen Pandemien fast harmlos, sie werden jedoch bei einem steigenden Bevölkerungswachstum möglicherweise häufiger vorkommen.

Außerdem bleibt es oftmals nicht bei einer Krise, sie kann eine weitere auslösen. Dann könnte ein zusätzlicher Schlag, wahrscheinlich aus einer anderen Richtung, uns umwerfen. Eins der noch vergleichsweise harmlosen Szenarien wäre, wenn es wegen des Klimawandels mehr Mücken gäbe, die dann wiederum Krankheitsübertragung und Pandemien begünstigen könnten.

Auf die ein oder andere Weise werden diese Geschehnisse eintreffen, und niemand kann uns vor den Schocks beschützen, die sie auslösen werden. Somit müssen wir unbedingt dafür sorgen, dass wir nach einem solchen Schlag nicht darniederliegen, sondern immer wieder aufstehen. Dafür benötigen wir ein Sicherheitsnetz aus Puffern, Redundanzen und Schutzzonen.

Das »wir« meint hier jede Person individuell, die verschiedenen Gesellschaftsschichten, aber auch die Institutionen und die globale Gemeinschaft. Die individuelle Resilienz betrifft jeden Einzelnen von uns. Es gibt eine große Auswahl an psychologischen Fachbüchern, die Vorschläge liefern, wie jeder angesichts womöglich lebensverändernder Herausforderungen resilienter werden kann.

Die gesellschaftliche Resilienz ist genauso wichtig. Was uns als Gesellschaft zusammenhält, ist der Gesellschaftsvertrag. Dieser existiert aus zwei Gründen: Erstens, um die negativen Externalitäten einzuschränken, die ein Zusammenleben mit sich bringt, auch solche, die die Resilienz zerstören. Zweitens, um uns (zumindest teilweise) gegen Schocks abzusichern. Damit der Gesellschaftsvertrag erfolgreich greifen kann, ist er auf das Zusammenspiel von Staat, Märkten und sozialen Normen angewiesen. Die Coronakrise hat tiefe Gräben in der Gesellschaft aufgezeigt sowie Mängel am Gesellschaftsvertrag und wie wir ihn derzeit leben. Ungerechtigkeit, Ungleichheit, Rassismus und eine Verneinung der Meritokratie belasten den Gesellschaftsvertrag und rütteln an seiner Resilienz. Der Vertrag muss in jedem Fall immer einen gewissen Raum für Abweichler und Andersdenkende lassen, da sie es sind, die bei Schocks vielleicht ungewöhnliche Lösungsansätze aufzeigen. Das Vertrauen in wissenschaftliches, rationales Denken und eine Kultur der offenen Kommunikation, mit der man Schocks vorbeugen und auf sie reagieren kann, festigen die gesellschaftliche Resilienz, wie die wissenschaftlichen Durchbrüche bei der Impfstoffentwicklung während des Corona-Schocks gezeigt haben.

Auch Institutionen sind Teil des Gesellschaftsvertrags, viele von ihnen regulieren und beeinflussen die Interaktion von Millionen von Menschen. Institutionen sind notwendig, um die in diesem Buch beschriebenen Aspekte der Resilienz im Vorfeld und Nachspiel auszutarieren. Dafür müssen sie aus sich heraus resilient sein, um den Menschen ein gewisses Maß an Stabilität zu gewährleisten, aber gleichzeitig flexibel genug, um sich an die neuen Herausforderungen unserer Zeit anzupassen.

Zu guter Letzt hat die Coronakrise überdeutlich gezeigt, dass wir nicht nur in unsere eigenen (analogen oder digitalen) Nachbarschaft leben, sondern in einer globalen Gemeinschaft. Daher muss sich unsere Weltordnung so anpassen, dass unser Planet resilient bleibt – für Mensch und Natur. Resilienz ist ein wichtiger Aspekt der Nachhaltigkeit. Um den Klimawandel effektiv anzugehen, müssen wir Kipppunkte vermeiden, durch die unsere Gesellschaft in negative Feedbackschleifen abrutschen würde. Innovation hat das Potenzial, ein nachhaltiges Wirtschaftswachstum zu ermöglichen und gleichzeitig unseren ökologischen Fußabdruck zu verringern.

Nach Vogel-Strauß-Manier den Kopf in den Sand zu stecken oder am Status quo festzuhalten sind keine wirklichen Lösungen. Um resilient zu sein, muss man flexibel reagieren, zusätzliche Puffer haben und offen für die Chance bleiben, nach Rückschlägen wieder aufzustehen. Für die Zukunft braucht es mehr Ideen, wir alle sind gefragt bei der Gründung einer resilienten Gesellschaft.

Anmerkungen

1. Einleitung

1 Siehe etwa: https://www.lafontaine.net/lesFables/fableEtr.php?id=491; es gibt viele Versionen dieser Fabel, deren Kern sich, wie so oft, bis ins alte Griechenland zurückverfolgen lässt.
2 Frühere Werke, etwa von der OECD, fokussierten sich meist nur darauf, die Makroökonomie und makroökonomische Institutionen resilienter zu machen: https://www.oecd.org/dac/Resilience%20Systems%20Analysis%20FINAL.pdf; mein Konzept von Resilienz stimmt mit diesen früheren dennoch teilweise überein. Auf den Gedanken, dass Resilienz einer Impulsantwortfunktion ähnelt, werde ich im zweiten Kapitel näher eingehen.
3 Laxminarayan 2020 (4:43, 6:37, 8:30, 28:56).

Teil I: Resilienz und Gesellschaft

2. Resilienz und ihre Cousinen

1 CNBC 2021.
2 Der Begriff der Stabilität ähnelt dem der Resilienz, da er ebenfalls auf ein Zurückfedern fokussiert ist. Stabilität bezieht sich jedoch auf kleinere, kurzzeitigere Schocks, während Resilienz auch Schocks umfasst, welche die »Robustheitsbarriere« durchbrechen.
3 Discovery.com, ohne Datum.
4 In der Statistik ist die Widerstandsfähigkeit eine enge Verwandte der Robustheit; erstere bezieht sich auf die Tatsache, dass einzelne Ausreißerdaten sich nur wenig auf die Analyse auswirken; Robustheit bedeutet Geschütztsein vor unspezifischer Wahrscheinlichkeitsverteilung.
5 Financial Times 2020.
6 Negative Risiken werden häufig am Wert im Risiko gemessen, das schlechteste Ergebnis innerhalb des 99 %-Konfidenzintervalls.
7 Finanzmakler beziehen dies freilich in ihre Berechnungen ein und richten Kreditvolumen und Zins danach aus.
8 Interpretiert man Abb. 2-3 als finanziellen Gewinn, dann wäre die Sharpe-Ratio der grauen Kurve unendlich, da die Volatilität null ist.

3. Was Resilienz im Gesellschaftsvertrag verloren hat

1 Um ein Gefühl für exponentielles Wachstum zu bekommen, muss man sich vorstellen, man besuchte ein Fußballspiel in einem offenen Stadion, und es beginnt langsam zu regnen (zugegeben, viele Stadien sind heutzutage überdacht). Ein durchschnittlicher Regentropfen hat ein Volumen von etwa 0,5 Kubikmillimetern. Wenn pro Sekunde ein Regentropfen ins Stadion fällt (ein sehr, sehr leichter Regen), macht das insgesamt 1576 Liter pro Jahr. Dadurch wird höchstens der Boden etwas befeuchtet. Nehmen wir aber an, dieser leichte Regen nimmt an Intensität langsam zu, und die Zahl der Regentropfen steigert sich mit einem Faktor von 1,03 pro Sekunde. Dann ist es bei Spielbeginn erst ein Regentropfen, in der nächsten Sekunde 1,03, dann $1{,}03^2 = 1.0609$ und so weiter. Nach zehn Minuten wäre das Spielfeld ein wenig nass, und man würde vielleicht sagen: »Die Spieler haben heute mit etwas rutschigen Verhältnissen zu kämpfen.« Drei Minuten später steht das Wasser bereits zehn Zentimeter hoch. Langsam machen wir uns Sorgen und beginnen darüber nachzudenken, ob wir das Stadion besser verlassen sollten. Denn nur weitere drei Minuten später, 16 Minuten nach dem ersten Regentropfen, steht das gesamte Stadion unter Wasser. In der letzten Sekunde, nach 16 Minuten Regen, strömen 105 Millionen Liter Wasser ins Stadion.

2 Laxminarayan 2020.

3 Ein Beispiel für die globale Dimension von Rückkopplungsschleifen ist Christopher Clarks Interpretation der Ereignisse, die zum Ausbruch des Ersten Weltkriegs führten, dargestellt in seinem Buch *Die Schlafwandler*. Nach der Ermordung von Erzherzog Ferdinand in Sarajewo 1914 brachten kleine Schritte der Eskalation alle Nationen Europas einem Kipppunkt näher. Als die ersten Länder mobil machten, war der Kipppunkt bereits überschritten. Andere reagierten ihrerseits mit Mobilmachungen, und der Krieg wurde unvermeidlich.

4 The Guardian 2020.

5 The Atlantic 2012.

6 Französische Regierung 2020.

7 Spence 2020 (21:15, 22:38, 30:08, 1:03:10).

8 In den Wirtschaftswissenschaften nennt man diesen Gedanken Pigou-Steuer – nach dem englischen Wirtschaftswissenschaftler Arthur Pigou.

9 Rajan 2020.

10 Frankfurter Allgemeine 2020.

11 RBB 2021.

12 Diese Logik lässt sich leicht anhand der Gesichtsmaskenherstellung veranschaulichen. Nachfolgend eine simple Adaption von Milton Friedmans berühmtem Bleistift-Beispiel: Niemand auf der Welt weiß genau, wie man eine Gesichtsmaske von Grund auf herstellt. Zunächst benötigt man dafür

verarbeiteten Kunststoff, Polypropylen aus Erdöl, das wiederum aus Texas oder den arabischen Golfstaaten stammt. Für den Nasenclip braucht man Metall, vielleicht Eisen oder Stahl. Außerdem muss die Maske verpackt werden, dazu braucht man Pappe aus Altpapierbrei. Insgesamt ist das ein sehr komplexer Prozess. Die rechnerische Aufgabe, alle notwendigen Informationen innerhalb einer bestimmten Zeit zu sammeln, um nach dem Corona-Ausbruch die Produktion anzukurbeln, erscheint beängstigend; das Unterfangen ist vielleicht nicht gerade unmöglich, aber ganz gewiss auch nicht praktisch. Unmengen von Daten müssen gesammelt werden. Hayek ging sogar noch einen Schritt weiter und argumentierte, die Wirtschaft sei so komplex, dass sich sämtliche beteiligten Interaktionen nicht in einem einzelnen Modell darstellen ließen. Dennoch sind informative Preissignale für Volkswirtschaften, die sich im globalen Innovations-Pionierland entwickeln, entscheidend für den optimalen Einsatz von Ressourcen. Eine berühmte Redensart lautet, ein Ausschalten der Preissignale sei, als hätte man in früheren Zeiten, als die Menschen noch übers Festnetz kommunizierten, die Telefonleitungen gekappt.

13 Slaoui 2020.

14 Bloomberg, *Pfizer Vaccine's Funding Came From Berlin, Not Washington*; https://www.bloomberg.com/news/articles/2020-11-09/pfizer-vaccine-s-funding-came-from-berlin-not-washington.

Teil II: Den Schock beherrschen: Der Fall Corona

1 Trading Economics 2020.

2 Bourke 2021.

4. Das menschliche Verhalten

1 Laxminarayan 2020.

2 Cochrane 2020 (21:00, 24:30, 25:48).

3 The Economist 2020.

4 Opportunity Insights 2020.

5 Chetty 2020 (36:10, 51:36, 1:00:41).

6 Chetty 2020.

7 Chetty 2020.

8 NBER 2020.

9 Summers 2020 (2:10, 23:30, 53:26).

10 Wirtschaftlich betrachtet ist eine Externalität eine Handlung von Individuum i, die den Handlungsspielraum eines anderen Akteurs –i beeinflusst: partial $\partial u^i(a^i, a^{-i})/\partial a^{-i}$. Strategische Komplementaritäten indes fragen umgekehrt:

Wie beeinflusst die von Akteur j ausgehende Externalität das Handeln von i: \partial\frac{partial u^i(a^i, a^-i) / \partial a^i}{\partial a^-i}}.

11 DeMarzo, Vayanos und Zwiebel 2003.

12 Wie der Rufer vor einer Gebirgswand seine eigenen Worte durch das Echo verstärkt hört.

13 Zeckhauser 2020; hier bezogen auf die Klimapolitik.

14 Rajan 2020 und Cochrane 2020; ebenso, nicht nur bezogen auf Indien.

15 http://historymatters.gmu.edu/d/5057/.

16 Brunnermeier und Parker, *Optimal Expectations* 2005.

17 Merkur.de 2021.

18 Näheres zu dieser Hypothese siehe Bengt Holmstroms Webinar für die Markus Academy: https://bcf.princeton.edu/event-directory/bengtholmstrom/.

19 Google 2021.

20 Regierung Sachsen 2021.

21 mdr.de 2020.

5. Informationsgewinnung durch Tests und Rückverfolgung

1 Summers 2020.

2 Romer 2020 (9:20, 16:40, 19:22, 26:52, 29:43).

3 Romer 2020.

4 Dies ist der Vorschlag von Acemoglu u. a., 2020; https://economics.mit.edu/files/19698.

5 Acemoglu 2020 (28:36, 31:34, 32:38, 34:34, 36:00).

6 Econreporter.com 2020.

7 Romer 2020.

8 Nehmen wir einmal an, ein Prozent der Bevölkerung wäre Corona-positiv, zehn Prozent der Tests würden positiv ausfallen (wie es für Länder mitten in einer Corona-Welle typisch ist), und das Testergebnis einer mit dem Virus infizierten Person mit 95-prozentiger Wahrscheinlichkeit positiv ausfiele. Das würde bedeuten, dass fünf Prozent der Infizierten ein negatives Testergebnis erhielten. Der interessierte Leser erinnert sich vielleicht an die Bayes-Regel aus dem Mathematikunterricht am Gymnasium. Eine beliebige Person, die ein negatives Testergebnis erhält, ist demnach nur zu 99,94 Prozent tatsächlich negativ. Freilich ist das mehr als 99 Prozent, aber einige Personen mit negativem Testergebnis tragen das Virus dennoch in sich. Der marginale Informationsgewinn ist zwar nur eine um 0,994 Prozentpunkte geringere Wahrscheinlichkeit, mit Corona infiziert zu sein, doch die Menschen könnten dies als wesentlich höher fehlinterpretieren.

9 De Bolle 2021.

10 BBC 2020.
11 *Die Welt* 2020.
12 Acemoglu 2020.
13 Laxminarayan 2020.

6. Kommunikation: Das Management der Sorge

1 $u^i(u^{-i})$.
2 Shayo 2009, Grossman-Helpman 2020.
3 McGuire u. a., 2020.
4 James 2020 (19:34, 27:19, 28:45).
5 James 2020: »Die Moral ist ein entscheidendes Element in jedem Krieg.«
6 Tirole 2020.
7 Duflo 2021 verweist darauf, dass die vertrauenswürdige Quelle einer Botschaft wichtiger ist als deren Inhalt.
8 Artikel in *The Atlantic*.
9 Harford 2020.
10 Siehe meine einleitenden Anmerkungen zu Angus Deatons Webinar vom April 2020.
11 Deaton 2020 [21:20].
12 Deaton 2020 [31:09, 31:51, 32:02].
13 Banerjee u. a., 2020.
14 Bloomberg: https://assets.bwbx.io/s3/readings/QH1OM4DWLU6Q1600767727341.mmp3.
15 Brooks 2020.
16 Cowen 2020: Es heißt, das Virus stamme aus China und die Chinesen hätten die Weltgemeinschaft nicht gewarnt.

7. Die neue Impfstoffnormalität

1 So leiden beispielsweise 20 Prozent der Corona-Patienten auch zwei Monate nach der Infektion immer noch unter Schmerzen in der Brust: Columbia University Irving Medical Center 2021.
2 The Economist 2020.
3 Bloomberg News 2021.
4 Diese Zahl stammt aus Michael Kremers Webinar. Andere schätzen, dass es zwei bis drei US-Dollar sind: The Economist 2020.
5 Kremer 2020 (19:00, 21:46). Weitere Details sind auch auf einer Website zu finden, die Michael Kremer gemeinsam mit seinen Co-Autoren unterhält: https://www.acceleratinght.org/more-about-amcs.
6 Financial Times 2020.
7 Summers 2020 (5:50).

8 Kremer 2020 (26:39, 27:55, 28:30).
9 Kremer 2020 (3:30, 4:25, 4:56, 8:15), Kremer 2020.
10 Kremer 2020 (20:27).
11 Kremer 2020 (37:15, 37:40, 40:00, 41:05).
12 Kremer 2020 (47:20).
13 Tagesschau 2021.
14 Süddeutsche Zeitung 2020.
15 Gates 2020 (27:00).
16 Dieser Aufsatz vertritt eine ähnliche Auffassung, je nach der Wirksamkeit des Impfstoffs: Matrajt u. a. 2021.
17 Frankfurter Allgemeine 2021.
18 Zu einer exakten theoretischen Analyse dieser Ideen, allerdings ohne ihre spezifische Anwendung auf Corona, vgl. https://arxiv.org/abs/1505.00369.
19 France 24 2020.
20 The Guardian 2020.
21 AA 2020.
22 Business Insider 2020.
23 Euronews 2020.
24 BBC 2021.
25 ABC 2021.
26 The Economist 2021.

Teil III: Makroökonomische Resilienz

1 Krugman 2020 (31:05, 31:58).
2 Krugman 2020 (46:30).
3 Krugman 2020 (34:23).
4 Krugman 2020 (35:18, 39:20, 40:15).
5 Powell 2021 betont ebenfalls die Unterschiede zwischen der Corona-Rezession des Jahres 2020 und der Großen Rezession von 2008.
6 Krugman 2020 (46:30, 46:50).
7 Diese Abbildung basiert auf Arbeiten von Takatoshi Ito.
8 Coibion, Goridnichenko und Weber 2020.
9 Siehe Rosenberg 2020 zu einem Überblick und einem sechsminütigen Video, das diese Idee erläutert.

8. Innovation befeuert nachhaltiges Wachstum

1 Microsoft 2020.
2 James 2020 (1:03:05).
3 Cowen 2020 (12:55).

4 Leibowitz und Margolis 1990 stellen diese Deutung infrage, woraufhin sich eine lebhafte Debatte um die (In-)Effizienz des QWERTY-Tastaturlayouts entsponnen hat. Allerdings lässt sie das allgemeine Prinzip des fundamentalen Problems unberührt, an einem nur lokal optimalen Punkt festzustecken.
5 Bloom 2020 (10:55).
6 Financial Times 2020.
7 Schmidt 2020 (23:30).
8 Schmidt 2020 (58:10).
9 Carter 2021.
10 Schmidt 2020 (43:02).
11 The Economist 2020.
12 Schmidt 2020 (43:02).
13 Barrero, Bloom und Davis 2020.
14 Eine »Reise« manchmal auch im Sinne eines Fußwegs in ein anderes Gebäude.
15 Bloom, Liang u. a. 2013.
16 The Guardian 2017.
17 Dingel und Neiman 2020.
18 Dieser Absatz bezieht sich in weiten Teilen auf Analysen von McKinsey: McKinsey 2020.
19 Barrero, Bloom und Davis, Why Working From Home Will Stick 2021.
20 McKinsey2020.
21 Bloomberg 2020.
22 Bloom 2020 (52:50).
23 Bloom 2020 (50:00) (52:50).
24 Summers 2020 (54:48).
25 CNBC 2020.
26 Financial Times 2020.
27 Bloom 2020 (51:20).
28 Bloomberg: https://assets.bwbx.io/s3/readings/QEKWQEDWRGGD1596619914030.mp3.
29 Cowen 2020 (13:10).
30 Frankfurter Allgemeine 2020.
31 Schmidt 2020 (51:55).
32 Boakye-Adjei 2020.
33 Brunnermeier, James und Landau, The Digitalization of Money 2019.
34 Vgl. meine Präsentation vor der Europäischen Bankenaufsichtsbehörde: Brunnermeier, Money in the Digital Age 2020.
35 Rai 2020.
36 The Economist 2021.
37 Deloitte 2021.
38 Verge 2020.
39 Aguiar, et al. 2021.

9. Vernarbung – Volkswirtschaften in der Sackgasse

1 Stein 2020 26:10, 27:12.
2 AIDS, das in den 1980er-Jahren aufkam, liegt auf der Grenze zwischen dem, was die WHO als Pandemie und als Epidemie bezeichnet. Auf dem Höhepunkt der Krise erkrankten in den 1990er-Jahren etwa 3,3 Millionen Menschen pro Jahr daran, im Vergleich zu über 80 Millionen nachgewiesenen Corona-Infektionen allein im Jahr 2020.
3 Zu den ökonomischen Mechanismen und zwei Anwendungen auf die Große Rezession und auf Corona siehe Kozlowski, Venkateswaran und Veldkamp 2020.
4 Les Echos 2020.
5 Spence 2020 (20:00, 30:13).
6 Malmendier und Nagel 2011.
7 Gennaiolo, Shleifer und Vishny 2015.
8 Barrero, Bloom und Davis, COVID-19 is also a reallocation shock 2020.
9 The Renaissance: The Age of Michelangelo und Leonardo da Vinci. Documentary by DW. April 2019 (22:00–26:00).
10 Hall und Kudlyak 2020.
11 Krugman 2020 (1:03:04).
12 Guerrieri 2020 (1:14:15).
13 Hurst 2021 (52:15).
14 Stiglitz 2020 (30:08).
15 Oreopoulos, Wachter und Heisz 2012.
16 Heathcote, Perri und Violante 2020.
17 Blanchard und Summers, Hysteresis in Unemployment 1987.
18 Blanchard, Should we reject the natural rate hypothesis 2018.
19 Acharya und Steffen 2020.
20 Reuters 2020.
21 Caballero, Hoshi und Kashyap 2008 zeigen, wie der Fortbestand von Zombie-Firmen in Japan im Anschluss an die Bankenkrisen der frühen 1990er-Jahre Ressourcen von den wirtschaftlich gesünderen Firmen abgelenkt hat, was zu langanhaltenden negativen Folgen für die Produktivitätssteigerung führte.
22 Greenwood, Iverson und Thesmar 2020.
23 Cowen 2020 (36:08).
24 Krishnamurthy 2020 (41:00).
25 Krishnamurthy 2020 (28:40).
26 Greenwood, Iverson und Thesmar 2020.
27 Fehr 2021

10. Das Auf und Ab an den Finanzmärkten

1 Financial Times 2021.
2 Financial Times 2020.
3 Gopinath 2020 (42:15).
4 Financial Times 2020.
5 Japan Times 2020.
6 LE News 2018.
7 Gormsen und Koijen 2020.
8 Shiller 2020 (50:16).
9 Financial Times 2020.
10 The Guardian 2021.
11 Pedersen 2021.
12 Financial Times 2020.
13 Bryant 2020 https://assets.bwbx.io/s3/readings/QL28SDT0AFBO1607505422038.mp3.
14 Wall Street Journal 2021.
15 Duffie 2020 (12:10). Siehe auch Powell 2021, der die zentrale Rolle des US-Schatzanleihemarktes für das ganze Finanzsystem hervorhob.
16 Vissing-Jorgensen 2021.
17 Duffie 2020 (19:10, 21:45).
18 Duffie 2020 (41:12, 41:40, 44:27).
19 Duffie 2020 (44:50).
20 Duffie 2020 (50:05).
21 Genauer gesagt 2,1296 Prozent.
22 Slok 2020 (32:10, 38:20, 40:30).
23 Slok 2020 (51:35, 53:05).
24 Liang 2020 (11:58).
25 Krishnamurthy 2020 (17:12).
26 Krishnamurthy 2020 (21:12).
27 Liang 2020 (18:20).
28 Liang 2020 (33:35).
29 Liang 2020 (25:30).
30 Krishnamurthy 2020 (28:40, 41:00, 52:18).
31 Krishnamurthy 2020.
32 Financial Times 2021.
33 Lane 2021 (1:07:20).
34 Lane 2021 (1:04:22).
35 Lane 2021 (1:04:50).
36 Lane 2021 (58:21).
37 Lane 2021 (23:56).
38 Lane 2021 (47:28, 48:36).

39 Lane 2021 (51:16).
40 Dudley 2020 (37:38, 40:50).
41 Dudley 2020 (41:42, 42:32).
42 Wall Street Journal 2020.
43 Stein 2020 (21:58, 22:32).
44 Stein 2020 (29:01).
45 Stein 2020 (34:20).

11. Hohe Staatsverschuldung, aber geringe Zinslast

1 Lane 2021 (36:12).
2 Brunnermeier und Sannikov, Redistributive Monetary Policy 2012.
3 Daher ist die Nettoverschuldung auf den ersten Blick auch so signifikant geringer als die Bruttoverschuldung.
4 Summers 2020 (1:00:14, 1:02:03, 1:03:00).
5 Paul Schmelzing
6 Summers 2020 (1:05:55).
7 Brunnermeier, Merkel und Sannikov, The Fiscal Theory of the Price Level with a Bubble 2020.
8 Einige Leser*innen mögen sich vielleicht an die Laffer-Kurve erinnert fühlen: Steigt die Inflationssteuer zu sehr an, erodiert die Steuerbasis, sodass sich der Staat in einem solchen Fall mit Einschränkungen bei der Schuldenaufnahme konfrontiert sieht.
9 Rogoff 2020 (48:40, 50:30).

12. Inflationsschwankungen

1 New York Fed 2021.
2 Cavallo 2020.
3 Cowen 2020 (57:03).
4 Wall Street Journal 2020.
5 Bloomberg, Manhattan Apartments Haven't Been This Cheap to Rent in 10 Years 2020.
6 Guerrierie 2020 (1:01:50).
7 Gopinath 2020 (40:35).
8 Cox u.a 2020.
9 Chetty 2020.
10 Dudley 2020 (31:56).
11 Dudley 2020 (30:38).
12 Dudley 2020 (17:22).
13 Powell 2021 legte die Regulierung der neuen, flexiblen Inflationsanpeilung im Webinar vom 14. Januar 2021 dar.

14 Fraga 2020 (57:13, 59:40).
15 Brunnermeier, Merkel, Payne, Sannikov 2020.
16 Guerrieri 2020 (16:15). Hier ein kurzer Überblick über das Modell für wissenschaftlich interessierte Leser: Darin sind die Arbeiter in einem der zwei Bereiche spezialisiert. Die Märkte sind unvollständig, ein Teil der Haushalte ist in der Kreditaufnahme eingeschränkt (15:00, 33:30, 34:45). Es gibt vor allem zwei Arten von Angebotsschocks: Standardangebotsschocks in einem Einsektorenmodell führen zu einem Nachfrageüberhang, da der natürliche Zins steigt, während keynesianische Angebotsschocks zu einer unzureichenden Nachfrage führen, da der natürliche Zinssatz fällt und zum Sparen zwingt, wobei von einer großen Komplementarität zwischen den Gütern ausgegangen wird.
17 Guerrieri 2020.
18 Brunnermeier, Merkel, Payne, Sannikov 2020.
19 Blanchard 2021, In defense of converns over the trillion $ 1.9 relief plan 2021.
20 Bei einem Zweitrundeneffekt wäre ein Wert über 1 möglich: Haushalt A gibt seinen Stimulus-Scheck über 1400 Dollar für einen Florida-Urlaub aus. Das bedeutet insgesamt 1400 Dollar mehr Einkommen für Haushalt B und C in Florida, die ein Hotel und ein Restaurant dort besitzen, in dem Haushalt A isst. Wenn Haushalt B und C wiederum etwas von dem zusätzlichen Geld ausgeben, übersteigt der Multiplikator der 1400 – der Anstieg bei den Konsumausgaben – die 1400 Dollar.
21 Buffett 2021.
22 Krugman, Summers 2021.
23 James 2020 (35:16, 35:54).
24 James 2020 (47:40, 48:30, 50:10).
25 James 2020 (36:56).
26 Powell 2021 sagt in seiner Webinar-Präsentation, dass es sich bei der Unabhängigkeit der Zentralbank um ein institutionelles Übereinkommen handelt, das sich für die Gesellschaft bewährt hat.
27 Grundsätzlich sollte eine Senkung des Defizits von zehn auf fünf Prozent genauso umsetzbar sein wie eine Senkung von sechs auf fünf, aber die politischen Kräfte machen Letzteres einfacher. Denn im ersten Fall sind größere Haushaltskürzungen in mehreren Bereiche vonnöten, was auf härteren Widerstand stoßen dürfte.
28 Dieser Teil stützt sich größtenteils auf das Webinar von Charles Goodhart aus der Webinar-Reihe und auf das neue Buch von Charles Goodhart und Manoj Pradhan: »The Great Demographic Reversal: Ageing Societies, waning inequality and inflation reversal«, Palgrave Macmillan 2020.
29 Brunnermeier, Sannikov, Redistributive Monetary Policy 2012.

13. Ungleichheit

1 Reuters, U. S. life expectancy declining due to more deaths in middle age 2019.
2 Mullainathan, Shafir 2013.
3 Fagereng, u. a. 2020.
4 Catherine, Miller, Sarin 2020.
5 The Economist 2019.
6 Xie, Zhou 2014.
7 Stiglitz 2020 (16:58).
8 Slok 2020 (1:00:33).
9 Slok 2020 (1:02:20).
10 Stiglitz 2020 (16:58).
11 Brown, Ravallion 2020.
12 Wasdani, Prasad 2020.
13 Lustig, u. a. 2020.
14 Guimarães, Lucas, Timms 2019.
15 ReliefWeb 2020.
16 Chetty 2020.
17 Chetty 2020 (1:03:22).
18 Bacher-Hicks, Goodman, Mulhern 2021.
19 Engzell, Freya, Verhagen 2020.
20 Deaton, Financial Times: Covid shows how the state can address social inequality 2021.
21 Medeiros 2020 (36:00).
22 Siehe Titan, et al. 2020 und Hurst 2021.
23 Bloomberg, How Coronavirus and Race Collide in the US 2020.
24 Fairlie 2020.
25 The Conversation 2020.
26 CDC 2021.
27 Cook 2020 (53:57, 56:46, 57:09).
28 Cook 2020 (36:24, 47:18).
29 Cook 2020 (49:35).
30 The Runway Project o. D.
31 Financial Times 2020.
32 Fairlie 2020.
33 Cook 2020 (10:25, 11:14).
34 Cook 2020 (32:40) zeigt zudem auf, dass Gewalt zu einer beträchtlichen Reduktion von Innovation und wirtschaftlicher Aktivität führt: Von Afroamerikanern geplante Patente, die wegen der Gewalt im Zeitraum von 1860 bis 1940 nicht zustande kamen, summieren sich auf etwa die gleiche Anzahl, die ein mittelgroßes europäisches Land in diesem Zeitraum vergeben hätte. 2020 (18:48, 19:17).

35 Scheidel 2018.
36 Goldin, Margo 1992.
37 Scheidel 2018.

14. Herausforderungen für Schwellenländer

1 Roser, Ortiz-Ospina 2021.
2 FRED 2021.
3 Weltbank 2021.
4 Acemoglu, Aghion, Zilibotti, Distance to Frontier, Selection and Economic Growth 2006.
5 Goldberg 2020 (1:08:50).
6 Fraga 2020 (16:10, 18:09).
7 Fraga 2020 (48:29).
8 Fraga 2020 (15:17).
9 Bloomberg, India's health time bomb keeps ticking and it's not covid-19 2020. https://assets.bwbx.io/s3/readings/QFVYPYT1UM0Z1599778802092.mp3.
10 Economist 2021.
11 Mordani 2021.
12 Spence 2020 (48:08, 50:25).
13 Ray, Subramanian 2020.
14 Spence 2020 (50:25) und Deaton, Princeton Webinar, Markus' Academy 2020 (49:42).
15 Rajan 2020 (33:00).
16 Es gibt auch Stimmen, laut denen Indien »die falsche Kurve abgeflacht« hat. Rajan 2020 (38:42).
17 Brotherhood u. a. 2021.
18 Gopinath 2020 (45:35, 46:50).
19 Internationaler Währungsfonds 2021.
20 Internationaler Währungsfonds 2021.
21 Glennerster und IWF 2020.
22 Henley, Arabsheibani, Carneiro 2006.
23 Forbes 2018.
24 Fraga 2020 (23:32).
25 Rajan 2020 (49:40) beschreibt dasselbe für Indien, Fraga für Brasilien. Das brasilianische Primärdefizit wird 2020 bei 12 bis 13 Prozent liegen, weshalb man berechtigterweise befürchtet, dass es in den kommenden Jahren weiter große Defizite geben wird. Fraga 2020 (53:50, 54:38, 56:30).
26 Vegh 2015.
27 Reuters 2021.
28 Mehr Informationen dazu auf der Website des IWF: IWF 2021.
29 Financial Times 2020.

30 Financial Times 2020.
31 Mitra 2021.
32 Fieser and Medina 2021.
33 Reuters 2021.
34 Jones 2020.
35 Internationaler Währungsfonds. Research Dept, 2012.
36 Shin 2020 (35:20).
37 Die folgende Diskussion wurde von einem IWF-Video inspiriert: IWF 2020. Buchheit u. a. 2019 bietet ebenfalls sehr gute Informationen zu diesem Thema.
38 Ams, u. a., 2018.
39 The Washington Post 2016.
40 Krueger 2002.
41 Gelpern, et al. 2021.
42 Reuters, Factbox: How the G20's Debt Service Suspension Initiative works 2020.
43 Financial Times 2020.

15. Eine neue Weltordnung

1 Schmidt 2020 (12:14).
2 The Guardian 2020 und The Guardian 2020.
3 McCarthy 2021.
4 Garcia, Rao 2021.
5 Rodrik 2020 (ab 1:10).
6 Nordhaus 2021 schlägt in seinem Webinar eine Länder-Clubstruktur vor, um Externalitäten zu internalisieren.
7 Kremer 2020 (37:15, 37:40, 40:00, 41:05).
8 Gates 2020 (19:30, 27:00).
9 Reuters, Covax programme doubles global vaccine supply deals to 2 billion doses 2020.
10 CBC 2020.
11 Summers 2020 (30:14, 31:55, 32:40, 40:30).
12 Financial Times 2020.
13 Summers 2020 (30:10).
14 OECD 2018.
15 RAND Corporation 2020.
16 The Balance 2021.
17 China Briefing, 2020.
18 Financial Times 2021.
19 Financial Times 2021. https://www.ft.com/content/1bb8b97f-c046-4d0c-9859-b7f0b60678f4.
20 Cowen 2020 (15:56).

21 Chen, Molter 2020.
22 Financial Times 2021.
23 Financial Times 2021.
24 Financial Times 2021.
25 Reuters 2021.
26 Gopinath, Boz, u. a. 2019.
27 Financial Times 2020.
28 Financial Times 2021.
29 Brunnermeier, Langfield, u. a. 2017.
30 Das Global Capital Allocation Project quantifiziert diese Flüsse. Auf der Projekt-Website finden sich weiterführende Informationen dazu: https://www.globalcapitalallocation.com/research. Unter anderem wird beschrieben, dass es neben den direkten Kapitalflüssen aus den USA in andere Teile der Welt ebenfalls großen indirekten Kapitalfluss gibt, bei dem zum Beispiel auf Dollar lautende Anleihen über London, Luxemburg, die Niederlande oder die Caymaninseln angelegt werden, was nicht zwangsläufig illegal ist.
31 Bahaj, Reis 2019.
32 Brunnermeier, Huang, A Global Safe Asset Form and For Emerging Economies 2019. Siehe Brunnermeier, Merkel, Sannikov, The Fiscal Theory of the Price Level with a Bubble, 2020, für einen fachliche Überblick, wie die globale Finanzarchitektur resilienter gemacht werden kann.
33 Brunnermeier, Langfield, u. a. 2017.
34 Für weiterführende Informationen zu diesem Effekt, siehe: Brunnermeier, James, Landau, Digital Currency Areas 2019.
35 Asia Times 2020.
36 Goldberg 2020 (18:30).
37 Antras 2020.
38 Antras, »De-Globalisation? Global Value Chains in the Post-COVID-Age«, 2020.
39 Lund 2020.
40 Financial Times 2021.
41 Lund 2020.
42 Bloomberg 2021.
43 Goldberg 2020 (1:10:20).
44 Internationaler Währungsfonds 2021; Jiang, Rigebon und Rigebon 2020.
45 Goldberg 2020 (46:25).
46 Goldberg 2020 (54:30).
47 Stiglitz 2020 (51:45, 52:04).
48 Posen 2020.
49 Goldberg 2020 (1:07:25), Cowen 2020 (40:05).
50 Cowen 2020 (41:55).
51 Autor, Dorn, Hanson 2016.

52 Rodrik 2020 (36:10).
53 Maggi, Ossa 2020.
54 Financial Times 2020.
55 Maggi, Ossa 2020.
56 Maggi, Ossa 2020.
57 Rodrik 2020 (42:15).
58 Schmidt 2020 (57:10).
59 Rodrik 2020 (52:40, 55:30).
60 Rodrik 2020 (34:30, 34:55).
61 China Briefing, 2020.

16. Klimawandel und Resilienz

1 BBC 2021.
2 Zeckhauser 2020 (23:20, 24:16).
3 Desmet, Nagy und Rossi-Hansberg 2018.
4 Bolton 2020.
5 Corona kann hier als ein Koordinationsinstrument dienen, wenn es um die Umstellung von einer ölgetriebenen auf eine grüne Ökonomie geht, ebenso wie bei der Neugestaltung von Städten und öffentlichem Verkehr. Zeckhauser 2020 (9:45).
6 Nordhaus, Climate Clubs: Overcoming Free-riding in International Climate Policy 2015.
7 Nordhaus, Princeton Webinar, Markus Academy 2021 (43:00).
8 Sinn 2012.
9 Rossi-Hansberg 2020 (58:00).
10 Collins 2020.
11 Dieser Vorschlag stammt von dem französischen Ökonom Jacques Delpla (Delpla 2019).

17. Ausblick

1 Financial Times 2021.
2 Summers 2020 (1:25:24, 1:25:47).
3 Bostrom 2019.

Bibliographie

Acemoglu, Daron, Philippe Aghion, and Fabrizio Zilibotti. »Distance to Frontier, Selection and Economic Growth.« *Journal of European Economic Association,* (2006): 37–74.

Acemoglu, Daron, Victor Chernozukhov, Ivan Werning, and Michael Whinston. »Optimal Targeted Lockdowns.« MIT Economics Department. May 2020. economics.mit.edu/files/19698.

Acemoglu, Daron. *Markus Academy.* Princeton University Webinar. May 8, 2020. https://www.youtube.com/watch?v=NqtS8MZBuZ0&list=PLPKR-Xs1slgSWqOqaXid_9sQXsPsjV_72&index=20.

Acharya, Viral, and Sascha Steffen. »The Risk of Being a Fallen Angel and the Corporate Dash for Cash in the Midst of COVID.« *NBER Working Papers,* no. 2760127601 (July 2020). https://www.nber.org/papers/w27601.

Adelstein, Jake, and Nathaly-Kyoko Stucky. »Japan's Finance Minister Commits Suicide on World Suicide Prevention Day.« *The Atlantic.* September 10, 2012. https://www.theatlantic.com/international/archive/2012/09/japans-finance-minister-commits-suicide-world-suicide-prevention-day/323787/.

Aguiar, Mark, Mark Blis, Kofi Kerwin, and Erik Hurst. »Leisure Luxuries and the Labor Supply of Young Men.« *Journal of Political Economy,* (2021): 337–382.

Aliprantis, Dionissi, Daniel R. Carroll, and Eric R. Young. »The Dynamics of the Racial Wealth Gap.« SSRN. FRB of Cleveland Working Paper 19-18, October 2019.

Alon, Titan, Matthias Doepke, Jane Olmstead-Rumsey, and Michele Tertilt. »This Time It's Different: The Role of Women's Employment in a Pandemic Recession.« *NBER Working Papers,* no. 27660 (2020).

Amadeo, Kimberly. »Trans-Pacific Partnership Summary, Pros and Cons.« The Balance. February 10, 2021. https://www.thebalance.com/what-is-the-trans-pacific-partnership-3305581.

Ams, Julianne, Reza Baqir, Anna Gelpern, and Christoph Trebesch. »Chapter 7: Sovereign Default.« IMF Research Department. 2018. https://www.imf.org/~/media/Files/News/Seminars/2018/091318SovDebt-conference/chapter-7-sovereign-default.ashx.

Antras, Pol. »De-Globalisation? Global Value Chains in the Post-COVID-19 Age.« PowerPoint presented at the ECB Forum in November 2020. https://www.ecb.europa.eu/pub/conferences/shared/pdf/20201111_ECB_Forum/presentation_Antras.pdf.

Arkenberg, Chris. »Will Gaming Keep Growing When the Lockdowns End?« Deloitte. July 8, 2020. https://www2.deloitte.com/be/en/pages/technology-media-and-telecommunications/articles/video-game-industry-trends.html.

Arnaout, Abdelraouf. »Netanyahu to Be First Israeli to Take Covid-19 Vaccine.« *Anadolu Agency.* December 9, 2020. https://www.aa.com.tr/en/middle-east/netanyahu-to-be-first-israeli-to-take-covid-19-vaccine/2070779.

Arnold, Veronika. »Ansturm auf Skigebiete trotz Lockdown: Nächster Wintersport-Ort nun abgeriegelt – ›Wurden überrannt.‹« Merkur. January 5, 2021. https://www.merkur.de/welt/coronavirus-skigebiete-lockdown-oberhof-deutschland-ansturm-nrw-willingen-eifel-winterberg-90157267.html.

Asgari, Nikou, Joe Rennison, Philip Stafford, and Hudson Lockett. »Companies Raise $ 400bn Over Three Weeks in Blistering Start to 2021.« *Financial Times.* January 26, 2021. https://www.ft.com/content/45770ddb-29e0-41c2-a97a-60ce13810ff2?shareType=nongift.

Autor, David, David Dorn, and Gordon Hanson. »The China Shock: Learning from Labor Market Adjustment to Large Changes in Trade.« *NBER Working Papers*, no. 21906 (2016).

Bacher-Hicks, Andrew, Joshua Goodman, and Christine Mulhern. »Inequality in Household Adaptation to Schooling Shocks: Covid-Induced Online Learning Engagement in Real Time.« *Journal of Public Economics* 193 (2021): 204345.

Bahaj, Saleem, and Ricardo Reis. »Central Bank Swap Lines: Evidence on the Effects of the Lender of Last Resort.« IMES Discussion Paper Series, 2019.

Ball, Sam. »›I Won't Take the Risk‹: France Leads the World in Covid-19 Vaccine Scepticism.« France24. November 20, 2020. https://www.france24.com/en/france/20201120-i-won-t-take-the-risk-france-leads-the-world-in-covid-19-vaccine-scepticism.

Banerjee, Abhijit, Marcella Alsam, Emily Breza, Arun Chandrasekhar, Abhijit Chowdhury, Esther Dufo, Paul Goldsmith Pinkham, and Benjamin Olken. »Messages on Covid-19 Prevention Increased Symptoms Reporting and Adherence to Preventative Behaviors Among 25 Million Recipients with Similar Effects on Non-Recipient Members of Their Communities.« *NBER Working Papers,* no. 27496 (July 2020). https://www.nber.org/system/files/working_papers/w27496/w27496.pdf.

Barrero, Jose Maria, Nick Bloom, and Stephen Davis. »Why Working from

Home Will Stick.« Stanford Working Paper, April 2021. https://nbloom.people.stanford.edu/sites/g/files/sbiybj4746/f/why_wfh_will_stick_21_april_2021.pdf.

Barrero, Jose Maria, Nick Bloom, and Steven J Davis. »COVID-19 Is also a Reallocation Shock.« Brookings Institute. June 25, 2020. https://www.brookings.edu/wp-content/uploads/2020/06/Barrero-et-al-conference-draft.pdf.

BBC. »Coronavirus: Under Surveillance and Confined at Home in Taiwan.« March 24, 2020. https://www.bbc.co.uk/news/technology-52017993.

BBC. »Covid: EU Plans Rollout of Travel Certificate before Summer.« March 18, 2020. https://www.bbc.co.uk/news/world-europe-56427830.

Beaumont, Peter. »Tanzania's President Shrugs Off Covid-19 Risk After Sending Fruit for Tests.« *The Guardian.* May 19, 2020. https://www.theguardian.com/global-development/2020/may/19/tanzanias-president-shrugs-off-covid-19-risk-after-sending-fruit-for-tests.

Birtles, Bill. »China Embraces Coronavirus Vaccine Passports for Overseas Travel, but Other Countries Foresee Concerns.« *ABC News.* March 17, 2021. https://www.abc.net.au/news/2021-03-17/china-embraces-vaccine-passports-while-the-west-mulls-ethics/13252588.

Blanchard, Olivier, and Lawrence Summers. »Hysteresis in Unemployment.« *European Economic Review,* (1987): 288–295.

Blanchard, Olivier. »Should We Reject the Natural Rate Hypothesis.« *Journal of Economic Perspectives* 32, no. 1 (2018): 97–120.

Blanchard, Olivier. »In Defense of Concerns over the $ 1.9 Trillion Relief Plan.« Peterson Institute for International Economics. February 18, 2021. https://www.piie.com/blogs/realtime-economic-issues-watch/defense-concerns-over-19-trillion-relief-plan.

Bloom, Nick, James Liang, John Roberts, and Zhichun Jenny Ying. »Does Working from Home Work? Evidence from a Chinese Experiment.« *Quarterly Journal of Economics* 130, no. 1 (2015): 165–218.

Bloom, Nick. *Markus Academy.* Princeton University Webinar. December 3, 2020. https://www.youtube.com/watch?v=N8_rvy-hqUs.

Bloomberg. »Covid-19 Deals Tracker.« March 3, 2021. https://www.bloomberg.com/graphics/covid-vaccine-tracker-global-distribution/contracts-purchasing-agreements.html.

Boakye-Adjei, Nana Yaa. »Covid-19: Boon and Bane for Digital Payments and Financial Inclusion.« Bank for International Settlements. Financial Stability Institute, July 2020. https://www.bis.org/fsi/fsibriefs9.pdf.

Bolton, Paul. »UK and Global Emissions and Temperature Trends.« UK Parliament. House of Commons Library, June 2, 2021. https://commonslibrary.parliament.uk/uk-and-global-emissions-and-temperature-trends/#:~:text=Taken%20together%20these%20countries%20accounted,changing%20emission%20levels%20over%20time.

Bostrom, Nick. »The Vulnerable World Hypothesis.« *Global Policy* 10, no. 4 (November 2019): 455–476. https://nickbostrom.com/papers/vulnerable.pdf.

Bourke, Latika. »International Borders Might Not Open Even If Whole Country Is Vaccinated.« *The Sydney Morning Herald.* April 13, 2021. https://www.smh.com.au/politics/federal/international-borders-might-not-open-even-if-whole-country-is-vaccinated-greg-hunt-20210413-p57ixi.html.

Brooks, David. *Munk Dialogues.* Peter and Melanie Munk Charitable Foundation. July 22, 2020. https://www.youtube.com/watch?v=W0dbDFJR3A4&feature=youtu.be].

Brotherhood, Luiz, Tiago Cavalcanti, Daniel Da Mata, and Cezar Santos. »Slums and Pandemics.« SSRN Working Paper, August 5, 2020 (Updated January 4, 2021). https://papers.ssrn.com/sol3/papers.cfm?abstract_id=3665695.

Brown, Caitlin, and Martin Ravallion. »Ineqaulity and the Coronavirus: Socioeconomic Covariates of Behavioral Responses and Viral Outcomes Across US Counties.« *Proceedings of the National Academy of the Sciences* 111, no. 19 (May 13, 2014): 6928–6933. https://www.pnas.org/content/111/19/6928.short.

Brunnermeier, Markus, and Jonathan Parker. »Optimal Expectations.« *American Economic Review* 95, no. 4 (2005): 1092–1118.

Brunnermeier, Markus, and Luang Huang. »A Global Safe Asset from and for Emerging Economies.« In *Monetary Policy and Financial Stability: Transmission Mechanisms and Policy Implications,* 111–167. Central Bank of Chile, 2019.

Brunnermeier, Markus, and Yuliy Sannikov. »Redistributive Monetary Policy.« Princeton University, August 2012. https://scholar.princeton.edu/sites/default/files/04c%20Redistributive%20Monetary%20Policy.pdf.

Brunnermeier, Markus, Harold James, and Jean-Pierre Landau. »The Digitalization of Money.« Princeton University Working Paper, 2019.

Brunnermeier, Markus, Harold James, and Jean-Pierre Landau. »Digital Currency Areas.« *VoxEU.* July 3, 2019. https://voxeu.org/article/digital-currency-areas.

Brunnermeier, Markus, Rohit Lamba, and Carlos Segura Rodriguez. »Inverse selection.« SSRN Working Paper, May 21, 2020. https://papers.ssrn.com/sol3/papers.cfm?abstract_id=3584331.

Brunnermeier, Markus, Sam Langfield, Marco Pagano, Ricardo Reis, Stijn

Van Nieuwerburh, and Dimitri Vayanos. »ESBies: Safety in the tranches.« *VoxEU.* September 20, 2016. https://voxeu.org/article/esbies-safety-tranches.
Brunnermeier, Markus, Sebastian Merkel, and Yuliy Sannikov. »A Safe-Asset Perspective for an Integrated Policy Framework.« Princeton University, May 29, 2020. https://scholar.princeton.edu/sites/default/files/markus/files/safeassetinternational.pdf.
Brunnermeier, Markus, Sebastian Merkel, and Yuliy Sannikov. »The Fiscal Theory of the Price Level with a Bubble.« Princeton University, July 8, 2020. https://scholar.princeton.edu/sites/default/files/merkel/files/fiscaltheory-bubble.pdf.
Brunnermeier, Markus, Sebastian Merkel, Jonathan Payne, and Yuliy Sannikov. »Covid-19: Inflation and Deflation Pressures.« CESIFO Area Conferences, July 24, 2020. https://www.cesifo.org/sites/default/files/events/2020/mmi20-Payne.pdf.
Brunnermeier, Markus. »Money in the Digital Age.« Speech delivered at the EBA Research Workshop, November 25, 2020. https://www.youtube.com/watch?v=QdlSzTnOlkg.
Bryant, Chris. »Hedge Funds Love SPACs But You Should Watch Out.« Bloomberg. December 9, 2020. https://www.bloomberg.com/opinion/articles/2020-12-09/hedge-funds-love-spacs-but-retail-investors-should-watch-out?sref=ATN0rNv3.
Buchheit, Lee, Guillaume Chabert, Chanda DeLong, and Joremin Zettelmeyer. »How to Restructure Sovereign Debt: Lessons from Four Decades.« Peterson Institute for International Economics Working Paper 19-8, May 2019. https://www.piie.com/publications/working-papers/how-restructure-sovereign-debt-lessons-four-decades.
Buffet, Warren. Berkshire Hathaway Annual Meeting. Yahoo Finance. May 1, 2021. https://www.youtube.com/watch?v=7t7qfOyQdQA.
Caballero, Ricardo, Takeo Hoshi, and Anil Kashyap. »Zombie Lending and Depressed Restructuring in Japan.« *American Economic Review* 98, no. 5 (2008): 1943–77.
Caldwell, Kia Lilly, and Edna Maria de Araújo. »Covid-19 Is Deadlier for Black Brazilians: a Legacy of Structural Racism that Dates Back to Slavery.« The Conversation. June 10, 2020. https://theconversation.com/covid-19-is-deadlier-for-black-brazilians-a-legacy-of-structural-racism-that-dates-back-to-slavery-139430.
Carmiel, Oshrat. »Manhattan Apartments Haven't Been This Cheap to Rent in 10 Years.« Bloomberg. December 10, 2020. https://www.bloomberg.com/news/articles/2020-12-10/manhattan-apartment-rents-sink-to-the-lowest-level-in-a-decade.

Carroll, Linda. »U. S. Life Expectancy Declining Due to More Deaths in Middle Age.« Reuters. November 26, 2019. https://www.reuters.com/article/us-health-life-expectancy-idUSKBN1Y02C7.

Carter, Devon. »Can mRNA Vaccines Be Used in Cancer Care?« MD Anderson Cancer Center, January 25, 2021. https://www.mdanderson.org/cancerwise/can-mrna-vaccines-like-those-used-for-covid-19-be-used-in-cancer-care.h00-159457689.html.

Catherine, Sylvain, Max Miller, and Natasha Sarin. »Social Security and Trends in Wealth Inequality.« SSRN Working Paper, February 29, 2020. https://papers.ssrn.com/sol3/papers.cfm?abstract_id=3546668.

Cavallo, Alberto. »Inflation with Covid Consumption Baskets.« *NBER Working Papers*, no. 27352 (June 2020). https://www.nber.org/papers/w27352.

CBC. »Canada Could Share Any Excess Vaccine Supply with Poorer Countries: Reuters Sources.« November 18, 2020. https://www.cbc.ca/news/health/canada-vaccine-supply-share-1.5807679.

Centers for Disease Control and Prevention. »Risk for COVID-19 Infection, Hospitalization, and Death by Race/Ethnicity.« April 23, 2021. https://www.cdc.gov/coronavirus/2019-ncov/covid-data/investigations-discovery/hospitalization-death-by-race-ethnicity.html.

Chen, Alicia, and Vanessa Molter. »Mask Diplomacy: Chinese Narratives in the COVID Era.« Stanford University (blog), June 16, 2020. https://fsi.stanford.edu/news/covid-mask-diplomacy.

Chen, Frank. »China's e-RMB Era Comes into Closer View.« *Asia Times.* October 28, 2020. https://asiatimes.com/2020/10/chinas-e-rmb-era-comes-into-closer-view/.

Chetty, Raj, John N. Friedman, Nathaniel Hendren, and Michael Stepner. »The Economic Impacts of COVID-19: Evidence from a New Public Database Built Using Private Sector Data.« Opportunity Insights. November 5, 2020. https://opportunityinsights.org/wp-content/uploads/2020/05/tracker_paper.pdf.

Chetty, Raj. *Markus Academy.* Princeton University Webinar. June 2017, 2020. https://www.youtube.com/watch?v=ip5pz7gOSwI&list=PLPKR-Xs1slgSWqOqaXid_9sQXsPsjV_72&index=11.

Cochrane, John. *Markus Academy.* Princeton University Webinar. May 18, 2020. https://www.youtube.com/watch?v=H6sSvqD9Xsw&list=PLPKR-Xs1slgSWqOqaXid_9sQXsPsjV_72&index=18.

Coibion, Olivier, Yuriy Goridnichenko, and Michael Weber. »How Did US Consumers Use Their Stimulus Payments?« *NBER Working Papers,* no. 27693 (August 2020). https://www.nber.org/papers/w27693.

Collins, Leigh. »›World first‹ As Hydrogen Used to Power Commercial Steel Production.« Recharge. April 28, 2020. https://www.rechargenews.com/transition/-world-first-as-hydrogen-used-to-power-commercial-steel-production/2-1-799308.

Columbia University Irving Medical Center. »Long Haul Covid: Columbia Physicians Review What's Known.« March 22, 2021. https://www.cuimc.columbia.edu/news/long-haul-covid-columbia-physicians-review-whats-known.

Cook, Lisa. *Markus Academy.* Princeton University Webinar. June 8, 2020. https://www.youtube.com/watch?v=PeKhSsJsW2w.

Cowen, Tyler. *Markus Academy.* Princeton Webinar. April 10, 2020. https://www.youtube.com/watch?v=FPsPmkp6sdM&list=PLPKR-Xs1slgSWqOqaXid_9sQXsPsjV_72&index=28.

Cox, Natalie, Peter Ganong, Pascal Noel, Joseph Vavra, Arlene Wong, Diana Farrell, and Fiona Greig. »Initial Impacts of the Pandemic on Consumer Behavior: Evidence from Linked Income, Spending, and Savings Data.« Becker Friedman Institute Working Papers, July 2020. https://bfi.uchicago.edu/wp-content/uploads/BFI_WP_202082.pdf.

CPB Netherlands Bureau for Economic Policy Analysis. »World Trade Monitor.« 2021. https://www.cpb.nl/en/worldtrademonitor.

Cundy, Antonia. »The Home Buyers Making Their Tuscan Dream a Reality.« *Financial Times.* August 19, 2020. https://www.ft.com/content/2a127c83-08ba-4ad7-8a1b-19dcaee5c6ae.

Davies, Gavyn. »The Anatomy of a Very Brief Bear Market.« *Financial Times.* August 2, 2020. https://www.ft.com/content/cd8e2299-161b-4f17-adad-ac6d8a730049.

de Bolle, Monica. *Markus Academy.* Princeton University Webinar. February 25, 2021. https://www.youtube.com/watch?v=Ptsg_EjCXxw.

Deaton, Angus. »Covid Shows How the State Can Address Social Inequality.« *Financial Times.* January 4, 2021. https://www.ft.com/content/caa37763-9c71-4f8d-9c29-b16ccf53d780.

Deaton, Angus. *Markus Academy.* Princeton University Webinar. April 13, 2020. https://www.youtube.com/watch?v=2uzASRQz4gM.

Delpla, Jacques. »The Case for Creating a CO2 Central Bank.« WorldCrunch. November 12, 2019. https://worldcrunch.com/world-affairs/the-case-for-creating-a-co2-central-bank.

DeMarzo, Peter, Dimitri Vayanos, and Jeffrey Zwiebel. »Persuasion Bias, Social Influence, and Undimensional Opinions.« *Quarterly Journal of Economics* 118, no. 3 (2003): 909–968.

Desmet, Klaus, Dávid Krisztián Nagy, and Esteban Rossi-Hansberg. 2018.

»The Geography of Development.« *Journal of Political Economy* 126, no. 3 (2018): 903–983.
Destatis. »Mortality Figures in Week 50 of 2020: 23 % Above the Average of Previous Years.« Statistisches Bundesamt. January 28, 2021. https://www.destatis.de/EN/Press/2021/01/PE21_014_12621.html;jsessionid=CE5D09E9528E1803D00E12AF9A9D0300.internet8741.
Dingel, Jonathan, and Brent Neiman. »How Many Jobs Can Be Done at Home?« Becker Friedman Institute for Economics Working Paper, June 19, 2020. https://bfi.uchicago.edu/wp-content/uploads/BFI_White-Paper_Dingel_Neiman_3.2020.pdf.
Dudley, Bill. *Markus Academy.* Princeton University Webinar. June 1, 2020. https://www.youtube.com/watch?v=65Y0kRJP_UY.
Duffie, Darrell. *Markus Academy.* Princeton University Webinar. June 5, 2020. https://www.youtube.com/watch?v=04LYVyR3jog.
Duflo, Esther. *Markus Academy.* Princeton University Webinar. February 11, 2021. https://www.youtube.com/watch?v=15PMtvJBI-s.
Econreporter. »US Needs Large-Scale Covid Testing Urgently: Nobel Winning Economist Paul Romer.« June 28, 2020. https://en.econreporter.com/2020/06/its-intellectual-failure-nobel-economics-winner-paul-romer-on-why-us-needs-large-scale-COVID-testing-urgently/.
Ellyatt, Holly. »Covid Variant in South Africa Is ›More of a Problem‹ Than the One in UK, Official Says.« CNBC. January 4, 2021. https://www.cnbc.com/2021/01/04/south-african-coronavirus-variant-more-of-a-problem-than-uk-one.html.
Emmott, Robin and Jan Strupczewski. »EU and India Agree to Resume Trade Talks at Virtual Summit.« Reuters. May 8, 2021. https://www.reuters.com/world/europe/eu-india-re-launch-trade-talks-virtual-summit-2021-05-08/.
Engzell, Per, Arun Freya, and Mark Verhagen. »Learning Inequality During the Covid-19 Pandemic.« October 2020. https://scholar.googleusercontent.com/scholar?q=cache:Zva2ARtZvlkJ:scholar.google.com/+covid+inequality+statistics+mexico&hl=en&as_sdt=0,31&as_vis=1.
European Central Bank. »Annual Consolidated Balance Sheet of the Eurosystem.« 2021. https://www.ecb.europa.eu/pub/annual/balance/html/index.en.html.
Fagereng, Andreas, Luigi Guso, Davide Malacrino, and Luigi Pistaferri. »Heterogeneity and Persistence in Returns on Wealth.« Stanford University Working Paper, August 2019. https://web.stanford.edu/~pista/FGMP.pdf.
Fähnders, Till. »Warum Indonesien zuerst die Jungen impft.« *Frankfurter Allgemeine Zeitung.* January 13, 2021. https://www.faz.net/aktuell/politik/ausland/corona-impfstart-in-indonesien-die-arbeitsfaehigen-zuerst-17144460.html.

Fairlie, Robert. »Covid-19, Small Business Owners, and Racial Inequality.« NBER. December 4, 2020. https://www.nber.org/reporter/2020number4/covid-19-small-business-owners-and-racial-inequality.

Falato, Antonio, Itay Goldstein, and Ali Hortacsu. »Financial Fragility in the COVID-19 Crisis: The Case of Investment Funds in Corporate Bond Markets.« *NBER Working Papers,* no. 27559 (July 2020). https://www.nber.org/papers/w27559.

Farr, Christina and Michelle Gao. »How Taiwan Beat the Coronavirus.« CNBC. July 15, 2020. https://www.cnbc.com/2020/07/15/how-taiwan-beat-the-coronavirus.html.

Federal Reserve Bank of New York. »SCE Household Spending Survey.« April 2021. https://www.newyorkfed.org/microeconomics/sce/household-spending#/.

Federal Reserve Bank of New York. »Survey of Consumer Expectations.« February 2021. https://www.newyorkfed.org/microeconomics/sce#indicators/inflation-expectations/g1.

Federal Reserve Bank of Philadelphia. »Survey of Professional Forecasters.« 2020. https://www.philadelphiafed.org/surveys-and-data/real-time-data-research/survey-of-professional-forecasters.

Federal Reserve Bank of St. Louis. »Personal Consumption Expenditures/Gross Domestic Product.« FRED Economic Data. 2021. https://fred.stlouisfed.org/graph/?g=hh3.

Federal Reserve Bank of St. Louis. FRED Economic Data. 2021. https://fred.stlouisfed.org/.

Fedor, Lauren, Myles McCormick, and Hannah Murphy. »Cyberattack Shuts Major US Pipeline System.« *Financial Times.* May 8, 2021. https://www.ft.com/content/2ce0b1fe-9c3f-439f-9afa-78d77849dd92.

Fehr, Mark. »Zombiefirmen könnten Insolvenzwelle auslösen.« *Frankfurter Allgemeine Zeitung,* April 29, 2021.

Ferderal Reserve Board of Governors. »Survey of Consumer Finances.« 2021. https://www.federalreserve.gov/econres/scfindex.htm.

Fieser, Ezra, and Oscar Medina. »Colombia Risks Forced Selling of Its Bonds After More Downgrades.« Bloomberg. May 5, 2021. https://www.bloomberg.com/news/articles/2021-05-21/colombia-risks-forced-selling-of-its-bonds-after-more-downgrades?sref=ATN0rNv3.

Financial Times. »Hotspots of Resurgent Covid Erode Faith in Herd Immunity.« October 9, 2020. https://www.ft.com/content/5b96ee2d-9ced-46ae-868f-43c9d8df1ecb.

Findlay, Stephanie. »India Eyes Global Vaccine Drive to Eclipse Rival China.« *Financial Times.* January 31, 2021. https://www.ft.com/content/1bb8b97f-c046-4d0c-9859-b7f0b60678f4.

Forster, Piers. »Covid-19 Paused Climate Emissions – But They're Rising Again.« BBC. March 12, 2021. https://www.bbc.com/future/article/20210312-covid-19-paused-climate-emissions-but-theyre-rising-again.
Fraga, Arminio. *Markus Academy.* Princeton University Webinar. July 13, 2020. https://www.youtube.com/watch?v=mTy2X7zftCc.
Gallagher, Kevin, José Antonio Ocampo, and Ulrich Volz. »It's Time for a Major Issuance of the IMF's Special Drawing Rights.« *Financial Times.* March 20, 2020. https://www.ft.com/content/43a67e06-bbeb-4bea-8939-bc29ca785b0e.
Garcia, Carmen Aguilar, and Ganesh Rao. »Covid-19: India's Vaccine Export Ban Could Send Shockwaves Worldwide. Should the UK Step in to Help?« Sky News. April 30, 2021. https://news.sky.com/story/covid-19-how-does-indias-pause-on-vaccine-export-hurt-other-nations-12290300.
Gates, Bill. »How the Pandemic Will Shape the Near Future.« TED. July 6, 2020. https://www.youtube.com/watch?v=jmQWOPDqxWA.
Gelpern, Anna, Sebastian Horn, Scott Morris, Brad Parks, and Christoph Trebesch. »How China Lends: A Rare Look into 100 Debt Contracts with Foreign Governments.« Peterson Institute for International Economics Working Paper 21–7, May 2021. https://www.piie.com/publications/working--papers/how-china-lends-rare-look-100-debt-contracts-foreign-governments.
Gennaiolo, Nicola, Andei Shleifer, and Robert Vishny. »Neglected Risks: The Psychology of Financial Crises.« *American Economic Review* 105, no. 5 (2015): 310–14.
Glennerster, Rachel, and IMF. »Covid-19 Pandemic in Developing Countries: Pandemic Policies for People.« International Monetary Fund. September 12, 2020. https://www.imf.org/external/mmedia/view.aspx?vid=6215224981001.
Godeluck, Solveig. »Cette Épargne des Ménages qui Menace de Nuire à la Reprise.« LesEchos. July 29, 2020. https://www.lesechos.fr/economie-france/social/Covid-cette-epargne-des-menages-qui-menace-de-nuire-a-la-reprise-1227200.
Goldberg, Pinelopi. *Markus Academy.* Princeton University Webinar. April 17, 2020. https://www.youtube.com/watch?v=erq8pqBpFhI.
Goldin, Claudia, and Robert Margo. »The Great Compression: The Wage Structure in the United States in the Mid-Century.« *Quarterly Journal of Economics* 107, no. 1 (1992): 1–34.
Google. Google Covid Case Tracker, South Dakota. 2021. https://www.google.com/search?q=covid+cases+in+south+dakota&oq=covid+cases+in+south+dakota&aqs=chrome...69i57j0l2j0i395l7.4013j1j7&sourceid=chrome&ie=UTF-8.

Gopinath, Gita, Emine Boz, Federico Diez, Pierre-Olivier Gourinchas, and Mikkel Plagborg-Moller. »Dominant Currency Paradigm.« Harvard University Department of Economics. June 12, 2019. https://scholar.harvard.edu/gopinath/publications/dominant-currency-paradigm-0.

Gopinath, Gita. 2020. *Markus Academy.* Princeton University Webinar. May 29, 2020. https://www.youtube.com/watch?v=GjUBIxR5W78.

Gormsen, Niels, and Ralph Koijen. »Coronavirus: Impact on Stock Prices and Growth Expectations.« *NBER Working Papers,* no. 27387 (June 2020). https://www.nber.org/papers/w27387.

Gould, Elise, and Valerie Wilson. »Black Workers Face Two of the Most Lethal Preexisting Conditions for Coronavirus-Racism and Economic Inequality.« Economic Policy Institute. June 1, 2020. https://www.epi.org/publication/black-workers-covid/.

Graham-Harrison, Emma and Tom Phillips. »China Hopes ›Vaccine Diplomacy‹ Will Restore Its Image and Boost Its Influence.« *The Guardian.* November 29, 2020. https://www.theguardian.com/world/2020/nov/29/china-hopes-vaccine-diplomacy-will-restore-its-image-and-boost-its-influence.

Green, Adam. »Covid-19 Pandemic Accelerates Digital Health Reforms.« *Financial Times.* May 17, 2020. https://www.ft.com/content/31c927c6-684a-11ea-a6ac-9122541af204.

Greenwood, Robin, Benjamin Iverson, and David Thesmar. »Sizing Up Corporate Restructuring in the Covid crisis.« Brookings. September 23, 2020. https://www.brookings.edu/bpea-articles/sizing-up-corporate-restructuring-in-the-covid-crisis/.

Griffin, Riley and Drew Armstrong. »Pfizer Vaccine's Funding Came from Berlin, not Washington.« Bloomberg. September 11, 2020. https://www.bloomberg.com/news/articles/2020-11-09/pfizer-vaccine-s-funding-came-from-berlin-not-washington.

Grossman, Derek. »The Quad Is Poised to Become Openly Anti-China Soon« (Blog). The RAND Corporation. July 28, 2020. https://www.rand.org/blog/2020/07/the-quad-is-poised-to-become-openly-anti-china-soon.html.

Grossman, Gene, and Elhanan Helpman. »Identity Politics and Trade Policy.« Princeton University. July 2019. https://www.princeton.edu/~grossman/SocialIdentityJuly2019...pdf.

Guerrieri, Veronica. *Markus Academy.* Princeton University Webinar. June 19, 2020. https://www.youtube.com/watch?v=x2npgxzuTVg.

Guimarães, Thiago, Karen Lucas, and Paul Timms. »Understanding How Low-Income Communities Gain Access to Healthcare Services: A Qualita-

tive Study in São Paulo, Brazil.« *Journal of Transport and Health* 15 (2019): 100658.
Gurk, Christoph. »Lateinamerika wird zum Testfeld für die Pharmaindustrie.« *Süddeutsche Zeitung.* August 3, 2020. https://www.sueddeutsche.de/politik/coronavirus-impfstoff-lateinamerika-pharmaindustrie-1.4986326.
Hall, Robert, and Marianna Kudlyak. »The Inexorable Recoveries of US Unemployment.« *NBER Working Papers,* no. 28111 (November 2020). https://sites.google.com/site/mariannakudlyak/home/inexorable_recoveries.
Handfield, Robert. »Automation in the Meatpacking Industry Is on the Way.« Supply Chain Resource Cooperative. July 9, 2020. https://scm.ncsu.edu/scm-articles/article/automation-in-the-meat-packing-industry-is-on-the-horizon.
Harford, Tim. »Statistics, Lies, and the Virus: Tim Harford's Five Lessons from a Pandemic« (Blog). September 17, 2020. https://timharford.com/2020/09/statistics-lies-and-the-virus-five-lessons-from-a-pandemic/.
Healy, Andrew, and Neal Malhotra. »Myopic Voters and Natural Disaster Policy.« *American Political Science Review* 103, no. 3 (2009): 387–406.
Heathcote, Jonathan, Fabrizio Perri, and Giovannia Violante. »The Rise of US Earnings Inequality: Does the Cycle Drive the Trend?« Princeton University. May 31, 2020. http://violante.mycpanel.princeton.edu/Journals/Draft_05-31-20_JH.pdf.
Heimbach, Tobias. »Biden, Netanjahu & Co.: Spitzenpolitiker weltweit lassen sich öffentlich impfen – wann kommt Merkel an die Reihe?« Business Insider. December 23, 2020. https://www.businessinsider.de/politik/deutschland/corona-impfung-joe-biden-wurde-geimpft-merkel/.
Helmore, Edward. »How GameStop Found Itself at the Center of a Groundbreaking Battle between Wall Street and Small Investors.« *The Guardian.* January 27, 2021. https://www.theguardian.com/business/2021/jan/27/gamestop-stock-market-retail-wall-street.
Henderson, Richard. »Retail Investors Bet on Bankrupt US Companies Rising Again.« *Financial Times.* June 9, 2020. https://www.ft.com/content/b592847a-2061-4460-8aa5-3b22a2153210.
Henley, Andrew, G. Reza Arabsheibani, and Francisco G. Carneiro. »On Defining and Measuring the Informal Sector.« World Bank Policy Research Working Papers, March 2006.
Hill, Andrew. »People: The Strongest Link in the Strained Supply Chain.« *Financial Times.* March 8, 2021. https://www.ft.com/content/ef937903-ed1d-4625-b2ba-d682318a314f.?shareType=nongift.
Holmstrom, Bengt. »The Seasonality of Covid-19.« Princeton Bendheim Cen-

ter for Finance (Webinar). October 22, 2020. https://www.youtube.com/watch?v=z95U8FU9gMQ.
http://documents1.worldbank.org/curated/en/940751468021241000/pdf/wps3866.pdf.

Hurst, Erik. *Markus Academy*. Princeton University Webinar. March 20, 2021. https://www.youtube.com/watch?v=VG7KS5sLABY.

Hutt, David. »EU Split Over China's ›Face Mask‹ Diplomacy.« *Asia Times*. March 28, 2020. https://asiatimes.com/2020/03/eu-split-over-chinas-face-mask-diplomacy/.

Ifo Institut. »Handel mit Bekleidung Wanderts ins Internet ab.« April 23, 2021. https://www.ifo.de/node/62942?eNLifo-202104.

International Monetary Fund. »Analyze This! Sovereign Debt Restructuring« (Video). December 2, 2020. https://www.imf.org/external/mmedia/view.aspx?vid=6213167814001.

International Monetary Fund. »Fiscal Monitor Database of Country Fiscal Measures in Response to the COVID-19 Pandemic.« April 2021. https://www.imf.org/en/Topics/imf-and-covid19/Fiscal-Policies-Database-in-Response-to-COVID-19.

International Monetary Fund. »Q&A on Special Drawing Rights.« March 16, 2021. https://www.imf.org/en/About/FAQ/special-drawing-right#Q4.%20Will%20an%20SDR%20allocation%20give%20countries%20with%20poor%20governance%20money%20to%20waste.

International Monetary Fund. »Questions and Answers on Sovereign Debt Issues.« April 8, 2021. https://www.imf.org/en/About/FAQ/sovereign-debt#-Section%205.

International Monetary Fund. »The Good, the Bad, and the Ugly: 100 Years of Dealing with Public Debt Overhangs.« October 8, 2012. https://www.elibrary.imf.org/view/IMF081/12743-9781616353896/12743-9781616353896/chap03.xml?rskey=VXkXsE&result=5&redirect=true&redirect=true.

James, Harold. *Markus Academy*. Princeton University Webinar. April 24, 2020. https://www.youtube.com/watch?v=PVIm4BdBmTI.

Jiang, Bomin, Daniel Rigebon, and Roberto Rigebon. »From Just in Time, to Just in Case, to Just in Worst-Case.« International Monetary Fund Conference Paper. October 12, 2020. https://www.imf.org/-/media/Files/Conferences/2020/ARC/Rigobon-Daniel-et-al.ashx.

Jiang, Zhengyang, Hanno Lustig, and Stijn, Xiaolan, Mindy van Nieuwerburgh. »The US Public Debt Valuation Puzzle.« *NBER Working Papers*, no. 26583 (2021).

Johnston, Louis, and Samuel H. Williamson. »What Was the U.S. GDP Then?« MeasuringWorth. 2021

Jones, Marc. »Second Sovereign Downgrade Wave Coming, Major Nations at Risk.« Reuters. October 16, 2020. https://www.reuters.com/article/us-global-ratings-sovereign-s-p-exclusiv-idUSKBN27126V.

Kluth, Andreas. »Like a Virus, QAnon Spreads From the U. S. to Germany.« Bloomberg. September 21, 2020. https://www.bloomberg.com/opinion/articles/2020-09-22/like-a-virus-qanon-spreads-from-the-u-s-to-europe-germany?sref=ATN0rNv3.

Kotowski, Timo. »So soll der Sommerurlaub funktionieren.« *Frankfurter Allgemeine Zeitung.* March 19, 2021. https://www.faz.net/aktuell/gesellschaft/gesundheit/coronavirus/testen-statt-quarantaene-konzeptpapier-fuer-corona-sommerurlaub-17253631.html.

Koty, Alexander Chipman. »What Is the China Standards 2035 Plan and How Will It Impact Emerging Industries?« *China Briefing.* July 2, 2020. https://www.china-briefing.com/news/what-is-china-standards-2035-plan-how-will-it-impact-emerging-technologies-what-is-link-made-in-china-2025-goals/.

Kozlowski, Julian, Venky Venkateswaran, and Laura Veldkamp. »The Tail That Wags the Economy: Beliefs and Persistent Stagnation.« *Journal of Political Economy* 128, no. 8 (2020): 2839–2879.

Kozlowski, Julian, Venky Venkateswaran, and Laura Veldkamp. »Scarring Body and Mind: The Long-Term Belief-Scarring Effects of Covid-19.« *NBER Working Papers,* no. 27439 (June 2020). https://www.nber.org/papers/w27439.

Kremer, MIchael. *Markus Academy.* Princeton University Webinar. May 1, 2020. https://www.youtube.com/watch?v=C8W8JQLTECc.

Kresge, Naomi. »Pfizer-BioNTech Covid Vaccine Blocks Most Spread in Israel Study.« Bloomberg. March 11, 2021. https://www.bloomberg.com/news/articles/2021-03-11/pfizer-biontech-covid-vaccine-blocks-most-spread-in-israel-study.

Krishnamurthy, Arvind. *Markus Academy.* Princeton University Webinar. June 29, 2020. https://www.youtube.com/watch?v=voVh9BY3Lp4.

Krueger, Anne. »A New Approach to Sovereign Debt Restructuring.« International Monetary Fund. April 2002. https://www.imf.org/external/pubs/ft/exrp/sdrm/eng/sdrm.pdf.

Krugman, Paul and Larry Summers. *Markus Academy.* Princeton University Webinar. February 12, 2021. https://www.youtube.com/watch?v=EbZ3_LZxs54&t=7s.

Krugman, Paul. *Markus Academy.* Princeton University Webinar. May 16, 2020. https://www.youtube.com/watch?v=h1ZiTIou0_8&list=PLl591lvzxc3xwUuEkOVl1PNngFm9cZnH&index=17.

Lane, Philip. *Markus Academy.* Princeton University Webinar. March 20, 2020. https://www.youtube.com/watch?v=G-8-4hEkkbs.

Laxminarayan, Ramanan. *Markus Academy.* Princeton University Webinar. March 30, 2020. https://www.youtube.com/watch?v=z1yHjM7szBk&list=PLPKR-Xs1slgSWqOqaXid_9sQXsPsjV_72&index=31.

LE News. »The Swiss National Bank Owns More A-Class Facebook Shares than Zuckerberg.« April 4, 2018. https://lenews.ch/2018/04/04/the-swiss-national-bank-owns-more-a-class-facebook-shares-than-zuckerberg/.

Lee, Ming Jeong and Toshiro Hasegawa. »BOJ Becomes Biggest Japan Stock Owner with ¥ 45.1 Trillion Hoard.« *The Japan Times.* December 7, 2020. https://www.japantimes.co.jp/news/2020/12/07/business/boj-japan-biggest-stock-owner/.

Leibowitz, Stan, and Stephen E. Margolis. »The Fable of Keys.« *Journal of Law and Economics* 33, no. 1 (1990): 1–25.

Liang, Nellie. *Markus Academy.* Princeton University Webinar. March 6, 2020. https://www.youtube.com/watch?v=6NjE-OOUB_E.

Lombrana, Laura. »An Urban Planner's Trick to Making Bikeable Cities.« Bloomberg. August 5, 2020. https://www.bloomberg.com/news/articles/2020-08-05/an-urban-planner-s-trick-to-making-bike-able-cities?sref=ATN0rNv3.

Lund, Susan, Anu Madgavkar, James Manyika, and Sven Smit. »What's Next for Remote Work: An Analysis of 2000 Tasks, 800 Jobs, and Nine Countries.« McKinsey Global Institute. November 23, 2020. https://www.mckinsey.com/featured-insights/future-of-work/whats-next-for-remote-work-an-analysis-of-2000-tasks-800-jobs-and-nine-countries?sid=blankform&sid=cd37a5db-95fb-4455-8ed2-f6b0596b8bcb#.

Lund, Susan. »Central Banks in a Shifting World.« European Central Bank. November 2020. https://www.ecb.europa.eu/pub/conferences/html/20201111_ecb_forum_on_central_banking.en.html.

Lustig, Nora, Valentina Martinez Pabon, Federico Sanz, and Stephen Younger. »The Impact of Covid-19 Lockdowns and Expanded Social Assistance on Inequality, Poverty and Mobility in Argentina, Brazil, Colombia and Mexico.« Center for Global Development Working Paper 556, October 2020. https://www.cgdev.org/sites/default/files/impact-covid-19-lockdowns-and-expanded-social-assistance.pdf.

MacKay, Kath. »UK Life Science Is Proving That It's Been Worth the Investment.« *Forbes.* May 1, 2020. https://www.forbes.com/sites/drkathmackay/2020/05/01/uk-life-science-is-proving-that-its-been-worth-the-investment/?sh=39c104801771.

Mackintosh, James. »Inflation Is Already Here – For the Stuff You Actually

Want to Buy.« *The Wall Street Journal.* September 26, 2020. https://www.wsj.com/articles/inflation-is-already-herefor-the-stuff-you-actually-want-to-buy-11601112630?st=r6rjsuab2ijc738&reflink=article_gmail_share.

Maggi, Giovanni, and Ralph Ossa. »The Political Economy of Deep Integration.« *NBER Working Papers,* no. 28190 (December 2020). https://www.nber.org/papers/w28190.

Malmendier, Ulrike, and Stefan Nagel. »Depression Babies: Do Macroeconomic Experiences Affect Risk Taking?« *The Quarterly Journal of Economics* 126, no. 1 (2011): 373–416.

Matrajt, Laura, Julia Eaton, Tiffany Leung, and Elizabeth Brown. 2021 »Vaccine Optimization for Covid-19: Who to Vaccinate First?« Science Advances. 2021.

McCarthy, Niall. »America First? Covid-19 Production & Exports.« Statista. March 31, 2021. https://www.statista.com/chart/24555/vaccine-doses-produced-and-exported/.

McCarthy, Niall. »The Countries Most Reliant on Remittances [Infographic].« *Forbes.* April 26, 2018. https://www.forbes.com/sites/niallmccarthy/2018/04/26/the-countries-most-reliant-on-remittances-infographic/?sh=50407d577277.

McGuire, David, James EA Cunningham, Kae Reynolds, and Gerri Matthews-Smith. »Beating the Virus: An Examination of the Crisis Communication Approach Taken by New Zealand Prime Minister Jacinda Ardern During the Covid-19 Pandemic.« *Human Resource Development International* 23, no. 4 (2020): 361–379.

Medeiros, Marcelo. »Brazil LAB at Princeton University: Inequalities: Poverty, Racism, and Social Mobility in Brazil.« Princeton University Webinar. October 15, 2020. https://www.youtube.com/watch?v=k3OSo83qFq8.

Merle, Renae. »How One Hedge Fund Made $ 2 Billion from Argentina's Economic Collapse.« *The Washington Post.* March 29, 2016. https://www.washingtonpost.com/news/business/wp/2016/03/29/how-one-hedge-fund-made-2-billion-from-argentinas-economic-collapse/.

Meyer, Theodoric. »Four Ways the Government Subsidizes Risky Coastal Building.« ProPublica. June 9, 2013. https://www.propublica.org/article/four-ways-the-government-subsidizes-risky-coastal-rebuilding.

Michaelson, Ruth. »›Vaccine Diplomacy‹ Sees Egypt Roll out Chinese Coronavirus Jab.« *The Guardian.* December 30, 2020. https://www.theguardian.com/global-development/2020/dec/30/vaccine-diplomacy-sees-egypt-roll-out-chinese-coronavirus-jab.

Miller, Joe. »Inside the Hunt for a Covid-19 Vaccine: How BioNTech Made the Breakthrough.« *Financial Times.* November 13, 2020. https://www.ft.com/content/c4ca8496-a215-44b1-a7eb-f88568fc9de9.

Mills, Claire Kramer, and Jessica Battisto. »Double Jeopardy: Covid-19's Concentrated Health and Wealth Effects in Black Communities.« Federal Reserve Bank of New York. August 2020. https://www.newyorkfed.org/medialibrary/media/smallbusiness/DoubleJeopardy_COVID19andBlackOwnedBusinesses.

Mitteldeutscher Rundfunk. »Verschwörungstheorien in Sachsen: Ein wilder Legenden-Mix.« April 27, 2020. https://www.mdr.de/nachrichten/sachsen/corona-verschwoerungstherorien-populismus-100.html.

Mitra, Saumya. »Letter: Why G8 States Are Wary of Special Drawing Rights.« *Financial Times.* January 22, 2021. https://www-ft-com.btpl.idm.oclc.org/content/20ca8b0f-9773-43de-9bfc-b09ab9ac5942.

Mordani, Sneha, Haider Tanseem, and Milan Sharma. »Watch: Doctors, Nurses Attacked in Delhi Hospital As Covid Patient Dies Without Getting ICU Bed.« *India Today.* April 27, 2021. https://www.indiatoday.in/cities/delhi/story/doctors-attacked-in-delhi-hospital-by-family-of-covid-patient-1795567-2021-04-27.

Mullainathan, Sendhil and Edgar Shafir. *Scarcity: Why Having Too Little Means So Much.* New York: Times Books, 2013.

NBER. *NBER Digest.* August 8, 2020. https://www.nber.org/digest-2020-08.

Nebehay, Stephanie and Kate Kelland. »COVAX Programme Doubles Global Vaccine Supply Deals to 2 Billion Doses.« Reuters. December 18, 2020. https://www.reuters.com/article/us-health-coronavirus-covax/covax-programme-doubles-global-vaccine-supply-deals-to-2-billion-doses-idUSKBN28S1PW.

Nonnemacher, Ursula. »Brandenburger Kreise haben bis zur 200er-Inzidenz freie Hand.« RBB. March 15, 2021. https://www.rbb24.de/studiocottbus/panorama/coronavirus/beitraege_neu/2021/03/elbe-elster-corona-inzidenz-massnahmen-eingriff-land-brandenburg.html.

Nordhaus, William. »Climate Clubs: Overcoming Free-Riding in International Climate Policy.« *American Economic Review* 105, no. 4 (2015): 1339–70. https://pubs.aeaweb.org/doi/pdfplus/10.1257/aer.15000001.

Nordhaus, William. *Markus Academy.* Princeton University Webinar. January 28, 2021. https://www.youtube.com/watch?v=QaXZx_nJ_3I.

Officer, Lawrence H. and Samuel H. Williamson. »The Annual Consumer Price Index for the United States, 1774-Present.« MeasuringWorth. 2021.

Opportunity Insights Economic Tracker. 2021. https://tracktherecovery.org.

Oreopoulos, Philip, Till Von Wachter, and Andrew Heisz. »The Short-and Long-Term Career Effects of Graduating in a Recession.« *American Economic Journal: Applied Economics* 4, no. 1 (2012): 1–29.

Organization for Economic Cooperation and Development. »China's Belt and Road Initiative in the Global Trade, Investment and Finance Landscape.«

2018. https://www.oecd.org/finance/Chinas-Belt-and-Road-Initiative-in-the-global-trade-investment-and-finance-landscape.pdf.
Organization for Economic Cooperation and Development. »The Face Mask Global Value Chain in the Covid-19 Outbreak: Evidence and Policy Lessons.« May 4, 2020. http://www.oecd.org/coronavirus/policy-responses/the-face-mask-global-value-chain-in-the-COVID-19-outbreak-evidence-and-policy-lessons-a4df866d/#endnotea0z8.
Our World in Data. »Covid-19 Stringency Index.« June 1, 2021. https://ourworldindata.org/grapher/Covid-stringency-index.
Oxfam International. »Sanofi/GSK Vaccine Delay a Bitter Blow for World's Poorest Countries.« December 11, 2020. https://www.oxfam.org/en/press-releases/sanofigsk-vaccine-delay-bitter-blow-worlds-poorest-countries.
Pedersen, Lasse. *Markus Academy.* Princeton University Webinar. February 19, 2021. https://www.youtube.com/watch?v=ADnRm5LWCjg.
Peel, Michael and Joe Miller. »EU Hits Back As Blame Game Over Vaccine Procurement Intensifies.« *Financial Times.* January 7, 2021. https://www.ft.com/content/c1575e05-70e5-4e5f-b58c-cde5c99aba5f.
Pellejero, Sebastian. »After Record U.S. Corporate-Bond Sales, Slowdown Expected.« *The Wall Street Journal.* October 2, 2020. https://www.wsj.com/articles/after-record-u-s-corporate-bond-sales-slowdown-expected-11601631003.
Perchet, Vianney, Philippe Rigollet, Sylvain Chassang, and Erik Snowberg. »Batched Bandit Problems.« *Annals of Statistics* 44, no. 2 (2016): 660–681. https://arxiv.org/abs/1505.00369.
Phillips, Toby. »Eat Out to Help Out: Crowded Restaurants May Have Driven UK Coronavirus Spike: New Findings.« The Conversation. September 10, 2020. https://theconversation.com/eat-out-to-help-out-crowded-restaurants-may-have-driven-uk-coronavirus-spike-new-findings-145945.
Platt, Eric, David Carnevali, and Michael Mackenzie. »Wall Street IPO Bonanza Stirs Uneasy Memories of 90 s Dotcom Mania.« *Financial Times.* December 11, 2020. https://www.ft.com/content/cfdab1d0-ee5a-4e4a-a37b-20acfc0628e3?shareType=nongift.
Politi, James and Colby Smith. »Federal Reserve Calls Time on Looser Capital Requirements for US Banks.« *Financial Times.* March 19, 2021. https://www.ft.com/content/279c2755-acab-4d9a-9092-d55fe5f518fa.
Posen, Adam. *Markus Academy* (Lecture Slides). Princeton Bendheim Center for Finance. December 10, 2020. https://bcf.princeton.edu/wp-content/uploads/2020/12/posenslides.pdf.
Powell, Jerome. *Markus Academy.* Princeton University Webinar. January 14, 2021. https://www.youtube.com/watch?v=TEC3supZwvM.

Rai, Saritha. »Apple Alum Builds App to Help Millions in Indian Slums Find Jobs.« Bloomberg. August 13, 2020. https://www.bloomberg.com/news/articles/2020-08-14/apna-job-app-aims-to-connect-india-s-workers-with-employees?sref=ATN0rNv3.

Rajan, Raghuram. »Raghuram Rajan on Covid-19: Is It Time to Decentralise Power?« (Video). Coronanomics. July 22, 2020. https://www.youtube.com/watch?v=VU9d5IyudYs.

Ramkumar, Amrith. »2020 SPAC Boom Lifted Wall Street's Biggest Banks.« *The Wall Street Journal.* January 5, 2021. https://www.wsj.com/articles/2020-spac-boom-lifted-wall-streets-biggest-banks-11609842601?st=lguw1ftxebizf6e&reflink=article_gmail_share.

Ray, Debraj and S. Subramanian. »India's Lockdown: An Interim Report.« *NBER Working Papers,* no. 27282 (May 2020).

Regierung von Sachsen. »Infektionsfälle in Sachsen.« March 18, 2021. https://www.coronavirus.sachsen.de/infektionsfaelle-in-sachsen-4151.html.

ReliefWeb. »Q&A: Brazil's Poor Suffer the Most Under Covid-19.« July 14, 2020. https://reliefweb.int/report/brazil/qa-brazils-poor-suffer-most-under-covid-19.

République Française. »Non-Respect de l'Obligation de Port du Masque: Quelles sont les Règles?« October 21, 2020. https://www.service-public.fr/particuliers/vosdroits/F35351.

Reuters. »Factbox: How the G20's Debt Service Suspension Initiative Works.« October 15, 2020. https://www.reuters.com/article/us-imf-worldbank-emerging-debtrelief-fac/factbox-how-the-g20s-debt-service-suspension-initiative-works-idINKBN27021V.

Reuters. »Germany to Extend Insolvency Moratorium for Virus-Hit Companies.« August 25, 2020. https://www.reuters.com/article/healthcoronavirus-germany-bankruptcy-idUSL8N2FR36J.

Reuters. »Zambia Requests Debt Restructuring Under G20 Common Framework.« February 5, 2021. https://www.reuters.com/article/us-zambia-debt-idUSKBN2A50XL.

Robert Koch Institut. »Daily Situation Report of the Robert Koch Institute.« December 29, 2020. https://www.rki.de/DE/Content/InfAZ/N/Neuartiges_Coronavirus/Situationsberichte/Dez_2020/2020-12-29-en.pdf?__blob=publicationFile.

Rodrik, Dani. *Markus Academy.* Princeton University Webinar. May 5, 2020. https://www.youtube.com/watch?v=3cRlHugFBq8.

Rogoff, Kenneth. *Markus Academy.* Princeton University Webinar. June 12, 2020. https://www.youtube.com/watch?v=0uh4oPjxxq8.

Romer, Paul. *Markus Academy.* Princeton University Webinar. April 3, 2020.

https://www.youtube.com/watch?v=q9z0eu4piHw&list=PLPKR-Xs1slgSWqOqaXid_9sQXsPsjV_72&index=30.

Roosevelt, Franklin Delano. »›Only Thing We Have to Fear Is Fear Itself‹: FDR's First Inaugural Address.« History Matters. 1933. historymatters.gmu/edu/d/5057.

Rosenberg, Daniel. »How Digital Coupons Fuel China's Economic Recovery.« Luohan Academy. May 27, 2020. https://www.luohanacademy.com/insights/e0d638c3f840e3be.

Roser, Max, and Esteban Ortiz-Ospina. »Global Extreme Poverty.« Our World in Data. March 27, 2017. https://ourworldindata.org/extreme-poverty.

Rossi-Hansberg, Esteban. *Markus Academy.* Princeton University Webinar. October 1, 2020. https://www.youtube.com/watch?v=ZsfKRrI2yB4.

RSF Social Finance. »The Runway Project: Loan Provided by the Women's Capital Collaborative.« https://rsfsocialfinance.org/person/the-runway-project/.

Ruehl, Mercedes, Stephanie Findlay, and James Kynge. »Tech Cold War Comes to India: Silicon Valley Takes on Alibaba and Tencent.« *Financial Times.* August 3, 2020. https://www.ft.com/content/b1df5dfd-36c4-49e6-bc56-506bf3ca3444?shareType=nongift.

Samson, Adam. »Bitcoin's Revival: Boom or Bubble?« *Financial Times.* November 18, 2020. https://www.ft.com/content/a47090ee-fdf5-4cfa-9d17-47c56afad8c3.

Sandbu, Martin. »Globalisation Does Not Mean Deregulation.« *Financial Times.* August 20, 2020. https://www.ft.com/content/a04c186b-ab3f-4df3-99fb-638b5aa1ce50?shareType=nongift.

Saritha, Rai. »Wall Street Giants Get Swept Up by India's Brutal Covid Wave.« Bloomberg. May 6, 2021. https://www.bloomberg.com/news/articles/2021-05-06/wall-street-giants-get-swept-up-by-india-s-brutal-covid-wave?utm_medium=social&utm_campaign=socialflow-organic&utm_content=-markets&utm_source=twitter&cmpid=socialflow-twitter-business &cmpid%3D= socialflow-.

Saxena, Ragani. »India's Health Time Bomb Keeps Ticking and It's Not Covid-19« Bloomberg. September 10, 2020. https://www.bloomberg.com/news/articles/2020-09-10/india-s-health-time-bomb-keeps-ticking-and-it-s-not-covid-19.

Scheidel, Walter. *The Great Leveler.* Princeton, NJ: Princeton University Press, 2018.

Schmelzing, Paul. »Eight Centuries of Global Real Interest Rates, R-G, and the ›Supra-Secular‹ Decline.« Bank of England Staff Working Paper 845,

(January 3, 2020): 1311–2018. https://www.bankofengland.co.uk/working-paper/2020/eight-centuries-of-global-real-interest-rates-r-g-and-the-suprasecular-decline-1311-2018.
Schmidt, Eric. *Markus Academy.* Princeton University Webinar. July 27, 2020. https://www.youtube.com/watch?v=726B0y1D5ZM&t=31s.
Schulze, Elizabeth. »Robert Shiller Warns that Urban Home Prices Could Decline.« CNBC. July 13, 2020. https://www.cnbc.com/2020/07/13/robert-shiller-warns-that-urban-home-prices-could-decline.html.
Sevastopulo, Demetri and Amy Kazmin. »US and Asia Allies Plan Covid Vaccine Strategy to Counter China.« *Financial Times.* March 3, 2021. https://www.ft.com/content/1dc04520-c2fb-4859-9821-c405f51f8586.
Shalal, Andrea and David Lawder. »Yellen Backs New Allocation of IMF's SDR Currency to Help Poor Nations.« Reuters. February 25, 2021. https://www.reuters.com/article/g20-usa/update-3-yellen-backs-new-allocation-of-imfs-sdr-currency-to-help-poor-nations-idUSL1N2KV1IA.
Shayo, Moses. »A Model of Social Identity with an Application to Political Economy: Nation, Class, and Redistribution.« *American Political Science Review* (2009): 147–174.
Shiller, Robert. *Markus Academy.* Princeton University Webinar. July 10, 2020. https://www.youtube.com/watch?v=ak5xX8PEGAI.
Shin, Hyun Song. *Markus Academy.* Princeton University Webinar. April 20, 2020. https://www.youtube.com/watch?v=LnmMRrzjNWQ.
Siedenbiedel, Christian. »In der Krise horten die Menschen Bargeld.« *Frankfurter Allgemeine Zeitung.* September 24, 2020. https://www.faz.net/aktuell/finanzen/meine-finanzen/sparen-und-geld-anlegen/ezb-wirtschaftsbericht-in-der-krise-wird-bargeld-gehortet-16969517.html.
Sina, Ralph and Dominik Lauck. »Warum Israel genug Impfstoff hat.« Tagesschau. January 23, 2021. https://www.tagesschau.de/ausland/impfstoff-israel-biontech-101.html.
Sinn, Hans-Werner. *The Green Paradox.* Cambridge, MA: MIT Press, 2012.
Slaoui, Moncef and Matthew Hepburn. »Developing Safe and Effective Covid Vaccines-Operation Warp Speed's Strategy and Approach.« *New England Journal of Medicine* 383, no. 18 (2020): 1701–1703. https://www.nejm.org/doi/full/10.1056/NEJMp2027405.
Slok, Torsten. *Markus Academy.* Princeton University Webinar. March 20, 2020. https://www.youtube.com/watch?v=zgxDybynvNM.
Solomon, Erika and Guy Chazan. »›We Need a Real Policy for China‹: Germany Ponders Post-Merkel Shift.« *Financial Times.* January 5, 2021. https://www.ft.com/content/0de447eb-999d-452f-a1c9-d235cc5ea6d9.

Spataro, Jared. »2 Years of Digital Transformation in 2 Months.« Microsoft. April 30, 2020. https://www.microsoft.com/en-us/microsoft-365/blog/2020/04/30/2-years-digital-transformation-2-months/.

Spellman, Damian. »Two Newcastle Players Still ›Not Well at All‹ Following Covid Outbreak, Says Steve Bruce.« *The Independent.* December 16, 2020. https://www.independent.co.uk/sport/football/premier-league/newcastle/players-covid-outbreak-who-steve-bruce-b1774816.html.

Spence, Michael. *Markus Academy.* Princeton University Webinar. July 6, 2020. https://www.youtube.com/watch?v=92-vc238_nI&list=PLPKR-Xs1slgSWqOqaXid_9sQXsPsjV_72&index=6.

Stein, Jeremy. *Markus Academy.* Princeton University Webinar. May 11, 2020. https://www.youtube.com/watch?v=0iNQNzAUDiw.

Stephen, Bijan. »The Lockdown Live-Streaming Numbers Are Out, and They're Huge.« The Verge. May 13, 2020. https://www.theverge.com/2020/5/13/21257227/coronavirus-streamelements-arsenalgg-twitch-youtube-livestream-numbers.

Steverman, Ben. »Harvard's Chetty Finds Economic Carnage in Wealthiest ZIP Codes.« Bloomberg. September 24, 2020. https://www.bloomberg.com/news/features/2020-09-24/harvard-economist-raj-chetty-creates-god-s-eye-view-of-pandemic-damage.

Stiglitz, Joseph. *Markus Academy.* Princeton University Webinar. April 27, 2020. https://www.youtube.com/watch?v=_6SoT97wo3g.

Stock, James. *Markus Academy.* Princeton University Webinar. January 21, 2021. https://www.youtube.com/watch?v=_7Imhf7t0Co.

Summers, Lawrence. *Markus Academy.* Princeton University Webinar. May 22, 2020. https://www.youtube.com/watch?v=cZmRtQCR2ns&list=PLPKR-Xs1slgSWqOqaXid_9sQXsPsjV_72&index=17.

Tett, Gillian. »Pandemic Aid Is Exacerbating US Inequality.« *Financial Times.* August 6, 2020. https://www.ft.com/content/8287303f-4062-4808-8ce3-f7fa9f87e185.

The Economist. »India's Giant Second Wave Is a Disaster for It and for the World.« April 24, 2021.

The Economist. »›The Covid-19 Pandemic Will Be Over by the End of 2021‹, says Bill Gates.« August 18, 2020. https://www.economist.com/international/2020/08/18/the-covid-19-pandemic-will-be-over-by-the-end-of-2021-says-bill-gates.

The Economist. »Are Vaccine Passports a Good Idea?« March 13, 2020. https://www.economist.com/science-and-technology/2021/03/11/are-vaccine-passports-a-good-idea.

The Economist. »Economists Are Rethinking the Numbers on Inequality.«

November 28, 2019. https://www.economist.com/briefing/2019/11/28/economists-are-rethinking-the-numbers-on-inequality.
The Economist. »How Well Will Vaccines Work?« February 11, 2021. https://www.economist.com/leaders/2021/02/13/how-well-will-vaccines-work.
The Economist. »When Will Office Workers Return?« February 20, 2021. https://www.economist.com/business/2021/02/20/when-will-office-workers-return.
The Guardian. »Big Brother Isn't Just Watching: Workplace Surveillance Can Track Your Every Move.« November 6, 2017. https://www.theguardian.com/world/2017/nov/06/workplace-surveillance-big-brother-technology.
The Guardian. »Joe Biden Receives Coronavirus Vaccine« (Video). December 21, 2020. https://www.theguardian.com/us-news/video/2020/dec/21/joe-biden-receives-coronavirus-vaccine-video.
The Renaissance: The Age of Michelangelo and Leonardo da Vinci. Documentary film by DW. April 28, 2019. https://www.youtube.com/watch?v=-BmHTQsxxkPk.
The World Bank. »Consumption Expenditure as a Percent of GDP in China.« 2021 https://data.worldbank.org/indicator/NE.CON.TOTL.ZS?locations=CN.
The World Bank. »Debt Service Suspension and COVID-19.« February 12, 2020. https://www.worldbank.org/en/news/factsheet/2020/05/11/debt-relief-and-covid-19-coronavirus.
Tirole, Jean. »Allons-Nous Enfin Apprendre Notre Leçon?« LinkedIn. April 14, 2020. https://www.linkedin.com/pulse/allons-nous-enfin-apprendre-notre-le%C3%A7on-jean-tirole/.
Titan, Alon, Matthias Doepke, Jane Olmstead-Rumsey, and Michele Tertilt. »The Impact of Covid-19 on Gender Equality.« *NBER Working Papers,* no. 27660 (August 2020).
Trading Economics. »Brazil Recorded a Government Budget Deficit Equal to 13.40 Percent of the Country's Gross Domestic Product in 2020.« 2021. https://tradingeconomics.com/brazil/government-budget.
Trading Economics. »Sweden GDP Growth Rate.« February 26, 2020. https://tradingeconomics.com/sweden/gdp-growth.
Trading Economics. »Taiwan GDP Growth.« 2021. https://tradingeconomics.com/taiwan/gdp-growth.
Vegh, Carlos A. »Fiscal Policy in Emerging Markets: Procyclicality and Graduation.« NBER. December 2015. https://www.nber.org/reporter/2015number4/fiscal-policy-emerging-markets-procyclicality-and-graduation.
Vissing-Jorgensen, Annette. »The Treasury Market in Spring 2020 and the Response of the Federal Reserve.« April 5, 2021. http://faculty.haas.berkeley.edu/vissing/vissing_jorgensen_bonds2020.pdf.

Walsh, David. »Do We Need Coronavirus ›Vaccine Passports‹ to Get Europe Moving Again? Euronews Asks the Experts.« Euronews. December 11, 2020. https://www.euronews.com/2020/12/11/do-we-need-coronavirus-vaccine-passports-to-get-the-world-moving-again-euronews-asks-the-e.

Wasdani, Kishinchand Poornima, and Ajnesh Prasad. »The Impossibility of Social Distancing among the Urban Poor: The Case of an Indian Slum in the Times of COVID-19.« *Local Environment* 25, no. 5 (2020): 414–418.

Welt. »Das ist Drostens Plan für den Herbst.« August 5, 2020. https://www.welt.de/politik/deutschland/article212941080/Christian-Drosten-Buerger-sollen-Kontakt-Tagebuch-fuehren.html.

Westmaas, Rueben. »World Famous Chicago Skyscraper Sways in Wind.« Discovery. August 1, 2019. https://www.discovery.com/exploration/World-Famous-Chicago-Skyscraper-Sway-Wind.

Wharton Research Data Services. »Using the CRSP/Compustat Merged (CCM) Database.« 2021. https://wrds-www.wharton.upenn.edu/pages/classroom/using-crspcompustat-merged-database/.

Wheatley, Jonathan. »Debt Dilemma: How to Avoid a Crisis in Emerging Nations.« Financial Times. December 20, 2020. https://www.ft.com/content/de43248e-e8eb-4381-9d2f-a539d1f1662c?shareType=nongift.

Wheatley, Jonathan. »Emerging Markets Attract $ 17bn of Inflows in First Three Weeks of 2021.« *Financial Times.* January 22, 2021. https://www.ft.com/content/f9b94ac9-1df1-4d89-b129-5b30ff98e715?shareType=nongift.

Wheatley, Jonathan. »Foreign Investors Dash into Emerging Markets at Swiftest Pace since 2013. *Financial Times.* December 17, 2020. https://www.ft.com/content/e12a1eee-2571-4ae5-bc91-cc17ee7f40d0?shareType=nongift.

Wiegel, Michaela. »Wie Frankreich die Akzeptanz der Corona-Maßnahmen verspielt.« *Frankfurter Allgemeine.* September 24, 2020. https://www.faz.net/aktuell/politik/ausland/wie-frankreich-die-akzeptanz-der-corona-massnahmen-verspielt-16969296.html.

Wigglesworth, Robin, Richard Henderson, and Eric Platt. »The Lockdown Death of a 20-Year-Old Day Trader. *Financial Times.* July 2, 2020. https://www.ft.com/content/45d0a047-360f-4abf-86ee-108f436015a1.

Wikipedia. »Tacoma Narrows Bridge (1940).« https://en.wikipedia.org/wiki/Tacoma_Narrows_Bridge_(1940)#Film_of_collapse.

Wolf, Marin. »How Coronavirus and Race Collide in the US.« Bloomberg. August 11, 2020. https://www.bloombergquint.com/quicktakes/how-coronavirus-and-race-collide-in-the-u-s-quicktake.

Xie, Yu and Xiang Zhou. »Income Inequality in Today's China.« *Proceedings of the National Academy of Sciences* 111, no. 19 (2014): 6928–6933. https://www.pnas.org/content/111/19/6928.short.

Zeckhauser, Richard. *Markus Academy.* Princeton University Webinar. July 17, 2020. https://www.youtube.com/watch?v=jHTRFizTsFE&list=PLPKR-Xs1slgSWqOqaXid_9sQXsPsjV_72&index=3.
Zhong, Raymond. »How Taiwan Plans to Stay (Mostly) Covid Free.« *The New York Times.* January 2, 2021. https://www.nytimes.com/2021/01/02/world/asia/taiwan-coronavirus-health-minister.html.

Tout est mirage,
tout est miracle

Les sagesses de Salomon

Du même auteur

Paul, maître spirituel, Médiaspaul, 2022
Qui est mon maître ?, Presses du Châtelet, 2021
Un art de vivre et d'aimer par temps de catastrophe, Philippe Rey, 2020
Milarepa, les dits du mont Kailash,
suivi de *Les Trois Voies dans le bouddhisme et le christianisme*, Almora, 2020
Metanoïa, une révolution silencieuse, Albin Michel, 2020
L'Élégance du Soi, Presses du Châtelet, 2020
L'Art du saule, avec Léonore Gottwald, Éditions New York-Paris-Tokyo,
2020 [Éditions de l'Ouest, 1987 ; Le Fennec, 1994]
Va ! L'esprit et la pratique des Béatitudes, Presses du Châtelet, 2019
Il n'y a qu'un seul Dieu, lequel ?, Philippe Rey, 2018
Vers une écologie intégrale, UPPR éditions, 2018
Requiem, entrer dans l'Éternité, Éditions du Relié, 2018
L'Évidence de l'Invisible, Éditions Actes Sud, 2018
Le Testament de Myriam de Magdala, Éditions Lazare et Capucine, 2018
Les Dits de la femme qui brûle. Marguerite Porete, Almora, 2018
Sagesse du Mont Athos, Philippe Rey, 2018
Qohélet, Albin Michel, 2018
La Sagesse de Salomon, Albin Michel, 2018
Les Portes de la transfiguration, Albin Michel, 2018
Le Cantique des cantiques, Presses du Châtelet, 2017 ; Albin Michel, 2019
Le Livre de Salomon, Presses du Châtelet, 2017
L'Ecclésiaste, Presses du Châtelet, 2016
Le Philosophe et le Djihadiste, Presses du Châtelet, 2016
Réfléchir sur le cœur des choses, avec Patrick Mandala, Gilles Farcet,
Jacques Vigne, Éditions du Relié, 2016
Être chrétien aujourd'hui, UPPR éditions, 2015
La Sagesse qui guérit, Albin Michel, 2015
Une danse immobile, Éditions du Relié, 2015
Sens et Sagesse de l'icône, UPPR éditions, 2015
De Nietzsche à Maître Eckhart, Almora, 2014
Les Épîtres de Jean, Albin Michel, 2014
Pierres de nuit, Éditions New York-Paris-Tokyo, 2014
Faire la paix, Éditions du Relié, 2013 ; Albin Michel, 2016

Suite en fin de volume

Jean-Yves Leloup

Tout est mirage, tout est miracle

Les sagesses de Salomon

Philippe Rey

Ces textes sont la retranscription du parcours
« Les Odyssées de la Conscience » que propose
Jean-Yves Leloup sur sa plateforme d'enseignement en ligne
https://elearning.jeanyvesleloup.eu/,
avec son accord et sans corrections
de sa part pour conserver le style oral du propos.

L'éditeur remercie Sébastien Henry et Carine Despretz
d'avoir facilité ce travail.

7, rue Rougemont – 75009 Paris

www.philippe-rey.fr

Avant-propos

Les trois sagesses de Salomon

Le Qohélet, le Livre de la Sagesse et le Cantique des cantiques sont trois livres attribués à Salomon, roi d'Israël et archétype du sage qu'on retrouve dans les traditions hébraïque, coranique et évangélique. Les historiens remarquent que ces écrits ont été rédigés à des époques différentes et postérieures à celle du roi Salomon historique, par exemple le Livre de la Sagesse date des années 50 av. J.-C.

C'est un rappel que les textes sacrés ne sont pas des livres d'histoire, mais des textes inspirés pour donner du sens à l'existence humaine perturbée par les guerres, les fléaux et autres absurdités qui hantent les corps et les mémoires. Il y a, en effet, une cohérence dans l'écriture de ces trois livres : il faut vivre l'expérience de la lucidité et de la désillusion (Qohélet) pour parvenir à la sagesse. Savoir que tout est poussière pour découvrir que tout est lumière (le Livre de la Sagesse) et que cette lumière est celle de l'amour (le Cantique des cantiques). Origène fera de la lecture de ces trois livres les trois étapes de l'initiation chrétienne : voie purgative, voie illuminative et voie unitive, mais ces trois étapes ne sont pas seulement chronologiques ; sur le chemin de la vie, nous sommes tous des « commençants », des « progressants » et des « êtres accomplis »…

Une lucidité sans amour et sans sagesse risque de n'être que tristesse et désespoir ; lucidité, sagesse et amour sont trois rayons d'un même soleil, dont la chaleur et la clarté nous sont plus nécessaires que jamais. Un être en paix avec lui-même ne peut pas être en guerre avec les autres. « Tout est mirage, tout est miracle », « tout est absurde, tout est grâce » ; ce sont les deux faces d'une même médaille, c'est la réalité dans son intégralité, que Salomon nous invite à contempler, avec un « cœur attentif », à travers ces trois livres de haute poésie et de profonde sagesse.

Introduction

Le moustique ou le marécage ?

Ce n'est pas en tuant quelques moustiques que l'on va assainir un marécage. Ce n'est pas en tuant quelques virus qu'on va enrayer une pandémie. Quand je parle de pandémie, je ne pense pas obligatoirement à celle de la Covid-19, je pense tout simplement à la condition humaine, puisque dès que nous sommes nés nous sommes déjà assez vieux pour mourir. C'est la loi de l'entropie : tout ce qui a un commencement a une fin, tout ce qui est composé sera décomposé. Non, ce n'est pas triste, c'est ainsi.

Il s'agit de regarder les choses bien en face, en nous rappelant que ce n'est pas le moustique qui crée le marécage, c'est le marécage qui est à l'origine des moustiques. Donc ce n'est pas le virus qui fait le terrain, mais c'est le terrain qui fait le virus. Il s'agit de prendre soin de notre terrain, pas seulement notre matière, mais aussi nos pensées, notre psychisme, notre dimension affective et spirituelle. Il s'agit d'assainir le terrain, de lui communiquer, comme le fait un vaccin, les informations qui vont réveiller en lui son immunité. Dans le soin de tous nos différents terrains – corporel, intellectuel et affectif – nous avons besoin de lucidité, de conscience et d'amour : ces grandes informations qui proviennent des profondeurs de l'être.

D'abord la lucidité : ne pas nous raconter des histoires. Et ne pas laisser les autres nous raconter des histoires. Aujourd'hui, il y a tellement de marchands de bonheur, de pensées positives… Tout cela est très bien, mais n'empêchera pas le drame et la mort d'être là. Il existe aussi des discours catastrophistes qui ont tendance à nous culpabiliser. Ces discours, il faut savoir les contenir pour qu'ils ne prennent pas toute la place en nous. Avoir du recul, du discernement.

Que pouvons-nous faire après la lucidité du désespoir, de l'« à quoi bon ? », si, effectivement, quoi qu'on essaye, rien ne nous empêche de mourir ? On peut éviter les souffrances grâce à la médecine, mais ce qui est, est : nous ne sommes pas programmés pour la vie éternelle, nous sommes mortels. Accepter et regarder cette vérité en face ne nous conduit pas forcément au désespoir. Au contraire, nous accepter mortels, fragiles et impermanents peut nous permettre de goûter la vie avec plus d'intensité, d'étonnement, voire d'émerveillement.

Il ne suffit pas d'être lucide, il faut aller plus loin, regarder en profondeur dans la matière, l'information qui donne une forme à cette matière : qu'est-ce qui fait que les virus, les bactéries, les molécules, les cellules qui nous constituent donnent un corps, un visage à cette matière sans cesse changeante ? Il n'y a pas que les virus qui mutent : la vie elle-même change. Comme nous sommes faits aussi de ces virus, il ne s'agit pas d'entrer en guerre avec eux, mais plutôt de vivre avec eux.

C'est la loi même de la vie : elle n'arrête pas de nous tuer et de nous faire renaître. La mort fait aussi partie de la vie : si on ne mourait pas, on ne serait pas ce que l'on est. Depuis notre naissance, nous avons déjà changé plusieurs fois de corps, nous expérimentons la réincarnation puisque nous savons que tous les sept ans environ, nos cellules sont renouvelées. Aujourd'hui, il ne reste plus rien de l'enfant que nous avons été… matériellement. Et pourtant, nous sommes toujours les mêmes, nous avons la même identité en dépit du renouvellement de notre substrat physique. Le changement, c'est la vie.

Ce qui nous fait souffrir est peut-être ce qui s'oppose, en nous, au changement, nous rend malades, puisque nous voudrions que tout soit fixe, que tout demeure. Qu'est-ce qui ne change pas quand tout change ? Quelle est cette identité qui fait que nous sommes encore l'enfant que nous étions ?

Il se trouve de l'information dans la matière, qui donne à cette matière la capacité d'être ce qu'elle est, d'épouser différentes formes. Il faut prendre conscience de la conscience de cette énergie qui habite toute chose, de cette information créatrice. Voilà, je dirais, la conscience et la sagesse, le deuxième pas de notre lucidité – une lucidité non désespérée, consciente de la conscience qui anime toute chose, indépendante des formes transitoires et passagères qui nous constituent. Peut-être faut-il encore un pas de plus – l'*ultreya* ? Un pas de plus au-delà de la lucidité, pour découvrir que tout ce que nous sommes nous est donné : ce corps nous est donné, ce visage, cette forme nous sont donnés, mais aussi la conscience. À l'origine de toute chose, on trouve le don, non seulement l'être, mais le peut-être : ce qui donne à l'être son existence – et qu'on appellera l'amour.

Au-delà de la lucidité, de la sagesse, de la conscience, à nous de découvrir au cœur même de notre matière, des cellules qui nous constituent, cet acte pur, cet intellect *agens*, qui fait être ce qui est, qu'on peut dénommer l'amour ou affubler de tout autre nom. L'amour pris dans un sens non seulement affectif ou sentimental, mais créateur. Le grand *poietes*, le grand créateur de tout ce qui existe, on le découvrira au cœur même de notre matière et de notre conscience.

Sur ce chemin de lucidité, de conscience et d'amour, notre guide est le grand sage Salomon – Salomon, un être historique. Un grand roi qui a régné sur Israël, mais surtout un archétype, une image à l'intérieur de nous : celle du sage, une image structurante, efficace. On attribue à la sagesse de Salomon trois grands livres.

Le Livre du Qohélet, appelé aussi l'Ecclésiaste, qui correspond à la « sagesse de la lucidité » ; un livre extrêmement décapant. Les informations qu'il nous communique ne nous permettent aucune illusion, mais aucun mensonge non plus, aucun bluff. Il nous empêche de nous raconter des histoires, surtout de belles histoires spirituelles. Pour le Qohélet, elles ne sont que bla-bla. Il nous faut regarder ce qui est, en face. Comme on l'a dit, ce choix pourrait nous conduire au désespoir : sans illusion, peut-on vivre encore ? Sans se raconter d'histoires, peut-on avoir une histoire ?

Un deuxième livre, attribué aussi à Salomon, est le Livre de la Sagesse, qui nous montre que, effectivement, nous sommes faits pour mourir ; mais peut-être existe-t-il en nous, au-delà de cette vie mortelle, de quoi s'éveiller à une autre dimension, à ce qu'on peut appeler, je dirais, une vie non temporelle, atemporelle. Est-ce une réalité ? Comment pouvons-nous en faire l'expérience ? La question est importante, d'autant que le discours de Salomon à ce stade rejoint et complète celui du Qohélet, qui est aussi celui de Job quand il dit : « Mais comment est-ce possible que, justes ou injustes, crapules ou saints, on finisse tous dans le même trou ? » Qohélet ne supporte pas cet état de fait. En réponse, Salomon affirme qu'il existe une justice, qu'on ne peut pas faire n'importe quoi, croyance qui évoque le *karma* et ses conséquences. La voie du Qohélet, si on veut établir un lien avec certaines traditions orientales, se rapproche du Hinayana, le « petit véhicule », qui est une voie d'exercice, d'éthique, d'attention. Le Livre de la Sagesse fait penser au Mahayana, le « grand véhicule », qui appelle à contempler, à l'intérieur de la matière dont nous sommes constitués, l'information nécessaire à l'existence de toute chose.

« Tu es poussière, tu retourneras à la poussière », bien sûr, mais souviens-toi aussi que tu es lumière et que tu retourneras à la lumière. L'être humain est de la poussière qui danse dans la lumière. Nos corps, nos atomes dansent dans l'information, dansent dans la conscience. Nous devons explorer cette conscience et nous laisser éclairer par elle. Mais il faut mentionner une autre lumière.

La lumière de la lucidité comme la lumière de la conscience sont des lumières froides. Une troisième lumière, qu'on appelle l'amour, est une lumière rayonnante, que Denys le théologien appelait le « bien » diffusif de lui-même, et qui se trouve au cœur des atomes. La vie, le mouvement de la vie qui se donne, c'est le mouvement présent habité par l'impermanence. Habité par la conscience, mais parfois aussi habité par l'amour. Tel est le troisième grand livre de Salomon, le Cantique des cantiques, qui est une célébration, un hymne à l'amour.

Ces trois grands livres, dans la tradition chrétienne, doivent être lus avant d'aborder l'initiation qu'on appelle le baptême, lui aussi constitué de trois étapes. La première, c'est la plongée dans l'eau, le nettoyage, la purification. Purification du *karma*, du passé, de ce paquet de mémoire qui nous constitue. *Baptizô* signifie plonger, mouiller. La deuxième étape est l'ouverture des portes de la perception à la lumière que, plus tardivement, on appellera la confirmation. Elle représente l'ouverture de notre corps à l'esprit. Après avoir nettoyé nos cellules, notre organisme, il faut en faire un réceptacle à la conscience, à la lumière : on parle alors de voie illuminative. Enfin, la troisième voie, la troisième étape, est la communion – la communion à l'être qui nous fait être : entrer dans cette qualité de don, ce mouvement de la vie qui se donne, communier avec ce mouvement de la vie qui se donne pour se réjouir de cette existence.

Voilà le chemin que nous pouvons suivre. Un chemin initiatique puisqu'il commence par la lucidité, par regarder en face ce qui est, avec le Qohélet. On nous demande d'entrer dans les profondeurs de ce qui est, dans une vision pénétrante, de découvrir l'information, la conscience qui anime toute chose. Puis, au cœur même de cette conscience, de nous laisser toucher par le don de l'être qu'on appellera l'amour. Ce long chemin n'est pas toujours facile, mais Salomon peut nous aider, aujourd'hui, à assainir le terrain. Ces processus n'ont d'autre but que de fortifier notre immunité face à toutes les épreuves que nous devons affronter pour grandir, puisque tout est occasion de conscience, et peut-être aussi d'amour.

I

Le Livre du Qohélet :
la voie de la lucidité

1

Tout est illusion, tout est impermanence

Le Qohélet a été écrit dans les années 250 av. J.-C. Il n'est plus rédigé en hébreu classique, on sent les influences de l'araméen, peut-être aussi celles d'Alexandrie, de la pensée grecque, particulièrement, peut-être celle de Pyrrhon, fondateur du scepticisme, cette vision du monde où tout n'est qu'apparition et disparition, où toutes choses se valent. Pourquoi accorder plus d'importance à une réalité qu'à une autre ? La matière prend des formes diverses, mais elle-même ne durera pas. Tout ce qui est composé sera décomposé. Pourquoi s'attacher à ceci plutôt qu'à cela ? L'attachement sera cause de souffrance. Chez Pyrrhon, au IVe siècle av. J.-C., à Athènes, apparaissent des prémices du Qohélet.

Le mot Qohélet vient de l'hébreu *qahal*, qui veut dire « appeler », « rassembler ». Le Qohélet nous appelle, nous interpelle, nous secoue. D'ailleurs, ce texte que nous allons méditer maintenant risque, pour nous réveiller, de nous faire l'effet d'un gant de crin. Mais il vise notre bien : une fois débarrassés de nos vieilles peaux, de nos illusions, nous serons plus vifs face aux adversités.

Première étape de notre initiation vers la lumière et l'amour : la purification. Les paroles du Qohélet, les informations qu'il nous communique ont cette fonction – cette vertu – si nous savons les accueillir.

Voici le texte qui nourrira notre méditation.

Chapitre 1 :

1. Paroles de Qohélet, fils de David, roi de Yeroushalaïm.

2. Hevel havalim, *dit Qohélet.* [Hevel havalim *se traduit par buée de buée, vanité des vanités, illusion d'illusions, impermanence.*] *Illusion, tout est illusion.*

3. À quoi bon toute la peine des humains sous le soleil ?

4. Les générations se succèdent, la terre est encore là.

5. Le soleil se lève, le soleil se couche.

6. Il va d'où il vient, le vent tourne, du midi au nord, il retourne au vent.

7. Les fleuves coulent vers la mer et la mer n'est pas remplie, ils n'en finissent pas de couler.

8. Toutes les paroles sont usées, incapables de dire, l'œil n'est jamais satisfait de ce qu'il voit, l'oreille n'est jamais remplie de ce qu'elle entend.

9. Ce qui fut sera, rien de nouveau sous le soleil.

10. Quelqu'un dit : « Voici du nouveau. » Mais c'était déjà dans les siècles qui nous ont précédés.

11. On ne se souvient pas de ce qui était, on ne se souviendra pas de ce que nous sommes.

12. Moi, Qohélet, j'ai été roi d'Israël à Yeroushalaïm.

13. De tout mon cœur, j'ai cherché la sagesse et observé tout ce qui se passe sous le ciel, c'est un dur travail qu'Élohim, l'« Être qui fait être tout ce qui est », donne aux enfants des hommes pour qu'ils s'y exercent.

14. J'ai observé tout ce qui se fait sous le soleil : tout est illusion et illusoire, poursuite du vent.

15. Ce qui est tordu reste tordu, ce qui manque ne peut être mesuré.

16. Je me suis dit à moi-même : voici que j'ai amassé et accumulé toutes sortes de savoirs, plus que quiconque avant moi à Yeroushalaïm.

17. J'ai acquis science et sagesse pour comprendre la bêtise et la folie, je sais maintenant que cela aussi est illusion, poursuite du vent.

Voilà ce que dit le Qohélet dans son premier chapitre : *Hevel havalim*. Les mots sont difficiles à traduire. *Hevel*, littéralement, désigne la buée que l'on fait sur une vitre et qui s'efface vite. Chouraqui traduira : « Buée de buée, tout est buée. » C'est saint Jérôme, beaucoup plus tard, qui traduira par « vanité ». A-t-il eu raison ? Ce mot, « vanité », a une connotation morale, il évoque une certaine prétention. C'est bien son sens aussi, mais on perd la signification physique du terme *hevel*, la buée qui se décompose, qui ne dure pas longtemps. De même, tout ce qui existe, tout ce qui apparaît, ne tarde pas à disparaître.

Dans l'exercice de la méditation aussi, toutes les pensées qui apparaissent en nous disparaissent. Notre vie est une suite d'apparitions – apparition d'émotions, de sentiments, de sensations – et de disparitions. D'où viennent-elles, où vont-elles ? On peut observer ce phénomène de changement en toute chose, comme les virus qui ne cessent de muter – c'est d'actualité.

La vie est changement. Ce que dit le Qohélet, Héraclite l'avait exprimé bien avant lui : *Panta rhei*, tout passe. La cause de notre souffrance est de vouloir retenir le cours du temps. On ne se baigne pas deux fois dans le même fleuve, l'eau est renouvelée par son mouvement. Pourtant, objectera-t-on à l'instar de Parménide, « c'est toujours de l'eau, c'est toujours un fleuve ! ». Ces images qui suggèrent le caractère transitoire, sans cesse changeant de notre existence – sur tous les terrains, physique, psychique, spirituel – disent que tout est en devenir. L'être et le devenir sont un.

Une autre image est celle du mur qui s'effondre. On la retrouvera dans d'autres traditions, elle illustre l'apocalypse, la grande Babylone, la ville prospère dont les murs finissent par s'écrouler. Il n'existe aucune bâtisse, aucune belle architecture qui ne retourne à la poussière. Peut-être demeurent les plans de l'architecte à partir desquels on pourra reconstruire la maison, mais la matière elle-même, qui constitue le monde et qui nous constitue, s'effondre. Tout s'effondre, sauf la vie… sauf l'information qui anime ces différentes formes.

À côté du fleuve qui coule, du mur qui s'écroule, figure aussi l'image de la rosée dans la bibliothèque hébraïque, que les prophètes aiment beaucoup. Qu'est-ce que l'homme ? « Une goutte de rosée au bord d'un seau », dira le prophète Isaïe. Une goutte de rosée qui va rapidement s'évaporer au soleil. Comme la buée, la rosée s'évapore.

Le même concept se retrouve dans la tradition bouddhiste. Le Qohélet est le livre le plus bouddhiste de la Bible. Tout est impermanence. La première des quatre nobles vérités, *dukkha*, ne doit pas obligatoirement se traduire par « souffrance », plutôt par « impermanence ». Tout est impermanence, tout change. En prendre conscience, nous dira la *dukkha*, peut nous conduire à l'éveil et, surtout, à un grand détachement, parce qu'on ne peut rien retenir, on ne peut rien garder : la glace va fondre, la neige va fondre. Tout se transforme sans cesse alors qu'on voudrait fixer les choses, on voudrait qu'elles durent, qu'elles demeurent.

Buée de buée, tout est buée. Vanité des vanités, tout est vanité. *Hevel havalim*.

La première constatation que nous pouvons faire concerne le cosmos : le monde ne durera pas éternellement. Non seulement à cause de nos folies, de notre façon de traiter l'atmosphère, de nos choix écologiques, mais parce que la mort est inscrite au cœur de ce que nous appelons la vie. Cette vie est une vie mortelle. Fuir cette vérité ne fait que rendre notre vie douloureuse.

Ce que nous dit le Qohélet, c'est que, si on n'accepte pas la mort, si on n'accepte pas d'être mortel, on ne sera pas pleinement heureux. On peut se raconter des histoires, il reste que notre corps, lui, sait qu'il va mourir. Concrètement, quand on accompagne des personnes en fin de vie, inutile de les tromper par des discours, car leur corps, lui, sait qu'il est limité et qu'il a fait son temps. Si on adresse à quelqu'un qui va mourir de fausses paroles de réconfort – « ça ira mieux », « ne t'inquiète pas » –, on ne fait que lui apporter la confusion d'un double langage. Le langage extérieur, qui entretient le déni de la mort, s'oppose au langage intérieur, celui des cellules, du corps qui souffre et qui lui dit que c'est bientôt la fin.

La première noble vérité – *Hevel havalim*, tout est impermanence, tout passe – encore une fois, n'est pas triste. C'est ainsi : il n'y a pas de maturité, il n'y a pas de sagesse sans capacité de regarder les choses en face, telles qu'elles sont, en mouvement dans leur impermanence, dans cette impermanence qui est aussi leur beauté. Car on découvrira peut-être avec le Qohélet que tout est mirage, c'est vrai, mais on s'apercevra aussi que tout est miracle.

2

Alors, à quoi bon ?

Tout est mirage, tout passe, tout mute sans cesse. En même temps, tout est miracle, selon la façon dont on regarde les choses. Si l'on est capable d'être lucide, de s'étonner, peut-être aussi qu'il existe quelque chose plutôt que rien. Un moment, je m'étonne parce que ma poupée est en chiffon et, à un autre moment, je m'étonne que ce chiffon fasse une si belle poupée. Mais c'est toujours du chiffon !

Avant de savoir que tout est miracle, il faudra, selon le Qohélet, traverser beaucoup de *yit'rön*. *Yit'rön*, en hébreu, veut dire « à quoi bon ? ». Effectivement, le Qohélet nous interroge. À quoi bon vivre ? Dès le premier chapitre on compte déjà beaucoup d'« à quoi bon ? ».

À quoi bon accumuler des biens, des richesses, si tout doit disparaître ? On est toujours menacé par la faillite, par une destruction, certains l'ont vécu. À quoi bon entretenir sa santé, se protéger des contaminations, puisqu'il arrive des variants qu'on n'avait pas prévus ? À quoi bon ces précautions, ces masques, si le virus doit l'emporter – si à la fin, de toute façon, c'est la mort qui gagne ? À quoi bon ?

À quoi bon, aussi, étudier, apprendre, si c'est pour perdre la mémoire ? Quoi de plus dramatique que ces grands savants qui ont accumulé tant de connaissances, qui ont réuni de vastes bibliothèques et qui ne se souviennent plus de rien ? Où est passé tout ce savoir ? On pense bien sûr à la maladie d'Alzheimer, mais quelle que soit la cause, la question est la même : on a vécu des vies tellement riches, et pour quoi ? Pour finir par perdre la notion du temps, de l'espace, par se retrouver égaré dans la rue, oublier même son nom, ne plus reconnaître ceux qu'on aime. À quoi bon ?

Le Qohélet va encore plus loin en demandant : à quoi bon la sagesse ? Le sage comme le fou se retrouvent dans le même trou. Cette interrogation si permanente, si récurrente risque de nous fatiguer. Pourquoi étudier ? Pourquoi travailler ? Pourquoi accumuler des biens, pourquoi chercher la vertu ? Parce que la crapule, elle, ne cesse pas de s'épanouir. Ceux qui exploitent les autres, ceux qui commettent toutes sortes de perversions se portent assez bien. Alors ceux qui veulent être honnêtes peuvent s'interroger : à quoi conduit l'honnêteté ? À quoi bon ?

Yit'rön. Comme un refrain.

La traduction exacte de *yit'rön*, c'est « pour quel profit ? ». On pourrait traduire aussi par : « à quoi ça sert ? », « qu'est-ce que ça va me rapporter ? ». Que va me rapporter d'acquérir cette maison, de remplir mon coffre ? Que va me rapporter d'étudier la médecine, de découvrir tel ou tel vaccin ? Quel profit ? Beaucoup d'argent, peut-être, mais à quoi bon ? La mort va-t-elle disparaître ? Le mouvement de déconstruction qui s'impose à tout l'univers va-t-il s'arrêter ? Mener une vie aussi juste que possible, une vie propre, prendre soin de l'alimentation, de l'hygiène… À quoi bon ? À quoi ça sert ? On répondra peut-être : « Simplement à être bien. »

Peut-être, au fond, ne faut-il pas chercher le profit. Les méditants, dans la tradition du zen, disent : « apprendre à méditer sans but ni profit ». Apprendre à vivre, à aimer sans but ni profit, à découvrir une façon de vivre gratuitement. On se doute bien que le Qohélet, encore une fois, ne veut pas nous démoraliser. Il veut à la fois notre lucidité et aussi, peut-être, notre bonheur. Il veut nous apprendre à faire les choses gratuitement, avec un cœur, un esprit détachés. J'achète cette maison, sachant que je peux mourir avant qu'elle soit bien arrangée, ou qu'elle risque de disparaître, par exemple dans un tremblement de terre ou pour toute autre raison. J'accumule un maximum de richesses, mais une dévaluation peut me faire tout perdre, rien n'est sûr. Si j'agis avec détachement, peut-être que j'apprécierai de vivre mieux dans cette incertitude.

On peut aussi se poser la question : avec cette femme si merveilleuse, à quoi bon se marier ? Quel profit ? *Yit'rön...* on est au cœur du sujet. Pourquoi se marier, puisque, c'est possible, le mariage ne durera pas, ou durera deux ans, quelques instants, jusqu'à ce que la bien-aimée ou le bien-aimé regardent ailleurs. Il y aura plus jeune, il y aura mieux, plus intelligent, plus intelligente, plus belle, alors à quoi bon ? À quoi bon vivre avec quelqu'un ? À quoi ça sert ?

Quand on est lucide, on sent bien que la relation avec l'autre peut changer. L'autre ne nous est pas dû. Il n'est pas à nous, on ne le possède pas. La lucidité permet de mieux l'apprécier dans sa gratuité, de découvrir à quel point ce n'est pas un mirage. C'est un miracle. Un miracle de s'aimer, de se rencontrer, de vivre ensemble. Mais on peut parler aussi de mirage, car c'est fragile, infiniment fragile. Donc, d'autant plus précieux.

À quoi bon chercher la sagesse, étudier, méditer ? Ce message aussi est peut-être difficile à entendre. Ce que le Qohélet veut nous apprendre, c'est à faire les choses pour elles-mêmes. On médite parce qu'on a du plaisir à méditer, pas pour être plus intelligent, plus fort, surtout pas pour être plus performant. Pour une entreprise, si on médite, c'est pour être plus performant. On doit mesurer le profit obtenu, sinon... à quoi bon ? À quoi bon méditer ? diront certains chefs d'entreprise, même s'ils devinent qu'en méditant on est peut-être plus heureux, plus calme, donc plus productif. Mais comme c'est hasardeux ! On risque de passer à côté du trésor que la méditation est capable de nous révéler : une manière, non pas d'être plus performant, de produire davantage, d'être un meilleur pion pour l'usine, plus utile. Non, tout simplement, une manière d'être plus heureux avec soi-même. Méditer parce que c'est un plaisir. Manger d'une façon saine parce que le corps en éprouve le bienfait et le bien-être. Vivre avec cette femme, non pour la posséder, mais parce qu'on se sent bien avec elle, on respire avec elle, parce que c'est un bonheur d'être avec elle – sans oublier que ce n'est pas dû, que tout peut être enlevé d'un moment à l'autre.

Il arrive qu'on s'interroge : à quoi bon toutes les études que j'ai faites ? Pourquoi apprendre l'hébreu, le grec, l'araméen... toutes ces langues ? C'est passionnant, mais qu'en restera-t-il ? Le but était-il d'être plus intelligent que les autres ? D'avoir plus de diplômes ? D'être reconnu comme un grand savant ? Vanité des vanités. Si on étudie, c'est pour le plaisir d'étudier, de connaître la vérité, ce qui est. La vérité n'est pas une idée ni une pensée, c'est le réel qui se dévoile. Bénis sont les temps d'étude, d'interrogation, de doute, de patience qui conduisent à ces quelques instants d'étonnement et d'émerveillement.

Yit'rön – « à quoi bon ? » – il ne faut pas l'oublier. L'épreuve est peut-être nécessaire, permettant de voir, effectivement, ce qu'on a dans le cœur. Ce que je fais, est-ce que je le fais parce que je veux le faire, parce que c'est mon choix ?

Cette personne, nul ne m'oblige à l'épouser ou à vivre avec elle. Comment passer d'une vie subie à une vie choisie, comment entrer dans une autre vision du temps, tel sera le thème d'une autre réflexion.

Mais avant d'en arriver là, il faut acquérir la lucidité de savoir que tout ce qu'on dit, tout ce qu'on fait, tout ce qu'on pense, peut-être ne sert à rien. Ce n'est pas de l'ordre de l'utile. « À quoi bon ? » n'est peut-être pas la bonne question. Pas plus que « pour quel profit ? », « pour quel intérêt ? ».

La bonne question, je ne la connais pas. Mais ce que je sais, c'est qu'on vit plus profondément, plus heureux lorsqu'on n'attend rien, lorsqu'on n'exige rien et qu'on demande simplement aux choses d'être ce qu'elles sont. À une femme, on demande juste d'être ce qu'elle est, pas ce qu'on voudrait qu'elle soit. Aux livres, on ne demande pas d'être ce qu'on voudrait qu'ils soient, car ces livres ne sont pas la vérité, ils sont seulement un chemin vers la vérité. La méditation n'est pas l'éveil, c'est un chemin vers l'éveil, un accueil de l'éveil.

À quoi bon ? À quoi bon se poser cette question ? Non pour se justifier de ne rien faire, de désespérer de tout ce qu'on entreprend. Pour se recentrer, pour véritablement choisir et aimer ce que l'on fait, ce qu'on étudie, ce que l'on possède et ceux que l'on aime aussi.

3

Il y a un temps pour tout

Buée de buée, tout est buée. Impermanence. Pourquoi s'attacher à ceci plutôt qu'à cela ? Et, comme le dit le Qohélet – c'est devenu un proverbe : rien de nouveau sous le soleil. À la fois tout change et rien ne change. Tout est toujours pareil. C'est une considération qui peut perturber… On se croit très intelligent, on croit faire toutes sortes de découvertes, mais voilà que longtemps avant nous, tout existait déjà, sous une autre forme : rien de nouveau sous le soleil. Ce qui peut être nouveau, en fait, c'est notre façon de regarder les choses. Ce qu'il faut apprendre, c'est que découvrir un monde nouveau, c'est poser un nouveau regard sur les choses. Voyager, par exemple, pour changer de regard. On peut même voyager dans son jardin, si chaque matin on le regarde d'une autre façon. Pour le Qohélet, à la fois tout change, tout est impermanence, on ne peut s'accrocher à rien, et en même temps rien n'est neuf, on est toujours dans le temps, on reste dans la perspective de la mort. Sur ce point, le texte du Qohélet fait réfléchir sur le temps. C'est un des plus grands textes qui traite de ce sujet.

Chapitre 3 :

*1. Chaque chose en son temps (*zemân*), il y a un moment pour tout désir (*kairos*) sous le ciel.*

2. Un temps pour enfanter, un temps pour mourir. Un temps pour planter, un temps pour arracher le plant.

3. Un temps pour tuer, un temps pour guérir. Un temps pour détruire, un temps pour bâtir.

4. Un temps pour pleurer, un temps pour rire. Un temps pour gémir, un temps pour danser.

5. Un temps pour jeter des pierres, un temps pour les ramasser. Un temps pour embrasser, un temps pour ne pas embrasser.

6. Un temps pour chercher, un temps pour perdre. Un temps pour garder, un temps pour jeter.

7. Un temps pour déchirer, un temps pour coudre. Un temps pour se taire, un temps pour parler.

8. Un temps pour aimer, un temps pour haïr. Un temps pour la guerre, un temps pour la paix.

9. À quoi bon, le travail et la peine ?

(Rien de nouveau sous le soleil.)

10. Je regarde ce que fait Élohim, l'« Être qui fait être tout ce qui est », et la tâche qu'il donne aux enfants des hommes.

*11. Tout ce qu'il a fait est beau (*yafey*) et tout arrive en son heure. Il a mis dans leur cœur la vision d'un Autre Temps (*olâm*) sans que l'homme puisse en saisir l'origine et la fin.*

Ce texte est parmi les plus célèbres. On connaît la chanson de Bob Dylan – « un temps pour déchirer, un temps pour coudre », un temps pour tout. Mais ce qui nous échappe peut-être là encore, c'est le sens des mots. Pour dire ce que nous exprimons par « temps », il existe en hébreu trois mots : *zemân*, *ét* et *olâm*.

Zemân, traduit en grec par le mot *chronos*, c'est le temps qui s'écoule. Chronos, dans la mythologie, c'est le père, le dieu qui dévore ses enfants. C'est le temps qui dévore, qui nous dévore, c'est le temps qui nous tue, qui nous ride, qui nous fatigue, qui nous courbe. Il n'est pas question de bon ou de mauvais temps, mais du temps qui passe. Le temps que l'on subit.

Puis il y a le temps que l'on choisit. Le temps du désir, évoqué au premier verset qu'on vient de lire : « Il y a un moment pour tout désir sous le ciel. » En hébreu, il se dit *ét*, que le grec traduit par le mot *kairos*, l'instant favorable. Autrement dit, il y a des moments dans notre vie – la plupart –, où on subit les événements, où les choses passent à travers nous et en nous. Mais il y a aussi des moments où on choisit. Le moment où on choisit une personne avec laquelle on va vivre, c'est un *kairos*, un instant qui introduit une verticale dans le cours du temps.

Un *kairos*, c'est un moment favorable. Tel est le deuxième type de temps dans lequel nous pouvons vivre.

Ce à quoi nous invite le Qohélet, c'est justement à passer de ce temps qui s'écoule, que l'on subit, où toutes les choses sont changeantes, à un temps où l'on choisit vraiment. On choisit cet instant pour parler. On choisit ce moment pour méditer, on choisit la terre, le lieu où on se trouve. Un sage de l'Inde le rappellera à Alexandre venu conquérir les pays de l'Indus : « Alexandre, à quoi t'a servi de parcourir toute la terre, de vouloir posséder des empires ? La seule chose que tu possèdes, c'est ce lieu où tu t'assois, c'est ce lieu où tu vas mourir, c'est ton seul coin de terre. » Le corps est le seul coin de terre qu'on possède, et encore ne le possède-t-on pas vraiment puisqu'il est habité par des bactéries, des virus, toutes sortes de formes de vie qui rappellent qu'effectivement, dans le corps, il y a bien plus que le corps, il y a d'autres corps qui l'habitent, qui sans cesse sont en action.

Ce *chronos* qui passe, la façon de regarder – et c'est ce qui est nouveau sous le soleil –, peut changer notre perception des choses. Grâce à une conscience en éveil, on a la possibilité de ne plus subir son existence, mais de la choisir, d'exercer sa liberté.

Par exemple, quand on est très malade, quand on a tout fait pour se soigner et guérir, la situation peut demeurer grave, la maladie est là. Il reste peu de temps à vivre : que faire de ce peu de temps ? Passer du *chronos* au *kairos*. Faire de chaque instant un moment favorable, une occasion.

Tout est buée, tout est vanité, tout est illusion. J'aimerais ajouter : tout est occasion. Tout est occasion de conscience. Cette maladie, cette rencontre, ce bonheur, ce malheur, cette joie, cette tristesse sont des occasions de conscience, des occasions de devenir sujet, de ne pas rester l'objet des circonstances, des événements, de ses symptômes. Devenir le sujet des événements, de ce qui arrive : tout est occasion.

C'est là une autre façon de vivre sous le soleil. Le soleil est ce qu'il est, la terre est ce qu'elle est, je suis ce que je suis, mais par ma conscience exercée arrive peut-être du nouveau. La nouveauté qu'évoque le Qohélet, c'est qu'il y a un autre temps. On passe quelquefois un peu vite sur le verset 11. D'abord on trouve ce rappel concernant l'Être : « Tout ce qu'il a fait est beau. » Comme dans la Genèse. L'information créatrice reconnaît la beauté de ce qui est, la beauté et la bonté de ce qui est. Que cela plaise ou non, cela est étonnant. On est peut-être sur terre pour en découvrir la beauté : la beauté de l'autre, la beauté de l'existence, la beauté de toute chose. Ce qui est, est. Le simple fait d'être est peut-être sa beauté.

« Tout arrive en son heure » – voilà aussi une parole qu'il faut se répéter –, tout arrive en son temps, au bon moment. Ce qui est juste à un moment ne l'est plus à un autre. Ce texte nous introduit vraiment dans un contexte de grande attention. C'est un texte de méditation. Si chaque chose arrive à son heure, il ne faut pas manquer l'heure, ni le rendez-vous que nous donne la vie à travers cette rencontre, à travers ce repas, à travers cette étreinte. C'est l'heure d'être avec ce qui est. Ce n'est pas le moment de rêver à ce qui était auparavant ou à ce qui sera plus tard. Ce qui m'est donné maintenant, là est la vie, là est le sens de mon existence. Cette grande attention au moment présent est le *kairos*.

Puis se présente autre chose. À travers la vision du moment présent apparaît la vision d'un autre temps. Le terme n'est plus *zemân*, ni *ét*. Ce n'est plus *chronos*, ni *kairos*. C'est le mot *olâm*, traduit en grec par *aiôn*. C'est un terme très difficile, que l'on retrouve quelquefois dans certaines liturgies, sous la forme « siècles des siècles ». *Olâm*, littéralement, c'est l'au-delà du temps, une ouverture du temps au non-temps. C'est pourquoi il est difficile d'en parler, parce que tout ce qu'on dit est contenu dans l'espace, dans le temps. Or le Qohélet nous dit que l'être humain comporte une fenêtre ouverte sur ce qui n'est pas du temps, sur ce qu'on appellera l'éternité, justement. Le mot éternité désigne-t-il un temps « un peu long, surtout vers la fin », comme le disait Woody Allen ? En fait, il ne s'agit pas d'un temps long, mais d'un non-temps. Durant le temps que nous passons sur terre, nous pouvons choisir ce que nous vivons, et aussi de regarder par la fenêtre. Pourquoi sommes-nous tellement soucieux de notre avenir et si peu de notre éternité ? L'avenir est encore dans le temps. On se souhaite un avenir meilleur, on espère sortir de la pandémie, de toutes les crises économiques, sanitaires, crise de sens et de pensée aussi. Mais on est toujours dans l'avenir, c'est-à-dire dans le temps. Or l'issue n'est peut-être pas dans le temps. Dans le temps, elle serait la mort, autrement dit l'arrêt du temps. Mais on parle de l'ouverture à un autre temps – l'ouverture à une réalité que le temps ne peut pas contenir. Cette initiation, c'est mourir avant de mourir, s'éveiller à ce qui ne meurt pas dans ce qui est mortel. Il n'est pas question de nier la beauté, la grandeur et la fragilité de ce qui est mortel ; il est question de s'ouvrir à un niveau de réalité et de conscience, un plan d'être qui n'est pas mortel. *Olâm*, c'est un autre temps qui n'est plus le temps long, celui qui nous dévore, mais plutôt l'occasion d'exercer notre conscience, d'exercer notre liberté : c'est l'éternité.

Dans notre vie de souffrance ou de jouissance, de bonheur ou de malheur, il faut se souvenir que nous ne sommes pas seulement du temps mortel. Il y a en nous une réalité qui n'est pas de l'ordre du temporel. Ce qu'on appelle la vie n'est pas seulement mortel, mais aussi éternel. Cette vie éternelle contient la vie mortelle, il est impossible de les opposer l'une à l'autre. Personnellement, j'appelle la vie éternelle : la profondeur de la vie mortelle. Comme dans un océan, la vie mortelle, ce sont les vagues qui montent, qui descendent, qui s'élèvent et qui s'écrasent.

Mais dans le fond de l'océan rien ne s'élève, rien ne descend. Il y a ce qui est : un immense calme, une immobilité.

Je voudrais parler ici d'une expérience personnelle. Il y a quelques jours, je suis resté silencieux et immobile auprès de ma mère décédée, silencieuse et immobile. Le silence des défunts, l'immobilité des défunts… c'est abyssal. Comment savoir où ils sont ? Le fait de pénétrer dans cette immobilité et ce silence m'a fait découvrir une réalité qui est, non sur une autre rive, mais dans la profondeur même de cet océan de la vie que je suis. L'océan ne se définit pas que par les vagues, les tempêtes, les tsunamis ; il est aussi le silence et l'immobilité de la profondeur.

L'initiation, dans cette vie mortelle, transitoire et évanescente, consiste à toucher le fond – ou plutôt le sans-fond, l'abîme. L'expérience peut donner le vertige.

Les propos du Qohélet ont aussi quelque chose d'un peu vertigineux. Que reste-t-il quand il ne reste plus rien ? À quoi bon ? S'il faut tout enlever, que reste-t-il ? Il reste *olâm* : cet autre temps qui contient tous les temps.

De cela, peut-être ne faut-il pas trop parler. Il vaut mieux y aller voir, descendre dans nos profondeurs, dans notre silence, dans notre immobilité. Chercher s'il y a une fenêtre ouverte à l'éternel. Ne pas opposer l'instant et l'éternel. Comme l'océan unique – à la fois perturbé, animé par les vagues, et immobile, silencieux dans ses profondeurs –, il y a une vie unique, à la fois mortelle et éternelle.

Méditation

Le fond de l'océan

Il y a un temps pour tout : un temps pour s'agiter, penser, réfléchir. Mais il y a aussi un temps pour méditer, s'asseoir, être immobile et silencieux. Silence et immobilité des profondeurs. Et dans ce silence et cette immobilité, on peut observer le va-et-vient des pensées, des émotions, des mémoires, comme des vagues à la surface de l'océan. Et cela est bien.

Observer l'impermanence. Ce qui se dresse et s'affaisse ne fait que passer. Dans la profondeur, tout est calme. Ne pas opposer le calme de la profondeur et l'agitation de la surface : c'est le même océan. Il y a un temps pour se retirer dans la profondeur, pour goûter, savourer ce silence, sans s'y attacher, sans vouloir à tout prix le garder. Savoir qu'il est là, qu'il nous est donné, et qu'au moment de la mort, quand tout mouvement s'arrêtera, c'est peut-être ce silence que nous allons retrouver. Là où nous allons, c'est là où nous sommes à la fin de chaque expir. Ne pas avoir peur d'expirer profondément et goûter ce qui est là. Dans ce fond sans fond naîtra un nouvel inspir, un nouveau mouvement. Laisser être l'être qui est là. Laisser passer ce qui passe. Demeurer avec ce qui demeure. Pour notre bien-être, le bien-être de tout et de tous.

4

Manger et boire, sous le soleil

Rien de nouveau sous le soleil, et il y a un temps pour tout. Mais tout est évanescent, sans cesse changeant. Alors, à quoi bon ? On revient toujours à cette question. Chaque fois, se produit comme une ouverture, une issue, et puis on revient dans ce temps que l'on subit. Pourtant, le Qohélet propose quelque bonne raison de vivre comme il le dit « sous le soleil, par un temps de chien ».

Chapitre 2 :

1. Je me suis dit à moi-même : « Va, éprouve de la joie, connais du bon temps. Tout cela aussi est illusion. »

2. Le rire, je m'en moque, la joie, à quoi bon ?

3. J'ai livré mon corps au vin, tout en me gardant lucide, j'ai essayé la folie, cherchant s'il est un repos pour l'homme sous le ciel en cette vie.

4. J'ai fait grand, je me suis bâti des palais, j'ai planté des vignes,

5. élaboré des jardins, des vergers, avec toutes sortes d'arbres à fruits.

6. J'ai construit des citernes pour arroser mes plantations.

7. Je me suis payé des serviteurs et des troupeaux, du gros et du petit bétail en abondance plus que quiconque avant moi à Yeroushalaïm.

8. J'ai amassé de l'argent et de l'or, le trésor des rois et de leurs royaumes. Je me suis entouré de chanteurs et de chanteuses et de tout le luxe que peuvent connaître les enfants des hommes ; je me suis offert des personnes comme objets pour mon plaisir.

9. Je me suis élevé, j'ai surpassé quiconque était avant moi à Yeroushalaïm sans pour autant devenir fou.

10. Je n'ai rien refusé à mes yeux de ce qu'ils désiraient, je n'ai privé mon cœur d'aucun plaisir et mon travail fut pour moi une joie.

11. Quand je réfléchis à toutes mes œuvres et à tout mon labeur, je découvre que tout cela n'est qu'illusion et poursuite du vent, rien de solide sous le soleil.

12. J'ai réfléchi encore à ce que pouvaient être la sagesse, la sottise et la folie. Voyons, que fera le successeur du roi ? Ce qui a déjà été fait.

13. Mieux vaut être sage que d'être fou, c'est le jour et la nuit.

14. Le sage a des yeux dans la tête, l'insensé marche dans les ténèbres, mais l'un comme l'autre finissent dans le même trou.

15. À quoi bon être sage, si c'est pour partager le même sort que le fou ? Illusion, illusion, tout est illusoire.

16. Le sage et l'insensé meurent ensemble, c'est le même oubli qui les enveloppe.

17. Je hais une telle vie, rien de ce qui se fait sous le soleil ne me plaît. Illusion, tout est illusion et poursuite du vent.

18. Je déteste toute la peine que j'ai eue dans mon travail, tout ce que je laisse à mon successeur,

19. En fera-t-il bon ou mauvais usage ? Pourtant il sera maître de tout ce pour quoi je me suis donné de la peine et de tout ce que j'ai entrepris avec sagesse. Dérision ! Cela aussi est dérisoire.

20. Mon cœur en est venu à se décourager, à quoi bon, tous ces efforts sous le soleil ?

21. Un homme travaille avec sagesse, savoir et succès pour laisser le fruit de son labeur à celui qui n'en fait rien, n'est-ce pas dérision, dérisoire ?

22. Que reste-t-il à l'homme pour toute sa peine et son effort, pour tout ce qu'il a fait sous le soleil ?

23. Malheureux tous les jours, sa vie est pénible, même la nuit il ne connaît pas le repos, n'est-ce pas dérision, non-sens, absurdité ?

24. Il n'y a de bonheur pour l'homme que dans le manger et le boire et le plaisir qu'on peut trouver à bien faire son travail et cela est un don de Dieu, l'« Être qui fait être tout ce qui est ».

25. Toute nourriture, toute jouissance viennent de Lui.

26. C'est ainsi, aux uns Il donne la sagesse, le savoir et la joie ; ceux qui n'acceptent pas ce qui « est ainsi » recueillent et amassent pour ceux qui acceptent l'Être qui fait être « ainsi » tout ce qui est, cela aussi n'est-ce pas illusion, poursuite du vent ?

27. Je sais qu'il n'y a pas de bien, sinon dans la joie et le désir du bien durant cette vie. Si un homme mange, boit et trouve du bien dans ce qu'il fait, cela est un don de Dieu. Et je sais que tout ce que Dieu fait, demeure. À ce qui est ainsi, il n'y a rien à ajouter, rien à retrancher. Élohim permet à l'homme d'éprouver cela et d'en frémir. C'est ainsi, ce qui est, ce qui était, ce qui vient, en Lui rien ne se perd.

Donc, une fois encore, à quoi bon ? Dans les premiers versets, le Qohélet dit : « Va, éprouve de la joie, connais du bon temps. » Et pourtant, il déclare que c'est « illusion ». Il ne dit pas que c'est mauvais, mais qu'il n'y a aucun profit à en tirer. Que c'est ainsi, et mieux vaut être dans la joie que dans la tristesse. Mieux vaut être sage qu'être fou. Parce que, au moins, le sage, lui, sait qu'il est fou. Le fou se prend pour un sage, c'est son problème. Et on en connaît, nous, des fous qui se prennent pour des sages et qui prétendent nous dire ce qui est bien, ce qu'il faut faire ou ne pas faire.

Détaché, il peut se moquer même du rire, même de la joie. La joie, à quoi bon ? Mais pourquoi pas ?

Partageant son expérience, il confie qu'il s'est adonné au vin, tout en demeurant lucide. Le Qohélet n'est pas fou, il veut bien s'enivrer mais non perdre la tête. Et peut-être est-ce une belle expérience, ce petit moment d'ébriété tout en restant lucide. Les choses tournent mal quand on déborde, que tout devient sale et dégoûtant. Il n'empêche que dans cette vie – c'est lui qui le dit – il n'y a rien de mieux que manger et boire. Bien sûr, on n'en est pas encore à l'eucharistie, ni à la communion, mais l'être humain peut goûter aux choses. Il ne parle pas comme Épicure – d'ailleurs, Épicure, au contraire de ce qu'on croit habituellement, conseille de ne pas trop manger ni boire ; son régime est sobre, plus proche d'une hygiène de vie que du festin. Avec le Qohélet, on n'est pas loin du festin, de la fête, de la réjouissance. C'est bon de bien manger et de bien boire. Mais l'excès est une erreur.

Il explique aussi qu'il a fait « grand » : « J'ai fait grand, je me suis bâti des palais. » Ces mots me rappellent l'évangile de Thomas : « Ceux qui veulent être pauvres, qu'ils commencent par devenir riches. » Sous une apparence de paradoxe, il est conseillé d'avoir connu la richesse pour savoir qu'elle ne fait pas le bonheur. C'est le bon sens qui s'exprime là. Le Qohélet ne condamne pas la richesse, il rappelle seulement qu'elle est proche de la vanité, qu'elle ne donnera pas la paix et l'allégresse dans le cœur. Si on est triste, un compte en banque énorme ne fait qu'augmenter la tristesse. Lui a « fait grand », il est devenu riche, il a construit des palais, mais il sait que rien de cela n'apportera la paix au cœur. Il a fait aussi quelques petites folies, un peu difficiles à traduire : « Je me suis entouré de chanteurs et de chanteuses et de tout le luxe que peuvent connaître les enfants des hommes. » Ce n'est pas très joli. Il s'est même offert des personnes comme « objets » de plaisir, autrement dit des prostituées. Certains passages sont encore plus étranges : il a tâté de la drogue, de l'occultisme, dans son désir de savoir, « mais qu'est-ce qui est bon, qu'est-ce qui est bien ? ». Il essaye tout, et par là il peut nous parler, nous toucher. Il ne tient pas des discours de morale sans avoir vécu, il a vraiment vécu et sait que tout n'est pas bon. D'ailleurs… à quoi bon ? À quoi bon s'épuiser à travailler pour accumuler des richesses, multiplier les plaisirs, toutes les relations possibles si, dans le fond, on ne connaît ni paix du cœur ni joie réelle ?

« Quand je réfléchis à toutes mes œuvres et à tout mon labeur, je découvre que tout cela n'est qu'illusion et poursuite du vent, rien de solide sous le soleil. » Et pourquoi accumuler des choses pour les laisser à mon héritier – là, il parle comme un juif de l'époque. Et d'ailleurs qu'en fera mon héritier ? Dilapider mon bien. Autant jouir de cette vie. Telle est sa conclusion : il n'y a de bonheur pour l'homme que dans la jouissance de cette existence, c'est un don de Dieu. On reconnaît là quelqu'un qui a le cœur éveillé à l'Être qui fait être toute chose. Il a conscience que ce qui lui est donné de beau et de bien, il n'en est pas le créateur. Il n'est pas le créateur de sa propre vie, de son propre souffle, il n'est pas le créateur de son bonheur. C'est pourquoi, de temps en temps, il se permet d'émettre un grand râle, une grande plainte contre la vie : si je suis né pour tant souffrir, pour voir mes biens s'évanouir, s'évaporer, si je suis né pour connaître la maladie, à quoi bon ?

Et en même temps, il le sait et le dit : ce que j'ai de bon, ce que j'ai de beau, m'a été offert : « Cela est un don de Dieu, toute nourriture, toute jouissance viennent de Lui. » On sent la sagesse en train d'apparaître : tout ce qui est bon, beau, savoureux – un bon vin, une bonne nourriture –, il faut le prendre avec reconnaissance, gratitude, car c'est un don. S'il n'y a rien d'autre, ça suffit. Est-ce la peine de spéculer sur une vie après la mort, sur des choses extraordinaires, quand cela, qui est, m'est donné ? C'est une part de l'éternité. « Si un homme mange, boit et trouve du bien dans ce qu'il fait, cela est un don de Dieu. » De tout ce qui nous est donné, « il n'y a rien à ajouter, rien à retrancher ». Ainsi se définit un art de vivre dans le présent : que m'est-il donné de vivre en cet instant ? Réponse : ce qu'il m'est demandé de vivre. Rien d'autre. On parle de la volonté de Dieu. La volonté de Dieu, c'est ce qui est, c'est le souffle qui respire en moi, ce sont les choses et les êtres que je rencontre, que je vois, c'est savoir les apprécier. De façon temporelle, charnelle, c'est vivre dans l'esprit et vivre ce temps fugace, évanescent, que bientôt je ne connaîtrai plus. Le vivre dans la clarté même de l'éternel : c'est ainsi.

5

« Je » n'est pas une chose mais une relation

Manger et boire, se réjouir de ce qui nous est donné dans l'instant, c'est ce que la vie nous offre, mais est-ce suffisant ? N'est-ce pas encore vanité ? Et surtout, n'est- ce pas indifférence ou insensibilité à l'égard des souffrances qui existent dans le monde ? Le Qohélet se montre très troublé par l'injustice, il ne perd ni sa sensibilité ni son attention.

Chapitre 3 :

15. C'est ainsi : ce qui était, ce qui est, ce qui vient. En Dieu rien ne se perd.

16. Mais que vois-je sous le soleil ; non la droiture, mais le crime, non la justice, mais le meurtre.

17. Je me dis en moi-même : le « juste » et le « criminel », Élohim, l'Être qui fait être tout ce qui est, les jugera. Il y a un temps pour toutes choses et pour toutes actions.

18. Je me dis en moi-même à propos des enfants des hommes : Élohim, l'Être qui les fait être, les éprouve pour qu'ils sachent qu'ils sont des bêtes.

19. La joie de l'homme et la fin de la bête sont identiques, comme meurt l'un, ainsi meurt l'autre et c'est un même souffle qu'ils respirent tous les deux, la supériorité de l'homme sur la bête est nulle, tout est illusion.

20. Tout s'en va vers un même lieu ; tout vient de la poussière et tout retourne à la poussière.

21. Qui sait si le souffle des fils de l'homme monte vers le ciel et si le souffle des bêtes descend vers la terre ?

22. Je vois qu'il n'y a de bonheur pour l'homme que de se réjouir de ce qu'il accomplit, c'est là sa part, pourquoi se soucierait-il de ce qui vient après lui ?

[…]

Chapitre 4 :

1. Observe encore toute l'oppression qui se commet sous le soleil, je vois les larmes des opprimés, ils n'ont pas de consolateurs, je vois la force des oppresseurs, ils n'ont pas de consolateurs.

2. J'envie les morts déjà morts plutôt que les morts vivants qui sont encore vivants.

3. Le plus heureux de tous est celui qui n'existe pas encore et ne voit pas l'iniquité qui se commet sous le soleil.

4. Je vois que tout travail et toute réussite n'est que jalousie (qin'âh) *de l'un pour l'autre. Illusion, tout cela est illusion et poursuite du vent. Sans un fils, sans un frère, pour qui tant de labeur ? Pour qui tant de fatigue ? N'est-ce pas triste et dérisoire ?*

[…]

9. Mieux vaut être deux que seul, car ainsi le travail est fécond.

10. En cas de chute, l'un relève l'autre ; celui qui est seul, s'il tombe, n'a personne pour le relever.

11. Si on couche à deux, on se réchauffe, mais seul, comment avoir chaud ?

12. Là où un homme seul est renversé, deux résistent. Le fil triple ne rompt pas facilement.

[…]

17. Sois attentif à tes pas lorsque tu vas vers la maison de Dieu. Offre ton écoute plutôt que des sacrifices, comme le font les insensés ; ils ne savent pas ce qu'ils font.

« Offre ton écoute plutôt que des sacrifices », c'est-à-dire : offre ton attention, ta présence à ce qui est. L'attention est quelquefois difficile à maintenir parce que ce qu'on voit n'est pas toujours plaisant, agréable. Mais le Qohélet nous invite toujours à la lucidité : regarde le monde, il n'y a pas que les petits oiseaux, le mimosa, la mer qui brille sous le soleil. Il y a la bêtise, l'injustice, toutes sortes de crimes qui se commettent. Et je me dis en moi-même : tout cela, peut-être, n'a pas de sens. Le Qohélet n'est pas sûr qu'il y ait une justice, puisque le « juste » comme le « criminel » se retrouvent dans le même trou.

Il nous dit alors une chose étrange : c'est parce que nous sommes des bêtes. Il nous enlève ainsi quelques illusions sur notre prétendue spiritualité. Il n'est pas question de se prendre pour des êtres supérieurs, des anges. Nous sommes des bêtes, *behemah* – d'où vient le mot *béhémos* dans le Livre de Job. Voilà une information intéressante : c'est « un même souffle » qui respire dans l'homme et dans la bête ; « la supériorité de l'homme sur la bête est nulle, tout est illusion ». Si nous sommes des bêtes, il faut apprendre à avoir des bonheurs de bêtes : des bonheurs très physiques, très charnels, et accepter cette dimension de notre être. Parce que « qui sait si le souffle des fils de l'homme monte vers le ciel et si le souffle des bêtes descend vers la terre ? ». Donc, peut-être qu'avant de vouloir être des hommes, il faut savoir être des bêtes, accepter notre dimension animale.

Le Qohélet ne considère pas du tout l'aspect animal d'une façon péjorative. Nous participons à ce monde animal, nous sommes nous-mêmes des animaux. Et notre humanité, ne faut-il pas l'acquérir par l'exercice de la conscience, comme nous l'avons déjà évoqué ? Sinon, notre mode de vie serait en tout point semblable à celui des bêtes : on subirait l'existence. Le Qohélet ne craint pas de déclarer sans ménagement : « J'envie les morts déjà morts plutôt que les morts vivants. » La plupart d'entre nous, dit-il, sont des morts vivants, qui agissent comme des mécaniques, sans conscience. Nous sommes incapables d'exercer ce qui fait le propre de l'être humain. Nous sommes réduits à nos instincts, à nos besoins. Et voilà qu'au cœur de la Bible surgit une sorte d'apologie de l'avortement : le plus heureux, c'est celui qui n'est jamais né.

Le Qohélet ne nourrit aucune illusion sur la vie humaine, sa lucidité est totale, notamment sur la jalousie. Tout travail et toute réussite ne suscitent que jalousies – en hébreu, *qin'âh*. Ce mot a la même racine que le nom Caïn, frère d'Abel – *hevel*. L'histoire de Caïn et Abel repose sur un jeu de mots intéressant.

Caïn, c'est celui qui veut s'approprier l'existence, la nature et l'autre, celui pour qui toute chose est une proie. Abel, littéralement, c'est celui qui n'a pas de consistance, celui qui ne peut rien garder. On peut voir là comment Caïn tue Abel. Si on approfondit, on découvre que « je », en hébreu *ani*, est le même mot que *ayin*, le « rien ». Ce sont les mêmes lettres dans un ordre différent : le yod dans *ayin* est situé au milieu du mot. Comme *ani* traduit « je » et *ayin* « rien », on obtient ce constat que, d'une certaine façon, « je » est « rien ».

On doit accepter son « rien », et non vouloir s'approprier l'existence, vouloir posséder, se posséder soi-même, se maîtriser soi-même ou maîtriser l'autre, ou même maîtriser le monde, parce que alors on passe à côté de son *hevel*, de son Abel, de son « rien ». « Rien », en français, n'est pas aussi explicite que l'anglais *nothing*, autrement dit « pas une chose ». Il y a en nous quelque chose qui n'est pas une chose. Ce « je » que nous sommes, ce « je » véritable, authentique, est au-delà de la « chose », de la bête que nous sommes. Le « je » est dans le « rien », c'est dans cet espace que nous sommes.

C'est ce que nous avons à acquérir à travers les épreuves : refuser l'orgueil, découvrir que nous sommes des bêtes, que nous partageons leur souffle. Nous sommes « je », quelque chose qu'on ne peut pas dire, qu'on ne peut pas saisir, qu'on ne peut pas exprimer. C'est ainsi que nous participons à l'être. Quand nous réussissons à percevoir, à travers l'illusion, la conscience de la jalousie, la volonté d'être plus fort que l'autre, alors nous pouvons en être délivrés. Être Abel, être *hevel*, c'est accepter d'être rien, débarrassé du désir de puissance, de domination qui empoisonne la vie des autres, mais aussi la nôtre. Qui nous fait rater notre véritable identité, ce « je » qui n'est pas « quelque chose », qui est plus que toute chose : infini. Il y a la vie qu'on « a » et que bientôt on n'aura plus, et il y a la vie qu'on « est ». Mais la vie qu'on « est » ne correspond à rien de ce qu'on peut avoir, à rien de ce qu'on peut posséder. C'est pourquoi il est si difficile d'en parler. S'il arrive que nous fassions l'expérience de nous voir tout enlever – la santé, ce qu'on aime, ce à quoi on est attaché –, on s'aperçoit que ce n'était pas tout. Comme le disait Lacan, « c'est la vérité, mais non pas toute ». On avait quelque chose de vrai, de beau, de bien, mais ce n'était pas tout : il reste autre chose à découvrir. Par exemple – le Qohélet nous le rappelle au passage – ce qu'on a peut-être à découvrir, c'est qu'on est deux, qu'on est ensemble, qu'il y a plus précieux que moi.

Ce plus précieux que moi, c'est la relation possible avec un autre. On rejoint là la substance, le fond de notre être, qui n'est pas une sorte de gros être, mais la capacité de relation. Le fond de l'être est relation. Même si tout nous est enlevé, mais qu'on demeure en relation avec la vie, on a un trésor à découvrir.

Mieux vaut être deux que seul. À deux, on est plus fécond. La fécondité est dans la relation ; notre qualité de relation est le trésor de notre existence. Elle la rend supportable. Le Qohélet donne de bonnes raisons pour être deux : en cas de chute l'un relève l'autre, et la nuit, si on a froid, on peut se réchauffer mutuellement. Petit à petit, de la lumière froide de la lucidité, on glisse vers la chaleur de la relation, vers l'amour. Le vrai trésor est là. Manger et boire ne suffit pas, c'est « avec qui » on mange et on boit qui compte. L'important, dans le chemin, n'est pas le chemin, d'où on vient, où on va, vers quel but. « Avec qui » on fait le chemin, voilà le trésor.

Méditation

Être ici, être ainsi, ça suffit

Il est bon d'être ici, simplement, d'être assis, de ne rien faire, rien penser, rien vouloir – juste d'être. Être tel que l'on est en cet instant avec nos fatigues, nos joies, nos questions, notre souffrance, notre nostalgie. Déposer notre paquet de mémoire, notre paquet de vanité, d'illusion, d'attente, de demande. Accueillir la vie telle qu'elle nous est donnée maintenant. Accueillir le souffle qui nous inspire et nous expire. Le manger et le boire, par notre souffle, est une nourriture. Se laisser régénérer par l'énergie qui est au cœur du souffle. Fortifier notre immunité à l'égard de tout ce qui risque de nous agresser. Cette force n'est pas résistance, ni combat. Elle accueille, elle transforme. Inutile de lutter contre les pensées, plutôt les observer qui apparaissent et disparaissent. Contempler cet espace de silence, cette lumière d’où naissent les pensées et où elles s’effacent. Dans notre bien-être est le bien-être de tout et de tous.

6

Tout est jeu

Hevel havalim, buée de buée, tout est buée : ce refrain revient à chaque page du Qohélet. Illusion, tout est illusion. Il faut remarquer que dans l'étymologie du mot « illusion », on trouve le verbe latin *ludere*, qui veut dire « jouer ». Illusion veut dire « tout est jeu », un « je » qui est un « jeu ». La vision du Qohélet se rapproche des grandes traditions de l'Inde, où revient le terme *maya*. Tout est *maya*, tout est impermanence, illusion, rien n'a vraiment de consistance, tout ce qui apparaît disparaît. En même temps, tout est *lila*, le « jeu » divin. Comme dans le Qohélet on retrouve ce paradoxe : tout est illusion, mais ce n'est pas triste, puisque l'illusion est un jeu. Un jeu divin. C'est peut-être là que se situe la différence entre l'existentialisme du Qohélet et l'existentialisme de certains contemporains qui voient dans l'évanescence, l'impermanence de toute chose, une absurdité sans issue.

Le Qohélet aussi éprouve l'absurde, l'absence d'issue. Mais c'est un jeu divin. Il faut « jouer le jeu », jouer à être « je », « quelqu'un », à prendre la forme que la vie nous donne. Sans s'attacher, sans se prendre au sérieux. La vie est trop grave, trop importante pour qu'on la prenne au sérieux. Cette dimension est omniprésente dans tous les chapitres du Qohélet. Alors qu'il contemple le temps de chien qu'est notre vie sous le soleil, il dit :

Chapitre 6 :

1. J'ai vu le malheur sous le soleil, une maladie sans remède ronge les humains.

2. Dieu leur donne tout, rien ne manque à leur désir, mais jouir de ces dons ne leur est pas donné.

Le Qohélet contemple sous le soleil, dans la lumière, dans la clarté froide, un peu de cette lucidité, maladie sans remède qui ronge les humains. On pourrait l'appeler la « maladie de la mort ». On pense à cette belle pièce de théâtre ou à ce récit de Marguerite Duras qui montre une femme, payée par un homme, qui doit rester la plupart du temps nue sur son lit dans une chambre. L'homme la contemple, la touche, enfin la manipule de toutes les façons et, soudain, cette femme lui dit : vous souffrez d'une maladie qui vous ronge. Il lui demande : mais quelle est cette maladie ? Et elle répond : la maladie de la mort. Mais qu'est-ce que la maladie de la mort ? insiste l'homme. La femme explique : ne pas aimer ; ne pas savoir aimer. L'homme confirme : effectivement, je ne sais pas. La femme lui demande encore : mais tu n'as jamais aimé, tu n'as jamais pu aimer ? Et lui répond : non, jamais. La maladie de la mort, c'est ça.

Il y a quelque chose, en nous, qui n'aime pas la vie telle qu'elle est. Qui aime la vie telle qu'on la pense, telle qu'on se la représente, telle qu'on voudrait qu'elle soit… Mais pas telle qu'elle est. Le Qohélet nous donne le secret de la joie, du vrai bonheur : aimer les choses telles qu'elles sont, pas telles qu'elles pourraient être, pas telles qu'on les voudrait, mais telles qu'elles sont.

Ce qui est, est. Ce qui n'est pas, n'est pas. Tout le reste appartient au mental, c'est de la surimposition. Cette parole, on la retrouve chez le Bouddha, et aussi dans l'Évangile, six siècles après le Bouddha : « Ce qui est, est. Ce qui n'est pas, n'est pas », qu'on traduit généralement par : « Que votre oui soit oui, que votre non soit non. » Là serait le commencement de la sagesse : ouvrir les yeux à ce qui est, que cela me plaise ou pas. Notre maladie, c'est justement de ne pas aimer ce qui est. C'est clairement exprimé par le Qohélet : « Dieu leur donne tout, rien ne manque à leur désir, mais jouir de ces dons ne leur est pas donné. »

La vie nous est donnée, tout nous est donné, l'air que l'on respire, les arbres que l'on regarde, tout ce qui existe, même la maladie, même cette vie mortelle nous est donnée. Le problème est qu'on ne peut pas en jouir. Pourquoi ne peut-on profiter de la vie ? « Quel profit, à quoi bon ? » demandait le Qohélet. Où est le véritable profit, le véritable sens de la vie ? Nous sommes atteints de la maladie de la mort, qui est de ne pas savoir jouir. Lacan était très sensible à ce texte, impressionné que Dieu demande à l'homme de jouir. Il est possible que pour lui le mot ait un autre sens que chez le Qohélet. Mais il s'agit bien d'un commandement, d'un appel pour apprendre à jouir de l'existence – du temps qu'il fait, de la brève période que l'on a à vivre, des choses simples : manger, boire, travailler.

Le Qohélet insiste beaucoup sur le plaisir à prendre dans son travail. L'un des drames de l'homme contemporain est qu'il n'aime pas ce qu'il fait. On le fait pour pouvoir se payer des vacances, des moments où l'on vit vraiment, des parenthèses. Pourtant, on pourrait jouir tout le temps, être en vacances tout le temps, si on aimait ce qu'on fait. Dans le mot « vacances », on entend « se faire vacance », se faire vide. On entend dire : « Quand je suis en vacances, je me lève un peu plus tôt pour avoir plus de temps de vacances », alors qu'on peut accomplir les choses de la vie quotidienne le cœur libre, vide de préoccupation. Le drame est qu'on vit sous l'occupation, sous la préoccupation. Il faut retrouver cet esprit vacancier, apprendre à faire les choses d'une façon plus détendue, comme en vacances, et ainsi jouir de l'existence.

Le Qohélet va plus loin : il nous demande de jouir de notre évanescence même, de prendre conscience qu'on va mourir. Une parole est surprenante : « Mieux vaut le jour de la mort que le jour de la naissance. » Il rejoint là les grandes sagesses orientales pour lesquelles naître marque l'entrée dans ce monde de la souffrance, du temps, de la maladie. Mourir délivre de la maladie, de la souffrance. Mourir délivre de la peur de la mort. Cet instant-là, il ne faut surtout pas le rater. On imagine les conséquences concrètes sur l'hôpital ou le monde des soins palliatifs. En Occident, on dit habituellement : tant qu'il y a de la vie, il y a de l'espoir. En Orient, on dit, au contraire : tant qu'il y a de la vie, il y a de la souffrance, du doute, de l'inquiétude, de l'angoisse. Car c'est une autre façon de concevoir l'existence. Accompagner quelqu'un qui va mourir ne consiste pas à le retenir à tout prix dans l'existence mortelle, angoissante, douloureuse qui est la nôtre ; mais à l'aider à s'ouvrir à une autre existence, à une autre dimension de la vie – *olâm* – au cœur de notre vie mortelle – *chronos*, celle du temps qui passe. En se préparant à la vie éternelle, on peut, en effet, jouir du moment de la mort comme d'un moment de délivrance.

Si on n'aborde pas volontiers ces questions-là, le Qohélet, lui, nous invite clairement à une transformation intérieure, à une intention intérieure, à prendre conscience que tout ce qui nous est donné, nous est donné. Tant qu'on n'a pas acquis cette conscience, on passe à côté de tant de choses.

Quand elles ne sont pas aimées, on ne reçoit pas vraiment ces choses qui nous sont données. Le grand drame de l'homme – on le retrouvera dans le Livre de la Sagesse, que les Grecs appellent Sagesse de Salomon –, c'est l'ingratitude. Tout est grâce, tout nous est donné, mais tout n'est pas reçu, tout n'est pas joué. Précisément, il faut apprendre à jouer avec ce qui nous est donné, il faut apprendre à en jouir. On peut réussir si on a un peu d'amour dans le cœur, si cet amour est là au moment même de notre mort. On peut connaître alors cet instant, de paix et de jouissance, d'ouverture à l'inconnu, à l'inconnaissable. Mais, pour apprivoiser l'inconnaissable, il faut aimer être surpris. Je pense toujours à un ami qui me disait : « J'ai envie de mourir. Je ne suis pas suicidaire du tout, je suis curieux. Je vais enfin connaître la vérité. Cette vie nous maintient dans *maya*, l'illusion, dans des représentations, des fantasmes. La plupart du temps, je n'arrive pas à voir ce qui est réellement. Au moment de ma mort, oui, je verrai les choses sans œillères, je verrai enfin la vérité telle qu'elle est, la réalité telle qu'elle est, les limites que lui imposent mon mental, mon corps, mes pensées. »

Cette perspective risque-t-elle de donner envie de quitter cette vie ? Non, il n'est pas du tout question de la quitter, le but est de l'apprécier, jusque dans sa profondeur qui nous échappe, jusque dans l'« ouvert » qui est au fond de toutes les choses très matérielles, très simples, qui nous environnent.

Chapitre 6 :

3. Pensez à un homme qui engendre cent fois. Il vit longtemps des jours nombreux, des années nombreuses et rien ne comble son désir. Il n'aura même pas de tombe, je dis que l'avorton est plus heureux que lui.

4. Il est venu en vain sans voir le soleil, il se tient dans le noir.

5. Il n'aura pas à souffrir et demeurera dans le repos.

6. S'il avait vécu deux mille ans sans goûter le bonheur, à quoi bon ? Un sens unique, un même trou nous attendent.

7. Toute la peine que prend l'homme est pour sa bouche et pourtant son appétit n'est jamais satisfait.

8. À quoi bon être sage plutôt qu'insensé ?

9. Mieux vaut voir ce qui est devant nos yeux plutôt que de désirer sans fin ! Poursuite du vent.

10. Plus de paroles, plus d'illusions – à quoi bon ?

11. Qui sait ce qui est bon pour l'homme tant que dure sa vie ? Elle passe comme un songe, comme une ombre ; qui annoncera à l'homme ce qui viendra après lui sous le soleil ?

Chapitre 7 :

1. Une bonne renommée vaut mieux qu'une onction d'huile. Mieux vaut le jour de la mort que le jour de la naissance.

2. Mieux vaut aller à la maison du deuil qu'à la salle des fêtes, puisque c'est la fin de tout homme, le vivant doit y prêter attention.

3. Mieux vaut la tristesse que la gaieté, car avec un triste visage on peut avoir le cœur joyeux.

[...]

10. Ne dis pas : les jours d'autrefois étaient meilleurs, rien de plus stupide.

11. Si tu hérites d'un peu de sagesse, rien de meilleur sous le soleil.

7

La sagesse du non-savoir et de la simplicité

Un aspect intéressant de la Sagesse de Salomon est d'accepter de ne pas savoir. C'est difficile à admettre pour nous qui cherchons toujours à savoir, à saisir, à connaître. Salomon nous propose une sagesse qui ne répond pas à toutes les questions.

Chapitre 7 :
27. Regarde, dit Qohélet : j'ai cherché chaque chose une à une pour en comprendre la raison, je n'ai pas trouvé.
[…]
29. Vois ce que j'ai compris. Dieu a fait l'homme simple mais l'homme aime les complications.

C'est vrai, nous aimons les « complications », comme on dit : « couper les cheveux en quatre ». Le Qohélet, lui, voit chaque chose l'une après l'autre, mais accepte que la raison de l'existence des choses lui échappe. Il ne démissionne pas dans sa quête de connaissance. Il rejoint ce que plus tard on appellera la grande tradition apophatique, selon laquelle le fond de l'être nous échappe. Ce que l'on peut saisir de la réalité se limite à ce que nos instruments peuvent en saisir. Ce n'est pas la réalité. Un scientifique aujourd'hui dirait que ce qu'il connaît n'est pas le réel, mais ce que ses instruments perçoivent du réel – pas grand-chose, finalement. Je sais ce que je sais et c'est peut-être beaucoup, mais je sais aussi tout ce que je ne sais pas – et c'est infini. Par là on s'approche de la sagesse du Qohélet.

Si ce que je ne sais pas est infini, c'est que mes instruments sont finis. Par exemple, ce qu'une caméra placée devant moi peut saisir de moi se réduit à peu de chose : juste mon apparence plus ou moins heureuse, plus ou moins fatiguée. Mais elle ne montre rien de mon âme, de ce qui m'habite dans les profondeurs. Par la parole, je peux tenter de l'expliquer. Mais je ne me connais même pas moi-même. Ou plutôt, je connais qu'il y a un inconnu en moi, qu'il y a en moi plus que moi, infiniment plus intelligent, infiniment plus aimant surtout, infiniment plus heureux que moi. Cet être-là m'échappe et c'est lorsque j'accepte de ne pas le saisir que, peut-être, il se révélera, se donnera.

Nous cherchons trop à comprendre les choses, les événements. Dans le mot comprendre, il y a prendre ; l'allemand parle de *Begriff*, la pensée qui griffe, qui cherche à saisir. Peut-être existe-t-il aussi une pensée qui caresse. Le corps humain, on le sait, est capable de résister à la grippe, à la prise, à l'emprise, et peut se donner à la caresse. Dans la lecture des Écritures, les vieux rabbins disent que l'herméneutique, ou l'exégèse, est l'art de la caresse. Le texte biblique, on doit le caresser, et non chercher tout de suite à le comprendre, à l'analyser, à le découper dans ses différentes strates. Cette démarche n'est pas sans importance, bien sûr, mais le sens se révèle à la caresse. En effleurant le texte, en le laissant résonner en nous, nous atteindrons le sens, l'information créatrice nous sera communiquée. Dans cet ouvrage, on caresse le texte du Qohélet pour écouter, entendre ce qu'il a à nous dire, quitte à accepter parfois de ne pas le comprendre parfaitement. Quand il nous parle de « jouir » de la mort, de « jouir » de la perte de nos limites et de nos références, on a du mal à le suivre, pourtant on a le pressentiment qu'il y a du vrai dans ces paroles. La raison est qu'il y a en nous le désir de connaître la lumière telle qu'elle est, sans entrave, sans projection de nos ombres et de nos attentes. On a envie de voir l'autre tel qu'il est et on a envie de se donner à l'autre tel que l'on est, délivré de ses surimpositions, de ses mémoires, avec lesquelles on croit s'identifier. Par l'apprentissage de cette sagesse, on saura dire à certains moments de sa vie : « Je ne sais pas. »

Quand on constate ce que disent les scientifiques, dans le monde médical particulièrement, sur ce qu'est la maladie, ce qu'est un virus, ce qu'est le remède... il est bon, de temps en temps, d'oser dire : « Je ne sais pas. » C'est là, sans doute, qu'on se tient au plus près de la vérité.

Il n'est pas question ici du non-savoir de l'ignorant. Le sujet est le non-savoir de la « docte ignorance », comme le disaient Nicolas de Cues, Maître Eckhart et tous les grands théologiens. Dieu, on sait qu'Il est, on sait que la réalité est, mais on ne sait pas ce qu'est la réalité, ce qu'est l'être. Cela nous échappe. Or dans ce « je ne sais pas », les choses se donnent. On peut alors les apprécier. Ce qu'on ne sait pas est peut-être le plus merveilleux, le plus juste du don. On a le pressentiment de la réalité qui se donne à travers toutes les formes. On s'approche du réel infini qui nous parle à travers toutes les réalités finies. Expérience incomparable.

Mais l'homme aime les complications : il n'est pas simple. Le mot simple est magnifique, littéralement il signifie « sans pli ». Nous sommes pleins de plis, le jour de notre naissance – pensons aux nouveau-nés ; en vieillissant on a de plus en plus de plis, de rides. Il faut sans doute toute une vie pour se déplier, pour se dérider à l'intérieur de soi-même, pour devenir simple, sans pli. « Sans pli » veut dire « sans retour sur soi ». Or on ne cesse de se regarder en train de faire les choses. Même dans la méditation, certains se regardent méditer : ils créent un pli.

Les moments où il arrive qu'on soit simple, les moments de grande simplicité, ce sont les moments du plus grand bonheur. On ne se regarde pas être heureux. Voilà pourquoi celui qui est heureux ne sait pas qu'il est heureux. Proclamer son bonheur est suspect. « Comme je suis heureux ! Comme la vie est belle ! », ce sont des déclarations un peu ambiguës. Si on est heureux, c'est simple, c'est ainsi, inutile d'en rajouter. De même, quand on souffre vraiment, en général on n'en parle pas. L'exemple du suicide le prouve. Quand quelqu'un répète : « je vais me suicider », « si tu me quittes, je me tue », il n'y a souvent pas à craindre le passage à l'acte. Celui qui veut vraiment en finir avec lui-même, par trop de souffrance, n'en parle pas, jusqu'au jour où pour lui tout devient simple : il ne peut pas faire autrement que se supprimer. Tout est insupportable, il est trop difficile de vivre ainsi. Mais son mal-être reste discret, il ne fait pas de bruit. Les oiseaux se cachent pour mourir. Les sages aussi, probablement. Ils ne veulent pas faire de leur mort un spectacle. Sinon, ils seraient encore dans la représentation.

D'un point de vue théologique, Dieu est inconnaissable parce que Sa simplicité Le rend inconnaissable. Ce qu'il y a de plus simple en nous est aussi le plus transcendant. C'est ce qu'on ne connaît pas de soi-même. Le chemin vers la simplicité est un chemin spirituel. On dit la même chose lorsqu'on qualifie la vie spirituelle de grand désencombrement. Notre vie est suffisamment encombrée et difficile pour que la spiritualité y ajoute des difficultés.

La bonne question à se poser est celle-ci : ma vie spirituelle me rend-elle plus simple ? Ma vie se simplifie-t-elle, suis-je prêt à ne plus avoir besoin de m'expliquer, de prouver que j'ai raison, que je suis le meilleur, etc. ? Suis-je capable d'être simplement ce que je suis ? Ma pratique de la médiation est-elle naturelle ou devient-elle quelque chose de compliqué, avec obligation de visualiser telle ou telle couleur, de compter ma respiration, toutes choses qui au commencement sont nécessaires, peut-être, mais qui encombrent à la longue ? À un moment, tout doit devenir simple. Comme un musicien qui doit au départ faire des gammes, multiplier les efforts, accomplir un travail d'apprentissage ; mais qui va arriver à un moment où il atteint une forme de dépouillement. La musique coule de source, on ne sent plus l'effort. Ce qui exigeait effort et volonté soudain se met en place et devient naturel.

Cette simplicité nous rapproche doucement de l'infiniment simple, qu'on l'appelle Dieu ou d'un autre nom : c'est le réel tel qu'il est, pas tel qu'on le pense ou l'imagine, pas tel qu'on se le représente. Tel qu'il est. Alors on est, simple, sans pli, sans retour sur soi, en relation avec l'Être qui est ce qu'Il est.

Méditation

Être là, simplement

Le bonheur est dans le pré, le bonheur est dans la simplicité, on pourrait en faire une chanson. Mais peut-être n'est-ce pas si facile ? Pourquoi faut-il que ce soit compliqué d'être simple ? Certains perdent le repos à force de chercher la paix. Il n'y a rien à chercher, nous dit le Qohélet : tout est là, tout nous est donné dans cet instant. Ce qui nous manque, c'est d'être là nous aussi, avec ce qui est là, sans pli, sans retour sur soi. Surtout ne pas se regarder méditer, juste être là. Ne pas être conscient de la conscience, parce que la conscience de la conscience, c'est encore une pensée, la plus haute pensée, la conscience de l'Être. Mais être uniquement « conscience ». Et sentir notre espace s'élargir. L'espace qui est à l'intérieur de mon corps, de mon cœur, de mon esprit est l'espace qui remplit l'univers. Il n'y a pas d'obstacle entre cet espace infini et l'espace dans lequel je suis. Respirer simplement, être « un » avec cette respiration, sans pli, pour notre bien-être, le bien-être de tout et de tous.

8

Des mouches mortes dans un flacon de parfum

Chapitre 10 :
1. Une mouche morte suffit à gâcher un flacon de parfum, la bêtise prend plus de place dans notre cœur que la sagesse.

C'est vrai, il y a beaucoup de mouches mortes dans le flacon de parfum que pourrait être notre existence. Et à chacun ses mouches mortes, à chacun ses pensées aigres, ses remords, ses rancunes, ses jugements. Qohélet insiste sur notre propension à nous rendre malheureux en nous culpabilisant. On existe et on se culpabilise d'exister, d'être ce que l'on est. Une multitude de mouches mortes nous empêchent de goûter le parfum de l'existence. La bête, la bêtise prennent beaucoup de place en nous. La grosse bête, à coup sûr, c'est de redouter la mort, alors qu'elle fait partie de notre condition. Le Qohélet se répète : la vie est simple. Mais il rappelle le sentiment d'évanescence et de scandale qu'il éprouve parfois quand il voit les crapules prospérer et les justes souffrir. Cette indignation ne passe pas et restera une vraie question pour lui. Question sans réponse qu'il essayera de résoudre dans le Livre de la Sagesse.

Sur le thème du « même », il écrit :

Chapitre 11 :

2. C'est la même réalité, la même issue pour tous, pour les justes et les injustes, les bons et les mauvais, les purs et les impurs, pour ceux qui offrent des sacrifices et ceux qui craignent de prêter serment. La mort ne fait pas de différence entre le saint et le pécheur.

3. N'est-ce pas ce qu'il y a de pire sous le soleil : un même sort pour tous ? Si peu de temps à vivre avant la mort sans fin. Pourquoi faut-il que bêtise et violence habitent le cœur des hommes ?

Puisqu'on a si peu de temps à vivre, pourquoi s'empoisonner la vie et empoisonner la vie des autres ?

4. Il n'y a d'espoir que lorsqu'on est vivant, mieux vaut un chien vivant qu'un lion mort.

Encore une parole devenue proverbe : « Mieux vaut un chien vivant qu'un lion mort. » Qohélet nous confirme qu'il ignore ce qu'il y a après la mort. Il n'y a pas à la redouter, dit-il, car elle est une délivrance. Mais il ne connaît pas la suite et se refuse à la spéculation. Dans ces conditions, la seule chose précieuse, aujourd'hui, c'est d'être en vie. Certes, je suis un chien, pas un lion, mais je suis un chien vivant. Un lion mort, à quoi bon ? À quoi bon être un grand esprit, à quoi bon ces magnifiques personnes qu'on a pu connaître, si elles ne sont plus, si elles sont décédées ? On doit vivre avec les vivants. On pourrait en dire autant d'une relation spirituelle. On rêve tous d'avoir un grand lion pour maître spirituel. Peut-être faut-il préférer un chien ? Se contenter de quelqu'un qui nous dit des vérités simples et banales, mais qui nous aide à avancer sur notre propre chemin ? Mieux vaut, dans certains cas, un Qohélet qu'un grand éveillé dont l'histoire a gardé le nom. Plutôt que les opposer l'un à l'autre, apprécions ce qui nous est donné dans l'instant. Et alors, rappelons-le :

5. *Les vivants savent au moins qu'ils mourront ; les morts, eux, ne savent rien. Il n'y a plus pour eux de rétribution puisque leur souvenir est effacé : leur amour, leur haine, leur jalousie, tout a disparu et ils n'auront plus jamais part à ce qui se fait sous le soleil.*

Dans la pensée juive de l'époque, il n'y a pas d'au-delà. On parle du *Schéol*, traduit en grec par le mot *Hadès*, désignant une sorte de monde intermédiaire. Mais on ne sait pas exactement ce que c'est. La seule chose qu'on connaisse et qui nous intéresse, le sujet de tout notre amour, c'est la vie présente.

6. Va, mange avec joie ton pain et bois de bon cœur ton vin, l'« Être qui fait être tout ce qui est » connaît ton cœur.

7. En tout temps, habille-toi de blanc et que le parfum enveloppe ta tête.

*8. Vis ta vie avec la femme (*isha*) que tu aimes tous les jours de ta vie illusoire, c'est une grâce qui t'est donnée au milieu de tes amertumes sous le soleil.*

9. Tout ce que ta main trouve à faire, fais-le. Tant que tu en as la force, car il n'y a ni œuvre, ni réflexion, ni savoir, ni sagesse dans le domaine des morts où tu vas.

10. Qu'ai-je observé encore sous le soleil ? Ce n'est pas toujours le plus rapide qui emporte la course, ce n'est pas toujours le héros qui gagne au combat, les sages manquent de pain, les intelligents de richesses, pas de faveur pour les savants, temps et contretemps arrivent à tous.

Au constat de l'injustice, Qohélet n'apporte toujours pas de réponse. La seule réalité qu'il voudrait partager avec nous est la suivante : nous avons peu de temps à vivre, alors vivons-le bien, sans nous soucier de savoir s'il existe autre chose, un autre monde. L'idée qu'on peut s'en faire reste aléatoire, et même probablement illusoire. Et puis on trouve cette précision : « En tout temps, habille-toi proprement » (« habille-toi de blanc », dans certaines versions) « et que le parfum enveloppe ta tête ». Ce point est à noter : il exprime le contraire d'Aznavour dans sa chanson « Tu t'laisses aller » : tu te laisses aller, tes cheveux sont gras, tu te traînes en pantoufles... L'« à quoi bon ? » du Qohélet, lui, ne conduit pas à traîner la savate, ne conduit pas au laisser-aller...

Tu es dans cette vie, comporte-toi dignement, proprement. Ma grand-mère disait souvent : « À mon âge, je n'ai plus à plaire, mais j'ai à ne pas déplaire. » Apparemment, ce sont des détails, mais chacun sait que, dans le temps que nous vivons, quelquefois de confinement et de solitude, on peut se laisser aller, rester au lit, négliger de se laver – la dépression n'est jamais loin. L'absurdité de l'existence, pour Qohélet, ne doit pas nous enlever notre dignité, puisque c'est dans cette dignité, dans cette façon de se tenir droit face aux événements qu'est, peut-être, le sens de l'existence. Donc, habille-toi, parfume-toi. C'est ce que dira aussi Jésus dans l'Évangile : quand tu jeûnes, ne prends pas une mine désespérée, attristée, mais parfume-toi – le parfum chez les Orientaux fait partie de l'identité. En tout temps, tiens-toi droit, surveille ta verticale. Entretiens la beauté autour de toi, soucie-toi de ton hygiène.

Enfin, vis ta vie avec la femme que tu aimes. Le Qohélet passe pour être un vieux grognon à tendance misogyne, parce qu'il prononce parfois des paroles un peu dures sur les femmes : une femme perverse est redoutable, une femme qui cherche à vous posséder, à vous manipuler, est pire que le serpent. Il observe la vie comme chacun de nous peut l'observer. De fait, la perversité n'est pas la spécialité des femmes, il ne manque pas d'hommes pervers, capables de vous manipuler, de vous aliéner, de vous transformer subtilement en esclave ou en objet. Qohélet ne l'ignore pas, il s'est lui-même comporté ainsi à certains moments. Mais il affirme que, en restant attentif et prudent, l'une des plus grandes grâces que puisse recevoir un homme est d'aimer une femme et d'être aimé par une femme. De même que la plus grande chance qui puisse arriver à une femme est d'être aimée par un homme et de l'aimer. C'est alors que la vie prend son sens. On le constate dans certains pays pauvres, où l'on rencontre des enfants qui manquent de tout, mais pas de tendresse. On peut vivre tant que la relation existe entre les êtres, elle est ce qu'il y a de plus sacré, à l'image de Dieu.

« Au commencement, Dieu créa l'être humain à Son image, homme et femme Il les créa. » *Ish* et *isha*, masculin, féminin, Il les créa. L'image de Dieu en nous, c'est la relation. Pas l'homme, pas la femme, pas l'intelligence dans l'homme ou l'affectivité ou la liberté dans l'être humain – qui ne sont que des reflets de l'Être absolu. La véritable image du divin, c'est la relation. Le réel est relation, interrelation. Les physiciens le confirment : tout est relation, interconnexion. Quand nous sommes dans le réel, dans la profondeur de la réalité, nous sommes dans une relation, par exemple entre l'homme et la femme. Mais, quel que soit le sexe de l'autre, l'important reste cet échange : aimer et être aimé, là est la grâce. Vis ta vie, ta vie d'illusion, ta vie de misère, mais vis-la « avec ». L'important n'est pas seulement d'être, c'est d'être « avec ». Telle est la magistrale révélation faite à Moïse : je suis qui je suis, je suis l'être qui est. C'est ce qu'explore Moïse dans les profondeurs de sa méditation : l'être qui est là est un « être avec ». « Je suis avec toi tous les jours de ta vie. » Se sentir accompagné sur son chemin passe quelquefois par la rencontre d'un visage humain. Ce qu'on peut appeler Dieu est peut-être ce point inaccessible où se rencontrent deux regards. Ni toi, ni moi, mais là, dans l'entre-deux. Cet être à deux, il faut le vénérer, le célébrer, en prendre soin.

9

Réjouis-toi, souviens-toi

Chapitre 11 :

7. Douce est la lumière, il est beau pour les yeux de voir le soleil.

8. Que l'homme vive de longues années, qu'il se réjouisse de tout, mais qu'il se rappelle que les jours de ténèbres sont nombreux. Tout ce qui arrive est illusion, impermanence.

9. Réjouis-toi, jeune homme, dans ta jeunesse, sois heureux aux jours de ton adolescence, suis les voies de ton cœur et le regard de tes yeux. Mais souviens-toi qu'à travers tout cela, l'« Être qui fait être tout ce qui est » te conduit vers le discernement.

10. Éloigne de ton cœur la tristesse, écarte de ta chair la souffrance, souviens-toi que la jeunesse et l'âge des cheveux noirs ne durent pas. Illusion, illusion ! Tout est illusion.

On s'approche ici de la fin du Livre du Qohélet, avec les deux grandes paroles que le Qohélet veut communiquer à celui qui l'écoute : « réjouis-toi » et « souviens-toi ». *Sam'hâh*, la joie, et *zakar*, la mémoire. Ce sont deux éléments importants pour l'être humain.

D'abord, « réjouis-toi ». Parole étonnante, parce que le Qohélet qui a tout essayé, qui justement se souvient que tout est vanité, fragile et impermanence – la richesse, le pouvoir, la santé –, n'a qu'un mot à dire à l'être auquel il parle : « Réjouis-toi. » Une fois encore, il recommande de jouir de cette existence, parce que douce est la lumière... Les choses qui apparaissent dans la lumière ne sont pas toujours douces, mais la lumière elle-même, et tout ce qu'il y a sous le soleil, il faut en contempler la beauté. Que l'homme vive de longues années ou brièvement, peu importe. L'important est qu'il vive intensément, vraiment, et qu'il se réjouisse de tout. De ce qui est agréable, mais aussi de ce qui est désagréable. Encore un paradoxe ? Le Qohélet ne se réjouit pas de tout, lui qui dénonce l'injustice. Mais il ne se laisse pas abattre par l'injustice. Ce qu'il nous énonce, c'est qu'effectivement il ne faut pas nier qu'il y a de la souffrance, de la douleur dans le monde, mais il ne faut pas les magnifier en leur ajoutant notre plainte, notre désespoir. Désespéré et heureux en même temps : est-ce possible ? N'entretenir aucune illusion. En même temps, arrêter de se plaindre, de s'enfoncer davantage. On sait qu'on va mourir, on sait que l'injustice existe, on sait que certaines situations sont absurdes, que des gens sont méchants, des femmes perverses, des hommes malhonnêtes… Et alors ? Cela doit-il nous empêcher d'aimer, de nous réjouir ? Le plus grand service qu'on peut rendre à l'humanité, n'est-ce pas d'être un peu heureux ?

La parole fondamentale de Qohélet, le vieux grognon, c'est : « Réjouis-toi », « Réjouis-toi, jeune homme ». Souviens-toi que tout est illusion, mais « réjouis-toi dans ta jeunesse, sois heureux au jour de ton adolescence ». Tant que tu es jeune, profites-en. La parole de Qohélet n'est pas celle d'un vieux jaloux des jeunes, qui voudrait les empoisonner et les empêcher de jouir. Au contraire, il encourage le jeune homme : « Tant que tu peux, vis ce que tu as à vivre, écoute ton cœur. » Cette parole fondamentale sera reprise par saint Augustin, entre autres, pour qui la phrase clé est : « Aime et fais ce que tu voudras. » Si tu écoutes ton cœur, si ce cœur est plein d'amour, fais ce que tu veux, parce que l'amour purifie, rend les choses belles, transforme cette existence, cette vie de chien, en vie de saint, cette vie absurde en vie rayonnante de sens et de paix. Toute la question sera de purifier son cœur – suivant ainsi une voie initiatique. Le Livre du Qohélet a pour fonction de nettoyer le cœur de toutes les illusions, de toutes les projections. En faire un cœur simple, vacant, libre, sans attente. Écouter son cœur et aller là où il nous mène, quelle parole de liberté !

Nous rejoignons là une tradition qu'on appelle celle du Maître intérieur. Tout le monde n'a pas la chance d'avoir connu quelqu'un qui l'éclaire, qui le guide sur son chemin, quelqu'un qui apporte la lumière, la connaissance – incarnées dans son visage. Mais chacun a un cœur : pour écouter son Maître intérieur, il suffit d'écouter son cœur – au sens biblique du terme, c'est-à-dire le centre, le lieu où l'intelligence devient éthique, respect de l'autre, le lieu où la libido prend naissance. Tout change quand cela passe par le cœur : nos idées, notre libido – autrement dit notre instinct, notre pulsion, notre désir de vie. En passant par le cœur, la libido devient de l'amour, l'autre apparaît, qui n'est plus objet de mon désir, mais sujet d'une rencontre. De la même façon, l'intelligence, lorsqu'elle passe par le cœur, devient une intelligence éthique. On ne peut pas faire n'importe quoi au fur et à mesure des découvertes. On ne peut pas, par exemple, transformer le génome d'une certaine façon, manipuler les êtres humains comme des objets. Le cœur reconnaît l'autre comme sujet, comme personne et non comme objet d'expérience.

Le plus grave, c'est ne plus avoir de cœur, ce lieu d'intégration en nous-même où l'intelligence, comme la pulsion, devient éthique. Aie un cœur, et tu seras sauvé. Un moine du Mont Athos conseillait : « Chaque matin, quand tu te lèves, cherche où est ton cœur », cherche ton centre et vis à partir de ce centre. Vis à partir de toi-même, toi qui es capable d'aimer l'autre, de l'aimer dans sa différence, dans son altérité, et d'aimer toute chose dans sa beauté, telle qu'elle est. Pas telle que tu voudrais qu'elle soit. Voilà ce que le Qohélet répète.

Suis ton cœur, c'est ton maître. Il n'y en a pas d'autre. Personne ne peut te dicter ce que tu as à faire, juger ce qui est bien, ce qui est mal. Écoute ton cœur et, même si tu te trompes, tu découvriras ton axe grâce à tes erreurs, grâce aux impasses dans lesquelles la vie te conduit, tu connaîtras ce qui est juste. Écoute cette voix intérieure et va là où tes yeux te mènent. Vois ce qui est devant ton visage, ce qui est authentique. « Réjouis-toi, jeune homme. » Mais aussi, « souviens-toi ». Souviens-toi que la vie est courte, ne perds pas ton temps. Combien de temps gâché pour ce qui n'est pas essentiel ! On apprend une foule de choses, on lit des tas de livres, mais nous rapprochons-nous de l'essentiel, du vivant de notre vie ?

Aujourd'hui avec Wikipédia, avec Internet, on a accès à toute la connaissance de l'univers. Alors, à quoi bon si je ne sais pas qui je suis ? Qu'importe si je suis incapable d'aimer mes enfants, mes proches, ainsi que la vie telle qu'elle est ? À quoi me servent mon savoir, mes richesses, mon pouvoir, si je ne sais pas soulager la souffrance des plus pauvres ? Revient la question : à quoi bon, si je ne sais pas être « avec » ?

Elle nous ramène à l'essentiel, qui est – nous dit le Qohélet – la gratuité, la simplicité, l'amour. Voilà ce qui est bon. Mais pour en arriver là : *zakar*, souviens-toi.

Plus que de la connaissance, il s'agit de reconnaissance. L'éveil, dans la tradition du Qohélet, désigne non seulement l'éveil à la lumière de ce qui est, mais aussi l'éveil du cœur, capable de connaître ainsi que de reconnaître. La reconnaissance contient quelque chose de plus que la connaissance : du remerciement, de la gratitude. Reconnaître les choses, c'est les remercier. Il y en a tant qu'on ne connaît pas avant de les avoir remerciées. Réjouis-toi, souviens-toi.

Réjouis-toi de cette existence, de la présence de ceux avec qui tu peux vivre, réjouis-toi de la beauté de chaque instant, remercie cette vie et souviens-toi que tout ce à quoi tu es attaché peut t'être enlevé d'un moment à l'autre, tout peut s'effondrer. Mais on ne peut pas t'enlever ce que tu as donné. On ne peut pas t'enlever ce que tu as aimé. Voilà pourquoi c'est tellement important : bien aimer, mal aimer, l'important c'est d'aimer, tout simplement.

10

Les câpres inutiles : écoute

« Souviens-toi » est un rappel. Le rappel à soi-même : reviens à ton cœur, reviens à ton centre, reviens à l'Être qui est ce qui est, pour te réjouir de ce qui est.

Chapitre 11 :

1. Aux jours de ton adolescence, souviens-toi de l'« Être qui te fait être ce que tu es ». Avant que viennent les jours mauvais et qu'arrivent les années dont tu diras : « Je ne les aime pas. »

2. Avant que s'obscurcissent le soleil et la lumière, la lune et les étoiles, et que reviennent les nuages après la pluie ;

3. au jour où tremblent les gardiens de la maison, où se courbent les hommes vigoureux, où les meunières trop peu nombreuses s'arrêtent, où celles qui regardent par la fenêtre perdent leur éclat.

4. Quand la porte est fermée sur la rue, quand tombe la voix du moulin, quand on se lève au chant de l'oiseau, quand se taisent toutes les chansons,

*5. quand on redoute les montées et qu'on a des frayeurs en chemin, et l'amandier est en fleur, la sauterelle lourde, les câpres inutiles, tandis que l'homme s'en va vers sa maison d'éternité (*olâm*), les pleureuses tournent déjà dans la rue,*

6. avant que lâche la corde d'argent, que la coupe d'or se brise, que la cruche se casse à la fontaine, que la poudre se disperse dans l'espace, que la poulie se rompe au puits

7. et que la poussière retourne à la poussière et le souffle à Dieu, l'Être qui l'a donné.

8. Illusion, illusion ! Hevel havalim, tout est illusion.

[…]

13. Voilà, tout est dit, tout reste à entendre. Écoute, éprouve la présence de l'« Être qui fait être tout ce qui est », respecte Ses enseignements, c'est cela être un homme.

14. Dans la clarté de Sa présence tout est révélé, bien ou mal, tout… Rien n'est voilé. Écoute.

« Écoute. » C'est la grande parole transmise aussi à Moïse : *Sh'ma Israël, sh'ma*. Écoute. Avant de parler d'amour, peut-être faut-il écouter, écouter voir. Écouter voir ce qui est, ce qui est là. Encore une grande pratique. « Souviens-toi », « réjouis-toi » appelle à une qualité d'écoute, une qualité d'attention à l'égard de ce qui est. Quand le Qohélet nous demande d'écouter, il nous avertit que ce n'est pas si simple, justement. Mourir, après tout... Mais vieillir... Dans une chanson Jacques Brel reprend ce thème du Qohélet de façon très poétique. Oui, ce sont des jours pénibles, parce que notre regard s'obscurcit, on ne voit plus le soleil, la lune. Nos membres tremblent, notre corps se courbe, il a du mal à se redresser, ces fenêtres que sont nos yeux perdent de leur éclat. La porte se ferme sur la rue, on ne peut même plus sortir, voir le monde.

Les images qui appartiennent sans doute à la vie rurale sont peu compréhensibles aujourd'hui. Par exemple, « les câpres [sont devenus] inutiles » : il faut savoir que, pour les Hébreux, les câpres sont légèrement aphrodisiaques et, à partir d'un certain âge, ils ne servent plus à grand-chose. Mais quand « l'amandier est en fleur », qu'arrive le printemps, si on ne peut plus ouvrir sa fenêtre et respirer son parfum, alors oui, la vieillesse est un temps douloureux à vivre. Un décès dans la famille est précédé de toutes sortes de prémonitions. On attend la voix de l'oiseau. D'après de nombreuses traditions, un oiseau se manifeste à la fenêtre pour annoncer un défunt dans la maison, ou alors une cruche se casse. Dans les milieux superstitieux, on ressent tout ce qui signale la proximité de la mort.

Le Qohélet nous engage à regarder tout cela en face, comme faisant partie de la vie. La vieillesse appartient à la vie, il faut améliorer du mieux possible le grand âge. J'aime cette expression : le grand âge est grand, c'est grand de vieillir. Autrefois, on l'appelait l'âge de la sagesse, mais aujourd'hui, il arrive que les vieux veuillent jouer aux jeunes. Ce faisant, ils se privent de la richesse de leur âge. C'est important de vivre son âge. Au temps de la jeunesse, ce n'est pas le moment de donner des conseils aux autres ; mais quand on est vieux, on peut oser dire qu'on ne sait pas distinguer ce qui est bon, ce qui est juste. Mais « écoute ton cœur », on peut le dire.

On sait que l'expérience ne nous assure pas de posséder la vérité, ne fait pas de nous des sujets supposés savoir. On ne va pas forcément vers le vieillard comme vers quelqu'un qui sait. Or le vieillard, comme le thérapeute, normalement, est un sujet supposé écouter. On n'attend pas d'un bon thérapeute qu'il sache, on compte sur lui pour écouter. Écouter votre détresse, vos rêves, vos idées. Un grand-père, une grand-mère, avant de leur demander leur savoir, leur expérience, il faut les voir comme des individus qui nous écoutent. Nos parents n'en ont pas toujours le temps parce qu'ils travaillent, parce qu'ils ont tellement à faire. Mais on découvre quelquefois des pères qui ont la grandeur de grands-pères, ou des mères qui, comme des grands-mères, sont capables d'écouter sans répondre tout de suite. D'écouter chaque chose en son temps, chaque chose en son âge. Les derniers mots du Qohélet sont les premiers de la Torah : « Écoute », « sois attentif à ce qui est ».

Prends conscience de ce qui se passe, dans ton jardin comme dans le monde. Mais ne désespère pas, tout fait partie de l'impermanence. Sois particulièrement attentif à ton cœur, que la lumière qui est en toi demeure vive, parce que tu y verras que tout est révélé, que tout se donne, tout apparaît et tout disparaît. Mais jouis de cette existence le temps de son apparition. « Tout est poussière et retourne à la poussière. » Accepte ton impermanence, accepte les atomes qui te constituent. Tout ce qui est composé sera décomposé, accepte-le.

Peut-être que par cette acceptation tu t'éveilleras à l'autre vérité dont nous parle le Livre de la Sagesse, lui aussi attribué à Salomon : non seulement tout est poussière et retourne à la poussière, mais tout est lumière et retourne à la lumière. Tout est matière et retourne à la matière, mais tout est conscience et retourne à la conscience. Cette conscience est là en nous, comme le souffle. Le Qohélet nous le dit : ton corps retourne à la terre puisqu'il est matière, fait de matière ; mais ton souffle, l'information qui t'habite, le *pneuma*, l'esprit qui t'habite, retourne dans les profondeurs de l'être d'où il vient. Tu es poussière, tu retournes à la poussière ou à la cendre. Le mot poussière est intéressant, il exprime la dissolution, la décomposition, la cendre. L'existence te met à l'épreuve du feu. Prendre conscience de ton être poussiéreux, de la cendre que tu es, t'amène à prendre conscience aussi de la flamme que tu es, de l'esprit, de la conscience que tu es et qui, dans ce dernier instant, retourne à son origine. Nous venons de la lumière, nous faisons l'expérience de la matière et nous retournons à la lumière. Nous venons de l'infini, nous faisons l'expérience de la finitude et nous retournons à l'infini. L'infini qui est déjà là, dans le secret et dans les profondeurs du cœur.

Méditation

Nous venons de l'infini, nous revenons à l'infini

Tout vient de l'infini, *eyn sof*, tout fait l'expérience de la finitude et tout retourne à l'infini. Ce n'est pas seulement une parole, une idée, c'est une expérience que nous pouvons vivre à l'instant. Observer d'où vient notre souffle. Notre souffle vient de l'infini. Sentir notre inspir comme venant de l'infini. Le goûter, le savourer, s'en réjouir. Puis expirer, expirer jusqu'à l'infini, sentir cet infini au bout de notre expir. Notre place est là, entre ces deux infinis, ces deux inconnus : l'infini d'où nous venons, que nous inspirons, et l'infini où nous allons, où nous expirons. Nous sommes dans cet entre-deux qui est lui-même l'infini. Puisque l'infini, c'est ce qui n'a ni commencement ni fin. Il se tient au-delà de la naissance et de la mort. L'infini était là avant nous, il est toujours là après nous. On peut pressentir cette dimension qui nous habite par la simple écoute. Écoute ce qui respire en toi. Écoute ton souffle qui vient, ton souffle qui va. Ne fais qu'un avec ce grand souffle qui anime l'univers, tout ce qui vit et respire. Respire, demeure en cette présence pour ton bien-être, le bien-être de tout et de tous.

II

Le Livre de la Sagesse : la voie de la conscience

1

Lumière et poussière

« Tout est poussière et retourne à la poussière », c'est le Livre du Qohélet ; « Tout est lumière et retourne à la lumière », c'est le Livre de la Sagesse. L'un comme l'autre de ces deux livres sont attribués au même Shlomo, Salomon. Peut-être qu'il faut bien les tenir ensemble, parce que les deux nous disent la vérité : c'est vrai que nous sommes poussière, matière, impermanence, mais c'est vrai aussi que nous sommes lumière, conscience, information créatrice qui relie tout – nos atomes, nos cellules, ce qui nous constitue. Tenir ensemble la poussière et la lumière, poussière qui danse dans la lumière, c'est la condition humaine. Ne pas opposer l'un à l'autre, ne pas séparer l'un et l'autre, donc ne pas séparer ces deux livres.

Le Livre du Qohélet, on l'a déjà évoqué, a été écrit dans les années –250, au IIIe siècle av. J.-C., tandis que le Livre de la Sagesse – ou Livre de Salomon –, écrit dans les années 50 av. J.-C., est le dernier livre du Premier Testament. C'est un livre important car il constitue la charnière entre le Premier et le Second Testament. D'ailleurs dans le Second Testament, les évangélistes Paul ou Jean s'inspireront beaucoup de ce Livre de la Sagesse, presque mot pour mot. On retrouvera chez eux des citations de ce deuxième livre de Salomon.

Nous sommes dans les années 50, c'est-à-dire dans les années où règnent les juifs d'Alexandrie. À la même époque vivait aussi Philon d'Alexandrie, le thérapeute. Certains pensent que le Livre de la Sagesse a été écrit par un de ces fameux thérapeutes dont Philon nous raconte l'histoire et leurs diverses institutions fondées sur la sagesse, l'étude, la purification, la célébration. Ces juifs d'Alexandrie ne lisaient pas la Bible en hébreu mais en grec. Cette fameuse Bible – qu'on appelle la Septante, soixante-dix – nous renvoie aux soixante-dix sages qui se sont réunis dans une île grecque pour traduire le texte hébreu du Pentateuque, chacun dans sa cellule. On dit qu'à la fin, au bout de soixante-dix jours – toujours le chiffre sept, symbole de plénitude –, ils se réunirent, chacun arriva avec sa traduction, et ces soixante-dix traductions étaient, dit-on, la même. Ce qui fera dire que cette traduction était « inspirée ».

Les citations de la Bible qui figurent dans les œuvres des Pères de l'Église sont toujours extraites de la Septante. Ce n'est que plus tardivement qu'un Jérôme traduira la

Bible en latin à partir d'un texte hébreu. Il faut savoir que ce texte établi par les savants juifs, les massorètes, avait été traduit d'après le texte grec, ce dernier étant beaucoup plus intéressant dans la mesure où il est la traduction d'une tradition plus ancienne de l'hébreu. Aujourd'hui, toutes les versions établies à partir de l'hébreu sont des traductions tardives du début du Ier et du IIe siècle de notre ère, tandis que le texte du Pentateuque s'inspire de textes antérieurs. La preuve, ce sont les rouleaux retrouvés à Qumrân, dans cette cité dite essénienne où se rassemblaient les juifs les plus intégristes qui avaient gardé un certain nombre de traductions, parmi lesquelles les traductions de la Septante qui renvoient à une époque plus ancienne.

Ce rappel est important parce le Livre de la Sagesse fait partie de la Bible de la Septante. En revanche, il a été exclu de la Bible hébraïque et aussi par les protestants. Des juifs, comme le philosophe Emmanuel Levinas, l'ont déploré, parce que les juifs d'Alexandrie représentent une étape importante dans la transmission de la révélation faite à Moïse, qui témoigne d'une tentative d'introduire dans la pensée et la philosophie grecques ce qui est, dans la Bible d'Alexandrie, justement, ou dans la Septante, de l'ordre du prophétique, du visionnaire : une tentative de tenir ensemble le monde sémite et le monde grec. Cette démarche, évidemment, ne plaît pas à tout le monde, et certains ont tendance à exclure – comme on le voit aujourd'hui quelquefois dans la pensée contemporaine qui s'inspire de la philosophie grecque – tous les textes de l'Ancien Testament comme étant des textes prophétiques, sans valeur d'un point de vue philosophique. D'un autre côté, les tenants de la tradition hébraïca-solal (seulement la lettre hébraïque) auront tendance à écarter toute pensée grecque comme étant d'ordre philosophique et non révélée.

Le Livre de la Sagesse est intéressant parce qu'il réunit la pensée grecque et la pensée sémite. Il tient ensemble aussi, on pourrait dire, le Premier et le Second Testament. C'est le lieu de rencontre entre la révélation et la spéculation, particulièrement autour de la notion de justice. Pour le Salomon du Livre de la Sagesse, la lumière d'où nous venons et où nous retournons est la lumière de la justice. Il faut prendre le terme « juste » dans un sens musical – la note juste, l'harmonie. Les textes des Écritures nous transmettent un écho de cette harmonie… qui est celle du monde. Livre des Écritures, livre de la nature : on retrouve le même *logos*, la même *sophia*.

Salomon le dit lui-même : la *sophia*, l'intelligence créatrice, la conscience créatrice, la conscience-mère est à l'œuvre à l'intérieur du cosmos et nous parle à travers les Écritures. Il ne faut pas opposer les Écritures, le livre de la nature et le livre du cœur, auquel on pourrait ajouter le livre du corps qui est aussi une écriture, un code génétique, une écriture qu'il s'agit d'apprendre à décrypter. La dernière parole du Qohélet nous disait « écoute ».

À nous d'apprendre à écouter la nature, la mousse, la mer, les vents, savoir discerner les différents types de vent, les odeurs, les parfums de la terre, écouter la création pour mieux la respecter, pour mieux vivre avec elle. Savoir lire (*intelligere* en latin) le livre des Écritures et apprendre à écouter notre corps, repérer les points de tension, là où nous sommes noués, raides. Décrypter ce que nous disent les maux d'estomac, de tête. C'est l'information créatrice, la conscience créatrice, qui nous parle à travers ce livre du corps. À nous d'écouter enfin le livre du cœur, comme nous le rappelait le Qohélet notre guide, notre Maître intérieur. À nous de suivre les enseignements qui viennent du cœur et qui entrent en écho, en harmonie avec l'enseignement de la nature, des écritures.

Que nous dit le Livre de la Sagesse ? « Aimez la justice, vous qui jugez la terre, ayez sur YHWH – l'Être qui est et qui fait être tout ce qui est – des pensées droites, cherchez-le dans la simplicité du cœur. Il se révèle à ceux qui ne lui refusent pas leur ouverture. Les pensées tortueuses éloignent de l'être. Éprouver son évidence insaisissable délivre de tous les doutes. »

« Éprouver son évidence insaisissable » : jolie façon de nous inviter à l'expérience de quelque chose d'évident : l'être est, nous sommes, nous respirons, nous pensons. Mais qu'est-ce que l'être ? Qu'est-ce que cette vie ? Elle est insaisissable. La vie, personne ne l'a jamais vue. Ce que l'on voit, ce sont des corps vivants : des corps cosmiques, des corps humains, des corps animaux, des corps minéraux, végétaux. Mais la vie elle-même, personne ne l'a jamais vue. Pourtant la vie est une évidence. La lumière qui est devant nos yeux, personne ne l'a jamais vue, et pourtant c'est elle qui nous permet de voir. Dès qu'on ouvre les yeux, ce que l'on voit en premier, c'est Dieu. Parce que « Dieu », c'est *Deus*, mot qui vient de *dies*, la lumière. Ensuite, sur cette lumière, on peut projeter toute forme. C'est une évidence insaisissable.

Le Livre de la Sagesse nous dit : « Heureux ceux qui contemplent cette évidence insaisissable. » Elle est la vie même qui nous est donnée. Mais nous avons des pensées tortueuses. On retrouve ce que déclarait le Livre du Qohélet : « Cherchez-la dans la simplicité du cœur. » Nous sommes tordus, nous sommes compliqués, nous ne sommes plus dans la simplicité du cœur qui contemple l'évidence de ce qui est, à la fois visible et invisible. Voir toute chose avec l'aura invisible qui l'entoure. Tenir ensemble et non opposer, comme il ne faut pas opposer la raison et la foi. Ce sont deux façons de connaître, deux façons d'adhérer, de ne faire qu'un avec l'unique réel.

« Aimez la justice. » Aimez ce qui est droit, ce qui est simple. Salomon s'adresse là à ses pairs, aux rois, aux maîtres des nations. Ce qui est demandé à tous ces chargés de responsabilités, c'est d'aimer la justice et l'harmonie des choses entre elles. La justice, c'est rendre à chacun ce qui lui est dû. Il faut donc aussi savoir rendre à Dieu, à la source de tout ce qui vit et respire, ce qui Lui est dû, c'est-à-dire la reconnaissance, l'adoration. Ce n'est pas là un acte d'amour, mais un acte de justice, un acte de reconnaissance. Apprenez ce qui est juste, ce qui est droit, ce qui est vrai. Entrez dans la contemplation de l'« évidence insaisissable ». N'ayez pas la prétention de connaître la vérité, de la posséder, mais sachez que le plus proche est en même temps le plus inaccessible. On ne voit jamais les choses comme elles sont. On ne voit que leur apparence, leur apparition. D'où vient cette apparition ? La réponse nous échappe et pourtant la vie est là. Entrez dans la contemplation, vous en serez sans doute plus heureux, plus justes, plus en paix et votre peuple, ceux qui vous sont confiés, en profitera.

2

La perversion de la jouissance

Un terme nouveau apparaît dans le Livre de la Sagesse qui n'était pas dans le Livre du Qohélet, un mot pas très agréable, le mot « impie ». Le Qohélet reconnaissait l'existence de crapules comme de personnes justes qui vivent bien, qui honorent ce qui leur est donné. Salomon, dans le Livre de la Sagesse, reconnaît l'existence de personnes qu'il appelle des impies, des gens qui manquent de reconnaissance à l'égard de l'Être ; non seulement de gratitude, mais d'intelligence. Pour lui, la piété est un signe d'intelligence. C'est être intelligent de reconnaître que nous ne sommes pas la source de notre propre vie, que nous ne nous donnons pas à nous-même notre propre souffle ou que la conscience, ce n'est pas notre cerveau qui la crée. Notre cerveau est un instrument, un organe corporel à travers lequel la conscience peut se manifester. L'appareil de radio ne fait pas la musique, il la transmet.

Refuser de le reconnaître, c'est de l'impiété, de l'inintelligence, du non-sens. Et curieusement, le Livre de la Sagesse reprend un certain nombre des paroles qu'on trouve dans le Qohélet, mais dans le sens négatif du terme : dire qu'on n'a que cette vie, qu'il faut bien manger, bien boire, c'étaient dans la bouche du Qohélet des paroles positives. On ne sait pas ce qu'il y a après la mort, donc profitons de ce qui nous est donné maintenant. C'est juste et vrai. Le Livre de la Sagesse l'exprime de façon beaucoup plus suspicieuse, parce que ceux qui jouissent des biens de ce monde, d'une certaine façon, oublient de remercier l'Être qui fait être tout cela. Une chose va les mener à la perversion : la recherche de la domination sur ce qui est. Et puis ajouter des plaisirs au plaisir jusqu'à l'écœurement les conduira à la dispersion même de leurs forces et de leurs énergies vitales, intellectuelles et affectives.

Chapitre 2 :

1. [Les impies] affirment, avec toutes sortes de pseudo-raisonnements, que notre vie n'est qu'être pour la mort, triste et courte ; personne à notre connaissance n'est revenu de la mort.

2. Nous sommes nés du hasard ; ensuite, nous serons comme si nous n'avions jamais été. Le souffle de nos narines n'est que fumée, notre pensée n'est qu'une étincelle dans la mécanique du cœur.

3. Quand elle s'éteint, le cœur se dissout en cendres, le souffle s'évanouit dans l'air.

4. Notre nom disparaît avec le temps. Nul ne se souvient de nos actes, notre vie s'efface comme nuage dans le ciel. Les rayons du soleil le dispersent comme la brume.

5. Notre temps de vie, passage d'une ombre, nul ne peut retarder sa fin, tel est notre destin et nul ne peut retourner sur ses pas.

6. Alors jouissons de ce qui nous est donné là, maintenant, profitons de cette vie mortelle, avec innocence et ardeur.

7. Enivrons-nous de vins rares et de parfums, cueillons les premières fleurs du printemps,

8. offrons-nous des couronnes de roses avant qu'elles ne se fanent,

9. que les prairies soient témoins de nos débauches, partout laissons des traces de notre fête, car c'est de cela que nous sommes capables, c'est notre destin.

10. Opprimons celui qui est pauvre et n'épargnons pas la veuve, n'ayons aucun respect du vieillard et de ses cheveux blancs,

11. que notre force soit notre loi et notre justice, inconvenante est la faiblesse.

« Inconvenante est la faiblesse » : on dirait du Nietzsche avant l'heure. « Que notre force soit notre loi », la force qui est la volonté de puissance, de domination. Pour le Livre de la Sagesse, il y a là comme une perversion. Le Qohélet conseillait : « Le temps de notre vie, c'est une ombre, tel est notre destin, jouissons de ce qui nous est donné. » C'est bon, évidemment : « Enivrons-nous de vin. » Et peu à peu, on glisse, on passe de la jouissance heureuse et normale de ce qui est bon, à l'orgie, à la débauche. La perversion apparaît. De la même façon, avoir conscience de notre vanité et jouir en même temps de notre force est bon ; mais opprimer le pauvre, ne pas épargner la veuve, n'avoir aucun respect pour le vieillard indique une perversion de la force.

Le mot jouissance prend un sens nouveau dans le Livre de la Sagesse. La jouissance pour le Qohélet était une chose infiniment précieuse. D'ailleurs, le mot joie, *saama*, a la même étymologie que *messiah*, le messie. Au premier sens, la joie, c'est le messie, c'est l'envoyé de Dieu en nous. L'idée est très belle. Dieu, on ne Le connaît pas, on ne sait pas qui c'est, mais quand parfois on ressent de la joie en nous, d'où vient-elle ? Divine surprise : une joie sans raison, sans cause extérieure, la vraie joie. Le texte, l'étymologie elle-même nous apprennent que cette joie-là, c'est le messie, l'envoyé de Dieu. Dieu se donne à travers la joie. C'est pourquoi elle est tellement précieuse. Chacun le ressent : la vraie joie est gratuite. On peut se réjouir, s'entraîner à être joyeux, mais la joie qui vient d'ailleurs, de la profondeur, on ne peut pas la commander, elle nous est donnée par la grâce, quelquefois même au cœur de l'absurdité, de la maladie. Les exemples ne manquent pas de personnes qui vraiment n'ont rien pour être heureuses, à cause de la maladie, d'une situation économique déplorable ou de circonstances difficiles, et qui pourtant rayonnent d'une joie incompréhensible puisque apparemment rien ne semble l'expliquer. L'explication, c'est le messie. Pour le Qohélet la joie est infiniment précieuse, la jouissance une bénédiction. Répétons-le : il faut savoir jouir de toute chose.

Nous vivons une époque où jouir a peut-être pris un autre sens : jouir, c'est posséder, peut-être abuser, se satisfaire des choses. Une espèce de complaisance réduit l'autre à l'état d'objet. Le pauvre, la veuve, le vieillard qu'évoque Salomon ne sont pas pris en considération dans leur être unique et propre. Ce sont des êtres à consommer, à exploiter. La jouissance devient synonyme d'une autosatisfaction, en tout cas d'une possession. Jouir des choses, les posséder, les avoir, les consommer. C'est ainsi qu'on s'est éloigné de la joie par des pensées tortueuses, on s'est écarté de ce qui nous était donné gratuitement et qui demande notre gratitude en réponse à cette grâce.

Il n'empêche que tout est toujours fumée, impermanence et s'impose l'affirmation – que ne formulait pas le Qohélet – que nous ne sommes faits que pour mourir. Le Qohélet n'a jamais dit, lui, que nous sommes faits pour mourir. Il voit la mort, il voit la décomposition de toute chose, mais il suggère que « peut-être il y a un autre temps » : *olâm*, une ouverture vers ce temps. Le Livre de la

Sagesse critique un discours qui assure que « non, il n'y a que cette vie mortelle, rien d'autre ». Sans explication, sans vérification, cette affirmation, nous dit Salomon, est une perversion de la raison, de notre pouvoir qui s'enferme dans ses limites. Prétendre que l'homme est un être fait pour la mort, c'est un point de vue, une croyance – chacun a le droit de croire ce qu'il veut –, mais une croyance, ce n'est pas une preuve. On va mourir, bien sûr, mais rien ne nous dit qu'il n'existe pas autre chose que la vie mortelle. Cette vie mortelle peut être l'expression d'une vie plus vaste. Cette évidence inaccessible et insaisissable qui nous traverse serait une manifestation de la vie infinie. En tout cas, le Livre de la Sagesse insiste sur l'ouverture possible de la vie mortelle, de la vie impermanente, à une vie d'une autre dimension. Ce qui a de la valeur, dans cette vie fugace, n'est pas la seule valeur, autre chose peut exister. La réussite dans cette vie n'est pas le critère de notre salut. Même si certains, selon les apparences, ne réussissent pas leur vie, échouent, passent pour des nuls, peut-être que de l'intérieur une grande vie les habite. Cela demande, plutôt que le mépris, notre respect.

Méditation

L'évidence insaisissable

C'est le moment de contempler cette évidence insaisissable qui nous habite, cette vie qui anime tous nos organes : le cœur, le cerveau, les membres, le ventre. La vie circule. Cette vie, nul ne l'a jamais vue, jamais touchée. La biologie ne connaît la vie que dans ses supports cellulaires ou atomiques, mais la vie elle-même, la conscience elle-même échappe, déborde les organes qui la manifestent.

Vous approchez cette vie qui est aussi lumière, lumière invisible, que nul n'a jamais vue et qui nous fait voir toute chose. Contempler cette lumière, sans chercher à voir quelque chose. De la même façon, ne pas chercher à sentir, à ressentir la vie : elle est là, au-delà de ce qu'on peut penser et expérimenter. Ouvrir notre intelligence, notre affectivité, notre sensibilité à l'insaisissable, le silence, l'infini silence qui n'est pas un silence de mort, mais un silence qui contient la mort, la naissance, la vie et tout ce qui existe. Un pur espace.

Demeurer dans cette pure conscience, dans ce pur espace, que ne peuvent remplir aucun nuage, aucune pensée. Quelques instants de vacances, de joie sans raison, pour notre bien-être, le bien-être de tout et de tous.

3

Il fait tout exister pour que tout accède à l'éternité

Salomon parlait de justice – le mot « justesse » serait peut-être plus approprié pour traduire le texte grec de la Septante, l'*Adika*. Mais cette justice est pervertie, car la droiture intérieure est courbe. En effet, l'être humain se tourne sur lui-même, exploite l'autre et s'exploite lui-même comme s'il n'était qu'un être destiné à la mort. Dans le Qohélet, l'être pour la mort est ouvert à l'infini. Dans le Livre de la Sagesse Salomon ira plus loin : Dieu n'a pas créé la mort, la mort d'une certaine façon n'existe pas. Pour la première fois dans l'histoire de la pensée hébraïque, et peut-être de la pensée religieuse, apparaît l'affirmation que la mort n'existe pas.

Chapitre 1 :

12. Ne recherchez pas la mort, ne vous éloignez pas de la vie, n'attirez pas sur vous la ruine par les œuvres de vos mains.

13. YHWH/Dieu, l'« Être qui fait être tout ce qui est », n'a pas fait la mort, Il ne prend pas plaisir à la perte des vivants.

14. Il fait tout exister pour que tout accède à l'éternité ; engendrer est sain(t), semence n'est pas poison, l'Hadès (la mort) n'est pas la fin ou le but de l'être humain.

Salomon répond là à ceux qui disent que l'homme est un être pour la mort et qu'il n'y a rien d'autre, que l'homme vient d'un trou et retourne à un trou, il n'y a rien d'autre. Il le conteste : non, si on observe dans les profondeurs du réel, du temps qui passe, on découvre quelque chose qui ne passe pas : la conscience du temps qui passe. Le cœur meurt, souffre, mais la conscience qu'on a de mourir et de souffrir est plus grande que ce qui meurt. « Dieu n'a pas fait la mort. » Dieu, pour Salomon, c'est la vie, le vivant, ce qui rend toute chose vivante. Et la mort, c'est l'absence de vie, comme la maladie est l'absence de santé, mais n'a pas d'être en soi-même. Être aveugle signifie manquer du bon usage des yeux. Mais il est évident qu'il ne faut pas dire les choses de cette façon, car quelqu'un qui est aveugle ne voit pas, il s'agit bien d'une infirmité. Cette infirmité est réelle, au-delà d'une simple absence ou d'un manque. D'un point de vue métaphysique, l'être est ou l'être n'est pas. L'être qui n'est pas, il n'est pas. Il n'a pas d'existence, c'est important de le rappeler.

« Dieu n'a pas fait la mort, Il ne prend pas plaisir à la perte de vivants. » La parole : « Dieu fait tout exister pour que tout accède à l'éternité », correspond à un désir contemporain d'éternité, d'immortalité. Ainsi un scientifique de notre temps, Ray Kurzweil, mène des recherches sur l'immortalité, et prend chaque jour un certain nombre de pilules – même un chiffre énorme, plus de six cents – supposées le prolonger, peut-être jusqu'à cent vingt, cent trente ans, le minimum selon lui auquel tout homme devrait accéder. Cent vingt ans, pour quoi faire et « à quoi bon ? » pourrait répondre le Qohélet. Mais peut-être cherche-t-il l'immortalité ou l'éternité à l'horizontale ?

Les textes sacrés nous disent souvent que l'homme est habité par le désir d'éternité, d'immortalité, mais ce qu'il cherche, peut-être faut-il qu'il le trouve à la verticale. Le non-temps ne se trouve pas dans le temps, il ne constitue pas un prolongement du temps ni une augmentation du temps. On parle beaucoup aujourd'hui de l'homme augmenté, de l'intelligence artificielle, de la possibilité, avec un certain nombre de puces savantes, d'acquérir ou d'avoir accès à tout le savoir de l'humanité. On est branché sur Internet et on sait tout ce qui se passe ici ou là. Mais à quoi bon ? On reste toujours dans l'être pour la mort. On reste toujours à l'horizontale. On augmente sa vie de quelques années et, même si certains prétendent de façon un peu délirante qu'on pourra normalement vivre plus de deux cents ans, on est toujours dans le temps, on est toujours dans l'être pour la mort.

Or ce que nous dit le Livre de la Sagesse, c'est que nous ne sommes pas des êtres pour la mort mais des êtres pour l'éternité. Des êtres capables de s'ouvrir à une dimension du réel qui n'est pas mortelle. On y croit ou on n'y croit pas. Pour Salomon, il ne s'agit pas d'y croire ou de ne pas y croire, il s'agit d'expérimenter, d'observer. On entre dans la vie éternelle, la vie qui ne passe pas, par l'observation de la vie mortelle, la vie qui passe, la vie qui meurt en demeurant dans l'ouvert.

Je crois qu'on a le choix entre l'ouvert et l'enfer. L'enfer c'est l'enfermement dans l'être pour la mort. Celui qui ne conçoit rien d'autre, qui ne veut rien savoir d'autre et ne s'ouvre à rien d'autre, celui-là est en enfer, enfermé dans son ego, dans sa matière, dans son être pour la mort. On peut aussi vivre dans l'ouvert et dire : c'est vrai, je mourrai, mais peut-être y a-t-il autre chose, une ouverture de l'esprit, une ouverture du cœur et même une ouverture de la sensibilité ? Quand nous sommes dans un état de calme, de sérénité, de silence, quelque chose en nous s'ouvre à du non-temps, à de l'éternité. Quelque chose de très subtil. Il n'y a pas de mots pour en parler, d'ailleurs, pas de mots pour dire notre plus grande douleur ou notre plus grande joie. Mais ce n'est pas parce qu'on manque de mots pour le dire que cela n'existe pas, ce n'est pas parce qu'on n'a pas d'instrument pour le saisir, pour le comprendre, que cela n'existe pas.

Salomon, en place dans l'histoire de la pensée religieuse de sa lignée, a cette affirmation : Dieu, l'Être qui fait être ce qui est, la conscience créatrice – quel que soit le mot qu'on donne à cette réalité qui rend toute chose réelle –, nous programme pour mourir et en même temps pour l'ouverture de cette vie mortelle à l'éternité. La preuve en est l'exemple des justes : ils vivent dans le monde, ils appartiennent au monde, mais d'une certaine façon ils ne sont pas de ce monde. C'est ce que dira lui-même Yeshoua, ou le Christ : « Je suis dans le monde, mais pas de ce monde. » J'appartiens à l'espace-temps, mais il y a quelque chose en moi qui déborde l'espace-temps. Voilà ce que le monde ne supporte pas.

En effet, la présence d'hommes ou de femmes justes remet en question les valeurs de ce monde, qui sont la richesse, le pouvoir, le savoir, la domination. Elles sont ébranlées par ces êtres qui selon les apparences ne sont pas puissants, ne dominent pas, mais témoignent d'une qualité d'être et de vie qui est gênante, car elle relativise nos grandes valeurs. Salomon décrit l'homme juste. La réaction des mondains qui entendent ériger en vérités leurs caprices et leur débauche est de répéter : « Il n'y a de valable que la domination, la volonté de puissance et l'être pour la mort », rien d'autre.

Ils proclament : « Traquons le juste qui nous gêne, qui s'oppose à nos débordements et à nos actes, nous reproche nos manquements à la loi et nous accuse d'infidélité à notre éducation. Lui qui prétend connaître Dieu et se dit fils de Dieu est un reproche vivant pour nos pensées. Sa seule vue nous pèse. Sa vie n'est pas conforme à celle des autres, étranges sont ses chemins. Il nous considère comme des êtres frelatés. Il s'éloigne de nous comme si nous étions souillés. Il déclare heureux le destin des justes et se vante d'avoir Dieu pour père. »

Cinquante ans après Jésus-Christ, on comprend la réaction de Paul de Tarse et des évangélistes à la lecture de ce texte, qui leur rappelle quelqu'un : le Christ, bien sûr, et la façon dont il a été considéré par ceux qui prétendent posséder la vérité. « Si le juste est fils de Dieu, celui-ci l'assistera et le délivrera de ses adversaires. Éprouvons-le par l'outrage et la torture. Afin d'apprécier sa douceur et de mesurer son endurance, condamnons-le à une mort infâme puisqu'il dit : "Dieu viendra me visiter." Ainsi pensent-ils dans leur égarement. Leur perversité les aveugle. »

Au milieu du monde quelqu'un annonce : il y a autre chose, il y a d'autres valeurs, d'autres réalités. Ceux qui pensent ainsi, il faut les éliminer. Et Salomon nous dresse à l'avance le portrait de Yeshoua qui justement nous dérangera en nous rappelant que nous ne sommes pas faits pour mourir, mais faits pour l'éternité, nous sommes les fils de nos parents, fils de la terre, fils du ciel, mais nous sommes aussi fils de l'Être. Nous sommes des relations avec l'Être. Et nous avons cette possibilité, elle est à nous.

Certains répondent d'abord : on ne veut pas en entendre parler ; puis : voyons si c'est vrai ; vérifions sa douceur, son endurance, conduisons-le à une mort infâme. La mort infâme au temps de Jésus, c'est la mort sur la croix pour les brigands, pour les voleurs, les criminels. Condamnons-le à cette mort infâme et voyons ce qui va se passer, voyons si cette grande vie dont il se prétend le témoin va se manifester. Sinon, nous saurons que ce sont des bobards qu'il nous a racontés, rien d'intéressant, du bluff : l'éternité, vivre avec Dieu, autant de non-sens.

L'étrange, c'est ce que dit Salomon : la douceur de ce juste devant vos injures, devant votre maltraitance, devant vos tortures, témoigne d'une grandeur et d'une force d'âme qui dépassent celles de tous les puissants. Quelque chose se manifeste, de plus fort que la mort. Quand quelqu'un nous aime vraiment, nous aime à ce point-là, il témoigne d'autre chose, et on ne peut pas lui enlever ce qu'il nous donne. On peut lui enlever la vie, les apparences de la vie – mais la vie, il l'a déjà donnée. Non seulement il la donne, mais il pardonne. On ne peut rien contre quelqu'un qui aime, qui pardonne. Il représente quelque chose de plus grand que l'être pour la mort.

Voilà comment Salomon, sans connaître le Christ, en a le pressentiment.

4

Il y a différents niveaux de réalité

La grande question que pose Salomon dans le Livre du Qohélet est celle du sort des justes. Comment accepter que le juste et la crapule aillent dans le même trou ? Ce scandale l'empêchait d'être pleinement heureux et joyeux. Il n'y a donc pas de justice ? Le Livre de la Sagesse pourrait nous laisser croire que la réflexion de Salomon a mûri de plusieurs siècles, car il nous affirme qu'il existe une justice, une rétribution et que le sort des justes est reconnu. Donc on ne peut pas faire n'importe quoi. Nos actes ont des conséquences. On retrouve ici la grande loi de la tradition orientale, qu'on appelle le *karma*. Telle cause produit tel effet. Des effets positifs, des effets négatifs, des effets neutres, il y a toujours une conséquence à nos actes.

À un autre niveau de réflexion, on trouve le pardon, qui est au-delà de la justice, qui permet qu'on ne récolte pas toujours ce qu'on sème ou ce qu'on mérite. Le Livre de la Sagesse se place au niveau de la justice qu'on pourrait appeler rétributive : tu as bien vécu, tu as bien agi, tu auras droit à une vie meilleure, et pas seulement dans cette vie, parce que les justes n'y recueillent que rarement les conséquences positives de leurs actes. Au scandale du Qohélet, c'est même parfois le contraire. Mais une justice existe, Salomon l'explique.

Chapitre 3 :

1. Les âmes des justes sont dans les mains de YHWH/Dieu, l'« Être qui fait être tout ce qui est », et nul tourment ne les atteint.

2. Aux yeux des insensés ils sont morts, leur départ est tenu pour un malheur,

3. et leur voyage loin de nous, pour un anéantissement, mais eux se sont éveillés à la paix.

4. S'ils ont, aux yeux des hommes, subi des châtiments, par leur espérance (désir), ils connaissent l'immortalité (la non-mort, athanasia*).*

5. Après une légère épreuve, ils recevront de grands bienfaits. YHWH, l'« Être qui fait être tout ce qui est », les a éprouvés, Il les a trouvés dignes de Lui.

6. Comme l'or au creuset, Il les a éprouvés, comme une offrande totale (holocauste), Il les a agréés.

7. Au jour du dévoilement, ils resplendiront et comme des étincelles, à travers le chaume ils courront,

8. ils jugeront les nations et superviseront les peuples, YHWH/Dieu sera leur roi pour toujours.

9. Ceux qui mettent en Lui leur confiance comprendront la vérité, ceux qui sont fidèles demeureront auprès de Lui dans l'amour, la grâce et la miséricorde sont pour les saints, sa visite est pour ses élus.

Il y a une justice. Le juste n'aura pas travaillé en vain. Quelque part ses actes laissent leur empreinte. Et la récompense, les mérites, la rétribution – on voit apparaître ces mots – lui seront accordés par l'accès à une vie supérieure, non pas temporelle, mais dans l'espace-temps, qui est entre le niveau de réalité que nous connaissons, et la pure réalité, qui est au-delà de tout ce qu'on peut penser ou imaginer. Dans tous ces mondes intermédiaires qu'Henry Corbin et d'autres avec lui appellent le « monde imaginal ».

La physique contemporaine démontre elle aussi que le monde n'est pas unidimensionnel, il existe plusieurs dimensions, plusieurs niveaux de réalité, plusieurs niveaux de conscience, plusieurs niveaux d'être. La mort, expliquait Élisabeth Kübler-Ross, consiste à passer sur une autre fréquence : on n'est plus sur la fréquence mondaine à laquelle nous sommes habitués, mais sur la fréquence ultra-mondaine ou supra-mondaine qu'est le monde intérieur. Là, affirme Salomon, nous récoltons les conséquences positives de nos actes. Si on ne les savoure pas dans notre vie, on les savoure dans ces mondes intermédiaires qui ne sont pas encore le monde de l'absolu, de la pure lumière, mais dont l'existence peut être vérifiée si on a une certaine sensibilité.

Aujourd'hui, ceux qu'on appelle médiums ou voyants en témoignent. Il faut user de discernement car on rencontre beaucoup d'imposteurs. Mais ce n'est pas à cause de ces malfaiteurs qu'on doit nier la réalité de certaines visions, de certaines appréhensions qui nous ouvrent à la réalité du monde intermédiaire. Ce n'est pas le monde des morts, c'est le monde de ceux qui vivent autrement que sur la longueur d'onde habituelle. On peut même communiquer avec eux, sans forcément chercher à le faire. Car ils sont là, dans une autre dimension. Telles sont les perspectives que nous ouvre le Livre de la Sagesse.

En fait, il y a du nouveau sous le soleil. Les justes et les crapules ne se retrouvent pas au même endroit au moment de la mort, probablement y a-t-il des niveaux de réalité différents. La crapule connaîtra elle aussi les conséquences de ses actes. Suivront toutes les imageries, les questions d'enfer ou celles des mondes souterrains plus ou moins obscurs. L'imagination humaine essaie de comprendre certains états de conscience que nous pouvons vivre dès cette vie. Ainsi, à certains moments on sent bien qu'on est en enfer, dans des mondes obscurs, gluants, visqueux. Ce sont des réalités que nous pouvons éprouver. C'est si désagréable que dans ces moments-là la terre semble un paradis par rapport à l'état de conscience infra-humain, infra-animal et infra-cosmique. Mais en d'autres moments de notre vie, nous entrons dans le supra-humain, où les douceurs, les beautés bien réelles qui nous accueillent rendent relatives les beautés terrestres. Celles-ci n'en sont pas moins belles, elles restent spatio-temporelles, limitées par rapport au monde qui abolit les limites du connu. L'exploration de ces mondes n'est pas toujours facile parce qu'on peut rester coincé dans un monde intermédiaire. Je vois en hôpital psychiatrique beaucoup de personnes bloquées dans ces états intermédiaires, coupées à la fois du monde spirituel et du monde matériel, du monde humain ordinaire. Le thérapeute a besoin d'avoir une certaine connaissance de ces mondes intermédiaires pour rejoindre les égarés là où ils sont, pour leur rappeler qu'il existe d'autres mondes. La schizophrénie enferme dans un monde imaginaire, sans relation avec le purement spirituel ou le réellement matériel. La bonne santé normale, c'est être capable de vivre sur toutes les longueurs d'onde, d'explorer tous les niveaux de réalité sans se laisser enfermer dans aucun. Se laisser emprisonner dans le monde spatio-temporel, le monde mondain, est tout aussi pathologique que se laisser emprisonner dans le monde intermédiaire – comme dans certaines formes d'autisme – ou dans le monde spirituel. Tous ces mondes doivent communiquer et s'interpénétrer avec discernement, sans mélange et sans séparation. Salomon élargit la palette de sa connaissance du réel en nous ouvrant ces mondes intermédiaires.

Le Qohélet dit : rien de nouveau sous le soleil. Pourtant il y a bien du nouveau sous le soleil. Salomon montre que les personnes qui n'étaient pas considérées par la société comme saines, et bonnes ont pourtant une réelle existence dans la lumière.

Chapitre 3 :

13. Heureuse la femme stérile qui est sans tache, celle qui n'a pas connu d'union coupable, elle sera féconde dans son âme.

14. Heureux aussi l'eunuque dont la main ne commet pas de forfait et qui ne nourrit pas de pensées perverses contre YHWH/Dieu, il lui sera donné pour sa fidélité une grâce de choix, un lot très délicieux dans le temple de Celui qui est.

Même les femmes stériles peuvent être bienheureuses. Pour un juif de l'époque, de telles paroles étaient inaudibles parce que la stérilité était considérée comme une malédiction. Une femme stérile s'estimait maudite par Dieu. On le constate encore aujourd'hui. Dans le quartier ultra-orthodoxe de Mea Shearim à Jérusalem, une femme stérile – la pire des choses – se trouve exclue. On peut imaginer combien c'est douloureux et culpabilisant. Que nous dit Salomon ? Stérile ou pas, l'important est ce qu'on a dans le cœur. La fécondité n'est pas que matérielle, il ne faut pas tout voir à ce niveau de la matière, à ce niveau de réalité. Il y a d'autres niveaux de fécondité : la fécondité intellectuelle, notamment. Créer une œuvre artistique, scripturaire, est un acte fécond, qui permet à l'information de se communiquer. Créer une œuvre affective est possible aussi. Ce n'est pas parce qu'une femme ne peut pas avoir d'enfant qu'elle n'est pas capable d'aimer, d'être créatrice et féconde par son amour.

De la même façon ce n'est pas parce que vous êtes eunuque ou impuissant physiquement, parce que vous êtes faible physiquement – on touche là à la notion de puissance –, que vous ne possédez pas une force intérieure, une intelligence intérieure, qui est aussi source de fécondité. On ne peut pas juger quelqu'un seulement sur son aspect extérieur, sa puissance extérieure, le nombre de ses enfants, l'étendue de ses richesses. Il existe d'autres niveaux de réalité.

On rejoint ici les trois ordres de Pascal : l'ordre des puissants qu'on vénère pour leur richesse et leur pouvoir ; l'ordre des esprits, l'ordre de la connaissance. Un savant n'a pas besoin d'une armée pour le défendre : il a son intelligence, sa connaissance. Enfin, à côté de l'ordre de la matière et de l'ordre de l'esprit, il y a l'ordre des saints, l'ordre de l'amour. Ceux qui aiment peuvent entrer dans le monde sans avoir besoin d'une arme, sans avoir ni richesses ni puissance de l'esprit et du savoir ; mais avec leur seule puissance du cœur et de l'amour. C'est peut-être la grande puissance, la plus haute, celle qui ne mourra pas.

5

L'unique lumière et ses trois soleils

Le texte du Livre de la Sagesse, par rapport au Livre du Qohélet, peut nous sembler plus complexe, car Salomon est éveillé à d'autres niveaux de réalité qui permettent de relativiser cette vie terrestre.

Pour le Qohélet, c'est simple : il n'y a que cette vie. Il s'agit de vivre le mieux possible, même en pestant contre son absurdité, contre le grand non-sens qu'est l'injustice, qui rassemble les bons et les méchants dans le même trou. Mais il n'y a pas d'autre niveau de réalité. Même si on reste ouvert à toutes les possibilités, on ne sait rien.

Salomon, lui, annonce d'autres niveaux de réalité qui permettent de relativiser les valeurs de celui dans lequel nous sommes. Par exemple, ne pas juger quelqu'un sur sa réussite ou son échec. Si un homme juste subit un échec apparent à un niveau spirituel, à un autre niveau, il peut connaître une véritable réussite. L'échec de la croix nous conduit à l'affirmation de la résurrection. D'avoir donné sa vie jusqu'au bout nous prouve que la réalité dans le don est plus forte même que la mort. On peut supposer que, tant qu'on ne s'est pas éveillé aux autres niveaux de réalité, cette conception peut sembler fantaisiste, si bien que le juste est le plus souvent mal traité lorsqu'il parle de son expérience intime.

Quelle est exactement cette expérience intime ? Qu'est-ce que cette sagesse dont parle Salomon ? Quelle est la réalité qui se cache derrière ce mot, qui peut conduire, pour la connaître, à remettre en question la réussite sociale, économique, la gloire ou la reconnaissance d'autrui, parce qu'on a touché à quelque chose qui rend tellement relatifs les succès si importants ?

Chapitre 6 :

10. Les choses saintes aux saints, ceux qui en prennent soin seront saints, instruits par elles, ils y trouveront leur défense.

11. Alors devinez mes paroles, laissez-vous inspirer par elles, vous deviendrez sages.

12. La sagesse est lumière, elle ne se flétrit pas. Elle se laisse facilement contempler par ceux qui l'aiment, elle se laisse trouver par ceux qui la cherchent.

13. Elle prévient ceux qui la désirent, en se faisant connaître la première.

14. Qui se lève tôt pour la chercher n'aura pas à peiner, il la trouvera assise à sa porte.

15. La prendre à cœur est en effet la perfection de l'intelligence, et qui veille à cause d'elle sera vite exempt de soucis,

16. car ceux qui sont dignes d'elle, elle-même vient partout les chercher, et sur les chemins elle leur apparaît avec bienveillance, à chaque pensée, elle va au-devant d'eux.

17. Le commencement de la sagesse, c'est le désir vrai d'être instruit par elle, ce désir est amour de la Vérité. Aimer la sagesse, c'est observer ses enseignements, c'est l'observation de ses lois, l'attention à ses enseignements qui conduit à l'incorruptibilité,

18. et l'incorruptibilité nous rend proches de YHWH/Dieu, l'« Être qui fait être tout ce qui est ».

Le but est donc d'accéder à l'éternité, par l'incorruptibilité. Ces valeurs non terrestres, ce sont les trésors que le sage cherche à acquérir en oubliant les richesses et réussites mondaines.

À plusieurs reprises, Salomon nous dit que la sagesse est un souffle, une énergie de vie, une qualité d'énergie. Il y a différents types d'énergie, certaines énergies charnelles, physiques. Salomon parle d'une énergie plus subtile, plus spirituelle, un souffle. Père Séraphin au Mont Athos disait : « Prier, c'est respirer. » Prier ne se limite pas à avoir des pensées sur Dieu, des représentations de Dieu, c'est respirer profondément, avoir accès à cette présence qui est dans le cœur du souffle. La sagesse est une énergie, qui est dans le souffle et, si nous respirons consciemment, nous nous approchons de cette présence.

Cette énergie, nous dit Le Livre de Salomon, est lumière. « Sainte lumière ». Le mot « saint » est important : *qadosh*. Le saint, c'est l'autre. Il y a de l'autre en lui, une autre conscience, un autre monde, quelque chose d'inconnu. Il n'en est pas pour autant moralement impeccable. C'est quelqu'un qui témoigne de la transcendance dans sa corporéité, dans son humanité ordinaire et quotidienne. Il y a de l'autre en lui comme il y a de l'autre dans le monde.

La sagesse est ce qui nous éveille à la sainteté des choses, à ce qui justement nous échappe en elle. Autre, tout autre, c'est une lumière. Différentes sortes de lumières existent. Le Qohélet nous parlait de la lumière du soleil, de la lumière du jour. Bienheureux celui qui se laisse éclairer par cette lumière. Il y a aussi la lumière de l'intelligence, le soleil de l'intelligence, dira Augustin, lui-même un autre soleil. Le soleil qui nous permet de comprendre l'harmonie, les liens qui se trouvent à l'intérieur des choses, qui rattachent le soleil aux autres soleils. Notre système solaire – on le sait – est un système parmi des milliards d'autres. Prendre conscience de l'interrelation de notre système solaire avec tous les autres, est une pensée vertigineuse, mais on reste toujours dans le soleil matériel.

Un autre soleil est celui des esprits, de l'intelligence, et c'est une autre clarté. À certains moments, les yeux fermés dans la méditation, il nous arrive un lever de soleil. Une clarté qui nous apparaît, qui relativise notre petit soleil et les divers systèmes solaires.

Olivier Clément, ce grand théologien orthodoxe, a écrit un très beau livre, *L'Autre Soleil*, où il raconte sa vie et comment lui aussi, à travers toutes sortes d'expériences, morales et immorales, en quête de lumière à certains moments d'abandon, des moments limite, il a découvert l'autre soleil, celui des esprits. Le soleil du cœur, l'Évangile en parlera. Salomon ne le mentionne pas encore. Mais on sent chez lui un pressentiment : en vous un soleil brille sur les justes et sur les injustes, sur les bons et les méchants, sur l'or et sur l'ordure. C'est le même soleil, celui de l'amour, de l'*agapè*. En nous, une qualité d'être, une qualité de conscience, est capable de poser sur tout le même regard, équanime, serein, bienveillant, compatissant. Un regard qui ne juge pas. Dans les textes précédents, le regard portait un jugement, distinguant le juste et l'injuste. Et chacun sera rétribué selon ses œuvres. Il n'y a pas de pardon.

Puis Salomon aborde un autre état de conscience. Quand on est éveillé, la compassion s'applique à tous les êtres, qui sont pardonnés, éclairés du même amour, quels qu'ils soient, malgré les résistances qui peuvent s'élever. Ce n'est pas possible que Hitler et mère Teresa – ou quiconque, chacun a son exemple de l'horreur et celui de la sainteté – se retrouvent non dans le même trou, comme le croyait le Qohélet, mais dans la même lumière, la même bonté, la même clarté. C'est insupportable. Insupportable surtout que Hitler et mère Teresa soient aimés autant l'un que l'autre par l'Être qui les fait exister.

On touche là les limites de la compassion ou de la compréhension. La lumière qu'est la sagesse n'est pas seulement celle du soleil terrestre et des milliers et milliards de soleils au niveau de la matière. Ce ne sont pas non plus les soleils des esprits. Il y a des myriades de soleils des esprits, de l'intelligence. Ce sont les soleils de l'amour, de la compassion à travers laquelle toutes choses sont vues autrement.

À notre petite échelle, si on regarde les choses d'un œil ordinaire, dans la clarté rationnelle, sensorielle ordinaire, les choses apparaissent belles. Si on les regarde avec le soleil de l'esprit, avec l'intelligence, les choses non seulement sont belles, mais aussi structurées, informées, ce sont des abîmes d'informations. Et si on les regarde avec le soleil de l'amour, si dans les yeux on a le soleil de l'amour, une beauté nouvelle apparaît. À ce niveau, il n'y a plus de mots pour l'exprimer.

La sagesse de Salomon, c'est l'éveil de clarté en clarté, de lumière en lumière. L'approche de ce grand soleil immobile qui fait tout exister. Salomon explique : c'est ce soleil qu'il cherche, sous ce soleil qu'il veut vivre sa vie de chien, sous ce soleil qu'il veut vivre sa vie de roi ; c'est ce soleil-là qui fait fleurir toute chose, qui est le maître des marées, le maître des éléments ; c'est ce soleil-là qui donne à tout être, quel qu'il soit, le pire et le meilleur, son unique et merveilleuse beauté.

Méditation

Se laisser ensoleiller

Nous parlions de soleil. Méditer ne signifie pas courir après le soleil, c'est se laisser ensoleiller. Inutile de chercher le soleil, la lumière, l'éveil. L'éveil est là, la lumière est là. Il faut ouvrir nos pores à la lumière comme en été sur une plage ou dans une prairie. Ouvrir chaque atome, chaque parcelle de notre peau. Se laisser ensoleiller en profondeur. En surface et en profondeur. Ne pas opposer l'un à l'autre. Se laisser éclairer par la lumière. C'est vrai, quand on est fatigué, c'est bon de s'asseoir ou de s'allonger, de se mettre au soleil. Mais c'est bon aussi, quand on est dans l'inquiétude, dans le questionnement, dans le doute, de s'exposer à la lumière. Sans chercher à comprendre, à savoir, simplement appeler la lumière, l'accueillir. Peut-être n'aura-t-on pas la lumière comme réponse aux questions. Peut-être découvrira-t-on que la lumière est la réponse d'un au-delà. Quand le cœur est perturbé, s'installent la rancune, la haine, la violence, la colère. Chacun doit s'exposer au soleil de l'amour, avec sa lassitude, son amertume, sa rancune. On découvrira qu'il y a en nous plus aimant que nous. Un cœur plus profond. On verra ce qui nous fait souffrir, ce qui nous blesse. Prendre source dans ce cœur plus profond, capable non seulement de don mais de pardon, de soleil rayonnant sur les bons comme sur les méchants, sur les justes comme sur les injustes, rayonnant sur l'or comme sur l'ordure. Méditer, se laisser ensoleiller par la lumière du cosmos, par la lumière de la conscience et par la lumière de l'amour. Pour notre bien-être, le bien-être de tout et de tous.

6

Parce qu'elle est belle

À quoi bon chercher la sagesse ? Salomon répond : parce qu'elle est belle. Ce n'est pas une raison, mais l'argument suffit pour se mettre en marche. Cette sagesse, comme il l'a déjà définie, est une énergie, une force, un souffle, et aussi une beauté, une lumière, un soleil. Maintenant, il s'apprête à entrer dans les détails pour nous la rendre désirable, comme elle fut désirable pour lui, comme l'est une fiancée, une bien-aimée. À ce stade, un nouveau thème se profile : la sagesse est le féminin de l'être, la dimension féminine du réel (*sheqna*), la présence, la manifestation de l'être.

Chapitre 6 :

21. Ce qu'est la sagesse, quelle fut son origine, je vous l'annonce, je ne vous cacherai rien, je remonterai au principe de son existence, j'exposerai au grand jour ce qui peut en être connu, je dirai la vérité.

22. Je n'irai pas avec l'envie de posséder qui consume, c'est le contraire de la sagesse.

23. La multitude des sages est le salut du monde, un roi sensé assure la sérénité à son peuple.

Salomon nous invite à chercher ou à désirer sans envie. On se trouve là devant un paradoxe, parce que l'envie de posséder consomme et consume. Or la sagesse n'est pas de l'ordre de l'avoir. La vérité, on ne la capturera pas, ni Dieu, ni la vie. On n'est pas là dans l'ordre de l'avoir, mais dans celui de l'être. On peut être avec la vérité, être vrai, de plus en plus vrai, mais on ne saisira pas la vérité. Ceux qui prétendent détenir la vérité sont extrêmement dangereux. Au nom de la vérité qu'on croit avoir, on se lance dans la guerre. Jamais, au nom de la vérité qu'on « est », on ne se fera la guerre. Au contraire, on choisit de travailler ensemble pour le bien-être de tous.

Dieu, on ne L'aura pas non plus. Un Dieu qu'on a est un dieu redoutable. Les croyants qui clament avoir le vrai Dieu, le seul Dieu, font de Dieu un avoir, un gros être, une chose, un objet. Ce n'est pas un Dieu ; ou bien c'est un Dieu, mais pas le Dieu. Dieu on ne L'aura pas, sinon peut-être en Le donnant. Voilà pourquoi l'amour est le seul Dieu qui ne soit pas une idole, puisqu'on ne l'a qu'en le donnant, qu'en le perdant.

Salomon nous conduit alors vers la sagesse qu'on n'acquiert pas à force de convoitise, de volonté d'accumuler. La vérité se donne, comme l'éveil. Le Bouddha, rappelons-le, a trouvé l'éveil le jour où il a arrêté de le chercher sous l'arbre de la Bodhi. Il cherchait l'éveil, et plus il le cherchait, moins il le trouvait. Il découvrait des états de conscience très particuliers, très intéressants, mais pas l'éveil. C'est au moment où il arrête de le chercher que l'éveil se manifeste parce que, justement, l'éveil n'est pas un avoir. On ne peut pas avoir l'éveil, on ne peut qu'être éveillé, s'éveiller. Certains d'entre nous cherchent l'état de conscience comme si on pouvait l'avoir, se le payer, pour ainsi dire. On rencontre des marchands de bonheur, mais aujourd'hui des marchands d'éveil aussi savent jouer avec les synapses de notre cerveau. Il est vrai que se déclenchent des petites lumières, mais les présenter comme l'éveil est un peu malhonnête. On aura des chances de connaître l'éveil si on arrête de le chercher sous une forme ou sous une autre. Commençons par être simplement attentifs à la lumière qui éclaire nos pas et nos intelligences.

Salomon nous rappelle que la sagesse est aussi le salut du monde. Il se rapproche ainsi de Platon qui, dans *La République*, propose que les gouvernants soient les philosophes. Évidemment, ce n'est pas le cas. Pourquoi ? Parce que, justement, la sagesse et la puissance ne vont pas ensemble. La sagesse est une écoute, non un pouvoir ou un savoir. Il n'empêche que nos gouvernants pourraient de temps en temps s'éclairer à cette sagesse, et quelque chose déjà changerait dans leur langage. Ils ne prétendraient plus savoir ce qui est bien ou ce qui est mal, ce qu'il faut faire ou ne pas faire. Ils poseraient peut-être plus de questions, au lieu d'affirmer toutes sortes de réponses.

Il est bon de rappeler que Dieu Lui-même n'est pas la réponse à nos questions mais Il est la question à nos réponses. Dieu et la Bible, par exemple, ne répondent pas à nos questions, sinon par une collection de bouche-trous, de réponses mentales et illusoires. Si Dieu est en fait la question à nos réponses, c'est qu'Il questionne nos petites réponses philosophiques, scientifiques, psychologiques. On a tous un certain nombre de réponses, que précisément un texte biblique comme le Livre de la Sagesse questionne. On prétend savoir ce qu'est le bonheur, ou le bien, ou la vérité, et le Livre de la Sagesse insiste : « Et si c'était encore autre chose ? » Et si le bonheur était autre chose que votre petit bonheur familier ? Il vaudrait mieux ne pas rater cette grandeur, cette beauté. Si la vie n'était pas ce que vous appelez la vie ? Ou pas seulement cette vie mortelle ? Si au cœur même de votre vie se trouvait une autre vie, une autre dimension à la vie ? Questionner nos réponses sert à les approfondir.

La sagesse est peut-être plutôt du côté de la question que de la réponse. C'est la *quest*, ce qui nous remet en question, nous fait avancer, creuser, aller plus loin.

Salomon précise qu'il nous remet en question, mais qu'il est un être comme les autres. Ce n'est pas parce qu'il est le roi de Jérusalem qu'il est un homme différent. Tous les hommes sont habités par la question, travaillés par le besoin et le désir de sens, de beauté, d'amour. Salomon ne se considère pas comme un illuminé, il est comme tout le monde. Il le dit clairement :

Chapitre 7 :

1. Je suis, moi aussi, un homme mortel pareil à tous, un descendant du premier être formé de la terre. J'ai été ciselé dans la chair, dans le ventre d'une mère,

2. où pendant dix mois, dans le sang, j'ai pris consistance, à partir d'une semence d'homme et du plaisir, compagnon de l'étreinte.

À propos de semence, Salomon a eu l'occasion de dire déjà que la semence est bonne. Il s'adressait là aux gnostiques de l'époque, pour qui le fait d'être né est une telle calamité qu'il ne faut surtout pas procréer. Pour Salomon, la femme stérile est aussi belle, bonne et respectable que n'importe quelle autre femme. Mais il n'invite pas à se rendre stérile. Il nous rappelle que la chair est quelque chose de bon. Son discours vise un certain type de philosophie platonicienne, où le corps est le tombeau de l'âme – illustré par le jeu de mots *soma, sema*. Le corps est un tombeau. Pour Salomon, le corps (*soma*) est un signe (*sema*) qui donnera sémiotique ou sémaphore. Notre corps est le signe que la vie existe, un signe de la réalité de la conscience, qui se manifeste d'une façon corporelle et humaine. Elle est bonne, et belle.

Donc il est né de la semence et du « plaisir, compagnon de l'étreinte ». Le plaisir aussi est quelque chose de bon, pas quelque chose de dégradé ni de malsain. Il fait partie de l'existence. Quant à la terre, elle est quelque chose d'infiniment respectable et il s'agit d'en prendre soin.

Chapitre 7 :

3. À ma naissance, moi aussi j'ai inspiré l'air commun. Je suis tombé sur la terre qui nous reçoit tous pareillement, et des pleurs comme pour tous furent mon premier cri.

4. J'ai été élevé dans les langes et parmi les soucis,

5. aucun roi ne connaît d'autre début à l'existence,

6. même façon pour tous d'entrer dans la vie et pareille façon d'en sortir.

7. C'est pourquoi j'ai prié, et l'intelligence m'a été donnée. J'ai invoqué, et l'esprit de sagesse m'est venu.

Pour Salomon comme pour tout homme, la sagesse n'est pas une possession. Par contre, il a en lui quelque chose qui aspire. L'expression de cette aspiration est ce qu'on appelle la prière, qu'il sera beau d'écouter. Peut-être le premier pas vers le chemin de la sagesse est-il d'accepter que la sagesse nous manque. Elle est là, mais nous n'avons pas les yeux pour la voir. Nous n'avons pas le cœur pour la comprendre. Nous n'avons pas encore la sensibilité pour l'éprouver. Voilà ce que nous devons développer.

7

L'intelligence du cœur

Chapitre 7 :
7. C'est pourquoi j'ai prié, et l'intelligence m'a été donnée. J'ai invoqué, et l'esprit de sagesse m'est venu.

Ce passage du Livre de la Sagesse nous renvoie au premier Livre des Rois, chapitre 3, où on retrouve le Salomon historique. L'auteur du Livre de la Sagesse, de même que l'auteur du Livre du Qohélet, n'est pas obligatoirement, et peut-être même certainement pas, le Salomon historique, ces textes s'inspirent de son enseignement, de sa façon de vivre et d'être. Le Salomon historique, on le rencontre dans le premier Livre des Rois. Lui, le fils de David et de Bethsabée – l'enfant de l'adultère, d'une certaine façon –, va sentir sa faiblesse, son impuissance à gouverner, et effectivement il demande la sagesse. Un jour durant une méditation, il entend, il devine une voix, une présence qui lui dit : « Tu peux prier et me demander ce que tu veux. » Alors, nous dit le texte, Salomon prie et demande la sagesse, pour se gouverner lui-même et gouverner la nation qui lui est confiée en pleine justice, avec justesse, rigueur et bonté. Dieu le félicite parce qu'il n'a demandé ni le pouvoir, ni les richesses, ni de longues années, rien qu'un cœur intelligent. Car la sagesse, c'est l'intelligence du cœur, ou le cœur intelligent. Inséparables. L'intelligence c'est le cœur, la lumière et la chaleur.

Pour reprendre une image que j'ai souvent employée, disons que nous sommes dans un monde de néons électriques, de lumières froides qui éclairent mais ne réchauffent personne. Nous sommes dans un monde de bouillottes. Certaines personnes sont chaudes, chaleureuses, mais n'éclairent personne. Or on a besoin des deux, de la lumière et de la chaleur de la flamme. La sagesse est l'addition des deux : non l'intelligence froide du savant, du scientifique ou de quiconque se croit sage, non la chaleur débordante d'une personne pleine de bonté et de générosité, mais les deux ensemble : rigueur et générosité, tendresse et vérité. Les associer. J'ai prié, dit Salomon, et l'intelligence m'a été donnée, un cœur intelligent m'a été donné. La sagesse est le plus grand des trésors, parce que, avec elle, tout va être donné à Salomon. Dans la clarté de discernement et de bienveillance que signifie cette sagesse, il verra chaque chose à sa place et réalisera les actes justes et bons pour lui-même et pour tous.

Pour qui cherche la sagesse, la première chose à faire est de reconnaître son manque, sa faiblesse, son peu de discernement, et de prier pour les pallier. Salomon annonce que nous serons entendus.

Chapitre 7 :

8. Je l'ai préférée aux sceptres et aux trônes, et j'ai tenu pour rien la richesse en comparaison d'elle.

9. Je ne lui ai pas égalé la pierre la plus précieuse ; car tout l'or, au regard d'elle, n'est qu'un peu de sable, à côté d'elle, l'argent compte pour de la boue.

10. Plus que santé et beauté, je l'ai aimée, elle est pour moi plus précieuse que la lumière, car son éclat ne connaît pas de couchant.

11. Avec elle me sont venus tous les biens et par ses mains une incalculable richesse.

12. De tous ces biens je me suis réjoui, parce que c'est la sagesse qui les amène. J'ignorais pourtant qu'elle en fût la mère.

13. Ce que j'ai appris sans fraude, je le communiquerai sans jalousie, je ne garderai pas pour moi sa richesse.

14. Car elle est pour les hommes un trésor inépuisable, ceux qui l'acquièrent s'attirent l'amitié de YHWH/Dieu, l'« Être qui fait être tout ce qui est ».

15. Que YHWH/Dieu me donne d'en parler avec intelligence et de concevoir des pensées dignes des dons reçus, parce qu'Il est Lui-même et le guide de la sagesse et le chemin des sages.

16. Nous sommes en effet dans Sa main, nous et nos paroles, toute intelligence et tout savoir pratique.

17. C'est Lui qui m'a donné une connaissance infaillible des êtres, pour connaître la structure du monde et l'activité des éléments,

18. le commencement, la fin et le milieu des temps, les alternances des solstices et les changements des saisons,

19. les cycles de l'année et les positions des astres,

20. la nature des animaux et les instincts des bêtes sauvages, le pouvoir des esprits et les pensées des hommes, les variétés des plantes et les vertus des racines,

21. l'apparent et le caché, par la sagesse je l'ai connu.

Salomon s'émerveille de cette sagesse. Il l'a considérée comme plus précieuse que tout, comme étant le bien, la conscience-mère, la conscience originelle. Il y a la conscience pure, la conscience vierge pourrait-on dire, qui est avant toute pensée, avant toute considération ; et puis il y a la conscience créatrice, la conscience-mère. Quand on cite la *theotokos* (mère de Dieu) Marie en tant que vierge et mère, on en fait un beau symbole pour parler de la conscience originelle à la fois silencieuse, inaccessible, irreprésentable, la conscience créatrice, mère des mondes, mère des univers. La conscience pure et la conscience créatrice sont une seule et même conscience. Pour Salomon, c'est la sagesse – à l'origine de tout et de tout bien.

Quand on a la cause, on a les effets. Saint Benoît aussi vivra cela à certains moments dans sa démarche intérieure. Généralement on part des effets pour remonter vers la cause. Quelque chose existe et, à travers les niveaux de vie, on retrouve la source de son existence, la source première. Il faut voir les choses, mais on ne peut appréhender la cause à partir des effets, il nous faut connaître la cause en premier. Un peu comme dans le Dzogchen du Mahamudra, la grande pratique du bouddhisme tibétain. Il faut d'abord entrer dans la vision pénétrante, dans la conscience qui fait exister toute chose. Dans la sagesse on entre en contact avec l'origine de tout ce qui existe. Alors on voit tout ce qui existe dans cette lumière. Au cœur de sa méditation, de sa prière, Salomon découvre la mère de tous les biens. Il ne savait pas que la conscience était source de tout.

Comme le dirait Max Planck dans le langage de la physique quantique : la conscience est la seule réalité. La matière, qui est éphémère, est une manifestation de la conscience, et la conscience est le réel même, qui fait exister toute chose. Qu'on pratique un langage politique, un langage scientifique, des langues différentes des langages qui malheureusement ne se comprennent pas toujours, que ces langages s'opposent les uns les autres, fait que le savant au terme de sa recherche rejoint le poète dans sa contemplation. Il ne faut pas opposer les langages. Un don de l'Esprit saint est de faire parler tous les langages. User d'un langage scientifique avec les hommes de science, d'un langage poétique avec les poètes ou les écrivains, d'un langage moral avec les religieux aboutit à s'enfermer dans son langage, une interprétation spécifique du réel. La sagesse offre justement cette possibilité de passer à travers les langages, dans une forme de transdisciplinarité qui transcende les différentes langues du réel, traductions du réel ou interprétations du réel ; et ce qu'on dit n'est pas opposé mais complémentaire. Au lieu d'opposer nos sciences, nos savoirs, nos poèmes, nos aphorismes ou nos équations, les écouter ensemble et découvrir le manteau d'arlequin du réel est une richesse à explorer.

Salomon a prié, la sagesse lui a été donnée, y compris la science, utile pour connaître la structure du monde, les activités des éléments. Elle permet d'observer les changements de climat, les alternances des solstices, les cycles de l'année, la position des astres, la nature des animaux. La sagesse nous donne d'entrer en contact avec le visible et avec l'invisible, avec le connu et avec l'inconnu, avec l'apparent et le caché. Quoi de plus précieux ?

La vie vaut sans doute d'être vécue pour connaître quelques instants, ne serait-ce que quelques éclairs de cet infini soleil qu'est la sagesse, sagesse de Salomon-Shlomo, l'homme de la paix, l'homme qui est devenu entier, avec sa raison, sa sensibilité, aussi avec son cœur, avec toutes les dimensions de son être, et qui participe à toutes les nuances du réel.

Méditation

La conscience-mère

Cette sagesse plus belle que le soleil, comment ne pas la désirer ? Méditer, c'est se laisser ensoleiller, comme on l'a dit, mais c'est aussi, quand il fait sombre, appeler le soleil, appeler la conscience, cette conscience qui nous manque pour que tout soit éclairé, illuminé, apaisé. Comment, là où nous sommes en cet instant, entrer en contact avec la conscience-mère, source de tous les mondes, l'information créatrice ? D'abord faire silence, et sentir du cœur même de ce silence l'énergie de vie se communiquer à notre sang et à tous nos sens. Méditer avec notre sang, avec la vie qui s'écoule silencieusement dans tous nos membres. Sentir la sagesse qui respire, plus profond que l'inspir et l'expir ordinaires. Sentir cette circulation d'énergie dans tous nos membres, qui les relie les uns aux autres, qui relie nos cellules, nos atomes, donne à notre corps la forme unique qu'il est. Prendre un bain de lumière, un bain de soleil, un bain de conscience. Accueillir cette infinie conscience qui nous donne d'exister là, tels que nous sommes en cet instant. L'accueillir avec gratitude, reconnaissance pour notre bien-être, le bien-être de tout et de tous.

8

L'apparent et le caché

Salomon constate que la sagesse le rend intelligent. *Intelligere* : discerner, démêler. La sagesse, cette conscience, lui permet de lire au-dedans des choses, des éléments dont il fait la description. Avant d'être un métaphysicien, il est un physicien. Il observe l'énergie, la conscience-énergie qui fait exister toute chose. L'apparent et le caché.

Chapitre 7 :

21. L'apparent et le caché, je l'ai connu.

22. C'est l'ouvrière de toute chose qui m'a instruit ; la sagesse. En elle est un esprit (souffle) intelligent, saint, monogène, multiple, subtil, mobile, pénétrant, sans souillure, clair, impassible, ami du bien, vif.

23. Libre, bienfaisant, ami des hommes, ferme, sûr, sans souci, qui peut tout, surveille tout, pénètre à travers tous les esprits, les intelligents, les purs, les plus subtils,

24. car plus que tout mouvement, la sagesse est mobile ; elle traverse et pénètre tout, grâce à sa pureté.

25. Elle est en effet un effluve de la puissance de YHWH/Dieu, l'« Être qui fait être tout ce qui est », une émanation toute pure de la gloire du Tout-Puissant, aussi rien de souillé ne s'introduit en elle.

26. Elle est le resplendissement de la lumière éternelle, un miroir sans tache de l'activité de YHWH/Dieu, icône de Sa bonté.

27. La sagesse étant « une », elle peut tout, demeurant en elle-même, elle renouvelle l'univers et d'âge en âge, passant dans les âmes saintes, elle en fait des amis de Dieu et des prophètes,

28. car YHWH/Dieu, l'« Être qui fait être tout ce qui est », n'aime que celui qui habite avec la sagesse.

29. Elle est plus belle que le soleil, elle surpasse toutes les constellations, comparée à la lumière elle l'emporte ;

30. car celle-ci fait place à la nuit, la sagesse demeure au-delà des contraires.

Cette sagesse, cette *coincidentia oppositorum*, contient les contraires, les opposés, ce qu'à un certain niveau de conscience on a tendance à opposer. Peut-être qu'à un autre niveau de conscience, tout est un. Salomon, par la sagesse, contemple l'apparent et le caché. Il n'est pas seulement un physicien qui contemple l'apparent, il n'est pas seulement un métaphysicien qui contemple le caché.

La sagesse, c'est justement tenir les deux ensemble : le visible et l'invisible. Toute chose visible est entourée d'invisible. Et tout invisible est habité par du visible. Il s'agit de ne pas les opposer. Je crois qu'aujourd'hui on a besoin justement de physiciens ouverts à la métaphysique, ouverts au-delà de l'apparent, et de l'apparent subtil, que l'on peut mesurer dans l'infiniment petit. Ouverts à ce qui, justement, demeure toujours insaisissable au cœur de tout ce que l'on peut saisir. Mais on a besoin aussi de métaphysiciens qui gardent les pieds sur terre. De contemplatifs conscients de leur être charnel et matériel. Il n'y a pas de méditation sans action et pas d'action sans méditation.

Cette pensée nous renvoie aux premiers siècles, à la grande théologie orthodoxe qui distingue en Dieu l'essence toujours inaccessible, innommable, irreprésentable, le pur silence, la pure lumière, la pure conscience au-delà même de la conscience, avant la conscience, le silence originel ; et la manifestation. L'essence et l'énergie. La *sophia*, la sagesse de Salomon, est justement cette énergie qui manifeste l'inconnu, le visible qui manifeste l'invisible. Il n'y a pas de visible qui ne soit la manifestation d'un invisible.

La conscience créatrice est la manifestation de la conscience pure, qui est avant la création. Les anciens théologiens tiennent ensemble le *Deus absconditus*, le Dieu caché, innombrable, irreprésentable, le nom qu'on ne peut pas nommer ; et puis le *Deus incarnatus*, le manifesté. Ce qu'on appelle Dieu est de l'ordre du manifesté.

Maître Eckhart fera bien la distinction entre Dieu et la déité. Dieu est une création de l'homme, une façon qu'a l'être humain de se représenter l'énergie, la conscience qui sort du silence, et fait exister toute chose. Dans l'histoire de la pensée, on attribue à Salomon cette découverte que, justement, la sagesse est de tenir ensemble l'essence et l'énergie. Un rayon de soleil n'est pas tout le soleil, mais c'est bien du soleil. Le cœur du soleil est invisible, on ne le connaît qu'à travers sa manifestation. On ne connaît la réalité qu'à travers la sagesse.

La sagesse constitue le troisième terme. Entre le Dieu caché, innommable, irreprésentable et l'être humain, l'être matériel, l'être cosmique, se trouve la *sophia*, ou le *logos*.

Sophia et *logos*, un mot féminin et un mot masculin, parlent de la même réalité : la puissance de manifestation, la conscience qui se fait connaître, le *Deus revelatus*. Entre le *Deus absconditus* et le *Deus incarnatus* – le Dieu du cosmos et le Dieu incarné dans le corps humain –, le *Deus revelatus* est l'énergie qui petit à petit – c'est toute l'histoire de l'univers – prend corps : les ondes, les particules, les atomes, les molécules, les cellules et les divers organes. La conscience est une. Elle se manifeste et prend corps. Le caché devient apparent. Tenir les deux ensemble, c'est voir, dans ce qui apparaît, le mystère, ce qui ne peut pas être dit, la présence de l'invisible. Et dans l'invisible, dans la pure lumière, contempler aussi le visible. La sagesse nous y conduit.

Puis Salomon énumère vingt et une qualités de la sagesse : trois fois sept, symbole de plénitude. Car là aussi il faut tenir ensemble les contraires, l'unité et le multiple. Le monogène – terme employé dans le texte grec de la Septante, *monogenos*, et présent dans le prologue de saint Jean – signifie d'un seul gène, d'un seul jet, ce qui est un. Il ne s'oppose pas au multiple. Le monogène se manifeste dans le multiple, comme le caché se manifeste dans l'apparent. L'unité se manifeste dans la multiplicité. Ces qualités ne sont pas opposées, elles constituent une unique sagesse, subtile, mobile, impassible.

Combien il est intéressant de découvrir en nous quelque chose qui se situe au-delà des pathologies, au-delà de nos émotions, de nos réactions habituelles. Un lieu de nous-même infiniment tranquille comme le fond de l'océan. On l'a dit : à la surface de l'océan ça bouillonne, ça jaillit, ça éclate dans la diversité des vagues, mais le fond reste calme. Quelque chose en nous demeure impassible, ce qui ne veut pas dire mort ; quelque chose de vivant d'une vie infiniment paisible. L'océan tient les deux, il n'y a pas d'opposition. La surface bouillonne de pensées, d'émotions, de sentiments, et le fond de notre conscience est dans la paix, dans le silence, impassible.

Quelque chose en nous, dans cet espace de liberté que rien ne peut contenir, est bon, doux. Une compassion, une bienveillance. Le fond de l'être est patient, tout en étant ferme, sûr. Quelque chose en nous est sans souci, sans préoccupation.

Salomon énumère ces qualités, à la fois divines, de l'ordre de la métaphysique, de l'inconnaissable, et en même temps totalement humaines. Nous pouvons participer à l'ineffable à travers cette tranquillité, cette unité, cette clarté, nous n'en sommes pas séparés. Nous sommes appelés à devenir la synthèse. On parle du Christ comme archétype de la synthèse. L'archétype, en nous, est une force structurante, une énergie, qui travaille à notre intégration, à tenir ensemble les contraires : car la *sophia*, le *logos*, est à l'œuvre à l'intérieur de nous.

9

La sagesse « envisagée »

La sagesse, pour Salomon, n'est pas une réalité abstraite, bien que subtile, invisible, inconnaissable. Salomon, pour vivre dans sa présence, lui donnera un visage, la personnalisera, en fera une bien-aimée, et ce visage féminin, il voudra, dit-il, l'épouser.

Chapitre 8 :

1. Elle s'étend avec force d'un bout du monde à l'autre et elle gouverne l'univers avec bonté,

2. c'est elle que j'ai chérie et recherchée dès ma jeunesse ; j'ai cherché à la prendre pour épouse et je suis devenu l'amant de sa beauté.

3. Elle fait éclater sa noble origine en vivant dans l'intimité de YHWH/Dieu, car le maître de tout l'a aimée.

4. Elle est initiée à la science de l'« Être qui fait être tout ce qui est », c'est elle qui décide de ce qu'Il fait.

5. Si, dans la vie, la richesse est un bien désirable, quoi de plus riche que la sagesse qui opère tout ?

6. Et si c'est l'intelligence qui opère, qui est plus qu'elle l'ouvrière de ce qui est ?

7. Aime-t-on la justice ? Ses labeurs, ce sont les vertus, elle enseigne en effet tempérance et prudence, justice et force, rien de plus utile pour les hommes dans la vie.

8. Désire-t-on encore une riche expérience ? Elle connaît le passé et discerne l'avenir, elle sait l'art de tourner les maximes et de résoudre les énigmes ; les signes et les prodiges, elle les sait d'avance, ainsi que la succession des époques et des temps.

9. Je décidai donc de la prendre pour compagne de ma vie, sachant qu'elle me serait une conseillère pour le bien et un encouragement dans les soucis et les tristesses.

[...]

16. Rentré dans ma maison, je me reposerai auprès d'elle, car la fréquenter ne cause pas d'amertume ni de peine ; vivre en son intimité donne du plaisir et de la joie.

17. Ayant médité cela en moi-même et considéré en mon cœur que l'immortalité se trouve dans l'intimité avec la sagesse,

18. dans son affection une noble jouissance, dans les travaux de ses mains une richesse inépuisable, dans sa fréquentation assidue l'intelligence et la renommée à s'entretenir avec elle... j'allais de tous les côtés, cherchant comment être avec elle.

Voilà que l'être invisible, irreprésentable, innommable, est devenu pour Salomon une présence féminine. Là encore, on peut penser à ces grandes traditions de l'Inde où Shiva, le créateur qui fait exister toute chose, est lié à Shakti, l'énergie qui permet justement à cette conscience de s'incarner, de se manifester. La tradition hébraïque nomme Shekinah la présence de Dieu dans le monde. Mais Dieu demeurerait inconnu sans la *sophia*, sans la sagesse, son visage féminin énergétique qui manifeste l'essence.

Salomon considère le fond de l'être comme féminin, comme une compagne au milieu de sa détresse, de sa tristesse, et il en reconnaît la beauté. L'inconnu lui apparaît sous la plus belle de ses formes.

Dans la tradition hébraïque, la plus belle des formes de Dieu, à travers laquelle le silence nous parle, est la Torah, la loi. Dans la tradition musulmane, c'est le Coran. Dans la tradition chrétienne, c'est le visage du Christ, la sagesse du Christ. Le visible de l'invisible. Pour Salomon, qui n'a pas connu le Christ, ce visage est féminin.

Ce thème, la sophiologie, sera repris par tout un courant de pensée, particulièrement dans l'orthodoxie. Serge Boulgakov en est un des représentants les plus connus, mais avant lui Vladimir Soloviev, un grand philosophe russe, a beaucoup inspiré la tradition orthodoxe contemporaine. En méditant les Écritures, Soloviev parfois rencontre une lumière blonde. L'information créatrice qui s'exprime à travers la bibliothèque hébraïque semble prendre un visage. Et ce visage féminin lui donne des rendez-vous, par exemple dans la bibliothèque d'Oxford.

Au Caire aussi, dans le désert. Soloviev obéit, quitte sa Russie natale pour Oxford, puis Le Caire, comme si une voix, une présence intérieure le guidait. L'intelligence créatrice semble donc prendre pour chacun un visage particulier, un visage presque humain. Pour Soloviev comme pour d'autres sophiologues, le risque, sinon le danger, est de vouloir que la sagesse s'incarne dans une femme particulière, une femme très charnelle.

La tradition de l'islam, curieusement, offre le même exemple. Ainsi Ibn Arabi, rencontrant la femme d'un chah, reconnaît en elle la présence divine, l'invisible qui apparaît sous la plus belle de ses formes. Cette forme n'est pas seulement le Coran, c'est aussi le corps et le visage de la femme. Il peut d'ailleurs en résulter quelques problèmes. Lors d'une conférence à Sétif où j'avais été invité à parler, comme je citais Ibn Arabi en disant qu'on pouvait contempler Dieu dans le corps et dans le visage de la femme comme l'ont fait les grands mystiques, un imam a protesté : « Pas du tout ! Le Coran nous dit qu'on peut contempler Dieu dans les pattes de la mouche, mais pas dans le corps de la femme. »

Pour le mystique, si on contemple Dieu dans le Coran, on peut aussi le trouver dans la vie quotidienne et dans l'être aimé. En effet, quand on aime les Écritures, ou un paysage, ou un visage, dans la qualité de notre amour on touche à l'essence qui habite cet être, l'essence qui habite les Écritures, à la conscience, l'intelligence qui habitent le corps, la forme humaine et les pattes de la mouche, pourquoi pas. Tout est manifestation.

Le Livre de la Sagesse apporte la démonstration que le monde n'est pas un voile qui nous cache la réalité de l'absolu, mais un voile qui manifeste cette réalité de l'absolu. L'expérience de la sagesse introduit dans le monde des théophanies, c'est-à-dire que toute chose peut être une occasion de contemplation de l'être divin. Toute chose devient une icône. Mais il faut distinguer l'idole et l'icône. Une certaine façon de regarder une femme, un texte sacré, un paysage, une idée, une chose, en fait une idole. Le regard est arrêté par ce que l'on voit, l'intelligence est arrêtée par ce que l'on sait.

Une autre façon de regarder est celle de la sagesse qui fait de tout élément une icône. Dans la femme que l'on aime, l'homme que l'on aime, le paysage qui nous enthousiasme et nous séduit, l'océan qui nous impressionne, une équation qui nous fascine, une pensée éblouissante, la beauté d'un poème, se produit une ouverture à la transcendance. L'immanence et la transcendance ne sont pas plus opposées que l'apparent et le caché. L'apparence devient icône, c'est l'un des cadeaux que nous fait la sagesse. Si, comme Salomon, on épouse en soi ce maître intérieur, cette conscience subtile, elle nous apprendra à reconnaître la présence de l'ineffable dans toute situation. Elle nous ouvrira les yeux à l'invisible sans que les choses perdent leur consistance. La matière devient alors le réceptacle de la lumière et le témoin de la lumière.

10

Prier pour demander la sagesse

Il arrive que la beauté, cette présence féminine et subtile qui nous accompagne, nous manque. Salomon lui-même vit des éclipses de lumière. La sagesse lui échappe et de nouveau il la cherche, il la prie. Au cœur du Livre de la Sagesse se trouve une prière, la prière de Salomon, pour demander la lumière, le souffle, l'énergie, grâce à quoi on saura reconnaître en toute chose la présence du vivant. La prière de la sagesse peut devenir la nôtre.

Prier, répétons-le, consiste à se replacer dans son axe vertical nous reliant à la conscience, qui fait être tout ce qui existe, relie sensibilité, intelligence et cœur à l'infinie présence qui anime toute chose. Voyant que la sagesse est la source de tous les biens, dit Salomon, je me suis tourné vers elle en priant.

Chapitre 9 :

1. Dieu des Pères et Seigneur de Miséricorde, Toi qui par Ton Logos *as fait l'univers,*

2. Toi qui par Ta Sophia *as formé l'homme, pour prendre soin des créatures que Tu as faites,*

3. pour ordonner le monde en sainteté et justice et exercer le jugement avec droiture ;

4. donne-moi celle qui partage Ton trône, la sagesse, et ne me rejette pas du nombre de Tes enfants,

5. car je suis Ton serviteur, le fils de Ta servante, un homme faible et de vie éphémère, peu apte à comprendre la justice et les lois ;

6. quelqu'un, en effet, serait-il parfait parmi les hommes ? S'il lui manque la sagesse qui vient de Toi, on le comptera pour rien.

7. C'est Toi qui m'as choisi pour roi de Ton peuple et pour juge de Tes fils et de Tes filles,

8. Tu m'as donné de bâtir un temple, sur Ta montagne sainte, et un autel dans la ville où Tu as fixé Ta tente, imitation de la Tente sainte que Tu as préparée dès l'origine.

9. Avec Toi, est la sagesse qui connaît Tes œuvres et qui était présente quand Tu faisais le monde ; elle sait ce qui est agréable à Tes yeux et ce qui est conforme à Tes commandements.

10. Mande-la du lieu saint, de Ton trône de gloire, envoie-la pour qu'elle me seconde et peine avec moi et que je sache ce qui Te plaît ;

11. car elle sait tout et comprend tout. Elle me guidera prudemment dans mes actions et me protégera par sa gloire.

12. Alors mes œuvres Te seront agréables, je jugerai Ton peuple avec justice et je serai digne du trône de mon père.

13. Quel homme, en effet, peut concevoir la volonté de YHWH, l'« Être qui fait être tout ce qui est » ? Qui peut concevoir ce qu'Il désire ?

14. Les pensées des mortels sont timides, et instables leurs réflexions : un corps corruptible, en effet, appesantit l'âme, et cette tente d'argile alourdit l'esprit aux multiples soucis.

15. Aussi avons-nous de la peine à mesurer ce qui est sur la Terre, et ce qui est à notre portée, nous ne le trouvons qu'avec effort, mais ce qui est dans les Cieux, qui l'a découvert ?

16. Et Ta volonté, qui l'a connue, si Tu n'avais donné la sagesse et envoyé d'en haut Ton Esprit saint ?

17. Ainsi peuvent être rendus droits les chemins de ceux qui sont sur la Terre, ainsi, les hommes ont été instruits, de ce qui T'est agréable, et par Ta sagesse ont été sauvés…

Par Ta sagesse nous serons sauvés. *Yesha*, en hébreu « salut », donnera le nom Yeshoua. Être sauvé, c'est respirer au large, avoir de l'espace. Trop souvent on étouffe. Le monde dans lequel nous sommes, avec tous ces confinements, empêche de déployer ses ailes. Nous éprouvons une nostalgie de l'espace. Notre prière demande de l'air. On a besoin de souffle, on a besoin de respirer.

Mais ce que demande Salomon, ce dont nous avons le plus besoin, c'est la sagesse. Elle nous est donnée pour que nous apprenions à prendre soin des créatures. Pas pour les dominer, pas pour dominer le monde, pour en prendre soin. Nous avons à prendre soin de la Terre, des eaux, du soleil, de tout ce qui est mortel, fragile. La sagesse que l'esprit de Dieu nous communique, ce que l'inconnu veut nous faire connaître, remet un peu d'ordre et d'harmonie dans l'univers.

Et nous avons besoin de l'intelligence qui participe à la conscience même de l'être. Par la pure conscience et sa participation à ce qu'elle nous offre, nous sommes appelés à devenir participants de la nature divine, de la conscience divine. C'est ce que nous dit aussi l'épître de Pierre : nous ne sommes pas nés seulement pour mourir – être pour la mort, comme nous l'avons évoqué –, nous sommes nés pour participer, pour nous éveiller au non-temps, à l'éternité de toute chose. Dans cette lumière nous pouvons réellement prendre soin des choses parce que toute chose est appelée à révéler son essence de clarté, toute chose est appelée à devenir un royaume, une théophanie, une manifestation. Le monde, par la présence des énergies divines, peut devenir le Royaume, le monde intermédiaire, le monde de l'imaginal, de la transfiguration, de la théophanie. Le monde qu'on connaît, mais transfiguré. Le Royaume n'est pas à venir dans le temps, c'est l'ensemble des possibilités qui sont inscrites dans les profondeurs de la matière, prêtes à se manifester. Par la sagesse, cette réalité peut se manifester et éclairer notre intelligence.

On se pose souvent la question : quelle est la volonté de Dieu ? Que veut-Il, que veut la vie de nous ? Je crois qu'elle veut que nous soyons vivants, que nous devenions de plus en plus participants au cœur de cette vie mortelle, cette vie infinie. Que veut l'intelligence créatrice ? Que nous devenions plus conscients, éveillés. Que nous obtenions la conscience de l'être présent en toute chose. Que nous devenions intelligents, c'est-à-dire que nous apprenions à lire au-dedans de chaque chose pour reconnaître l'infini qui y est déjà présent. Que veut l'amour en nous ? L'amour ne demande qu'à aimer. Laissons aller ce mouvement de la vie qui se donne.

Une des grandes qualités de la sagesse de Salomon est le mouvement. La sagesse est avant tout mobile. Salomon ne parle pas du moment présent, mais du mouvement présent, avec une grande justesse parce que tout est mouvement, tout change sans cesse. Dieu Se donne à travers le mouvement, à travers le devenir. L'être et le devenir ne sont pas opposés, de même que l'un et le multiple ne sont pas opposés. Le mouvement présent est cette grande vague d'amour qui peut nous habiter à certains moments, soulever notre cœur, notre intelligence et notre corps, car nous sommes remplis de compassion, de bienveillance à l'égard de l'univers. Le cœur de la sagesse, son secret, n'est autre que cet amour, que Salomon développe dans le Cantique des cantiques, encore un livre à méditer.

À ce stade Salomon sent qu'il manque de lumière, de sagesse et d'amour. Il se peut que l'amour, on ne puisse pas l'avoir, on ne puisse que le donner. Demandons alors la capacité de don. Lorsque la sagesse de l'amour nous sera accordée, le monde sera transfiguré. Tout aura un visage. Nous passerons du monde des choses et des objets au monde des présences. Le propre du cœur est de tout transformer en présence.

Le mental permet d'analyser, de décortiquer, de peser, de mesurer ; mais pour le cœur, il n'y a pas d'objet, chaque chose a un visage, l'être humain ne peut se réduire à l'état d'objet, de jouissance ou de consommation. Pour cette raison, quand on s'apprête à tuer quelqu'un – l'histoire le prouve –, on masque son visage, on met un bandeau sur son regard. Aujourd'hui qu'il nous arrive de porter des masques par temps de pandémie, nous risquons d'oublier les visages. Heureusement il reste le regard, les yeux, cette présence autre qui nous voit. Envisager, et non dévisager. La sagesse redonne un visage à toute chose. Il faut découvrir en nous ce qui observe la création, l'autre : non seulement je regarde vers l'extérieur, mais je regarde le regard qui me permet de voir ce qui est, dans sa beauté.

Méditation

S'ouvrir à la sagesse

Salomon nous a enseigné une prière pour demander la sagesse, un cœur intelligent, pour retrouver ou découvrir que nous sommes capables d'aimer. Il ne faut pas oublier la dimension de la méditation pour s'ouvrir à la sagesse, pour regarder toute chose avec bienveillance, amour, lucidité, discernement. D'où nous vient ce regard ? Méditer, c'est rejoindre la source en nous, dans les profondeurs, qui voit ce qui est tel que cela est, avec bienveillance. Rejoindre en moi ce qui voit, comme si on distinguait derrière nos yeux la source de la lumière. Il se produit une *metanoïa*, un retournement complet : nos yeux ne sont plus tournés vers l'extérieur, mais vers l'intérieur, vers ce point d'où me vient la vision et ils découvrent un abîme de silence. Méditer ramène avec patience, avec douceur, vers ce silence, cette clarté d'où naissent notre conscience, notre compassion, ce regard à la fois vierge et mère, tendre et rigoureux qui est celui de la sagesse, la *sophia*, de l'Esprit saint que nous portons en chacun de nous, pour notre bien-être, le bien-être de tout et de tous.

Conclusion

Vers la sagesse de l'amour

Nous sommes partis du Qohélet, ce regard un peu désabusé devant la situation du monde dont on a constaté la vanité, les prétentions, l'évanescence : buée de buée, impermanence, illusion, tout est illusion, nous dit Salomon dans ce livre. Lorsque nous l'examinons d'un peu plus près, on s'aperçoit que le monde entier est un mirage : tout ce qui a commencé finira, tout ce qui apparaît disparaîtra, les choses les plus belles, les choses auxquelles on est le plus attaché, tout est mirage. En même temps, tout est là. Peut-être alors qu'il ne convient pas de se lamenter. Il faut plutôt s'étonner.

Tout est mirage, et tout est miracle. Le presque rien qu'est le monde rayonne parfois dans la clarté. Rien de nouveau sous le soleil, mais le soleil est là, et dans ce soleil on peut voir le lion mort et le chien vivant, l'apparent et le caché. À ce moment-là, effectivement non seulement on voit les choses, mais on pressent l'infinie conscience qui les anime. On perçoit que nous ne sommes pas faits seulement pour mourir ou pour connaître le monde mortel, mais que nous sommes aussi appelés à participer à cette conscience créatrice et à vivre dans sa clarté.

Salomon nous entraîne alors plus loin, il nous montre que participer à la sagesse qui fait exister le monde, c'est participer à l'amour qui fait exister toute chose, qui fait tourner la terre, qui habite le cœur humain et les étoiles. Pour accéder à cet amour, nous avons besoin d'un cœur intelligent. Si nous ne sommes pas lucides, notre amour n'est que bluff, illusion, et on sait combien de drames, de folies se produisent au nom de l'amour. Sur cette voie qui nous conduit à la lucidité s'impose l'action purgative, le nettoyage, le gant de crin, pour ne pas projeter sur l'amour nos petites velléités, les passions de notre petit ego.

Une image un peu grossière : si vous possédez un grand vin, un nectar, vous ne choisirez pas de le mettre dans un pot de chambre parce qu'il risque de prendre un petit goût qui n'est pas celui du précieux millésime que vous avez acheté. À propos d'amour, il faut se souvenir que notre cœur est souvent un pot de chambre, que l'amour a le goût et la saveur de notre ego, plus que le goût du grand amour qui fait tourner la Terre, le cœur humain et les étoiles. La purgation, la pureté du cœur sont nécessaires.

Le Qohélet et le Livre de la Sagesse permettent d'aborder le Cantique des cantiques, le chant des chants, le chant de l'énergie créatrice qui est en nous, un chant de relations, parce que c'est à travers la relation de l'homme et de la femme – celle d'un être humain avec un autre être humain – qu'on cherche à découvrir le mystère de cet amour qui fonde toute chose.

Avant d'arriver là, pour le moment nous sommes encore dans le Livre de la Sagesse, où l'amour est déjà bien présent. Salomon insiste sur la justice, car tous nos actes entraînent des conséquences, mais aussi sur la miséricorde, car le fond de l'être est plus profond que la justice, plus profond que la loi de la cause et de l'effet. La loi du *karma* est impitoyable, mais le pardon est possible car, si ton cœur te condamne, Dieu est plus grand que ton cœur.

« Le monde entier est en Toi, ô Toi qui es celui qui est infiniment proche, toujours inaccessible. Ce monde entier est un presque rien, une goutte de rosée sur la terre au petit matin, mais Tu as de la miséricorde pour tous parce que Tu peux tout. Tu Te détournes des fautes des hommes pour qu'ils reviennent à Toi, pour qu'ils reviennent à eux-mêmes et à l'Être qui les fait être. Tu aimes tous les vivants, tous les êtres, rien ne Te dégoûte de tout ce que Tu as créé. Sans Toi, rien. Comment la moindre chose subsisterait-elle si Tu ne lui donnais d'exister ? Tu protèges toute chose parce que toutes choses sont Tiennes, ô maître qui aimes la vie. »

Cette parole du Livre de la Sagesse nous confirme que nous sommes aimés, infiniment aimés par la vie, au-delà de ce que nous pouvons penser ou juger de nous-mêmes. Le plus souvent, notre cœur nous condamne, nous ne nous estimons pas à la hauteur des circonstances, des événements. On retrouve là le Qohélet. Nous sommes tellement mélangés, obscurs, et pourtant nous sommes aimés tels que nous sommes. Cette énergie créatrice est celle de l'amour. Saint Jean méditera beaucoup le Livre de la Sagesse : « Sans Toi, rien », dit-il. Sans Lui, sans le *logos*, la *sophia*, *nihil*, il n'y a rien. Tout ce qui existe nous est donné. C'est là tout un art de vivre. Rien ne nous est dû, tout nous est donné : la vie, le souffle, la beauté. Mais aussi la maladie, la souffrance et la mort. Comment les accueillir comme des dons, positifs et négatifs, comme des *kairos*, des occasions de s'éveiller et de grandir en conscience ? C'est ce que Salomon essaye de partager avec nous, en totale lucidité, en ouverture d'esprit. Ouverture d'un vrai physicien qui contemple le cosmos et les lois qui l'habitent. Mais aussi comme un métaphysicien qui a le pressentiment de l'inconnu, de l'ouvert que recèle toute chose limitée, de l'infini au cœur du fini. Et comme un amoureux qui sait que le plus précieux, c'est d'aimer. Que vaut une vie si on n'aime pas ? À quoi bon vivre ?

On revient à l'« à quoi bon ? », *yit'rön*, du Qohélet. C'est vrai qu'il faut toute une vie, et bien des expériences, bien des détours pour apprendre que l'unique trésor, celui qui ne nous sera pas enlevé, c'est ce qu'on aura donné. Nous ne sommes nés que pour apprendre à aimer. Telle est la seule réalité qui ne mourra pas, car ce que l'on a donné, rien ni personne ne peut nous l'enlever. Sagesse de Salomon : aime et fais ce que tu voudras. Écoute ton cœur. Va où il te mène et sois heureux. Infiniment heureux.

Table

Du même auteur

(suite)

Un obscur et lumineux silence, traduction et commentaire, Albin Michel, 2013

Marie-Madeleine à la Sainte-Baume, Éditions du Relié, 2012

Le « Notre Père », Albin Michel, 2012

Un alphabet de l'Innommable, Snoeck, 2012

L'Assise et la Marche, Albin Michel, 2011

L'Apocalypse de Jean, Albin Michel, 2011

Apocalypsis, le livre des dévoilements, avec Jean-Paul Dessy et Catherine Arto, Éditions Jacques et Isabelle Polony, 2010

Dictionnaire amoureux de Jérusalem, Plon, 2010

Qui est « je suis »?, Éditions du Relié, 2009

Évangiles apocryphes. Marie, Thomas, Philippe, Albin Michel, 2009

Une femme innombrable, Albin Michel, 2009

Apprendre à être heureux, collectif, Albin Michel, 2008

Lettres à un ami athée, Philippe Rey, 2008

L'Immense et l'Intime, images et icônes de Jacques Polony et calligraphie de Kitty Sabatier, Éditions Jacques et Isabelle Polony, 2008

Jésus, Marie-Madeleine et l'incarnation, Albin Michel, 2008

Innocence et Culpabilité, avec Marie de Solemne et Paul Ricœur, Albin Michel, 2007

Les Profondeurs oubliées du christianisme, Éditions du Relié, 2007

Mont Athos. Sur les chemins de l'Infini, photographies de Ferrante Ferranti, Philippe Rey, 2007

Aimer désespérément, avec Marie de Solemne et André Comte-Sponville, Albin Michel, 2006

Cruelle Coquetterie ou les artifices de la contrainte, collectif, La Martinière, 2006

La Grâce de solitude, avec Marie de Solemne et Christian Bobin, Albin Michel, 2006 [Éditions Dervy, 1998]

Un homme trahi, Albin Michel, 2006

La Vie de Jésus racontée par un arbre, Éditions du Relié, 2005

Qui aime quand « je » t'aime?, avec Catherine Bensaid, Albin Michel, 2005

L'Art de méditer et d'agir, collectif, Éditions du Relié, 2005

Tout est pur pour celui qui est pur, Albin Michel, 2005

Guérir l'esprit, avec Faouzi Skali et Lama Denys Tendroup, Albin Michel, 2004
L'Évangile de Philippe, traduction et commentaire, Albin Michel, 2003
La Montagne dans l'océan, Albin Michel, 2002
Un art de l'attention, Éditions du Relié, 2000 ; Albin Michel, 2002
Si ma maison brûlait, j'emporterais le feu, Alice éditions, 2001
L'Icône, Le Pommier, 2000
Paroles d'ermites, Albin Michel, 2000
L'Évangile de Marie, Albin Michel, 2000
Aimer... malgré tout, avec Marie de Solemne, Éditions Dervy, 1999
Introduction aux « vrais philosophes », Albin Michel, 1998
Sectes, Églises et Religions, Albin Michel, 1998
L'Art de mourir, avec Marie de Hennezel, Robert Laffont, 1997
Les Livres des morts, Albin Michel, 1997
Désert, déserts, Albin Michel, 1996
Maître Eckhart, Terre blanche, 1995
L'Enracinement et l'Ouverture, Albin Michel, 1995
L'Art d'apprivoiser le buffle, Le Fennec, 1994 [Éditions de l'Ouvert, 1988]
Jean de la Croix ou la nuit habitée, Le Fennec, 1994
Manque et Plénitude, Albin Michel, 1994
Paroles de Jésus, Albin Michel, 1994
Vie de Moïse de Grégoire de Nysse ou l'Être de désir, Albin Michel, 1993
Homélies de Jean Chrysostome sur l'incompréhensibilité de Dieu, Albin Michel, 1993
Musiques, Le Fennec, 1993
Nocturnes, Le Fennec, 1993
Prendre soin de l'Être, Albin Michel, 1993
Praxis et Gnosis d'Évagre le Pontique ou la guérison de l'esprit, Albin Michel, 1992
Les Collations de Jean Cassien, Albin Michel, 1992
Paroles du Mont Athos, Albin Michel, 1991
L'Absurde et la Grâce, Albin Michel, 1991
De l'aréalité du bleu, des vents, des sables (sous le pseudonyme de Jean Khalil Sarov), Éditions New York-Paris-Tokyo, 1990
Écrits sur l'Hésychasme, Albin Michel, 1990
L'Évangile de Jean, traduction et commentaire, Albin Michel, 1989
L'Évangile de Thomas, traduction et commentaire, Albin Michel, 1986

Mise en pages:
Anne Offredo, Valravillon

Cet ouvrage a été achevé d'imprimer
en avril 2022
dans les ateliers de Firmin Didot

N° d'imprimeur: 169869
Dépôt légal: mai 2022
ISBN: 978-2-84876-950-9
Imprimé en France